utb 2472

Eine Arbeitsgemeinschaft der Verlage

Böhlau Verlag · Wien · Köln · Weimar
Verlag Barbara Budrich · Opladen · Toronto
facultas · Wien
Wilhelm Fink · Paderborn
A. Francke Verlag · Tübingen
Haupt Verlag · Bern
Verlag Julius Klinkhardt · Bad Heilbrunn
Mohr Siebeck · Tübingen
Ernst Reinhardt Verlag · München · Basel
Ferdinand Schöningh · Paderborn
Eugen Ulmer Verlag · Stuttgart
UVK Verlagsgesellschaft · Konstanz, mit UVK/Lucius · München
Vandenhoeck & Ruprecht · Göttingen · Bristol
Waxmann · Münster · New York

Christian Klicpera, Alfred Schabmann,
Barbara Gasteiger-Klicpera, Barbara Schmidt

# Legasthenie – LRS

## Modelle, Diagnose, Therapie und Förderung

5., überarbeitete und erweiterte Auflage

Mit 20 Abbildungen und 100 Übungsfragen

Ernst Reinhardt Verlag München Basel

*Christian Klicpera (1947–2012)*, Dr. med. Dr. phil. Facharzt für Psychiatrie und Neurologie, war Professor für Angewandte und Klinische Psychologie am Institut für Psychologie der Universität Wien.

*Alfred Schabmann,* Dipl.-Psych. Dr. phil., ist Professor für Pädagogik und Didaktik im Förderschwerpunkt Lernen an der Universität zu Köln.

*Barbara Gasteiger-Klicpera*, Dipl.-Psych. Dr. phil., ist Professorin für Integrationspädagogik und Heilpädagogische Psychologie an der Universität Graz.

*Barbara Schmidt*, Dr. phil., ist wissenschaftliche Mitarbeiterin am Lehrstuhl für Pädagogik und Didaktik im Förderschwerpunkt Lernen der Universität zu Köln.

Bibliografische Information der Deutschen Bibliothek

Die Deutsche Bibliothek verzeichnet diese Publikation in der Deutschen Nationalbibliografie; detaillierte bibliografische Daten sind im Internet über <http://dnb.ddb.de> abrufbar.

UTB-Band-Nr.: 2472
UTB-ISBN 978-3-8252-4816-1



Einbandgestaltung: Atelier Reichert, Stuttgart
Cover unter Verwendung eines Fotos © Gerhard Seybert/Fotolia
Satz: SatzBild, Ursula Weisgerber
Printed in Germany

Ernst Reinhardt Verlag, Kemnatenstr. 46, D-80639 München
Net: www.reinhardt-verlag.de E-Mail: info@reinhardt-verlag.de

# Inhalt

# Vorwort zur fünften Auflage

Als Vorwort für diese nun erscheinende fünfte Auflage möchten wir nur einige Anmerkungen ergänzen. Zum einen sind wir sehr froh darüber, dass sich dieses Buch in der Zwischenzeit als Standardwerk etabliert und so viele interessierte Leserinnen und Leser gefunden hat. Dies danken wir in erster Linie dem Erstautor dieses Buches, der das Konzept dafür entwickelt und vor nunmehr zehn Jahren mit großem Engagement umgesetzt hat. Leider ist Prof. DDr. Christian Klicpera vor Jahren verstorben. Wir haben uns entschlossen, die Autorenreihenfolge trotzdem nicht zu verändern, weil ohne ihn dieses Buch nie erschienen wäre und ihm die Forschung zu Leserechtschreibschwierigkeiten und die Förderung von Kindern immer ein besonderes Anliegen war.

Seit der letzten Auflage wurde sehr viel an Forschungsarbeit im Bereich Legasthenie/LRS geleistet. Viele interessante neue Ergebnisse sind dazu gekommen, aber auch für die Praxis wurden neue Verfahren der Diagnostik und Intervention entwickelt. Mit der fünften Auflage halten Sie ein in allen Kapiteln überarbeitetes Werk in Händen, wobei auch die Gelegenheit genutzt wurde, manches neu darzustellen, zu vereinfachen oder zu ergänzen.

Graz, Köln, Sommer 2017

Barbara Gasteiger Klicpera<br>
Alfred Schabmann<br>
Barbara Schmidt

# Vorwort zur dritten Auflage

Uns Autoren ist in erster Linie daran gelegen, all jenen Lesern zu danken, die sich mit Rückmeldungen und Anregungen zu früheren Auflagen bei uns gemeldet haben. Wir haben versucht, diese zu berücksichtigen, und sind froh und dankbar darüber, dass dieses Buch so viele interessierte Leser gefunden hat.

Aus den vielen Anregungen und Ideen, die an uns herangetragen wurden, wollen wir vor allem einen Punkt herausgreifen: Wir wurden wiederholt darum gebeten, eine Position in der aktuellen Diskussion zu beziehen, die sich auf den qualitativen Unterschied zwischen Legasthenie und Lese-/Rechtschreibstörungen, abgekürzt LRS, bezieht.

In der pädagogischen Diskussion sowie in der Deutschdidaktik wird vorwiegend der Begriff Lese- und Rechtschreibschwierigkeiten benutzt und als sinnvoll erachtet, weil damit akzentuiert wird, dass es sich dabei nicht um eine Störung handelt, sondern um eine Schwierigkeit, die durch adäquate Förderung und Unterstützung der Kinder behoben werden kann. Hierbei stellt auch die Vermeidung einer Diskriminierung von Schülern einen wichtigen Aspekt dar, ebenso wie die Idee eine Rolle spielt, dass die Verantwortung für einen individualisierten und differenzierten Unterricht, der allen Kindern das Erlernen des Lesens und Schreibens ermöglicht, in erster Linie bei den Lehrern liegt. Allerdings ist uns auch bewusst, dass weder in der Ausbildung der Lehrer noch in der Organisation der Rahmenbedingungen des Unterrichts die Grundlagen dafür geschaffen werden, dass diese Förderung von Kindern mit Schwierigkeiten beim Erlernen des Lesens und Schreibens auch tatsächlich im Unterricht möglich ist.

Im Gegensatz dazu wird derzeit der Begriff der Legasthenie, die im Englischen auch als Dyslexie bezeichnet wird, stärker im medizinischen Bereich benutzt. In diesem Zusammenhang geht es auch darum, dass die Ursachen der Störung eher in medizinischen Aspekten gesehen werden. Durch neuere Forschungen, die die genetische Penetranz und die Heredität der Störung inzwischen relativ präzise beschreiben können (siehe dazu Kap. 9), wird die Annahme einer eher neurophysiologisch verursachten Störung befördert. Konsequenzen aus dieser Erkenntnis für die Förderung der Kinder sind jedoch nicht ableitbar –

außer einer klareren Abgrenzung der Gruppe an Kindern, die Zielgruppe präventiver Maßnahmen sein sollten. Dies liegt daran, dass in Bezug auf die genetischen Ursachen bisher keine qualitativen Unterschiede gefunden wurden, d. h. zwischen Kindern mit und ohne genetische Belastung konnten bisher keine Unterschiede in der Art der Störung nachgewiesen werden. Insgesamt erscheint es uns wichtig, weder einseitig medizinische Ursachen für Legasthenie anzunehmen noch allein schulische oder soziale Ursachen als ausschlaggebend zu betrachten. Näheres dazu wird in Kapitel 9 dieses Buches ausgeführt.

Aber selbst wenn wir die Ursachen genau kennen würden, könnte man daraus noch keine Schlüsse ziehen, wie die Förderung der Kinder aussehen sollte, und es gibt keine Belege dafür, dass je nach Ursache eine andere Art der Förderung den Kindern eher helfen könnte. Die Unterschiede zwischen den Kindern in der Art ihrer Lese- und Rechtschreibstrategien sind differentialdiagnostisch auf phänomenologischer Ebene gut feststellbar und daran muss sich die Förderung orientieren, d. h. das Konzept der Förderung muss an dem individuellen Leistungsprofil der Kinder ansetzen.

Dass bei der Frage einer Diskrimination zwischen einer eher medizinisch verursachten Legasthenie als Störung und einer pädagogisch förderbaren LRS auch die Frage der Verantwortlichkeiten und damit der Finanzierung von Förderung und Therapie eine Rolle spielt, ist uns wohl bewusst. Dennoch haben wir vor allem den empirischen Befunden Rechnung zu tragen, die derzeit diese Unterscheidung in keiner Weise als gerechtfertigt erscheinen lassen. Um dies deutlich zu machen, haben wir auch den Titel dieses Buches verändert.

Schließlich ist in diesem Zusammenhang die Frage der Intelligenzdiskrepanzdefinition anzusprechen. Neuere Erkenntnisse belegen, dass es weder in der Art der Störung noch in der erforderlichen Förderung und deren Effektivität einen Unterschied zwischen Kindern mit Lese- und Rechtschreibstörungen mit höherer oder geringerer Intelligenz gibt. Näheres zu dieser Diskussion wird in Kapitel 8 ausgeführt. In der Leseforschung wird daher der Unterscheidung zwischen einer spezifischen und einer unspezifischen LRS aktuell keine Bedeutung mehr beigemessen. Es besteht nach dem derzeitigen Stand der Forschung kein empirisch fundierter Grund, diese Trennung aufrechtzuerhalten: weder differentialdiagnostisch noch was die Art der Förderung und deren Effektivität oder was den Verlauf der Störung und die längerfristige Entwicklung der Kinder betrifft. Auch dies ist also kein Grund für eine Unterscheidung zwischen Legasthenie und Lese-/ Rechtschreibstörungen.

Sinnvoll wäre es lediglich, die Kinder nach der Schwere der Störung zu unterscheiden. Kinder, die im Lesen und Rechtschreiben eine Leistung erbringen, die unter den Prozentrang von 10–15 fällt, sollten als Kinder mit Lese- und Rechtschreibschwierigkeiten betrachtet werden, wohingegen Kinder, deren Leistungen unter einen Prozentrang von 4–5 fallen, zu den Kindern mit Lese-/ Rechtschreibstörungen oder Legasthenikern zählen sollten. Die Schwere der Störung hat nämlich sowohl auf die Möglichkeiten einer Förderung als auch auf den weiteren Verlauf der Störung deutliche Auswirkungen.

Wichtig für die Förderung der Kinder ist in erster Linie, dass es sich bei der Störung um eine in den meisten Fällen im Wesentlichen phonologisch bedingte Störung handelt, die durch angemessene Fördermaßnahmen weitgehend behoben werden kann. Leider fehlen in Deutschland derzeit noch breit angelegte Interventionsstudien, die die Effektivität einer solchen Förderung nachweisen könnten, wie es im angloamerikanischen Sprachraum schon längst der Fall ist (siehe dazu Kapitel 12). Allerdings gibt es verschiedene Arbeitsgruppen, die daran arbeiten und daher erscheint es realistisch, dass wir uns und allen Kindern mit LRS wünschen, dass in 10 Jahren kein Kind mehr die Schule verlässt, ohne wirklich lesen und schreiben zu können.

Wien, Januar 2010

Barbara Gasteiger-Klicpera
Christian Klicpera
Alfred Schabmann

# Einleitung

Legasthenie – einer jener Begriffe, der in der Pädagogik und Psychologie durch eine sehr wechselvolle Geschichte aufgefallen ist. In den 60er Jahren des letzten Jahrhunderts als „klassisches Legasthenie-konzept“ mit charakteristischen visuellen Fehlern und einer IQ-Diskrepanz propagiert, in den Siebzigern als „Unfug mit der Legasthenie“ gescholten und ad acta gelegt, erlebte die Legasthenieforschung in den Neunzigern eine ungeahnte Renaissance und gilt bis heute als ungemein lebendiges, interdisziplinäres Forschungsgebiet, dem eine ganze Reihe an internationalen Zeitschriften, von „Reading Research Quarterly“ bis zu den „Annals of Dyslexia“, gewidmet ist. Wörtlich übersetzt heißt „Legasthenie“ nichts anderes als „Leseschwierigkeit“ und will von den Autoren auch in dieser ursprünglichen, mittlerweile zumeist um den Zusatz „und Rechtschreibschwierigkeiten“ (im Folgenden auch abgekürzt LRS) ergänzten Bedeutung verstanden werden.

Wir sind bei dem klassischen Begriff der „Legasthenie“ geblieben, da wir damit zu einer Neubesetzung des Begriffs beitragen möchten, als allgemeine Bezeichnung für Schwierigkeiten beim Schriftspracherwerb.

Trotz dieser Vielfalt an neuen Erkenntnissen und der Tatsache, dass sich Wissenschaftler verschiedener Disziplinen ausschließlich der Leseforschung verschrieben haben, ist zurzeit auf der anderen Seite, in der Lehrerschaft, eher Verdruss über die Forschung zu beobachten. Einerseits revidiert sie ständig ihre Erkenntnisse, und andererseits kümmert sie sich auch nicht darum, diese Erkenntnisse in verständlicher Form zusammenzufassen und mitzuteilen. Dass in der Fülle an neuen Befunden eine Orientierung schwer fällt und dies zu einer Irritation führt, mag kaum verwundern.

„Es gibt nichts Praktischeres als eine gute Theorie“, soll Lewin gesagt haben. Die theoretischen Erkenntnisse, die in der Forschung in den letzten Jahren gewonnen wurden, können die praktische Arbeit mit Lese- und Rechtschreibstörungen entscheidend bereichern und erleichtern. Allerdings ist es dazu notwendig, ein Verständnis dafür zu entwickeln, wie die kognitiven Prozesse des Lesens und

Schreibens ablaufen. Dabei möchte das vorliegende Buch helfen. Es soll somit eine Brücke zwischen Theorie und Praxis geschlagen werden, indem fundiertes Wissen vermittelt, Befunde kompakt dargestellt und Folgerungen für die Praxis gezogen werden. Da dies im vorliegenden Rahmen nicht für alle Bereiche des Lesens und Schreibens möglich ist, soll der Schwerpunkt auf Förderung gelegt und dazu ein breites Spektrum an internationalen Erfahrungen dargestellt werden.

Das Buch richtet sich in erster Linie an Lehramt-, Pädagogik- und Psychologiestudenten, will aber auch Lehrern in der Praxis einen Überblick über die kognitiven Prozesse des Lesens und Schreibens verschaffen. Erst durch ein detailliertes Verständnis dieser Prozesse, die sich Kinder beim Erlernen des Lesens und Schreibens aneignen müssen, wird deutlich, welche Schwierigkeiten beobachtet werden und auf welche nachweisbaren Ursachen diese zurückgeführt werden können. Gerade im Bereich der Ursachen soll auf die markanten Fortschritte hingewiesen werden, die in den letzten Jahren beim Verständnis der genetischen Grundlagen gewonnen wurden. Es soll auch verdeutlicht werden, inwieweit die modernen Methoden der Analyse der Hirnprozesse eine Abbildung der Hirnaktivitäten des Lesens und Schreibens ermöglichen. Des Weiteren soll gezeigt werden, wie sich diese Schwierigkeiten physiologisch abbilden, und auch auf Tendenzen aufmerksam gemacht werden, wie die Hirnphysiologie zu einer gezielteren Therapieplanung beitragen kann.

Das Buch ist in drei größere Abschnitte gegliedert. Der erste Teil ist dem Lesen und Schreiben bei durchschnittlichen Lesern gewidmet. Der zweite Teil beschäftigt sich mit der Entwicklung des Lesens und Schreibens bei schwachen Lesern, mit der Definition und der Unterscheidung von Untergruppen. Der dritte und letzte Teil hat wohl die stärkste Praxisrelevanz, da der Schwerpunkt auf der Diagnostik und Intervention bei Lese- und Rechtschreibschwierigkeiten liegt.

Der erste Teil beginnt mit einer Übersicht des derzeitigen Verständnisses über die Entwicklung des Lesens und Rechtschreibens. Es werden verschiedene Modelle vorgestellt, welche Kompetenzen sich der junge Leser/Rechtschreiber im Lauf seiner Entwicklung aneignet und wie diese Kompetenzen interagieren. Im zweiten Kapitel werden die kognitiven Prozesse, die beim Lesen und Schreiben ablaufen, näher beleuchtet. Hier sind zunächst grundlegende Fähigkeiten des Worterkennens und des Rechtschreibens von Bedeutung: Wie vollziehen sich diese beiden Prozesse, welche Teilfertigkeiten sind zu unterscheiden und wie greifen diese ineinander?

Das Worterkennen und das Rechtschreiben stellen jedoch nur den ersten Schritt bei der Aneignung der Schriftsprache dar. Später werden diese beiden Teilaspekte in einen breiteren Kontext gestellt. Nun gewinnt das Leseverständnis an Bedeutung und auch die schriftliche Ausdrucksfähigkeit. Da das Verständnis für den Inhalt eines Textes und das selbstständige Verfassen eines Textes von der Grundschule bis ins Erwachsenenalter von Bedeutung sind, und darin immer größere Perfektion erreicht wird, ist diesen beiden Aspekten ein eigenes Kapitel gewidmet. Schließlich befassen sich die beiden letzten Kapitel des ersten Abschnitts mit dem Ablauf des Unterrichts und Möglichkeiten der Förderung.

Im zweiten Teil des Buches wird die Entwicklung des Lesens und Schreibens bei schwachen Schülern analysiert. Dabei wird zunächst die Frage der Definition von Legasthenie und Lese- und Rechtschreibschwierigkeiten diskutiert. Weiterhin werden Befunde zur Prävalenz zusammengestellt, es wird aber auch die längerfristige Prognose der Kinder besprochen. Anschließend werden jene Bereiche herausgearbeitet, die Kindern mit Lese- und Rechtschreibschwierigkeiten besondere Probleme bereiten. Der Frage, inwieweit sich innerhalb der lese- und rechtschreibschwachen Kinder Untergruppen mit einem unterschiedlichen Verlauf differenzieren lassen und ob es zwischen diesen Gruppen qualitative Unterschiede gibt, ist das letzte Kapitel des zweiten Abschnitts gewidmet.

Der dritte Teil schließlich befasst sich mit dem Schwerpunkt der Diagnostik und Intervention bei Lese- und Rechtschreibschwierigkeiten. In diesem Zusammenhang wird auch auf die biologischen, kognitiven und sozialen Faktoren hingewiesen, die an der Entwicklung von LRS beteiligt sind. Weiterhin werden die Auswirkungen der Schwierigkeiten auf die Entwicklung der Kinder diskutiert, und zwar sowohl auf die emotionale und Verhaltensentwicklung als auch die Rückwirkungen auf die Familien der Kinder. Im letzten Kapitel wird ausführlich auf Interventionsmöglichkeiten eingegangen. Für jeden einzelnen Bereich des Lesens und Schreibens werden bewährte Förderprogramme vorgestellt, und die erzielten Fortschritte werden im Rahmen von Evaluationsstudien kritisch beleuchtet.

# Erster Abschnitt – Der geübte Leser und der geübte Schreiber

## 1 Die Entwicklung des Lesens und Rechtschreibens

**gezielte Instruktion**

Das Erlernen der Schriftsprache stellt für Kinder zumeist eine große Herausforderung dar. Anders als bei der Aneignung der mündlichen Sprache, die für die meisten Kinder ohne direkte Instruktion verläuft, bedarf es beim Erlernen des Lesens und Rechtschreibens einer gezielten Instruktion. Allerdings beginnt der Zugang zur Schrift in den meisten Kulturen nicht erst mit dem Schuleintritt. Kinder sind unentwegt mit Schriftzeichen konfrontiert, die sie – zuerst an sehr groben Merkmalen, z. B. dem Schriftzug, der Farbe etc. – (wieder)erkennen. Zudem nimmt in vielen Familien das Vorlesen eine wichtige Rolle ein.

Man nimmt an, dass Kinder als Vorstufe für die Leseentwicklung allmählich eine gewisse Sensibilität für die Merkmale der Schriftsprache entwickeln. Zuerst scheint ihnen der Vorgang des Lesens, wenn sie ihn etwa bei ihren Eltern beobachten, unklar. Sie haben Mühe, ihn zu erklären. Erst langsam erkennen sie, dass die Schriftzeichen etwas mit den realen Objekten der Umwelt zu tun haben und Aspekte wiedergeben, die über das hinausgehen, was Zeichnungen oder Bilder beschreiben. Sie lernen, dass die Anordnung der Wörter nicht willkürlich ist und bestimmten Gesetzmäßigkeiten gehorcht.

### 1.1 Vorläuferfertigkeiten des Schriftspracherwerbs – die metalinguistische Bewusstheit

Diese Einsichten sind der erste Schritt in eine generelle metalinguistische Bewusstheit. Während jüngere Kinder beim Sprechen und Zuhören hauptsächlich auf den inhaltlichen Aspekt achten, beginnen ältere Kinder (etwa ab dem fünften Lebensjahr) sprachliche Vorgänge selber zu reflektieren. Dies schließt die zunehmende Fähigkeit ein, die Aufnahme und Verarbeitung von sprachlicher Information gezielt zu steuern.

**Wortbewusstheit**

Zum einen betrifft dies die Wortbewusstheit. Damit ist die Fähigkeit gemeint, Wörter als Grundeinheiten der Sprache zu erkennen. Kinder haben häufig ein implizites Wissen um die Gliederung der Sprache in Wörter, wobei sie dazu tendieren, Wörter mit ihren Referenten gleichzusetzen. So erhält man auf die Frage, ob ***Hund*** oder ***Regenwurm*** das längere Wort sei, häufig die Antwort ***Hund***, weil es sich um das größere Tier handelt. Erst allmählich – vor allem mit zunehmender Vertrautheit mit der Schrift – bildet sich ein explizites Wissen um das Wort als solches heraus. Für viele Lehrer mag es überraschend sein, dass Kindern zu Schulbeginn nur teilweise bewusst ist, dass Sätze aus Wörtern aufgebaut sind und sie die Sätze nur unvollständig in Wörter aufgliedern können.

**syntaktische Bewusstheit**

Weitere Fertigkeiten, die sich mit der Zeit herausbilden, betreffen die so genannte syntaktische Bewusstheit. Wegen der Schwierigkeiten bei der Analyse von Sätzen fallen Kindern Aufgaben zur Umstellung von Wörtern in Sätzen wie auch das Erfinden von Sätzen zu vorgegebenen Wörtern schwer. Zudem sind Vorschulkindern Funktionswörter wie ***für*** oder ***jedoch*** noch wenig vertraut. Dies hängt damit zusammen, dass diese Wörter für sich genommen keine unmittelbare Bedeutung haben. Sie werden in dieser Entwicklungsphase häufig auch nicht als richtige Wörter erkannt.

**pragmatische Bewusstheit**

Hinzu kommt die pragmatische Bewusstheit, die Fähigkeit, auf die Verständlichkeit einer Mitteilung und auch auf die Struktur eines gesamten Textes zu achten.

### *Die phonologische Bewusstheit*

**Erkennen von Sprachsegmenten**

Der Begriff „phonologische Bewusstheit" bezeichnet die Fähigkeit, die einzelnen Segmente der Sprache zu erkennen und auch bestimmte „Manipulationen" mit ihnen durchzuführen. Wörter können in Silben und einzelne Phoneme zergliedert werden, und Phoneme korrespondieren mit bestimmten Graphemen und können beispielsweise nach diesen kategorisiert werden. Diese für den geübten erwachsenen Leser mehr oder weniger triviale Einsicht ist für beginnende Leser keineswegs selbstverständlich. Im Gegenteil zeigt sich, dass es sich dabei um eine relativ schwierige Entwicklungsaufgabe handelt, die von manchen Kindern nur mit Mühe zu bewältigen ist (Abb. 1.1).

**Testung**

Es wurden verschiedene Aufgaben entwickelt, um zu testen, inwieweit Kinder in der Lage sind, Teilkomponenten der Sprache zu unterscheiden und bestimmte sprachliche Operationen mit ihnen

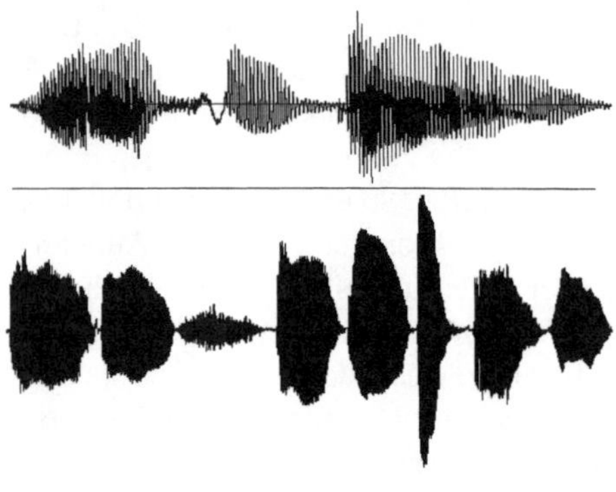

*Abb. 1.1:*
Phonologische Bewusstheit. In der gesprochenen Sprache ist die bei den Schriftzeichen viel offensichtlichere Gliederung häufig recht „verwaschen", weil Buchstaben „zusammengelautet" sind und bisweilen einzelne Grapheme „verschluckt" oder ausgelassen werden. Damit ist die Struktur eines Wortes keineswegs eindeutig zu erkennen. Die Abbildung zeigt die mit einem handelsüblichen Computerprogramm erstellte Wellenform für das Wort ***Eisenbahn***, einmal als ganzes Wort ausgesprochen (oben), einmal buchstabenweise (unten). Was Kinder am Beginn des Lesenlernens z. B. bei Aufgaben zur Phonemanalyse zu leisten haben, ist – in eine optische Analogie umgesetzt – zu erkennen: Das obere Bild kann in die im unteren Bild wiedergegebenen Einzelteile zerlegt werden, wobei hier Zwischenräume, wie sie beim buchstabenweisen Sprechen natürlicherweise entstehen, und auch das stumme ***h*** im Nachhinein entfernt wurden.

durchzuführen. Die häufigsten Aufgaben, die teilweise auch im Rahmen von Frühdiagnostik möglicher Lese- und Rechtschreibschwierigkeiten verwendet werden, sind (mit Beispielen versehen):

- Laut-Wort-Zuordnung: Kommt ***F*** in Affe vor?
- Positionsbestimmen eines Lautes: Befindet sich das ***F*** in ***Affe*** am Anfang, in der Mitte oder am Ende des Wortes?
- Wort-zu-Wort-Zuordnung: Ist der Anfang von ***Bub*** und ***Bauch*** gleich?
- Erkennen von Reimen: Reimen sich ***Sand*** und ***Wand***?
- Erkennen von Alliterationen: Welches von den folgenden Wörtern ist den anderen unähnlich: ***Saft*** – ***Salz*** – ***Pfand*** – ***Sand***?
- Isolieren eines Lautes: Was ist der erste Laut in ***Rose***?
- Phonemsegmentierung: Welche Laute hörst du in ***Tal***?
- Phoneme zählen: Wie viele Laute hörst du in ***Saal***?
- Phoneme verbinden: Verbinde die Laute ***R***-***O***-***T***!
- Phoneme weglassen: Welches Wort ergibt sich, wenn ***W*** aus dem Wort ***Schwein*** weggelassen wird?
- Angeben eines weggelassenen Phonems: Welchen Laut hörst du in ***Maus***, der in ***aus*** fehlt?
- Phonemreihenfolge vertauschen: Sag ***Os*** mit dem ersten Laut am Ende und dem letzten Laut zuerst!
- Phoneme vertauschen: Sag ***Rot***, aber ersetze ***O*** durch ***A***!

**Entwicklung der phonologischen Bewusstheit**

Die Analyse der Antworten auf derartige Aufgaben zeigt, dass die phonologische Bewusstheit kein eindimensionales Konstrukt ist, sondern aus vielen Teilfertigkeiten besteht. Manche dieser Teilfertigkeiten sind bei den meisten Kindern schon vor dem Erstleseunterricht recht gut entwickelt, andere bilden sich erst mit dem Erlernen der Schriftsprache heraus. So fällt es jüngeren Kindern im Allgemeinen leichter, in Silben als in Phoneme zu segmentieren (Treiman/ Zukowski 1991; Goswami 2000). Letzteres scheint erst nach dem Einsetzen des Erstleseunterrichts möglich. Bei Aufgaben zur Silbentrennung fällt es den Kindern leichter, den Silbenanfang vom Rest der Silbe zu trennen. Morais et al. (1987) schlagen ein dreistufiges Entwicklungsmodell für die Entwicklung der phonologischen Bewusstheit vor:

- In einer ersten Stufe, für die die Sensibilität für Reime und Alliterationen charakteristisch ist (Goswami/Bryant 1990), beginnen Kinder, abseits der Bedeutung von Wörtern auf die Lautfolge zu achten.
- In einer zweiten Phase, der phonetischen Bewusstheit, achten sie auf Ähnlichkeiten in der Lautfolge verschiedener Wörter, insofern diese für eine perzeptuelle Unterscheidung relevant sind.
- In der dritten Stufe, der phonematischen Bewusstheit, systematisieren Kinder die Unterscheidung von Phonemfolgen und differenzieren nur (noch) Merkmale, die für die Unterscheidung der Wörter mit unterschiedlicher Bedeutung wesentlich sind.

**Regelmäßigkeit der Schriftsprache**

Neben dem Entwicklungsaspekt und der den verschiedenen Aufgaben selbst inhärenten Schwierigkeitsstufe spielt für das Ausbilden einer adäquaten phonologischen Bewusstheit auch die Regelmäßigkeit des jeweiligen schriftsprachlichen Systems eine wesentliche Rolle. Dies gilt vor allem für jene Fertigkeiten, die sich erst spät (als Folge des Erstleseunterrichts) herausbilden. Es scheint beispielsweise plausibel, dass Kindern die Ausbildung einer tieferen Einsicht in die Phonem-Graphem-Korrespondenz in einem regelmäßigen Schriftsystem leichter fällt als in einem unregelmäßigen. Tatsächlich konnte gezeigt werden, dass Kinder im deutschen Sprachraum sich frühzeitig bemühen, Wörter entsprechend der im Leseunterricht vermittelten Kenntnisse der Graphem-Phonem-Zuordnungen zu erlesen (Wimmer/ Hummer 1990).

Ein Faktor, dem in diesem Zusammenhang besondere Bedeutung zukommt, ist die Form des Leseunterrichts. Je stärker im Unterricht die Betonung auf Buchstaben-Laut-Zuordnungen gelegt wird, desto eher scheinen Kinder in der Lage, schon sehr früh in ihrem Lesen die vorherrschenden Regeln bzw. Redundanzen zu nützen (Schabmann et al. 2009).

**Folge des Unterrichts**

Viele Autoren sehen die phonologische Bewusstheit als die Vorläuferfähigkeit für das Erlernen des Lesens und Rechtschreibens schlechthin. Im Hinblick auf die oben erwähnte Rolle des Erstleseunterrichts und seiner didaktisch-methodischen Ausrichtung bei der Entwicklung von phonologischen Kompetenzen, aber auch im Hinblick auf die Bedeutung der Regelhaftigkeit der jeweiligen Sprache, muss diese Sichtweise relativiert werden. Die Konfrontation mit der jeweiligen Schriftsprache hat im Rahmen des Erstleseunterrichts einen wesentlichen Anteil an der Herausbildung der phonologischen Bewusstheit. Zwar scheint die Entwicklung der phonologischen Bewusstheit in verschiedenen Sprachen ähnlich vor sich zu gehen – in dem Sinn, dass von den Kindern zuerst Aufgaben auf Wortebene, dann erst Aufgaben auf Silbenebene und schließlich Aufgaben auf Phonemebene gelöst werden können (Ziegler/Goswami 2005). Allerdings bestehen z. T. beträchtliche Unterschiede in der (absoluten) Ausprägung der Kompetenzen. So sind Kinder im (regelmäßigen) Türkischen deutlich früher in der Lage, Aufgaben auf Phonemebene zu lösen (Durgunoglu/Oney 1999). Zudem zeigten etwa Landerl et al. (2012) an Grundschulkindern aus insgesamt sechs Ländern mit unterschiedlichen Sprachen, dass die phonologische Bewusstheit, aber auch andere Prädiktoren des Lesens (z. B. die Benennungsgeschwindigkeit, Kap. 6.3) in Abhängigkeit von der jeweiligen Schriftsprache unterschiedlich starke Zusammenhänge mit dem Lesen aufweisen. Je komplexer die jeweilige Orthographie ist, d. h. je unregelmäßiger die Graphem-Phonem- bzw. die Phonem-Graphem-Übereinstimmungen (oder beide) sind, desto stärker ist der Einfluss der Prädiktoren auf das Lesen.

Richtig dürfte in jedem Fall sein, dass Kinder, die entweder vor Schulbeginn entsprechende Kompetenzen erworben haben oder aber in der Lage sind, sie mit dem Einsetzen des Erstleseunterrichts relativ rasch zu entwickeln, Vorteile beim Erlernen des Lesens und Rechtschreibens haben. Evidenz für diese Annahme kommt aus Untersuchungen, die bis in die 70er Jahre des letzten Jahrhunderts zurückreichen und in neueren Studien Bestätigung gefunden haben.

Obwohl viele dieser Befunde aus dem englischsprachigen Raum stammen, ist mit obigen Einschränkungen auch für den deutschen Sprachraum die Bedeutsamkeit phonologischer Fertigkeiten mit empirischen Ergebnissen belegt, (z. B. Klicpera/Schabmann 1993; Schneider/Näslund 1993; Ennemoser et al. 2012). Das gilt vor allem für schriftnahe Aspekte, wie Synthese- bzw. Segmentationsaufgaben auf Phonemebene. Hier haben auch deutschsprachige Leseanfänger Probleme (z. B. Wimmer 1996a, b). Für schriftfernere Aspekte ist die Befundlage im Deutschen nach Mayringer et al. (1998) weniger einheitlich als im englischsprachigen Raum. Allerdings zeigen bei sehr schwierigen Aufgaben (Vertauschen der Anfangslaute von Wörtern) lese- und rechtschreibschwache Kinder in beiden Sprachräumen Defizite (Wimmer/Frith 1994).

**Buchstabenkenntnisse**

Buchstabenkenntnisse stehen in einem engen Zusammenhang zu verschiedenen Messungen der phonologischen Bewusstheit, vor allem Aufgaben zur Silbensegmentierung und Phonemerkennung, und es bestehen deutliche Unterschiede im Kenntnisstand bei Kindern unterschiedlicher Schulsysteme. Während z. B. bei Worden und Boettcher (1990) amerikanische Kinder im Alter von fünf Jahren beinahe alle Buchstaben mit ihrem Namen benennen konnten, konnten es dänische Siebenjährige nur bei ganz wenigen (vier) Buchstaben (Lundberg et al. 1988). Ähnlich geringe Buchstabenkenntnisse berichten Wimmer et al. (1991) aus Österreich und Hoien et al. (1995) für norwegische Kinder. In der Wiener Längsschnittuntersuchung konnten die später durchschnittlichen und guten Leser zu Schulbeginn ungefähr ein Zehntel der vorgegebenen Buchstaben erkennen, die schwachen Leser ca. 6 % (Klicpera et al. 1993b). In einer Längsschnittstudie, die gerade an der Universität zu Köln unter Leitung von Alfred Schabmann durchgeführt wird, konnten etwa 53 % der Kinder zu Beginn des Erstleseunterrichts nicht mehr als die Buchstaben des eigenen Namens lesen.

**Benennungsgeschwindigkeit**

Neben der phonologischen Bewusstheit wird auch die Benennungsgeschwindigkeit (auch Rapid Automatized Naming, RAN) von vielen Autoren als eine Vorläuferfähigkeit des Lesens und Rechtschreibens angesehen (Kirby et al. 2010). Unter der Benennungsgeschwindigkeit versteht man die Fähigkeit, Objekte (Gegenstände, Farben, Buchstaben, Zahlen) in rascher Reihenfolge zu benennen. Allerdings herrscht noch Uneinigkeit darüber, wie der Zusammenhang zwischen RAN und dem Lesen theoretisch zu erklären ist. Torgesen et al. (1998) sehen RAN als Teil einer eher allgemeinen phonologischen Informationsverarbeitung. Manche Autoren sehen diese Fertigkeit hingegen als einen Indikator für einen Mechanismus, der für die rasche und automatisierte Verarbeitung von orthographischen Informationen im Gedächtnis essenziell ist. So könnte eine zu langsame Identifikation von Buchstaben es den Kindern schwer machen, Sensitivität für häufig auftretende orthographische Muster zu entwickeln (Kirby et al. 2003, Georgiou et al. 2008). Andere Autoren sehen in RAN eher einen Automatisierungsmechanismus (Moll et al. 2009). Ein dritter Ansatz geht davon aus, dass RAN eher Zeichen einer generellen kognitiven Verarbeitungsgeschwindigkeit (z. B. Kail et al. 1999) oder der Fähigkeit, konkurrierende (visuelle, linguistische, artikulatorische) Prozesse zu koordinieren ist (Verhagen et al. 2008).

Die Benennungsgeschwindigkeit hat sich als ein relativ stabiler Prädiktor für das Lesen erwiesen, selbst wenn man die phonologische Bewusstheit und die Intelligenz der Kinder kontrolliert (für eine Zusammenschau vgl. Kirby et al. 2010). Ihre prädiktive Validität scheint aber nicht völlig unabhängig von der Art des Erstleseunterrichts und von der Regularität der Schriftsprache zu sein (Schabmann et al. 2009). Zudem konnten Landerl und Wimmer (2008) zeigen, dass die Benennungsgeschwindigkeit eher ein Prädiktor für die Leseflüssigkeit ist, während die phonologische Bewusstheit eher ein Prädiktor für die Rechtschreibleistung darstellt. Manche Studien weisen außerdem darauf hin, dass RAN eher ein Prädiktor bei schwachen Lesern ist (z. B. McBride-Chang/Manis 1996, Johnston/Kirby 2006). Die so genannte „doppelte Defizit Hypothese“ (double deficit hypothesis, Wolf/Bowers 1999) geht davon aus, dass Kinder Probleme in der Benennungsgeschwindigkeit unabhängig von Schwierigkeiten in der phonologischen Bewusstheit haben können (Kap. 9.2.5).

Was den Entwicklungsprozess betrifft, so dürfte der Einfluss auf das Lesen mit zunehmender Automatisierung des Worterkennens zunehmen (Vaessen/Blomert 2010). Allerdings hängt es stark von der Art und Weise ab, wie RAN und auch das Lesen gemessen werden, ob dieser Effekt nachweisbar ist. So zeigen Rodríguez et al. (2015), dass der Zusammenhang zwischen RAN und dem Lesen mit der Zeit sogar abnimmt, wenn die Benennungsgeschwindigkeit sequenziell (die Symbole werden auf Bildtafeln vorgegeben), das Lesen aber diskret (einzelne Wörter) gemessen wurde.

**Basale Informationsverarbeitung und Sensorik**

Neben den genannten Basiskompetenzen, die eng an den Lesevorgang angeknüpft sind und z.T. auch hohe Übereinstimmung mit diesem haben (z. B. die Vorgabe von Buchstaben oder Ziffern im Rahmen von RAN-Messungen), werden im Zusammenhang mit dem Schriftspracherwerb auch sehr basale Aspekte der Informationsverarbeitung diskutiert, von denen einige Autoren meinen, dass sie wiederum Prädiktoren phonologischer Grundfertigkeiten sind (Goswami 2011). Hier ist die Sensibilität für Längen und Rhythmen bzw. das Erkennen von Silbengrenzen zu nennen (Thomson/Goswami 2008). Wir werden darauf in Kap. 9 zurückkommen.

## 1.2 Die Entwicklung des Lesens

Kinder entwickeln häufig ein gewisses natürliches Interesse an der Schrift. Viele versuchen, die Bedeutung eines geschriebenen Wortes an bestimmten globalen Merkmalen, wie beispielsweise Schriftzug oder Farbe zu erkennen. Bestimmte Logos oder Markennamen bekannter Produkte können schon lange vor Schuleintritt erkannt werden. Ändert man jedoch willkürlich diese Attribute, so ist ein „Lesen" freilich nicht mehr möglich. Dieses erste Herangehen an die Schrift ist vom eigentlichen Prozess des Lesenlernens abzuheben, der erst mit der systematischen Einführung in die Schriftsprache, zumeist also mit Schuleintritt, beginnt.

### 1.2.1 Phasenmodelle der Leseentwicklung

Schon relativ früh wurde versucht, das Erlernen des Lesens in unterscheidbare Stadien der Entwicklung zu gliedern. Die verschiedenen Autoren postulieren zumeist drei bis vier Stadien, wobei die ersten häufig als Vorstufen der Leseentwicklung zu interpretieren sind, etwa die frühe Phase des so genannten „linguistischen Ratens" bei Marsh et al. (1981), in der die Kinder vor allem nicht weiter analysierte visuelle Reize zum „Lesen" benutzen und sehr stark kontextabhängig sind.

**Modell von Frith**

Ein bekanntes Modell, auf das immer wieder in der deutschsprachigen Leseforschung Bezug genommen wurde, ist jenes von Frith (1985). Die Autorin unterscheidet drei Phasen: eine logographische, eine alphabetische und eine orthographische Phase. Während im logographischen Stadium Wörter nur aufgrund hervorstechender, globaler visueller Merkmale identifiziert werden (z. B. Anfangsbuchstaben), wird im alphabetischen Stadium das Wissen um die Zuordnung von Buchstaben und Phonemen systematisch beim Erlesen der Wörter eingesetzt. Das letzte Stadium des reifen Lesens, das orthographische Stadium, ist nach Frith (1985) dadurch gekennzeichnet, dass Kinder eine vollständige Repräsentation der Buchstabenfolge aufbauen, in der auch die Redundanz in der Orthographie ausgenutzt wird. Dazu kommt eine Automatisierung des phonologischen Rekodierens, mit einer deutlichen Erhöhung der Lesegeschwindigkeit.

Allerdings wurde sehr bald Kritik an diesem Modell geäußert, die sich im Wesentlichen darauf bezog, dass die einzelnen Phasen in der Leseentwicklung von Kindern nicht klar voneinander unterscheidbar wären und dass es keine abgrenzbaren Stufenübergänge von der einen Phase in die nächste geben würde. Um dieser Überlappung von Lesestrategien Rechnung zu tragen, wurde später eher von Stadien der Entwicklung gesprochen.

Besondere Beachtung haben dann die Stadienmodelle gefunden, die sich explizit auf Informationsverarbeitungstheorien beziehen. So lassen sich etwa die wesentlichen Phasen in dem Modell von Ehri (1999) mit bestimmten Modifikationen unschwer im Rahmen von Zwei-Wege-Modellen als sukzessive Verbesserung lexikalischer und nichtlexikalischer Subsysteme interpretieren (Jackson/Coltheart 2001; vgl Kap. 2).

**Modell von Ehri**

Ehri unterscheidet ein voralphabetisches Lesestadium, in dem die Kinder nur einige wenige visuelle Merkmale zum Erkennen von Wörtern heranziehen, von drei alphabetischen Stadien. In den alphabetischen Stadien werden nacheinander das Wissen um Buchstaben-Laut-Verbindungen, ein gewisser „Sichtwortschatz“, und der lexikalische Zugang bzw. die Lesegeschwindigkeit ausgebaut.

**Anwendbarkeit der Modelle für das Deutsche**

Wiewohl versucht wurde, Phasenmodelle, wie das von Frith (1985), auf den deutschen Sprachraum zu übertragen (z. B. Günther 1986) ist vor allem die Annahme eines längeren logographischen Stadiums nicht unbestritten geblieben. Im deutschsprachigen Raum und bei einem lautorientierten Vorgehen der Lehrer dürfte die Leseentwicklung der Kinder durch ein frühzeitiges Erlesen auf Basis der im Unterricht vermittelten Kenntnisse über Graphem-Phonem Korrespondenzen gekennzeichnet sein. Kinder können im Deutschen schon recht früh unbekannte Wörter und selbst Pseudowörter erlesen (Klicpera et al. 1993c, d).

### 1.2.2 Das Kompetenzentwicklungsmodell des Lesens

**Entwicklungsperspektive**

Im Folgenden wollen wir ein Entwicklungsmodell vorstellen, das Forschungsbefunde aus dem deutschen Sprachraum (bzw. Vergleiche von verschiedenen Schriftsprachen) berücksichtigt, und aus diesem Grund der Entwicklung des Lesens in einer regulären Orthographie angemessener erscheint. Das Modell sieht weniger eine eindeutige Abfolge bestimmter Entwicklungsphasen vor, sondern orientiert sich an wesentlichen Lesekompetenzen, die im Lauf der Entwicklung zu erwerben sind. Wir haben dieses Modell dementsprechend „Kompetenzentwicklungsmodell“ genannt.

**lexikalisches und nichtlexikalisches Lesen**

Das Modell setzt mit dem Beginn des Erstleseunterrichts an. Dies ist insofern gerechtfertigt, als Kinder im deutschen Sprachraum vor Schuleintritt im Allgemeinen nur sehr geringe Kenntnisse über die Schrift aufweisen, speziell sind ihnen zumeist nicht viel mehr als die Buchstaben des eigenen Namens bekannt. Nach dem Modell (Abb. 1.2) kann gemäß den theoretischen Konzepten zum Leseprozess beim reifen Leser das Worterkennen zum einen durch einen direkten Zugriff auf ein so genanntes „mentales Lexikon“ erfolgen. Dabei sind die Wörter zusammen mit ihren bestimmenden Eigenschaften wie Schriftbild, Aussprache und Bedeutung abgespeichert. Zum anderen kann das Worterkennen mittels der „phonologischen Rekodierung“ erfolgen. Bei diesem Vorgang wird das Wort sequenziell aus der Buchstabenfolge ermittelt. Beim reifen Leser müssen beide Zugangswege funktionieren, denn neue, in ihrer schriftlichen Form unbekannte Wörter, können nur über die phonologische Rekodierung erlesen werden. Wörter hingegen, deren Schreibung von der Aussprache stark abweicht (z. B. Fremdwörter), können nur über den lexika-

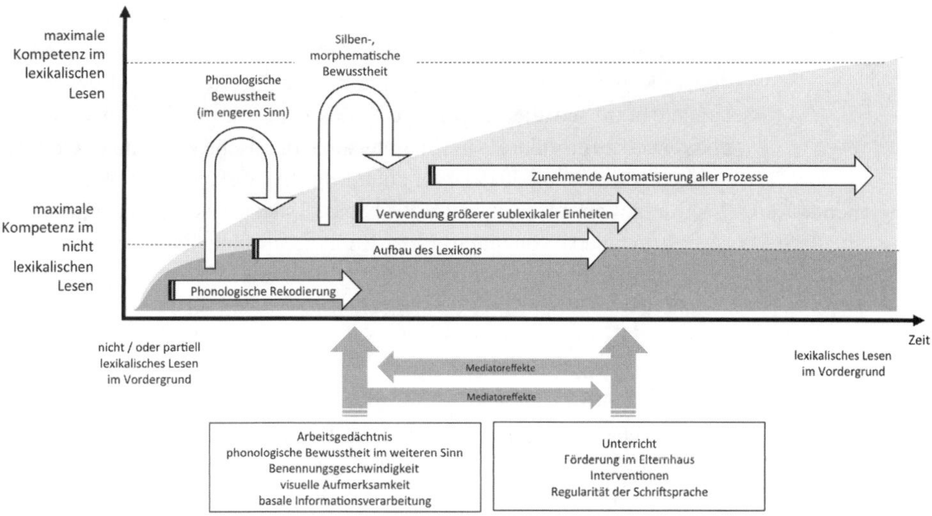


*Abb. 1.2:*
Kompetenzentwicklungsmodell für das Worterkennen und laute Lesen. Grundsätzlich kommt es – über die Benutzung immer größerer Einheiten beim phonologischen Rekodieren sowie vor allem über den Aufbau eines mentalen Lexikons – zu einer ständigen Automatisierung des Lesens. Phonologische Bewusstheit im engeren Sinn (Phonembewusstheit) und, etwa ab der zweiten Klasse, auch Silben- und Morphembewusstheit bilden sich heraus. Alle beteiligten Prozesse automatisieren sich mit der Zeit, und es kommt zu einem überwiegend lexikalischen Lesen. Je nach individuellen Basiskompetenzen (Links) und weiteren Einflussfaktoren (rechts) entscheidet sich, wie der Fortschritt im Lesenlernen verläuft. Diese Faktoren moderieren ihre Effekte gegenseitig und ergeben so eine bestimmte Bandbreite für die mögliche Entwicklung eines Kindes zu einem gegebenen Zeitpunkt.

lischen Zugriff erlesen werden. Zudem bietet der lexikalische Zugriff im Allgemeinen Geschwindigkeitsvorteile (vgl. Kap 2).

Im Unterschied zu den oben beschriebenen Modellen gehen wir davon aus, dass sich das lexikalische (hellgraue Zone in Abb. 1.2) und das nicht-lexikalische Lesen (dunkelgraue Zone) weitgehend parallel entwickeln. Hierbei muss eine gewisse Sicherheit im Rekodieren erreicht sein, damit die ersten Wörter ins (aufzubauende) mentale Lexikon „eingeschrieben“ werden können. Das lexikalische Lesen baut also auf dem nicht-lexikalischen auf (vgl. Share 1995). Allerdings nicht in dem Sinn, dass erst eine „lexikalische Phase“ (ähnlich der frühen alphabetischen Phase sensu Frith 1985) durchschritten werden muss, bevor es zum Aufbau des Lexikons kommt.

**phonologische Rekodierung**

Eine wichtige Komponente dabei ist die Größe der verarbeiteten Einheiten (Ziegler/Goswami 2005; vgl. Kap. 2). Im Deutschen werden Anfangs primär kleine Einheiten, also Buchstaben bzw. Grapheme mittels der phonologischen Rekodierung verarbeitet (Klicpera et al. 1993c, d). Bestimmte, sehr leichte Kombinationen wie z.B. „Mama“ oder „Mimi“ können zudem unmittelbar ins Lexikon überführt werden, andere brauchen allerdings länger. Außerdem stützen sich Kinder relativ bald auch auf größere, so genannte sublexikalische Einheiten, wie z.B. Silben (Loidl et al. 2012) oder auch Morpheme (Hennes et al. 2016).

**zunehmende Automatisierung**

Damit kommt es insgesamt zu einer sukzessiven Ausweitung der Lesekompetenz vom langsamen Rekodieren unter Nutzung einzelner Graphem-Phonem Korrespondenzen über die Verwendung größerer Einheiten zu einem voll lexikalischen Lesen auf Basis ganzer Wörter. Nur noch bei Bedarf (z.B. beim Lesen unbekannte Wörter) wird auf die nicht- oder sublexikalische Route zurückgegriffen. Dies ist ein Vorgang zunehmender Automatisierung im Zusammenspiel von lexikalischem und nichtlexikalischem Lesezugang. Die Kinder begehen zunehmend weniger Fehler und auch ihre Lesegeschwindigkeit steigert sich.

Dieser Prozess ist einerseits abhängig von individuellen Vorläuferfertigkeiten, die das Lernen des Lesens unterstützen (z.B. die vorschulische phonologische Bewusstheit) sowie weiteren Einflussfaktoren, z.B. dem Unterricht. Beide beeinflussen die Geschwindigkeit und den Erfolg der Leseentwicklung und wirken auch als Moderatoren auf den Effekt des jeweils anderen. Zum Beispiel hat der Unterricht (vor allem in den ersten Monaten der Leseentwicklung) einen starken Einfluss darauf, welche Basiskompetenzen von Bedeutung sind. In wenig Phonem-orientierten (ganzheitlich-analytischen) Unterrichtsformen sind die visuelle Aufmerksamkeit bzw. die visuelle Informationsverarbeitung von deutlich höherer Bedeutung als in einem synthetischphonem-orientierten Unterricht (Schabmann et al. 2009). Dies hat auch Konsequenzen für das Auftreten verschiedener, in den Modellen von Frith und Ehri postulierten „Phasen".

**logographische Phase?**

Ob beispielsweise eine „logographische" Zugangsweise zum Lesen sensu Frith (1985) überhaupt auftritt, hängt in erster Linie von der Art der Erstleseinstruktion ab: Nur bei einigen sehr schwachen Lesern in einem Unterricht, der nur in geringerem Ausmaß an der expliziten Instruktion in der Graphem-Phonem Korrespondenz orientiert ist, kann man wenige Wochen nach Schulbeginn Merkmale einer logographischen „Phase" feststellen.

**Einflussfaktoren auf Leseentwicklung**

Der Einfluss sowohl der individuellen Vorläuferfertigkeiten, als auch der weiteren Einflussfaktoren, kann sich durchaus mit dem Fortschreiten der Leseentwicklung ändern. Beispielweise sind grundlegende phonologische Kompetenzen nur relativ kurzfristig ein Prädiktor für das Lesen, während die Benennungsgeschwindigkeit dies längerfristig ist (Landerl/Wimmer 2008) und womöglich im Verlauf immer bedeutender wird (Vaessen/Blomert 2010; vgl. Abschnitt 1.1). Und auch die Bedeutung des Unterrichts für das basale Lesen nimmt mit der Zeit ab (Schabmann/Klingebiel 2010). Wohingegen etwa der Einfluss der Regularität der Schriftsprache längere Zeit erhalten bleibt.

**regelmäßige vs. unregelmäßige Sprachen**

So können Kinder, die in Schriftsprachen mit konsistenteren Graphem-Phonem-Verbindungen (z. B. Griechisch, Spanisch, Italienisch, Deutsch) Lesen lernen, schneller Wörter und Pseudowörter dekodieren als Kinder in unregelmäßigen Sprachen (z. B. Englisch) (Seymour et al. 2003, Abb. 1.3). In ihrer psycholinguistischen „Grain Size Theorie" setzen Ziegler und Goswami (2005) die orthographische Regularität der jeweiligen Schriftsprache mit der Elementgröße der verarbeiteten Einheiten in Beziehung: Kinder in konsistenten Sprachen können leichter auf kleinere Einheiten fokussieren, ohne Lesefehler zu machen. Die sequenzielle Auflösung einzelner Phoneme beispielsweise würde im Deutschen in den meisten (aber nicht allen) Fällen zu einer korrekten Aussprache führen. Kinder in unregelmäßigen Schriftsprachen müssen hingegen auf größere orthographische Einheiten (Silben, Endlaute, ganze Wörter) zurückgreifen. Dies ist allerdings ein schwierigerer Prozess, der mehr Zeit benötigt, zumal eine deutlich höhere Anzahl an größeren Einheiten existiert als an kleinen Einheiten. Ziegler und Goswami (2005) führen als Beispiel an, dass zum Erlernen der 3000 häufigsten englischen Wörter auf Ebene der Endlaute von den Kindern 600 verschiedene orthografische Muster und 400 phonologische Endlaute erlernt werden müssen.

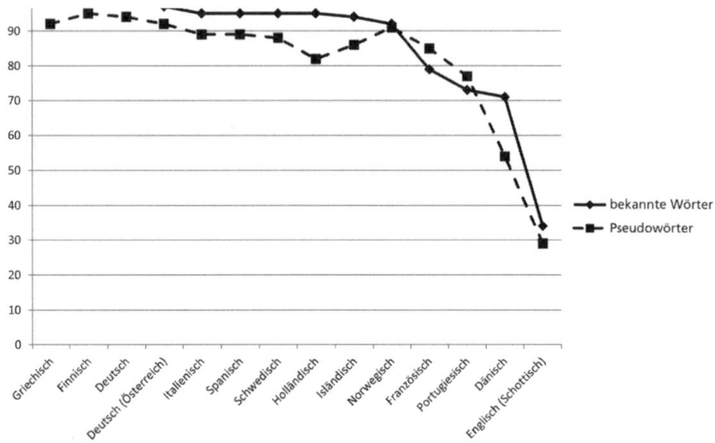


*Abb. 1.3:*
Lesegenauigkeit (% richtig gelesene Wörter und Pseudowörter) in verschiedenen europäischen Sprachen (Daten aus Seymour et al. 2003)

Wichtig ist allerdings zu sehen, dass viele relevante Kompetenzen sich erst im Laufe des Erstleseunterrichts entwickeln müssen (Schabmann/Schmidt 2015), dann aber auf die Leseentwicklung rückwirken. Ein typisches Beispiel dürften phonologische Kompetenzen auf Phonemebene (phonologische Bewusstheit im engeren Sinn) sein, die wir nicht primär als Prädiktor modellieren, sondern als Folge des Erstleseunterrichts. Gute phonologische Fähigkeiten erleichtern das Lesenlernen ohne Zweifel. Allerdings folgt umgekehrt aus Defiziten in diesem Bereich keinesfalls ein Versagen bei der Aneignung der Schriftsprache (Wimmer et al. 1991; Schabmann/Schmidt 2015).

Kinder besitzen vor Schulbeginn kaum die entsprechenden Fähigkeiten (Wimmer et al. 1991), eignen sie sich aber im Normalfall recht bald an und profitieren von ihnen beim weiteren Lesenlernen. Ein anderes Beispiel wäre die Sensitivität für Silben, die sich bei deutschsprachigen Lesern zwischen der zweiten und der vierten Grundschulklasse entwickelt, bei guten Lesern früher als bei schwachen (Loidl et al. 2012) sowie die Morphembewusstheit (Hennes et al. 2016).

## 1.3 Die Entwicklung des Rechtschreibens

**kindliche Schriftzeichen**

Ähnlich wie beim Lesen können auch beim Schreiben Vorstufen beobachtet werden (Treiman 1998a). So unterscheiden sich die „Schriftzeichen" älterer Vorschulkinder von Zeichnungen. Sie sind beispielsweise meist kleiner als diese und setzen sich aus einer Reihe von aneinander gereihten Strichen oder Symbolen zusammen. Dieses „Schreiben" dient allerdings noch nicht der Kommunikation. Kinder glauben eher, die geschriebene Form von Wörtern (die meist Gegenstände bezeichnen) bezieht sich auf ihre Bedeutung. So sollte beispielsweise ***Wal*** mehr Buchstaben haben als ***Maikäfer***, weil der Wal ein viel größeres Tier ist.

**vorschulisches Schreiben**

Bei manchen Kindern, die sich selbst bemühen, das Schreiben zu erlernen, entwickelt sich schon vor dem Eintritt in die Grundschule ein Vorbewusstsein um das alphabetische Prinzip. Manche Autoren gehen davon aus, dass Kinder zuerst eine Korrespondenz zwischen Wort und Schrift auf Silbenebene annehmen und erst später eine Übereinstimmung auf Ebene von Phonemen akzeptieren. Ihre Schreibweise zeigt dabei zum Teil deutliche Abweichungen von der Rechtschreibkonvention. Besonders Konsonanten scheinen dominant zu sein, wobei diese oft stellvertretend für sich selber und den im Buchstabennamen vorkommenden Vokal benutzt werden. Sie schreiben also für ***Kater*** beispielsweise ***KTR***. Andere Fehler betreffen Auslassungen in finalen Konsonantenclustern, besonders dann, wenn der erste Konsonant ein Nasal ist.

Diese Fehler betreffen jedoch mitunter auch Kinder, die bereits mit dem Erstleseunterricht begonnen haben. Vor allem in einem Unterricht, in dem das eigenständige Erlernen der Schriftsprache betont wird und Eingriffe der Lehrer selten sind, sind die Schreibversuche der Kinder denen jener Kinder ähnlich, die sich das Schreiben bereits im Vorschulalter selbstständig angeeignet haben (Treiman 1991).

Die Systematik, die Kinder zu Beginn des Schreibens anwenden, unterscheidet sich also in manchen Dingen von jener Erwachsener. Teilweise nehmen Kinder phonetische Merkmale wahr, die Erwachsene nicht mehr registrieren, weil ihr reiferes Klassifikationssystem von gewissen phonetischen Eigenheiten abstrahiert. Ein Beispiel dafür ist die vokalistische Natur mancher Laute. Kinder schreiben etwa ***Fereund*** für ***Freund***, indem sie den Vokalanteil des Eingangskonsonanten mit berücksichtigen (z.B. Ehri 1984; Treiman 1994). Auf der anderen Seite orientieren sich Kinder jedoch recht erfolgreich an den orthographischen Mustern, mit denen sie zu tun haben. Sie sind teilweise schon recht früh in der Lage, „mögliche" von „unmöglichen" Buchstabenkombinationen zu unterscheiden und machen beispielsweise kaum Fehler der Art ***Ckuchen*** für ***Kuchen***, auch wenn die Restriktion, dass im Deutschen ***Ck*** niemals am Anfang eines Worts steht, nicht explizit im Unterricht durchgenommen wurde.

**schulisches Schreiben**

Mit dem Fortschreiten des Unterrichts entwickelt sich das Verarbeitungssystem für das Rechtschreiben zunehmend weiter. Es treten verschiedene Änderungen in der Schreibweise der Kinder ein. Zum einen differenziert sich ihr Urteil über Lautähnlichkeiten und die Systematik der Lautunterscheidung zunehmend heraus, wie auch das Wissen um die Zuordnung von Lauten zu Buchstaben. Potenziell willkürliche Laut-Buchstaben-Korrespondenzen werden mehr und mehr nach den Konventionen der jeweiligen Orthographie angewendet (z. B. Derwing 1992). Damit wird die Rechtschreibung, vielmehr das Regelwerk der Rechtschreibung, selbst thematisiert und als eigene Wertigkeit in Betracht gezogen.

**Schreiben nach Analogien**

Neben der Ausnutzung von Graphem-Phonem-Korrespondenzen schreiben Kinder mit zunehmender Lese- und Rechtschreiberfahrung Wörter immer häufiger auch in Analogie zu bereits bekannten Wörtern. Für das Lesen ist die Bedeutung von Analogien gut dokumentiert (z. B. Goswami 1993), wobei der Leser Klangmuster bekannter Wörter dazu heranzieht, die Aussprache neuer Wörter zu generieren. Auch beim Rechtschreiben dürften sich Kinder auf ihr Wissen um die Schreibweise schon bekannter Wörter stützen, um neue Wörter wiederzugeben.

### Experimentelle Befunde zur Verwendung von Analogien

Der Gebrauch von Analogiebildungen beim Rechtschreiben ist unbestritten, Uneinigkeit besteht allerdings darüber, ab welchem Zeitpunkt der Entwicklung diese Strategie von den Kindern eingesetzt wird. Einige Autoren gehen von einem entwicklungsbedingten Anstieg der Anzahl von verwendeten Analogien aus, der beim Rechtschreiben später einsetzt als beim Lesen.

Bei Pseudowörtern, die entweder durch Anwendungen von Graphem-Phonem-Korrespondenzregeln oder aber über Analogien geschrieben werden konnten (wobei beide Wege nicht zu demselben Resultat führten), finden Marsh et al. (1980) bei siebenjährigen Kindern keine Analogien, bei Zehnjährigen 33 % und bei Studenten die Hälfte Analogieantworten. Ähnliche Ergebnisse wurden in so genannten „priming"-Experimenten gefunden, wobei die Schreibweise von jüngeren Kindern nicht durch „lexikalisches Priming"

(Darbieten eines Wortes vor der Testsituation) in eine bestimmte Richtung gelenkt werden konnte. Dagegen trat bei älteren Kindern und Erwachsenen häufiger der Effekt ein, dass sie ein Pseudowort nach dem Muster eines zuvor dargebotenen Wortes buchstabierten (Campbell 1985).

Ein Problem dieser Studien besteht allerdings darin, dass es nicht klar ist, ob die seltenere Verwendung von Analogien nicht darauf beruht, dass die Kinder die Schreibweise der „Vorbilder" selbst zu wenig beherrschen (Nation/Hulme 1998). Einen anderen Zugangsweg hat daher Goswami gewählt (1988a, b). Sie ließ sechsjährige Kinder bestimmte Zielwörter buchstabieren, wobei sie mit einem die ganze Zeit über sichtbaren „Hilfswort" konfrontiert waren. Unter diesen Bedingungen wurde von den Kindern in Analogie zum „Hilfswort" geschrieben, speziell dann, wenn eine Einheit im Restkörper der Silbe bei Zielwort und Hilfswort gleich war.

Ähnliche Ergebnisse unter etwas modifizierten Untersuchungsbedingungen finden Nation und Hulme (1998). Bereits im Alter von sechs bis sieben Jahren verwenden Kinder orthographische Muster eines Worts, um die Schreibweise ähnlich klingender Zielwörter zu ermitteln.

Allerdings dürfte die Nutzung von Analogien den Kindern oft selbst nicht bewusst sein. So fand Farrington-Flint (2015) auf Basis von Selbstaussagen nur maximal 1 % (bewusste) Schreibungen nach Analogien.

### 1.3.1 Phasenmodelle der Rechtschreibentwicklung

**Rechtschreibmodell von Frith**

Ähnlich wie für das Lesen wurde auch für das Rechtschreiben von verschiedenen Autoren (Marsh et al. 1980; Frith 1985; Dehn 1984) eine Entwicklung in unterscheidbaren Phasen angenommen. Nach Frith (1985) ist es – gleichsam parallel zu ihrem Modell für das Lesen – auch beim Rechtschreiben sinnvoll, zwischen einem logographischen, einem alphabetischen und einem orthographischen Stadium zu unterscheiden, wobei diese Stadien in ähnlicher Weise charakterisiert werden wie die entsprechenden Stadien der Leseentwicklung.

Fehler im logographischen Stadium wären durch eine geringe Lauttreue und durch eine Nichtbeachtung der orthographischen Konventionen beim Schreiben charakterisiert. Dagegen nehmen im darauf folgenden alphabetischen Stadium Fehler, bei denen die Entsprechung der Schreibweise mit der Phonemfolge der Wörter nicht gewahrt ist, deutlich ab. Allein gegen die orthographische Konvention verstoßende Fehler hingegen (bei Erkennbarkeit der Lautfolge) sollten weiterhin in größerer Zahl vorhanden sein und damit den überwiegenden Teil der Rechtschreibfehler ausmachen. Im orthographischen Stadium schließlich sind beide Formen von Fehlern sehr gering. Es werden zunehmend nicht nur die Phonem-Graphem-Zuordnungsregeln, sondern auch orthographische Regeln und Regeln über die Ableitungen von Stammmorphemen beachtet.

**Kritik am Modell von Frith**

Die Annahme von deutlich unterscheidbaren Phasen ist allerdings auch beim Rechtschreiben nicht unwidersprochen geblieben (z. B. Lennox/Siegel 1998). Speziell im deutschsprachigen Raum widersprechen die Ergebnisse zum Teil den Erwartungen, die im Rahmen von Phasenmodellen über die Entwicklung des Rechtschreibens formuliert wurden. So wird im Modell von Frith angenommen, dass in den höheren Klassen ein geringerer Anteil von Fehlern auftritt, in denen die Phonemfolge unzureichend wiedergegeben wird, während mehr Fehler durch Verstöße gegen orthographische Konventionen bei Erkennbarkeit der Phonemfolge charakterisiert sind. Dagegen zeigen die Ergebnisse der Wiener Längsschnittstudie (Klicpera et al. 1993b), dass die beträchtliche Verbesserung der Rechtschreibfertigkeit vom Ende der ersten bis zum Ende der vierten Klasse mit einer steten und gleichmäßigen Reduktion beider Fehlerarten einhergeht. Es wird also die Betrachtungsweise gestärkt, dass sich die verschiedenen Teilfertigkeiten, die für das Erlernen des Rechtschreibens bedeutsam sind, kontinuierlich und mehr oder weniger gleichzeitig ausbilden.

Eine klare Abfolge, etwa in dem Sinn, dass sich die orthographischen Fertigkeiten erst entwickeln, wenn die korrekte Zuordnung von Phonemen und Graphemen bereits beherrscht wird, scheint nach diesen Ergebnissen nicht vorhanden zu sein. Dabei ist allerdings anzumerken, dass die Kinder im Durchschnitt bereits frühzeitig eine relativ weitgehende Beherrschung des annähernd „lautgetreuen“ Schreibens auch von nicht eigens geübten Wörtern erworben haben und bereits Ende der ersten und Mitte der zweiten Klasse die meisten Wörter annähernd „lautgetreu“ schreiben.

### 1.3.2 Spezielle Voraussetzungen für korrektes Rechtschreiben

Für erfolgreiches Rechtschreiben müssen Kinder einige spezielle Kompetenzen herausbilden. Es handelt sich dabei um Kompetenzen, deren Aneignung häufig schon recht früh im Umgang mit dem Schreiben einsetzt; der vollständige Abschluss der entsprechenden Entwicklungsprozesse gelingt jedoch erst in den höheren Klassen und wird mitunter auch von älteren Jugendlichen und selbst Erwachsenen nicht vollständig erreicht.

**Schreibmotorik**

Die Entwicklung schreibmotorischer Fähigkeiten zur Steuerung der Bewegungen beginnt im Allgemeinen mit Schuleintritt und dauert ungefähr bis zum 15. Lebensjahr; erst dann wird in etwa die Fertigkeit des geübten Erwachsenen erreicht (Thomassen/Teulings 1983). Beobachtungen haben gezeigt, dass die Fähigkeit zur Buchstabenunterscheidung allein nicht ausreicht, Konzepte zu entwickeln, wie Buchstaben geformt bzw. rekonstruiert werden müssen. Dazu ist der explizite Unterricht im Nachzeichnen nötig.

**Graphem-Phonem-Zuordnung**

Obwohl im Deutschen die Übereinstimmung von Graphem (Schreiben) zu Phonem (Lesen) deutlich größer ist als umgekehrt die Übereinstimmung von Phonem zu Graphem, kann der Großteil der im Unterricht eingeführten Wörter sowohl korrekt gelesen als auch richtig geschrieben werden. Auch unbekannte Wörter können, wenn sie aus bekannten Buchstaben zusammengesetzt sind, wenige Wochen nach Schulbeginn bereits zu etwa 70–80 % richtig geschrieben werden (Schabmann et al. 2004). Dies zeigt, dass sich Kinder, die mit einem regelmäßigeren Schriftsystem aufwachsen, auch beim Rechtschreiben offensichtlich relativ früh auf Phonem-Graphem-Korrespondenzen stützen können. Entsprechend ist die phonologische Bewusstheit in regulären Schriftsystemen mit dem Rechtschreiben stärker assoziiert als z. B. die Benennungsgeschwindigkeit (Moll et al. 2014). Kinder in einer weniger regelmäßigen Schriftsprache gleichen sich in ihren Leistungen, trotz ähnlicher Leseleistungen, bei relativ häufigen Wörtern erst ab etwa der dritten Klasse an österreichische Kinder an (Wimmer/Frith 1994).

Dennoch unterliegt der Prozess der vollständigen Aneignung von Phonem-Graphem-Korrespondenzen auch im Deutschen einer längeren Entwicklung, die bis in höhere Klassen hinauf reicht. In der Wiener Längsschnittuntersuchung (Klicpera et al. 1993b) zeigte sich, dass Kinder Mitte der zweiten Klasse noch 11 % der Wörter so schrieben, dass die korrekte Lautfolge aus der Schreibweise nicht ohne weiteres zu rekonstruieren war. Am Ende der Grundschulzeit waren es nur noch 3 %, wobei zusätzlich 4 % der Wörter mit geringeren Abweichungen von der Lautfolge geschrieben wurden (in der zweiten Klasse 10 %).

**wortspezifische Kenntnisse**

Offensichtlich spielen wortspezifische Kenntnisse ebenfalls schon relativ früh eine Rolle beim Rechtschreiben. Dies zeigt sich unter anderem in dem Einfluss, den die Worthäufigkeit auf die Rechtschreibleistungen hat. Schon in der zweiten Klasse erleichtert besonders häufiges Vorkommen deutlich die Sicherheit beim Schreiben eines

Wortes (Schneider 1980). Zudem spielt das phonologische Arbeitsgedächtnis eine Rolle beim Rechtschreiben (Moll et al. 2014). Allerdings ist das wortspezifische Wissen noch längere Zeit unzuverlässig, und selbst in der sechsten Klassenstufe begehen Kinder beim Schreiben unregelmäßiger Wörter deutlich mehr Fehler, als bei gleich häufigen Wörtern, die einer regelhaften Phonem-Graphem-Zuordnung folgen.

**orthographische Konventionen**

Manche orthographischen Konventionen, wie etwa die Regel, dass zu Wortbeginn niemals ein Doppelkonsonant stehen kann, werden relativ früh erlernt, bei anderen dürfte die Aneignung eine längere Zeit in Anspruch nehmen. In der Wiener Längsschnittstudie etwa war die Markierung von Vokallängen in der zweiten Klasse noch auf dem Zufallsniveau, und selbst in der vierten Klasse wurden hier bei etwa 10 % der Wörter Fehler gemacht. Zum Großteil bestanden die Fehler im Auslassen der Kennzeichnungen, zum Teil auch im Vertauschen von Kürzungs- und Dehnungskennzeichen. Dies spricht dafür, dass die Kinder zwar wussten, dass in diesen Wörtern ein besonderes orthographisches Merkmal vorhanden war, nicht aber, um welches es sich handelte.

**Ableitungsformen**

Das Erlernen der korrekten Bildung von Ableitungsformen ist ein Prozess, der erst relativ spät abgeschlossen wird. Im Vergleich zu Wörtern mit anderen orthographischen Konventionen begehen Kinder bei Wörtern, deren Schreibweise nur aus dem Wissen um verwandte Wörter ableitbar ist, z. B. ***Häuser*** – ***Haus***, relativ viele Fehler. Dennoch haben auch junge Kinder am Beginn des Leseunterrichts bei einfachen Ableitungsformen ein gewisses Bewusstsein über Bildungsregeln (Treiman et al. 1994), und diese Fähigkeit steigert sich mit Zunahme der Unterrichtserfahrung (Treiman/Cassar 1996).

**Einsicht in den Rechtschreibvorgang**

Zuletzt sei auch darauf verwiesen, dass die Entwicklung hin zum erfolgreichen Rechtschreiben von den Kindern eine gewisse Einsicht in den Vorgang des Rechtschreibens selber verlangt. Dies hängt damit zusammen, dass häufig Kontrollfunktionen vonnöten sind und eine Entscheidung zwischen verschiedenen Schreibweisen von Wörtern getroffen werden muss. Dabei geht es auch darum, welche Zugangsweisen Kinder beim Rechtschreiben wählen. Meis (1970) hat eine Analyse der Zugangsweisen auf Basis einer Befragung von Kindern der dritten Grundschulklasse durchgeführt. Bei richtig geschriebenen Wörtern gaben 26 % der Kinder Antworten, die auf die Anwendung von Rechtschreibregeln hinwiesen, 22 % vertrauten mehr auf das Hören, 19 % waren sich der richtigen Schreibweise der Wörter sicher, und 18 % fanden die Schreibweise aufgrund von Ableitungsregeln heraus. Bei falsch geschriebenen Wörtern wurde nur die Antwort, die auf ein Schreiben nach Gehör hindeutet, häufig genannt.

## 1.4 Der Zusammenhang zwischen Lesen und Rechtschreiben

Obwohl Lesen und Rechtschreiben wie erwähnt nicht eins zu eins als spiegelbildliche Prozesse verstanden werden können, hängen sie doch zusammen. In Abhängigkeit vom Alter der Schüler und den verwendeten Testverfahren variieren etwa ein Viertel bis vier Fünftel der Schülerleistungen im Lesen und Rechtschreiben gemeinsam (z. B. Klicpera et al. 1993b). Es besteht also eine markante Übereinstimmung, von der einige Autoren annehmen, dass sie zum Teil „kausaler“ Natur ist.

Die Vorstellungen gehen dahin, dass die Auseinandersetzung mit dem Rechtschreiben phonologische Fertigkeiten bei den Kindern stärkt. Kinder erhalten aus der für das Rechtschreiben notwendigen genauen Information über die Reihenfolge von Buchstaben in einem bestimmten Wort zusätzlich Hinweise auf die Aussprache (Ehri 1984). Zudem hilft das Rechtschreiben vor allem in der Anfangsphase des Schriftspracherwerbs beim Aufbau eines sicheren Schemas über die Repräsentation von Klängen durch visuelle Symbole, und damit auch beim Aufbau eines adäquaten Sichtwortschatzes von Wörtern, wodurch deren Schreibweise und Aussprache rasch und direkt abgerufen werden kann. Zahlreiche Interventionsstudien zeigen, dass durch ein gezieltes Rechtschreibtraining auch die Leseleistung verbessert werden kann, gerade bei schwächeren Schülern (z. B. Berninger et al. 1998; Graham et al. 2002).

**empirische Befunde**

Evidenz für den günstigen Einfluss des Lesens auf das Rechtschreiben kommt einerseits aus größer angelegten Längsschnittuntersuchungen, andererseits aus den Untersuchungen zum Ausmaß des außerschulischen Lesens in der Freizeit. In der Wiener Längsschnittuntersuchung (Klicpera et al. 1993b) konnte gezeigt werden, dass der Leistungsstand im Rechtschreiben in den höheren Klassen zu einem Teil auch von den früheren Leistungen der Kinder im Lesen abhängt. Ähnliche Ergebnisse wurden auch in einer Längsschnittuntersuchung aus den Niederlanden berichtet (Mommers 1987; Mommers/Boland 1989). Vergleicht man andererseits Schüler mit unterschiedlicher Leseerfahrung bzw. Schüler, die unterschiedlich oft außerhalb der Schule lesen, so zeigt sich ein positiver Effekt vor allem auf wortspezifische, orthographische Kenntnisse. Die Erfahrung dürfte also in erster Linie bei Wörtern von besonderer Bedeutung sein, deren Schreibweise nicht aus den Regelmäßigkeiten der Graphem-Phonem-Zuordnung ableitbar ist (Stanovich/West 1989).

**Interaktion von Lesen und Rechtschreiben**

Im vorhergehenden Abschnitt wurde über Versuche berichtet, die Entwicklung des Lesens wie auch des Rechtschreibens als eine Abfolge bestimmter Entwicklungsphasen darzustellen. Uta Frith selber hat bereits ihre entsprechenden Vorstellungen zur Lese- bzw. Rechtschreibentwicklung zu einem Modell der wechselseitigen Einflüsse beider Fertigkeiten kombiniert (Frith 1985).

**Interaktionsmodell von Frith**

In einer ersten Phase sollte nach diesem kombinierten Modell das Erlernen des Rechtschreibens stärker von Fortschritten im Lesen abhängen. Erste Informationen über die schriftliche Repräsentation von Wörtern werden durch das Lesen zugänglich (Phase 1B, Abb. 1.4). Später (Phase 2B) begünstigt das Schreiben wegen seines sequenziellen Charakters das Erfassen der alphabetischen Schrift (in dieser Phase fallen den Kindern häufiger auch schon Aufgaben zur phonologischen Bewusstheit auf Phonemebene leichter). Somit wird in dieser Phase das Lesen durch den Fortschritt im Rechtschreiben vorangetrieben. Schließlich übernimmt wieder das Lesen die vorantreibende Rolle, da sich Lesen besser zum Erkennen größerer Einheiten eignet.

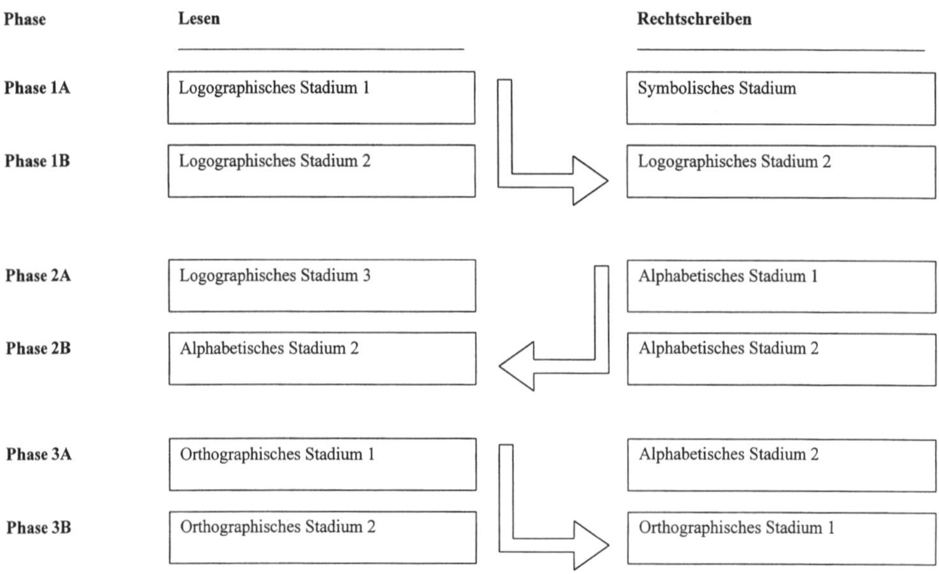


*Abb. 1.4:*
Der Zusammenhang zwischen der Entwicklung im Lesen und Rechtschreiben nach Frith (1985)

Es kommt – zunächst beim Lesen, dann auch beim Schreiben – zum Übergang ins orthographische Stadium.

Allerdings ist auch zu diesem Modell – ähnlich wie beim Lesen – zu bemerken, dass sich, auch in Schriftsystemen mit höherer Ambiguität beim Rechtschreiben als beim Lesen, wie z. B. dem Italienischen (und dem Deutschen), nach neueren Befunden lexikalische (Lesen nach wortspezifischen Eigenschaften) und sublexikalische Prozesse (Lesen nach den Phonem-Graphem-Regeln) schon sehr früh parallel entwickeln. Diese stehen dem Schreiber zur Verfügung (Notarnicola et al. 2012), was eine strikte Abfolge von distinkten Phasen fraglich erscheinen lässt.

## 1.5 Zusammenfassung und abschließende Bemerkungen zur Entwicklung – Stadien oder Strategien?

Phasenmodelle wie jenes von Frith (1985) für die Entwicklung des Lesens und des Rechtschreibens sind, wie schon erwähnt, sowohl hinsichtlich der Existenz bestimmter in diesen Modellen angenommener Phasen, wie auch hinsichtlich der eindeutigen Abfolge wiederholt kritisiert worden. Vor allem für eine anfängliche logographische Phase findet sich im deutschen Sprachraum wenig Evidenz – dies, obwohl die vorschulische Instruktion und entsprechend die Kenntnisse der Kinder zu Schulbeginn im Allgemeinen relativ gering sind. Als ein Grund dafür ist die im Deutschen viel regelmäßigere Phonem-Graphem-Zuordnung zu nennen.

Dennoch findet man bei Kindern zum Teil beträchtliche interindividuelle Unterschiede in der Art und Weise, wie sie sich den zu lesenden (oder zu schreibenden) Wörtern, besser gesagt der Aufgabenstellung des Lesens bzw. Rechtschreibens, annähern. Diese Zugangsweise hängt nicht nur von individuellen Lernvoraussetzungen ab, sondern auch von der Art und Weise, wie Kinder im frühen Lesen unterrichtet werden. Kinder folgen in ihrer Zugangsweise zum Lesen weitgehend den Prinzipien, die sie im Unterricht mitbekommen. Insofern berücksichtigt das Kompetenzentwicklungsmodell der Leseentwicklung im Deutschen auch die Erstleseinstruktion.

Dies bringt uns allerdings auf einen Aspekt, der abseits der Diskussion um die Abfolge unterschiedlicher Phasen von Bedeutung ist, nämlich die Einsicht, dass Kinder – entweder forciert durch den Unterricht oder als Kompensation für vorhandene Defizite – für sich selber bestimmte Strategien entwickeln, die sie möglicherweise in ihrem Fortkommen im Lesen und Rechtschreiben behindern. Dies gilt nicht nur für die „logographische“ Strategie. Kinder können z. B. auch Probleme entwickeln, die Strategie der schrittweisen phonologischen Rekodierung zu überwinden, und so verabsäumen, den Lese- und Rechtschreibprozess zu automatisieren, was vor allem die Lesegeschwindigkeit stark beeinträchtigen würde.

Insofern sind Modelle wie die beschriebenen nicht ohne praktische und diagnostische Relevanz. Im Sinne einer individuellen Förderung – sei es durch schulische oder außerschulische Maßnahmen – scheint eine genaue Analyse der vom Kind verwendeten Strategien und Zugänge zum Lesen und Rechtschreiben von Bedeutung.

## 1.6 Übungsfragen

1. Was versteht man unter phonologischer Bewusstheit und mit welchen Aufgaben kann man diese Fähigkeit messen?

2. Was sind die zentralen Aussagen des „Kompetenzentwicklungsmodells“ zum Lesen und wie unterscheidet sich dieses Modell von anderen Modellen der Leseentwicklung aus dem englischsprachigen Raum?

3. Was sind die Besonderheiten einer Schriftsprache mit einer geringen Regelmäßigkeit in der Phonem-Graphem-Zuordnung? Welche Konsequenz hat dies für die Entwicklung im Lesen und Rechtschreiben?

4. Was versteht man unter dem „Rechtschreiben anhand von Analogien“? Welche empirischen Befunde gibt es dazu?

5. Was sind die speziellen Voraussetzungen für erfolgreiches Rechtschreiben?

6. Wie ist der Zusammenhang zwischen Lesen und Rechtschreiben vorzustellen? Erläutern Sie das entsprechende Modell von Frith (1985).

# 2 Modellannahmen zum Lesen und Rechtschreiben

**der reife Leser/ Schreiber**

Im Folgenden wollen wir uns mit dem Lese- und Rechtschreibprozess an sich auseinander setzen, so wie er beim reifen Leser und bei Personen ohne Rechtschreibprobleme vor sich geht. Die Idee ist, darzulegen, wie Lesen und Rechtschreiben ablaufen, um daraus zu verstehen, welche speziellen Probleme lese- und rechtschreibschwache Kinder haben. Dieses Kapitel wendet sich an Leser, die mehr über die Grundlagen des Lesens und Rechtschreibens aus Sicht verschiedener Theorien zur Informationsverarbeitung erfahren möchten. Jene Leser, die weniger an diesem relativ „abstrakten" Themenkomplex interessiert sind, verweisen wir auf die Zusammenfassung am Ende des Kapitels. Der Hauptteil selber kann ohne Schaden für das weitere Verständnis dieses Buches übergangen werden.

**Grundannahmen kognitiver Modelle**

In der wissenschaftlichen Literatur werden eine Reihe von Modellannahmen zum Ablauf der Verarbeitung von Schrift angeführt. Die allermeisten Modelle sind primär kognitive Modelle, d. h. es wird davon ausgegangen, dass beim Lesen wie beim Rechtschreiben

- spezielle für die Verarbeitung von Schrift zuständige kognitive Einheiten existieren, die
- miteinander in Interaktion, zuweilen auch in Konkurrenz stehen und
- Basis für eine Reihe von Teilprozessen sind, die von einem Ausgangszustand des kognitiven Systems zu einem Endzustand führen.

Der Ausgangszustand beim Lesen ergibt sich selbstverständlich aus dem Vorliegen von Schrift; Endzustand ist das korrekte Erkennen der Wörter und Sätze, beim lauten Lesen deren Aussprache. Beim Rechtschreiben ist der Endzustand das korrekte Niederschreiben von Wörtern und Sätzen; Ausgangszustände können sich aus ganz verschiedenartigen Anforderungen ergeben (z. B. Abschreiben, Schreiben nach Diktat etc.).

Die Vorstellungen über die Art der beteiligten kognitiven Einheiten sind vielfältig und nicht immer einheitlich. Es besteht jedoch großteils Einigkeit darüber, dass es sich in erster Linie um Einheiten handelt, die speziell für die Verarbeitung von Schrift ausgebildet sind, wobei man noch einschränkend hinzufügen könnte: von alphabetischer Schrift. Ein Beispiel für eine solche Einheit ist das im Rahmen vieler Modellvorstellungen so bezeichnete „mentale Lexikon" oder im Kontrast dazu auch die von Seidenberg und McClelland (1989) eingeführten „hidden units". Nahezu allen Modellen ist jedoch gemein, dass zwischen den einzelnen Einheiten oder Elementen Verbindungen bestehen, welche erst die notwendige Interaktion ermöglichen.

**Erweiterungen**

Natürlich kann der Lese- oder Rechtschreibprozess auch dann gestört werden, wenn alle beteiligten kognitiven Elemente korrekt arbeiten, selbst bei geübten Lesern und Schreibern (man denke nur an Lärmbelästigung am Arbeitsplatz etc.). Es gibt also trivialerweise Bedingungen, die unabhängig vom kognitiven System Beeinträchtigungen hervorrufen können. Diese Feststellung erhält allerdings besondere Bedeutung, wenn man die Entwicklung hin zum Erwerb der Schriftsprache bei Kindern ins Auge fasst. Hier sind kognitive Modelle zu erweitern, etwa um Aspekte des Unterrichts oder der Förderung durch die Eltern, wie auch etwa allgemeine Schwierigkeiten, mit der Schulsituation fertig zu werden, und Verhaltensauffälligkeiten. Alle diese Komponenten können mit dem Informationsverarbeitungssystem interagieren oder es beeinflussen.

## 2.1 Modelle über den Wortleseprozess

**Wortüberlegenheitseffekt**

Dem Worterkennen wird eine zentrale Rolle beim Lesen zugesprochen. Man kann davon ausgehen, dass das Lesen beim geübten Leser im Wesentlichen ein Lesen Wort für Wort ist, wobei kurze, sprunghafte Augenbewegungen von einem Wort zum anderen, so genannte Sakkaden, stattfinden. Der Vorgang vollzieht sich mit enormer Geschwindigkeit, die jedoch davon abhängt, ob sinnvolles Material gelesen wird. Sinnlose aussprechbare Buchstabenfolgen, z. B. ***frunkelte***, oder gar einzelne Buchstaben benötigen für das Erkennen eine deutlich längere Darbietungszeit als Wörter. Dieses Phänomen wurde oft mit dem Begriff „Wortüberlegenheitseffekt" bezeichnet. Er tritt besonders dann auf, wenn ein direkter visueller Kode, den man sich als eine Art „Nachbild" vorstellen kann, nicht verfügbar ist. Das kann man im Experiment dadurch erreichen, dass man nach Vorgabe des zu erkennenden Wortes einen Maskierungsreiz einblendet, der das Nachbild sozusagen „stört“. Besonders störend ist hier eine Buchstabenfolge als Maskierungsreiz.

Ist aber der Wortüberlegenheitseffekt dann am deutlichsten, wenn der direkte visuelle Kode nicht mehr verfügbar ist, dann folgt daraus, dass das Wort bereits anders – eben in einem nicht mehr rein visuellen Kode gespeichert sein muss (Carr/Pollatsek 1985). Wie aber kann dieser Kode aussehen? Wie wird er nach Darbietung eines Wortes vom Leser aktiviert? Wie sind die Zugangsprozesse?

**Top-down- und Bottom-up-Prozesse**

Schon relativ früh, wenn man den Maßstab der moderneren Leseforschung heranzieht, wurde eine Einteilung in zwei verschiedenartige Verarbeitungsprozesse getroffen (McClelland / Rummelhart 1981), nämlich „bottom-up“-Prozesse und „top-down“-Prozesse.

- „bottom-up"-Prozesse bezeichnen eine Verarbeitung von der „untersten" Ebene des Wahrnehmens von Buchstaben über ein Verbinden der Buchstaben und die Wahrnehmung der Position der Buchstaben im Wort hinauf zur Ebene der Worterkennung. Im Allgemeinen wird dies auch als sequenzieller Vorgang in Leserichtung zu sehen sein. Dabei wird allerdings bereits auf der untersten Stufe der Informationsverarbeitung auch schon auf Vorinformationen zurückgegriffen. Es entstehen Vermutungen über die noch nicht vollständig durch die „bottom-up"-Strategie bearbeiteten Wortteile, und diese Vermutungen beeinflussen die Wahrnehmung weiterer Merkmale. Es finden also bereits auf dieser Ebene auch „top-down"-Prozesse statt.
- „top-down"-Prozesse sind im Wesentlichen lexikalische Prozesse. Sie verlangen die auf Morton (1969) zurückgehende Annahme eines inneren Wortspeichers oder Lexikons, in dem alle relevanten Informationen wie Schreibweise, Aussprache oder der Sinn des Wortes gespeichert sind. Man spricht hier oft auch vom direkten Zugangsweg, weil der Leser unmittelbar auf das Lexikon zugreifen kann.

**Interaktion der Prozesse**

Interessanterweise könnten derartige lexikalische Prozesse sogar bei Wörtern ohne semantischen Sinn, den Pseudowörtern, stattfinden. Der Beleg dafür wird in der Tatsache gesehen, dass zwischen dem Wortschatz und der Fähigkeit, Pseudowörter nachzusprechen, substanzielle Zusammenhänge gefunden wurden (z. B. Gathercole/Baddeley 1989, 1990). Diese Beobachtung bringt uns allerdings auf die Frage, auf welche Weise das Wort verarbeitet wird und ob die beiden genannten Prozesse unabhängig voneinander ablaufen, so wie es etwa früh von Henderson (1982) vorgeschlagen wurde.

Die Vorstellung von Henderson war, dass beide Wege – jener über das Lexikon und jener „bottom-up" – parallel eingeschlagen werden, und der schnellere wie bei einem Pferderennen (so auch eine gebräuchliche Bezeichnung für dieses Modell) zum Zuge kommt. Eine Vorstellung, die sich allerdings besser mit empirischen Befunden deckt, ist jene, dass Wörter (und auch Pseudowörter) elementweise verarbeitet werden und jedes Mal, wenn eine Buchstabensequenz einem Teil eines realen Wortes entspricht, das Lexikon aktiviert wird (Frauenfelder et al. 1993; Marslen-Wilson 1987; McClelland/Elman 1986).

Damit ist indirekt aber auch die Frage angesprochen, wie das mentale Lexikon organisiert ist. Eine Idee ist, dass Eintragungen auf der Basis „phonologischer Nachbarn", also phonologisch ähnlicher Wortteile, organisiert sind (Cluff/Luce 1990). Die Annahme der Organisation des Lexikons anhand von phonologischen Ähnlichkeiten könnte z. B. recht gut die Konsultation des Lexikons selbst bei sinnlosen Wörtern wie ***frunkelte*** erklären, weil dieses Pseudowort ja viele Teile mit realen Wörtern gemein hat und entsprechende Einträge im Lexikon beim Lesen rasch aktiviert würden.

### 2.1.1 Zwei-Wege-Modelle

**dual-route-theory**

Diese Theorie des Worterkennens greift die Vorstellung direkter (top-down) und indirekter (bottom-up) Zugangswege auf und präzisiert diese, wobei auch Einschränkungen gemacht werden. In den ersten Formulierungen betraf dieser Ansatz das laute Lesen, in neuerer Zeit sind aber auch Ansätze zum sinnverstehenden Wortlesen in die Modellbildung integriert.

Nach dem Zwei-Wege-Modell kann der Leser entweder direkt einen Kontakt mit dem lexikalischen Eintrag des Wortes herstellen, und zwar über den orthographischen Kode des Schriftbildes, oder aber den indirekten Weg über die Phonemfolge gehen. Dieser indirekte Zugang erfolgt über die phonologische Rekodierung, dem schrittweise Generieren der Aussprache aus Buchstaben oder Buchstabengruppen. In frühen Formulierungen des Zwei-Wege-Modells wurden beide Zugangswege als voneinander unabhängig betrachtet, was in dieser strikten Form heute nicht mehr aufrechterhalten wird.

**Zugangswege bei verschiedenen Wortarten**

Es wird unmittelbar verständlich, dass nicht unter allen Umständen beide Wege der Verarbeitung zur Verfügung stehen. Der – zumindest vollständige – lexikalische Zugriff ist dann nicht erfolgreich, wenn es sich um ein dem Leser bisher unbekanntes Wort handelt, für das kein Eintrag im Lexikon vorhanden ist (z. B. ein bislang unbekanntes Fremdwort oder bei Kindern ein Wort, dessen Schriftbild etwa aus dem Unterricht noch nicht geläufig ist, oder gar ein Pseudowort). Hier muss zur korrekten Aussprache die phonologische Rekodierung eingesetzt werden. Auf der anderen Seite gibt es in vielen Sprachen Wörter, die von der üblichen Aussprache im Sinne der Konventionen über Buchstaben-Laut-Zuordnungen abweichen. Im Englischen gibt es relativ viele derartige Wörter, dort wurden sie mit dem Begriff „exception words" bezeichnet (z. B. Gough/Wren 1998). Diese „exception words" sind allein durch Anwendung der phonologischen Rekodierung nicht korrekt zu erlesen. Ein Beispiel für ein solches Wort im Deutschen wäre ***Vase*** oder auch fremdsprachige Wörter wie ***Handy*** oder ***Skateboard***.

**phonologische Rekodierung**

Dies bringt uns auf eine Bedingung für das Lesen mittels phonologischer Rekodierung. Damit der Leser überhaupt auf diese Strategie zurückgreifen kann, muss es eine gewisse Regelhaftigkeit geben, die eine Zuordnung von Schriftzeichen zu Lauten ermöglicht. Diese Transparenz in der Phonem-Graphem-Korrespondenz ist in den alphabetischen Sprachen sehr unterschiedlich. Das Deutsche gilt als eine recht regelmäßige Sprache, in der die Phonem-Graphem-Korrespondenz auch für den beginnenden Leser vergleichsweise leicht durchschaubar ist. Im Gegensatz dazu ist das Englische relativ unregelmäßig. Es ist unmittelbar einsichtig, dass dem Leseanfänger der Erwerb von Graphem-Phonem-Zuordnungsregeln in einer transparenteren Sprache im Allgemeinen leichter fällt.

Die Brauchbarkeit eines theoretischen Modells ermisst sich unter anderem daran, inwieweit es in der Lage ist, empirische Beobachtungen zu integrieren und zu erklären. Dies trifft im Falle des Zwei-Wege-Modells speziell für neuropsychologische Beobachtungen an Patienten mit erworbener Leseschwäche zu (sog. Oberflächendyslexie bzw. phonologische Dyslexie, vgl. Kap. 8.1.7).

**DRC-Modell**

Ein neueres Modell, das sich auch in Computersimulationen recht gut bewährt hat, ist das „dual-route cascaded model" (DRC; Jackson/Coltheart 2001; Coltheart 2005), zu deutsch sinngemäß etwa das „Zwei-Wege-Modell der unmittelbaren Aktivierung". Der Terminus „cascaded" bezieht sich darauf, dass die Aktivierung von einer Komponente des Systems zur anderen kontinuierlich vor sich geht und nicht von bestimmten Schwellenwerten innerhalb einzelner Komponenten abhängt. Dieses Modell zeichnet sich vor allem dadurch aus, dass es in entsprechenden Simulationen in vielen Bereichen in der Lage ist, zufriedenstellende und auch dem menschlichen Leser entsprechende Leistungen bei drei als für die Evaluation eines Modells kritisch angesehenen Aufgabentypen zu erbringen: beim Lesen sowohl von Pseudowörtern als auch von „exception words" sowie bei der Bewältigung so genannter lexikalischer Entscheidungsaufgaben (darüber, ob eine vorgegebene Buchstabenfolge ein reales Wort bildet oder nicht). Nach diesem Modell läuft der Prozess des Lesens in folgenden Schritten ab (s. auch Abb. 2.1, S. 53):

1. Die visuellen Eigenschaften des Wortes werden analysiert. Gruppen von Eigenschaften des schriftlichen Materials korrespondieren jeweils mit einem Buchstaben und aktivieren eine Buchstabenrepräsentation, wobei bereits hier von bestimmten Aspekten wie dem der Groß- und Kleinschreibung etc. abstrahiert wird.
2. Danach divergieren die beiden Zugangswege. Der nichtlexikalische Weg führt zur „Umwandlung" von Graphemen in Phoneme, wobei verschiedene Teilprozesse ablaufen, so etwa die Berücksichtigung von Phonemen, die aus mehr als einem Buchstaben bestehen, z. B. ***Sch-ie-n-e***. Der Gliederungsprozess wird „parsing" genannt. Die Graphem-Phonem-Regeln werden nach diesem Modell strikt seriell von links nach rechts abgearbeitet und beinhalten auch Positionseinschränkungen (die im Englischen bedeutsamer sein dürften als im Deutschen).
3. Der lexikalische Weg wird – wie der nicht lexikalische – von den Einheiten für die abstrakte Buchstabenrepräsentation aktiviert. Hier ist die Vorstellung, dass aus der Buchstabenfolge, besser gesagt aus dem bereits aktivierten Muster von Buchstabenrepräsentationen die Repräsentation des gesamten Wortes im Lexikon abgerufen wird. Diese Einheit wird daher auch als „orthographisches" Lexikon bezeichnet.
   Bei der lexikalischen Route werden alle Buchstaben eines Wortes parallel verarbeitet und aktivieren oder inhibieren alle Wörter im Lexikon, mit denen sie verbunden sind. Jeder Buchstabe hat eine inhibitorische Funktion für alle Wörter, in denen er nicht vorkommt und eine aktivierende für alle Wörter, in denen er vorkommt.
   Bei lexikalischen Entscheidungsaufgaben würde das System sich bereits dafür entscheiden, dass es sich bei der Buchstabenfolge um ein reales Wort handelt, unabhängig davon, ob der semantische Inhalt verstanden wird oder nicht. – Dass es möglich ist, ein Wort ohne eine semantisch korrekte Zuordnung als solches zu erkennen, wurde auch bei Patienten mit bestimmten neuropsychologischen Beeinträchtigungen gefunden (Jackson/Coltheart 2001). Die lexikalische Route beschränkt sich nicht nur auf gespeicherte Wörter, sondern beeinflusst und erleichtert auch das Lesen von unbekannten Wörtern und sogar Pseudowörtern, insbesondere wenn diese richtigen Wörtern ähneln. Hier können von geübten Lesern Analogien gebildet und die Pseudowörter anhand ihrer Ähnlichkeit mit bereits gespeicherten Wörtern rascher erkannt und gelesen werden (Coltheart 2005).
4. Beide Wege führen zu Einheiten, die für die sprachliche Ausgabe zuständig sind und miteinander in Interaktion stehen oder sogar auf der Phonemebene miteinander in Konflikt kommen, wenn es sich um ein unregelmäßiges Wort oder ein Pseudowort handelt. Im Falle des nichtlexikalischen Zugangs ist es eine Verarbeitungseinheit, in der Phoneme und Grapheme gespeichert sind (Phonemeinheit). Im Falle des lexikalischen Zugangs ist es das „phonologische Lexikon", in dem nach den Modellvorstellungen jedes Wort durch eine eigene Einheit repräsentiert ist, wobei zur korrekten Aussprache jedoch die Phonemeinheit aktiviert werden muss.

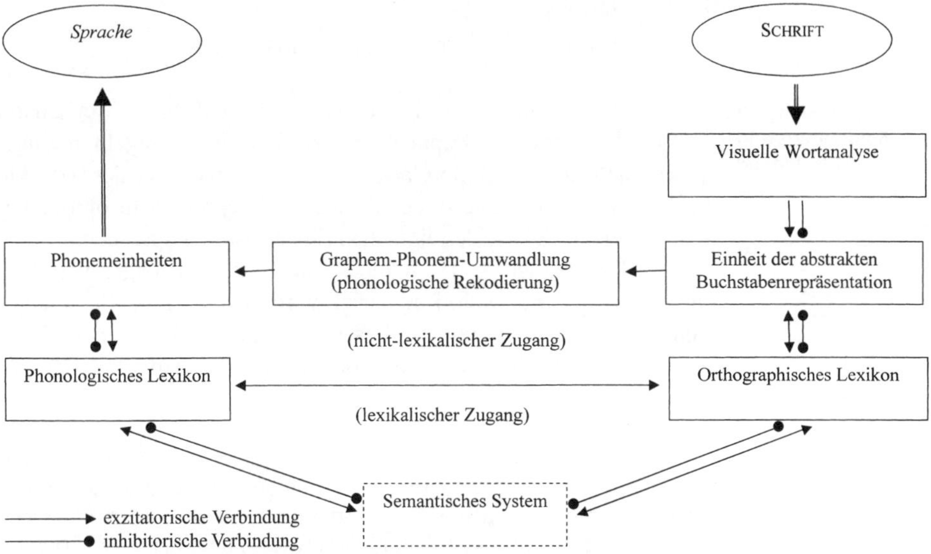


*Abb. 2.1:*
Das dual-route cascaded model als Beispiel für ein Zwei-Wege-Modell des Worterkennens. Die Verarbeitung einer Buchstabenfolge erfolgt entweder über den nichtlexikalischen Weg mittels phonologischer Rekodierung oder über den Zugriff auf das mentale Lexikon, in dem jedes Wort durch eine eigene Einheit repräsentiert ist.
Im Falle des sinnverstehenden Lesens wird zusätzlich das semantische System aktiviert (Grafik adaptiert aus Coltheart 2005).

In einer Erweiterung des Modells für das sinnverstehende Lesen wird als eine Komponente des lexikalischen Zugriffs ein „semantisches System" eingeführt. Es beinhaltet die Wortbedeutungen und steht sowohl mit dem orthographischen als auch mit dem phonologischen Lexikon in Verbindung.

**Simulationsergebnisse**

Dieses Modell ist – neben der schon erwähnten Fähigkeit, Pseudowörter und irreguläre Wörter ähnlich wie menschliche Versuchspersonen zu erkennen – auch in der Lage, einige empirische Befunde zu erklären, die mit ursprünglichen Formulierungen des Zwei-Wege-Ansatzes schwer in Einklang zu bringen sind. Das DRC-Modell kann z. B. sehr gut den Effekt „phonologischer Nachbarn" beleuchten. So aktiviert ein (Pseudo-)Wort, das viele (reale) phonologische Nachbarn besitzt, deren Einträge im Lexikon. Diese wiederum erleichtern den Zugang über die phonologische Rekodierung, zumal zwischen dem orthographischen Lexikon und der Einheit der abstrakten Buchstabenrepräsentation eine Interaktion modelliert ist (Abb. 2.1).

### 2.1.2 Netzwerkmodelle – Theorien des einfachen Zugangsweges

**Modell von Seidenberg und McClelland**

Viele Vertreter von Netzwerkmodellen (z. B. Seidenberg/McClelland 1989) stellen explizite Graphem-Phonem-Zuordnungsregeln in Frage, häufig auch die Annahme eines mentalen Lexikons in der Art, wie die Theoretiker des Zwei-Wege-Ansatzes es begreifen. Insofern kann man von einer Theorie des einfachen Zugangsweges sprechen. – Nach diesen Modellen ist für das Worterkennen nur ein einziges Verarbeitungssystem erforderlich. Regularität wird als ein graduelles Phänomen betrachtet, dem sich der Leser nach und nach annähert. Zwei grundsätzliche Annahmen liegen den entsprechenden Modellen zugrunde, nämlich dass

- erstens die Graphem-Phonem-Zuordnung durch statistische Kovariation statt durch mehr oder weniger fixe Regeln gekennzeichnet ist und
- zweitens der Leser nach und nach Sensitivität für die der Schriftsprache inhärente Struktur entwickelt. In diesem Zusammenhang wird oft von „Lernen ohne Instruktion" gesprochen, weil das Modell (die Simulation) in der Lage ist, Leseaufgaben allein aufgrund der dem Lesevorgang immanenten Regelmäßigkeiten zu erlernen.

Im Zentrum steht hier gleich ein bestimmter – nicht instruierter – Lernprozess: Im Lauf seiner Erfahrung mit der Schriftsprache baut der Leser ein inneres Netzwerk auf, in dem verschiedene Informationen über Wörter abgebildet sind, auf die er rasch und unbewusst zugreifen kann (Abb. 2.2). Dieses Netzwerk besteht aus einer Fülle von miteinander verzweigten Informationen. Diese beinhalten etwa die Orthographie, die Phonologie, selbst die Wortbedeutung (McLeod et al. 2000) und den Kontext. Lesefehler sind somit die Folge von unzureichenden Systemressourcen, z. B. einer mangelnden Verzweigung des Netzwerkes oder fehlenden Gedächtnis- bzw. Speichermöglichkeiten.

**Computersimulationen**

Netzwerktheoretiker versuchen diesen Lernprozess durch Computersimulationen nachzuvollziehen. Interessant ist die Tatsache, dass neuere Simulationsmodelle mit der Annahme nur eines einzelnen Verarbeitungssystems auch in der Lage sind, Pseudowörter gleich gut zu lesen wie Versuchspersonen (Plaut et al. 1996; Abb. 2.2). Dies ist deshalb aus der Sicht von „dual-route"-Theoretikern erstaunlich, weil das Lesen von Pseudowörtern als ein Beispiel für den Weg über die phonologische Rekodierung gilt. Auch ist das Netzwerk nach Abschluss eines Lernprozesses nicht etwa in getrennte Einheiten geteilt, die entweder auf die Verarbeitung von Wörtern und „exception words" oder aber auf die

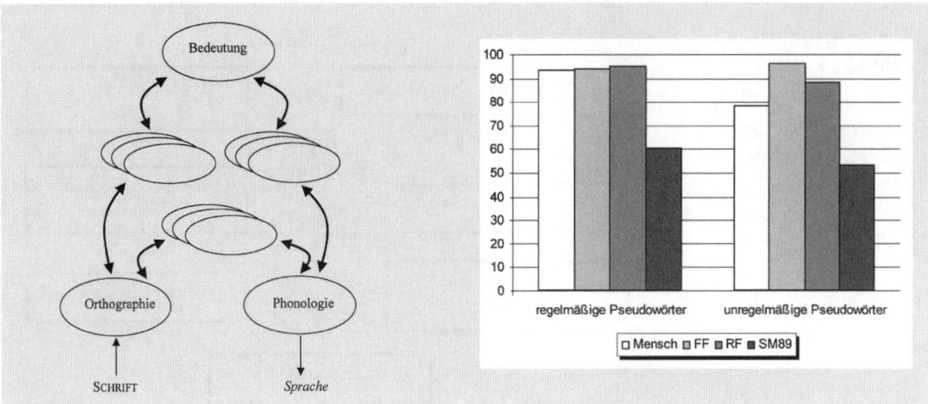


*Abb. 2.2:*
Netzwerkmodelle. In diesem Netzwerkmodell (linke Seite) werden drei Arten von Kodes unterschieden, nämlich Kodes für orthographische, phonologische und semantische Informationen. Diese Kodes werden über so genannte „verborgene Einheiten" (hidden units) verbunden (leere Ovale), in denen die Information auch strukturiert wird. Ihre experimentelle Beeinträchtigung bewirkt Leistungsreduktion (Grafik adaptiert aus Plaut et al. 1996).

Das Verhalten von Netzwerken in Computersimulationen wird mit zunehmenden Verbesserungen und Adaptionen dem Verhalten von menschlichen Versuchspersonen immer ähnlicher. Der rechte Teil der Abbildung zeigt den Anteil richtig erlesener Pseudowörter beim Menschen, bei zwei rezenteren Simulationen (FF und RF; Plaut et al. 1995) und bei einer älteren Simulation (SM89; Seidenberg / McClelland 1989). Verglichen wurden hier Pseudowörter, die aus einem regelmäßigen englischen Wort gebildet wurden (regelmäßige Pseudowörter, z. B. ***dean*** (***hean***) mit solchen, die aus „exception words" gebildet wurden (unregelmäßige Pseudowörter, z. B. ***deaf*** (***heaf***).

phonologische Rekodierung von Pseudowörtern spezialisiert sind (also gleichsam zwei „versteckte" Teilsysteme), sondern es scheinen alle Teile des Netzwerkes in die Verarbeitung aller Wortarten involviert zu sein.

## 2.1.3 Kombinierte Modelle – die CDP-Modelle

**konnektionistisches Zweiprozessmodell**

Neuere Entwicklungen gehen dahin, verschiedene Modellansätze miteinander zu kombinieren, wobei diejenigen Komponenten jedes Ansatzes, die sich in Computersimulationen zur Erklärung des Leseprozesses bewährt haben, in das jeweils erweiterte Modell aufgenommen wurden. Auf diese Art entstand eine Reihe von Modellen, etwa das „konnektionistische Zweiprozessmodell" (connectionist dual process model CDP+, Perry et al. 2007), in dem zwar die zwei Zugangswege

*Abb. 2.3:* Architektur des CDP++ Modells. (Dieses Modell vereinigt die Eigenschaften von konnektionistischen Modellen und Zweiwegemodellen; nach Perry et al. 2010).

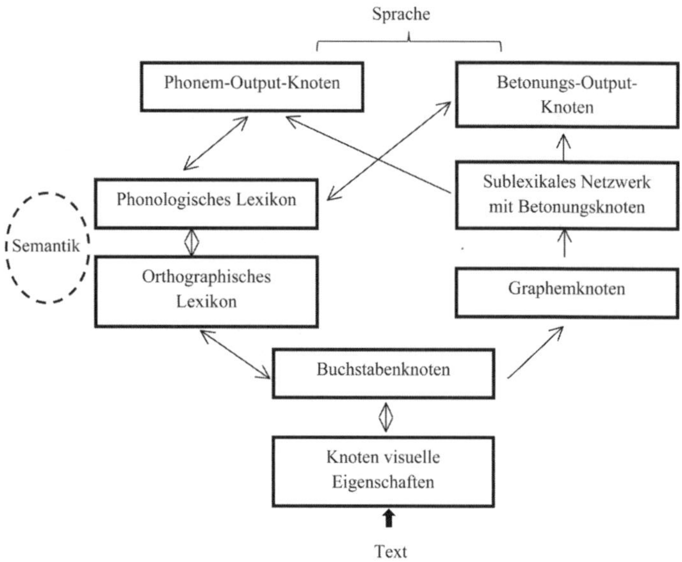


im Sinne des DRC Modells beibehalten werden, innerhalb der sublexikalischen (indirekten) Route jedoch ein Netzwerk eingebaut ist, das für das Erlernen von orthographischen und phonologischen Entsprechungen (durch wiederholtes Lesen von Wörtern) zuständig ist.

Das CDP+ Modell ist – wie die anderen der bisher vorgestellten Modelle auch – nur für die Simulation des Lesens von einsilbigen Wörtern gedacht. Eine Erweiterung dieses Modells stellt das Modell CDP++ von Perry et al. (2010) dar. Das CDP++ Modell ist nicht nur auf einsilbige Wörter beschränkt, sondern auch in der Lage, das Lesen zweisilbiger (englischer) Wörter zu simulieren. Dies ist umso erstaunlicher, als hier auch das Erkennen von Pseudowörtern, deren Betonung nicht lexikalisch abgebildet sein kann, simuliert wird.

In Abb. 2.3 ist die Architektur des CDP++ Modells dargestellt. Die sublexikalische Route führt über Knoten für die visuellen Eigenschaften der Buchstaben und ihre abstrakte Repräsentation in Buchstabenknoten hin zu Graphemknoten, in denen die einzelnen Buchstaben zu Graphemen angeordnet werden. Der weitere Weg führt über ein sublexikalisches Netzwerk, das wie auch im CDP+ Modell für das orthographisch-phonologische „mapping" zuständig ist. Zur Ermittlung der Betonung sind in dem Modell Betonungs-Output-Knoten vorgesehen, durch die das System lernen kann, ob die Betonung auf der ersten oder der zweiten Silbe liegt. Diese Knoten sind auch mit dem phonologischen Lexikon verbunden, d.h. es werden lexikale und nicht-lexikale Informationen genutzt. Der lexikale Weg des Lesens wiederum geht in Anlehnung an das DRC Modell über ein orthographisches und ein phonologisches Lexikon (Kap. 2.1.2 bzw. Abb. 2.1).

## 2.2 Modelle zum Rechtschreibprozess

Wie beim Lesen wurden auch für das Rechtschreiben in den letzten Jahren verschiedene Modelle formuliert, in denen Annahmen über die kognitiven Prozesse näher spezifiziert wurden, die beim geübten Rechtschreiber zu einer korrekten orthographischen Repräsentation einzelner Wörter führen. Wir sprechen hier von „orthographischer Repräsentation“, weil wir aus Platzgründen rein motorische Komponenten (also Schwierigkeiten, die Buchstaben entsprechend und erkennbar zu Papier zu bringen) aussparen müssen. Gegenstand der folgenden Erörterungen sind die allgemein bekannten „Rechtschreibfehler“, wobei die einzelnen Buchstaben durchaus korrekt wiedergegeben sind.

**nicht spiegelbildlicher Prozess**

Eine Zeit lang wurde der Vorgang des Rechtschreibens als der spiegelbildliche Prozess zum Lesen verstanden. Diese Auffassung ist jedoch nicht unproblematisch, und die modernere Forschung gibt sie zunehmend auf. Es sind vor allem drei Aspekte, die das Rechtschreiben vom Lesen – schon von den Anforderungen her – abgrenzen:

- Die Ausgangsposition beim Lesen ist eindeutig, nämlich das Vorliegen von Schrift in gedruckter oder handschriftlicher Form. Beim Rechtschreiben gibt es mehrere Möglichkeiten, z.B. freies Schreiben, Abschreiben nach einer Vorlage, Schreiben nach Diktat.
- Das Schreiben ist ein viel langsamerer Prozess als das Lesen. Dies hat zur Konsequenz, dass die Information über die niederzuschreibende Buchstabenfolge längere Zeit in Evidenz gehalten werden muss.
- Am wichtigsten ist jedoch, dass in vielen Sprachen – auch im Deutschen – die Graphem-Phonem-Korrespondenz viel regelmäßiger ist, als umgekehrt die Phonem-Graphem-Korrespondenz. Im Allgemeinen kann ein Laut auf viele verschiedene Arten in Schrift umgesetzt werden, z.B. ***Schal***, ***Saal***, ***Mahl***.

**Ein- und Zwei-Wege-Modelle**

Allerdings sind die modelltheoretischen Vorstellungen darüber, welche kognitiven Prozesse beim Rechtschreiben ablaufen, den Modellvorstellungen zum Lesen zumindest in ihrer Grobstruktur häufig recht ähnlich, sieht man von den etwas älteren Modellen ab (z. B. dem Modell von Simon / Simon 1973). Auch hier wird die Diskussion geführt, ob Modelle, die von einer zwei- oder mehrfachen (z. B. Patterson / Shewell 1987) Zugangsmöglichkeit ausgehen, das Rechtschreiben adäquat abbilden, oder ob ein einziger Zugangsweg im Sinne eng vernetzter Verarbeitungseinheiten zur Erklärung ausreicht. Ebenso wie beim Lesen stützen sich vor allem Theoretiker des Zwei-Wege-Ansatzes auf neuropsychologische Befunde an Patienten mit erworbenen Rechtschreibschwierigkeiten (Barry 1994).

Auch beim Rechtschreiben wird zwischen einer so genannten „Oberflächendysgraphie" (gute Leistungen bei Pseudowörtern, schwache Leistungen bei Wörtern und „exception words") und einer „phonologischen Dysgraphie" (schwaches Rechtschreiben von Pseudowörtern, gute Leistungen bei Wörtern) unterschieden und eine Beeinträchtigung des jeweiligen Zugangsweges angenommen.

Der Leser wird sich möglicherweise fragen, wie die korrekte Rechtschreibung von Pseudowörtern festgestellt werden kann. Einfach ausgedrückt „zählt" bei entsprechenden Untersuchungen jede Schreibweise als korrekt, durch welche die Lautfolge des Wortes adäquat wiedergegeben wird. Ein Pseudowort wie ***Zippelzack*** würde etwa in folgenden Schreibweisen als korrekt geschrieben gelten: ***Zippelzack***, ***Tsippelzack***, ***Zipelzak***... Allerdings unterscheiden sich verschiedene Studien in der Strenge der jeweiligen Definition lautgetreuer Schreibungen.

### 2.2.1 Das Modell von Simon und Simon

**Modell von Simon und Simon**

Eines der älteren Modelle ist das schon erwähnte Modell von Simon und Simon (1973). Nach dieser Vorstellung kann der Leser bei Wörtern, deren Schreibweise nicht unmittelbar in Erinnerung ist, die also nicht direkt lexikalisch abgerufen werden können, Informationen darüber zu Rate ziehen, wie die Wörter möglicherweise geschrieben werden. Es handelt sich dabei also um Wahrscheinlichkeitsaussagen. Dementsprechend müssen zusätzlich Kenntnisse über die Regelmäßigkeit der Schriftsprache bzw. Rechtschreibregeln verwendet werden.

Ergänzt wurde das Modell durch Annahmen, die letztlich die Ausnutzung von Gedächtnisressourcen betreffen. Zum einen können besondere Wörter oder Wortteile, also solche, die von der Regelmäßigkeit in der Phonem-Graphem-Korrespondenz abweichen, eigens markiert werden, wobei vom Schreiber bestimmte Merkhilfen benutzt werden können. Zum anderen müssen nicht oder weniger geläufige Wörter nicht gleich in Phoneme gegliedert und auf dieser Ebene rekonstruiert werden; vielmehr kann es ausreichen, zunächst das Wissen um die Schreibweise größerer Wortteile heranzuziehen, beispielsweise Silben (Simon 1976). Zusätzlich kann der Schreiber Informationen über die Morphemgliederung der Wörter einholen.

**Teilfertigkeiten des Rechtschreibens**

Folgt man diesem Modell, sind also eine Reihe an Teilfertigkeiten erforderlich, so etwa:

- ein spezielles Wissen um die Schreibweise verschiedener Wörter,
- Kenntnis von Phonem-Graphem-Korrespondenzen,
- die Vertrautheit mit Rechtschreibregeln,
- die Fähigkeit, größere Wortteile auszugliedern und deren Schreibweise zu bestimmen.

Allerdings gilt heute als fraglich, ob der geübte Rechtschreiber sich tatsächlich die Schreibweise von Wörtern innerlich vor Augen führt und mit alternativen Schreibweisen vergleicht (Sloboda 1980).

### 2.2.2 Zwei-Wege-Modelle

**lexikalische und nichtlexikalische Zugänge**

Zwei-Wege-Modelle für das Rechtschreiben sind ähnlich konzipiert wie für das Lesen. Auch hier wird einem direkten, lexikalischen Zugang ein indirekter, nichtlexikalischer Zugang gegenübergestellt. Allerdings stellt sich wegen der im Vergleich zur Graphem-Phonem-Korrespondenz wesentlich undurchsichtigeren umgekehrten Zuordnung von Laut zu Buchstaben die Frage nach dem Beitrag jedes einzelnen Zugangsweges zum korrekten Rechtschreiben viel eindringlicher. Wie beim Lesen wäre eine mögliche Vorstellung, dass eine Art von Konkurrenz zwischen den beiden Systemen besteht, wobei das Ergebnis des schnelleren Weges angenommen wird.

Andere Modelle gehen eher von einer Interaktion aus. Dies wirft natürlich die auch hinsichtlich des Erlernens der Rechtschreibung besonders relevante Frage auf, was geschieht, wenn der lexikalische Zugangsweg zu einem anderen Ergebnis führt als der nichtlexikalische (Barry 1994). Auch ist unklar, auf welche Weise das Lexikon organisiert ist – ist das Wort als Ganzes abgespeichert, oder sind es nur einzelne Wortteile, die etwa besonders schwierig oder unregelmäßig sind? Dies wiederum würde eine relativ komplexe Interaktion der beiden Zugangswege erfordern.

Insgesamt wird in vielen Modellen dem lexikalischen Zugang der Vorrang gegenüber dem nichtlexikalischen gegeben. Ähnlich wie

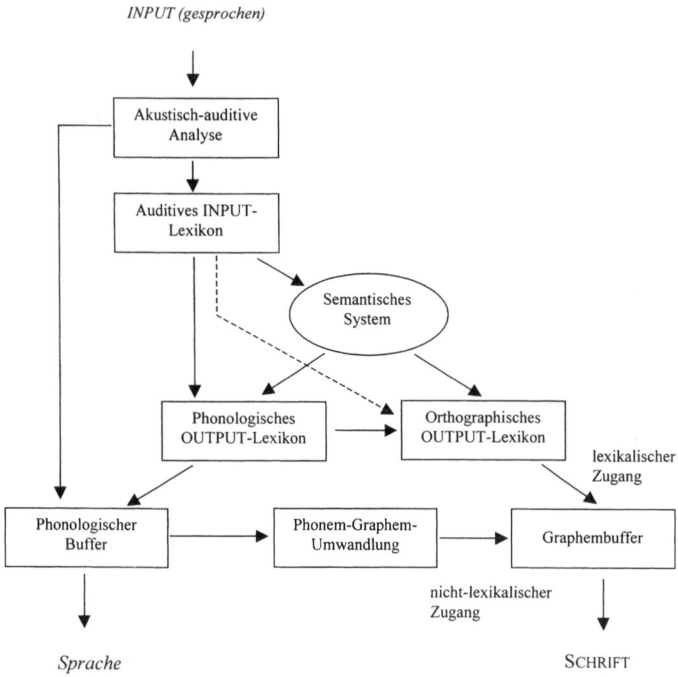


*Abb. 2.4:* Das Zwei-Wege-Modell des Rechtschreibens (Barry 1994)

beim Lesen spielt dieser Zugang offensichtlich selbst bei Pseudowörtern eine gewisse Rolle, was letztlich für eine relativ enge Interaktion der beiden Zugangswege spricht.

**Modell von Barry**

Ein Modell, in dem verschiedene Subsysteme für den lexikalischen Zugang angenommen werden, ist das Zwei-Wege-Modell des Rechtschreibens von Barry (1994; siehe Abb. 2.4). Damit können – über die Interpretation von Oberflächendysgraphie und phonologischer Dysgraphie hinaus – weitere Störungen der Rechtschreibung erklärt werden, die an verschiedenen Patientengruppen beobachtet wurden. Wir wollen hier nur zwei dieser Zusatzannahmen herausgreifen:

- Zum einen wird ein Zugang zu einem semantischen System angenommen, der vom auditiven INPUT-Lexikon ausgeht und die inhaltliche Deutung gehörter Wörter erlaubt. Diese „semantische Route" kann Fälle so genannter „Tiefendysgraphie" (deep dysgraphia; z. B. Nolan/Caramazza 1983) erklären. Diese Patienten sind nahezu unfähig, Pseudowörter zu schreiben, machen weniger Fehler bei konkreten als bei abstrakten Wörtern und begehen vor allem häufig semantische Fehler,

z. B. ***boat*** (Boot) statt ***yacht***. Hier ist die Annahme, dass diese Patienten Defekte im Bereich des nichtlexikalischen Zuganges aufweisen und daher über die semantische Route schreiben. Dabei arbeitet diese entweder ebenfalls fehlerhaft oder falsche, aber semantisch ähnliche Einträge im OUTPUT-Lexikon werden aktiviert.

- Zum anderen ist im Rahmen dieser Modellvorstellung ein Zugang über das phonologische OUTPUT-Lexikon (ohne vorhergehende Konsultation des semantischen Systems) möglich. Dies würde Fehler erklären, bei denen Homophone, also gleich klingende Wörter niedergeschrieben werden, z. B. ***great*** (groß) anstatt ***grate*** (Gitter; Roeltgen et al. 1986).

**Graphembuffer**

Es wurde schon gesagt, dass es wegen der langen Zeit, die das Niederschreiben der Buchstabenfolge in Anspruch nimmt, nötig ist, diese sozusagen „in Evidenz“ zu halten. Dies wird in dem Modell – wie auch in den meisten anderen Modellen zum Rechtschreiben – durch die Annahme eines so genannten Graphembuffers gewährleistet, also einer Speichereinheit, die Art und Reihenfolge der Buchstaben für die motorische Ausführung bereithält. Versagt dieser Graphembuffer oder ist er beeinträchtigt, so resultieren daraus spezielle Fehler, die durch Verarbeitungsmängel auf lexikalischer oder phonologischer Ebene nicht adäquat erklärt werden können und gleichermaßen bekannte wie unbekannte Wörter betreffen (z. B. Kay / Hanley 1994).

### 2.2.3 Netzwerkmodelle

**probabilistische Aktivierungsmatrix**

Netzwerkmodelle (oft als „konnektionistische“ Modelle bezeichnet) verzichten, ähnlich wie beim Lesen, auf die Unterscheidung getrennter Zugangswege und auf die Annahme eines Lexikons im Sinne der Modelle der zweifachen Zugangswege. Wie in den entsprechenden Modellvorstellungen zum Lesen wird lediglich eine probabilistische bzw. durch vielfaches Üben erlernte Aktivierungsmatrix in einem Netzwerk angenommen, in dem verschiedene Informationen über die Schreibweise von Wörtern abgelegt sind. Brown und Loosemore (1994) unterscheiden analog zu den Modellen von Seidenberg und McClelland (1989) verschiedene verborgene Einheiten (hidden units). Dabei bezieht sich der Begriff „verborgen“ darauf, dass keine direkten Verbindungen zwischen den Einheiten bestehen, in denen die Aussprache der Wörter (INPUT-Ebene) lokalisiert ist, und den Einheiten, welche die Schreibweise der Wörter repräsentieren (OUTPUT-Ebene). Die Annahme dieser „hidden units“ erlaubt letztlich eine höhere Lernkapazität des Systems. Die richtige Schreibweise der Wörter entsteht auf Basis eines Lernalgorithmus durch schrittweise Annäherung an einen Aktivierungszustand von Verbindungen, der die korrekte Schreibweise eines Wortes im Modell repräsentiert.

**Simulation von Fehlermustern**

Wie erwähnt wurde versucht, mit Hilfe derartiger Modelle Fehlermuster zu simulieren, wie sie bei Patienten mit erworbenen Rechtschreibstörungen auftreten. So berichten beispielsweise Olson und Caramazza (1994), dass die Simulation NET-Spell durch Beeinträchtigung der Modelleigenschaften, z. B. der verwendeten Gewichtungen, ähnliche Fehler hervorbrachte wie Patienten mit Oberflächendysgraphie. Auch hier wird häufig argumentiert, dass ein einziges Verarbeitungssystem ausreicht, um verschiedene Aspekte der Befundlage über das Rechtschreiben bei Patienten mit erworbenen Rechtschreibstörungen zu erklären.

## 2.2.4 Modellerweiterungen, Modellspezifizierungen

**zusätzliche Komponenten**

Während beim Lesen die genannten Modelle zumindest das laute Lesen recht gut erklären können, sind beim Rechtschreiben noch einige weitere Annahmen notwendig. Zum Teil sind hier schon sowohl von Seiten der „dual-route“-Theoretiker, als auch von Seiten der Netzwerktheoretiker entsprechende Modellvorstellungen in unterschiedlicher Präzision dargestellt worden. Ein Beispiel wären etwa Modelle zur Bildung von regulären und irregulären „past-tense“-Formen im Englischen im Rahmen konnektionistischer Ansätze. Manche dieser Aspekte enthält auch bereits das beschriebene Modell von Simon und Simon (1973), andere sind im Zwei-Wege-Modell in das semantische System integriert. Im Hinblick auf die Schwierigkeiten rechtschreibschwacher Schüler scheint es jedoch sinnvoll, einige der zusätzlichen Komponenten der Rechtschreibung noch einmal zusammenfassend herauszustreichen. Diese zusätzlichen (oder hier erst spezifizierten) Fertigkeiten können einander zum Teil ergänzen oder ersetzen.

- Wortspezifische Kenntnisse: In vielen Modellen wird davon ausgegangen, dass der lexikalische Abruf eines Wortes beim Rechtschreiben einen gewissen Vorrang gegenüber der Synthetisierung der Schreibweise aus Phonem-Graphem-Korrespondenzen hat. Insofern muss der Rechtschreiber ein intaktes Wissen um die spezifische Schreibweise von Wörtern aufweisen, sofern diese nicht eindeutig aus Regeln ableitbar sind. Entsprechend hat die Vorkommenshäufigkeit von Wörtern einen Einfluss auf die Leichtigkeit, sie richtig zu schreiben.

- Wissen um Ableitungsregeln: Eine der Regeln, auf die sich der Schreibende stützen kann, betrifft die Bildung von Ableitungsformen, beispielsweise bei zusammengesetzten Wörtern und Flexionen (Breadmore/Carroll 2016). Geübte Schreiber zeigen recht geringe Schwierigkeiten bei der Anwendung solcher Regeln, selbst bei Pseudowörtern (Fischer et al. 1985).
- Kenntnis von Rechtschreibregeln: Während diese Regeln dem Schreiber im Allgemeinen wenig bewusst sind, liegen bestimmte Rechtschreibregeln in mehr expliziter Form vor, etwa die **s**-Schreibung. Die Aneignung vieler dieser Regeln ist ein relativ schwieriger und lange dauernder Prozess.
- Semantische Informationen: Unter gewissen Bedingungen (z. B. Schreiben nach Diktat) sind semantische Informationen nötig, um die korrekte Schreibweise eines Wortes zu eruieren. Dies trifft etwa für Homophone zu, z. B. ***Moor*** und ***Mohr***, oder im Deutschen für die Entscheidung zwischen ***dass*** und ***das***.

**Planungs- und Kontrollvorgänge**

Die Einbindung dieser zusätzlichen Komponenten verlangt auch die Annahme gewisser Planungs- und Kontrollvorgänge beim Rechtschreiben, die durch die relative Langsamkeit des Vorgangs erleichtert werden. Zumeist treten Korrekturen verzögert auf – allerdings gibt es auch Fehlerarten, die darauf hindeuten, dass schon während des Schreibens ein Korrekturvorgang stattfindet (etwa, wenn ein falsch angefangenes Wort zu einem anderen als dem ursprünglich geplanten vervollständigt wird).

## 2.3 Eine Bewertung der Modelle zum Lesen und Rechtschreiben

Nach dieser recht theoretischen, kurzen Beschreibung verschiedener Modellansätze zum Lesen und zum Rechtschreiben stellt sich natürlich die Frage, was der eingangs erwähnte Nutzen dieser Ansätze für das Verständnis der Schwierigkeiten lese- bzw. rechtschreibschwacher Kinder ist. Es gibt zwar in der neueren Literatur auch von Seiten der Netzwerktheoretiker Ansätze, die durch Simulation der basalen Lese- und Rechtschreibvorgänge gewonnenen Erkenntnisse in Fördermöglichkeiten umzusetzen. Doch hat der Rückbezug auf Zwei-Wege-Modelle bislang einen stärkeren Einfluss auf die Analyse der Schwierigkeiten lese- bzw. rechtschreibschwacher Kinder gehabt.

**Zusammenhang mit Entwicklungsmodellen**

Zum einen schlägt sich dies in verschiedenen Entwicklungsmodellen nieder, die obwohl – oder gerade weil – sie für alle Kinder Gültigkeit haben sollen, auch Licht auf die besonderen Probleme schwacher Leser und Rechtschreiber werfen. In vielen dieser Modelle wird, grob gesprochen, davon ausgegangen, dass Kinder verschiedene Phasen bei der Aneignung der Schriftsprache durchlaufen – sowohl beim Lesen als auch beim Rechtschreiben: Einer ersten eher an groben Merkmalen der Wörter orientierten Phase folgt eine, bei der die phonologische Rekodierung und die Wortsynthese eine wichtige Rolle spielen, gefolgt von einer dritten Phase der Automation und Interaktion verschiedener Zugänge zum Lesen und Rechtschreiben.

**Lese- und Rechtschreibstrategien**

Obwohl der Ablauf dieser Phasen insgesamt und im Besonderen für den deutschen Sprachraum nicht unumstritten ist, so haben entsprechende Modelle doch den Blick für mögliche ungünstige oder mangelhaft beherrschte Strategien bei den Kindern geschärft. So ist z. B. denkbar, dass ein beginnender Leser sich zu sehr an verschiedenen hervorstechenden Merkmalen der Wörter orientiert und weniger die Laut- bzw. Buchstabenstruktur berücksichtigt. Dies würde bei steigender Anzahl von Wörtern, deren Beherrschung erforderlich ist, mit großer Wahrscheinlichkeit zu Leseproblemen führen. In der Tat kann man auch abseits erworbener Lese- oder Rechtschreibstörungen zwischen Kindern unterscheiden, die besondere Probleme mit neuen Wörtern oder Pseudowörtern haben, hingegen bekannte Wörter recht gut lesen oder schreiben, und umgekehrt.

## 2.4 Zusammenfassung

Informationsverarbeitungstheoretische Modelle zum Lesen und Rechtschreiben beim geübten Leser oder Schreiber beschäftigen sich mit den kognitiven Prozessen, die einerseits beim Worterkennen, andererseits beim Rechtschreiben ablaufen.

Grundsätzlich werden beim Lesen wie beim Rechtschreiben Ein- und Zwei-Wege-Modelle unterschieden. Im Rahmen von Zwei-Wege-Modellen wird zwischen einem direkten Zugriff auf das Wort als Konsultation eines angenommenen mentalen Lexikons (in dem das Wort und seine Attribute gespeichert sind) und einem indirekten, nichtlexikalischen Zugang als sequenzielle phonologische Rekodierung der Buchstabenfolge differenziert. Diese beiden Zugangswege stehen nach neueren Modellansätzen in enger Interaktion, so dass beim Lesen ein sehr rasches und effizientes Worterkennen möglich ist. Beim Rechtschreiben spielen weitere wichtige Systemkomponenten eine Rolle, vor allem der Graphembuffer – eine Verarbeitungseinheit, in der die Graphemfolge während des Niederschreibens eines Wortes in Evidenz gehalten wird.

So genannte „Netzwerkmodelle" oder „konnektionistische" Modelle erlangen im Rahmen der theoretischen Auseinandersetzung mit dem Prozess des Lesens und des Rechtschreibens zunehmend Bedeutung. In diesen Modellen wird die Annahme unterschiedlicher Zugangswege aufgegeben; der Informationsverarbeitungsprozess basiert vielmehr auf der Ausnutzung von Zuordnungswahrscheinlichkeiten im Rahmen eines Netzwerkes. Vertreter dieses Ansatzes konnten in verschiedenen Computersimulationen Ergebnismuster von Lese- und Rechtschreibleistungen erzielen, die den Leistungen menschlicher Leser und Rechtschreiber sehr ähnlich sind.

Vor allem die zahlreichen im Rahmen des Zwei-Wege-Modells angenommenen Interaktionen zwischen den einzelnen Verarbeitungseinheiten, aber auch bestimmte Restriktionen im Rahmen der netzwerktheoretischen Ansätze stellen für die Zukunft eine starke Annäherung beider theoretischen Positionen in Aussicht.

## 2.5 Übungsfragen

**1.** Was sind die Grundannahmen bei der Entwicklung von Modellen zum Lesen und Rechtschreiben beim geübten Leser bzw. Schreiber?

**2.** Was versteht man unter „bottom-up"- und „top-down"-Prozessen. Inwiefern spielen diese Prozesse beim Worterkennen eine Rolle?

**3.** Welche Annahmen liegen Zwei-Wege-Modellen zum Worterkennen zugrunde und was unterscheidet diese Modelle von Netzwerkmodellen?

**4.** Beschreiben Sie das „dual-route cascaded"-Modell des Worterkennens.

**5.** Lesen und Rechtschreiben sind nicht in allen Belangen spiegelbildliche Vorgänge – worin liegen die Unterschiede zwischen den beiden Prozessen?

**6.** Was sind die Grundannahmen des Modells von Simon und Simon (1973) zum Rechtschreiben?

**7.** Erläutern Sie das Zwei-Wege-Modell des Rechtschreibens nach Barry (1994).

**8.** Was versteht man im Rahmen von Modellen zum Rechtschreiben unter dem „Graphembuffer“?

# 3 Leseverständnis und schriftliches Ausdrucksvermögen

In den letzten Kapiteln haben wir uns in erster Linie mit recht basalen Fertigkeiten des (lauten) Lesens und der Rechtschreibung befasst. Das eigentliche Ziel des Unterrichts muss es aber sein, Kinder in die Lage zu versetzen, mehr oder weniger eigenständig und den jeweiligen Anforderungen (oder Interessen) entsprechend mit Texten umzugehen, ihnen relevante Informationen zu entnehmen oder auch aus Freude zu lesen. Kinder sollen lernen, Texte für verschiedene Zwecke selber zu verfassen, entweder „Sachtexte", bei denen die reine Information im Vordergrund steht, oder Erzählungen oder einfach so genannte „Gebrauchstexte" wie Versicherungsmeldungen oder schlicht das Ausfüllen eines Formulars.

**Leseverständnis und Wortlesefähigkeit**

Natürlich stellt sich angesichts dieses Ziels sofort die Frage, inwieweit diese „höheren" Fertigkeiten des Textleseverständnisses und des Schreibens im Sinne des Verfassens von Texten von der Sicherheit im Wortlesen und im Rechtschreiben abhängig sind. Es scheint offensichtlich, dass eine Geschichte nicht oder nur mit großer Mühe verstanden werden kann, wenn der Leser bereits Schwierigkeiten beim Dekodieren der einzelnen Wörter hat. Ebenso dürfte das Schreiben im Allgemeinen schwerer fallen, wenn ein Großteil der Aufmerksamkeit der korrekten Orthographie gewidmet werden muss (wobei es erfahrungsgemäß auch gar nicht selten Kinder gibt, die selbst unter grober Vernachlässigung der Rechtschreibung durchaus „gute" Texte verfassen können).

Jedenfalls scheint es sinnvoll, jene Komponenten, die beim verstehenden Lesen wie auch beim Schreiben von Texten über die basalen Fertigkeiten hinausgehen, eigens zu untersuchen. Wir wollen dies im folgenden Kapitel tun, beginnend mit dem Leseverständnis.

## 3.1 Leseverständnis und Komponenten des Leseverständnisses

**gesprochene und schriftliche Sprache**

Es erweist sich als relativ schwieriges Unterfangen, eine allgemein gültige Definition dessen zu geben, was wir mit dem Begriff „Leseverständnis" verbinden. Sicherlich ist es nicht falsch, darunter die Fähigkeit zu verstehen, aus einem Text Informationen zu entnehmen. Dabei scheint hier der Hinweis auf schriftlich vorliegendes Material in Abgrenzung zu mündlichen Mitteilungen notwendig, um die verschiedenen Komponenten des Verstehens (oder Nichtverstehens) begreiflich zu machen. Wiewohl beim verstehenden Lesen viele Fertigkeiten von Bedeutung sind, die auch beim mündlichen Sprachverstehen eine Rolle spielen, so bestehen doch auch wieder wesentliche Unterschiede zwischen mündlicher Sprache und Schriftsprache. So ist die Planbarkeit von Aussagen im Mündlichen wesentlich geringer, dafür sind bestimmte Komponenten der Gedächtnisanforderung höher. Vor allem aber bestehen zum Teil massive sprachliche Unterschiede. Man denke nur an die im Allgemeinen wesentlich elaboriertere Ausdrucksweise in schriftlichen Texten, die häufig mit einem viel komplexeren Satzbau und auch der Verwendung von (vor allem für Kinder) schwierigeren, selteneren Wörtern und Ausdrücken zusammenhängt.

**implizite Textinformation**

Es erscheint allerdings unzureichend, sich auf die Entnahme von Information aus schriftlich vorliegendem Material zu beziehen, will man dem Kern dessen, was Leseverständnis ist, näher kommen. Denn diese Information kann auf verschiedene Weise vorliegen, und die neuere Literatur beschreibt in der Tat viele oft auch mehr oder weniger „versteckte" Möglichkeiten der Informationsübermittlung bzw. der Erleichterung von Informationsaufnahme durch den Leser. Texte enthalten nicht nur explizite Informationen. Der Satz ***Maria ließ das Glas fallen*** sagt im Grunde nichts über die Folgen dieses Missgeschicks aus; trotzdem würden die meisten von uns annehmen, dass das Glas zerbrochen ist. Der Satz enthält also implizite Informationen. Wie diese zugänglich sind, werden wir im Folgenden diskutieren. Ein anderes Beispiel für eine implizite Information ergibt sich etwa aus der Anwendung von Wörtern in einem bestimmten Kontext. Das Wort glatt hat in der Beschreibung des Straßenzustandes in einem Unfallbericht eine ganz andere Bedeutung als in der Beschreibung einer mathematischen Funktion, die als ***glatt*** bezeichnet wird, wenn sie beliebig differenzierbar ist.

Damit ist aber klar, dass die „Entnahme" von Information immer auch eine konkrete Bearbeitung der Möglichkeiten, die ein Text bietet, darstellt. Informationsaufnahme ohne (aktive) Bearbeitung dieser

Informationen ist also auf dieser Ebene gar nicht möglich. Hinzu kommt, dass hier wohl ein sehr weit gefasstes Verständnis des Begriffs „Information“ anzuwenden ist. Nicht nur Sachinformation wird durch Texte vermittelt (z.B. wie eine bestimmte Maschine funktioniert), sondern auch oft gar nicht leicht begreifliche Informationen etwa über Intentionen, die mit einem Text verbunden sind, oder auch Mitteilungen über Stimmungen oder Gefühle, die häufig sehr indirekt erfolgen. In diesem Sinn ist auch gefragt, einen Text zu „deuten“.

**Leseverständnis als eigene Dimension**

Leseverständnis verlangt also Fertigkeiten, die über das reine Dekodieren der Wörter hinausgehen. Es besteht zwar in den ersten Grundschuljahren ein relativ enger Zusammenhang zwischen Problemen im Worterkennen bzw. im lauten Lesen und dem Leseverständnis (und in vielen Tests wird auch keine entsprechende Unterscheidung getroffen). Doch kommt gerade aus der Beobachtung schwacher Leser Evidenz dafür, dass das Leseverständnis einen eigenen Bereich von möglichen Schwierigkeiten im Umgang mit der Schriftsprache darstellt. Folgende Argumente sprechen dafür:

- Viele Kinder mit Verständnisproblemen bei Texten haben auch Probleme beim Verstehen mündlicher Mitteilungen.
- Probleme beim Worterkennen allein reichen zur Erklärung von Verständnisschwierigkeiten nicht aus. Dies sieht man vor allem daran, dass die Gruppe leseschwacher Kinder in Bezug auf mögliche Verständnisschwierigkeiten recht heterogen ist. Vor allem gibt es Kinder, die das mündliche Lesen ausreichend erlernt haben, aber eindeutig Leseverständnisschwierigkeiten zeigen. Verständnisschwierigkeiten dieser Kinder sind qualitativ gleicher Art wie jene von Kindern, die zusätzlich Probleme im lauten Lesen aufweisen.

**spezifische Anforderungen**

Verständiges Lesen bedeutet eine relativ enge „Interaktion“ mit dem Text selber. Dies bedeutet auch, dass aus der Spezifität einzelner Texte und Textgattungen selber Anforderungen erwachsen, z.B. Wissen um veränderte Wortbedeutungen in einem speziellen Kontext, auf die der Leser adäquat reagieren muss, damit unterschiedliche Texte mit entsprechendem Verständnis gelesen werden können. Dabei zeigt sich, dass einerseits verschiedene Bearbeitungsmöglichkeiten für ein und denselben Text bestehen (verschiedene Fertigkeiten können mitunter in Abhängigkeit von der jeweils bereits erworbenen Kompetenz des Lesers auch alternativ eingesetzt werden). Andererseits bauen die einzelnen „Grundfertigkeiten“ zum Leseverständnis aufeinander auf und sind vielfach miteinander verzahnt. Es sind dies neben der basalen Dekodierfähigkeit vor allem:

- Wortverständnis
- Satzverständnis und syntaktisch-grammatikalische Kompetenz
- Textverständnis
- Inferenzbildung
- Differenzierung zwischen zentralen Inhalten und Detailinhalten
- Verständnis für Textstrukturen und Diskursformen
- Vorwissen, Vorerfahrung und Interesse
- Metakognitives Bewusstsein und Überwachen des eigenen Verständnisses

**Simple-View-of-Reading**

Perfetti (1989) geht von der „verbalen Effizienz“ aus, wonach das Leseverständnis stark vom basalen Lesen abhängt. Nur wenn das Lesen von Wörtern automatisiert abläuft, werden kognitive Kapazitäten frei, die für das Verständnis herangezogen werden können. Einen anderen Ansatz stellt der Simple-View-of-Reading (Gough/Tummer 1986) dar. Hier wird davon ausgegangen, dass das Leseverständnis zum Großteil vom Hörverständnis (rezeptives Sprachverstehen) und vom basalen Lesen abhängt. Der Begriff „simple“ soll aber nicht in die Irre führen. Auch bei dieser Annahme wird Lesen als komplexer Prozess verstanden (Hoover/Gough 1990). Simpel ist das Modell insofern, da es sich lediglich aus zwei Teilen zusammensetzt, von denen jeder einzelne jedoch relativ komplex ist. Modelle, die versuchen, die Interaktion der verschiedenen Teilkomponenten darzustellen, sind z.B. das Situationsmodell von Christmann und Groeben (1999) oder das Modell von Perfetti et al. (2011). Konsens besteht darüber, welche Komponenten am Leseprozess beteiligt sind. Hierarchieniedere Prozesse beinhalten Wortidentifikation und Worterkennung sowie die Entschlüsselung der Syntax. Hierarchiehohe Prozesse umfassen die Prozesse, die dazu beitragen, ein mentales Modell des Textes aufzubauen.

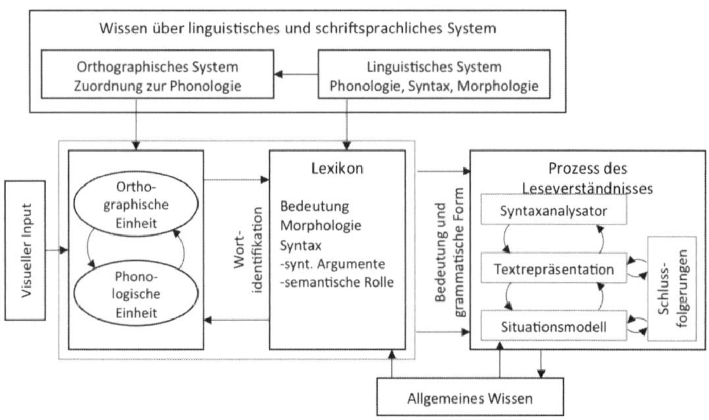


*Abb. 3.1:* Schematische Darstellung der Komponenten des Leseverständnisses nach Perfetti und Adolf (2012)

### Wortverständnis

**Wortbedeutungen**

Das Wortverstehen wird in vielen Modellen als Zugriff auf ein „Set" an Informationen über die Bedeutung eines Wortes verstanden, die entweder im semantischen Lexikon oder in einem Netzwerk gespeichert sind. Klassische Vorstellungen (z. B. das so genannte „Standardmodell" von Anderson/Nagy 1991) beschränken sich darauf, mehr oder weniger eindeutige Wörter zu beschreiben, deren Bedeutung in einzelne relevante Merkmale aufgegliedert wird, z. B. ***Junggeselle*** = männlich, allein stehend etc. Dass dies für Begriffe mit unterschiedlichen Bedeutungen problematisch ist, liegt auf der Hand. Man muss also davon ausgehen, dass semantisches Wissen mit anderen Fertigkeiten des Leseverständnisses (z. B. Vorwissen) interagiert und der Kontext eine wesentliche Rolle selbst beim Verständnis einzelner Wörter spielt. Zudem rückt die Rolle von Begrifflichkeiten bei der Erzeugung von Kohärenz durch den Leser immer mehr in den Fokus der Aufmerksamkeit (Perfetti/Stafura 2014).

**Wortschatz**

Trotzdem haben verschiedene Personen natürlich einen unterschiedlich gut ausgeprägten Wortschatz zur Verfügung, und dieser stellt einen der wesentlichsten Einflussfaktoren für das Leseverständnis dar. So finden Klicpera et al. (1993b) für die achte Schulstufe, dass der allgemeine Wortschatz mehr an interindividuellen Unterschieden im Leseverständnis erklärt als das laute Lesen. Der Wortschatz stellt einen Großteil des individuell verfügbaren Wissens dar; es handelt sich dabei allerdings nicht um einen Zustand des Alles-oder-Nichts, ein Wort kann in verschiedenen graduellen Abstufungen „bekannt" sein. So unterscheidet etwa Graves (1984) sechs verschiedene Wissensstufen, je nachdem ob

- das Wort nur mündlich bekannt ist,
- die Wortbedeutung nicht vertraut genug ist, um das Wort auch zu verwenden,
- zwar die Bedeutung, nicht aber das Wort selber bekannt ist (man kann z. B. mit dem Konzept des mathematischen Differenzierens vertraut sein, aber den Begriff ***glatt*** nicht kennen),
- nur ein Teil der Bedeutung bekannt ist (man z. B. weiß, dass ***Axolotl*** ein Tier ist, nicht aber welches),
- nur eine von vielen Bedeutungen bekannt ist,
- weder Konzept noch Ausdruck bekannt sind.

**abstrakte Begriffe**

Besondere Schwierigkeiten machen dabei abstrakte Begriffe, vor allem abstrakte Verben, wie ***wissen*** und ***denken***. Diese Wörter bezeichnen oft einen nur schwer „greifbaren", subtilen mentalen Status und haben im Diskurs verschiedene Funktionen. Man spricht in diesem Zusammenhang auch von einer „Theory of Mind“, also eine Vorstellung über fremde kognitive Prozesse, die uns etwa die Bedeutung der beiden Sätze ***Das Tier weiß, wann es Futter bekommt*** und ***Karl weiß, dass er an dem Unfall nicht ganz unschuldig ist*** begreifen lässt. – Erschwerend für das Erlernen der vielschichtigen Bedeutungen dieser Wörter ist, dass sie eher selten in Schulbüchern oder auch im Gespräch mit Erwachsenen gebraucht werden (Astington 1991). Das volle Verständnis für sie entwickelt sich erst mit der Zeit, wiewohl angenommen wird, dass das Wissen um diese Wörter vor allem für höhere Stufen des Leseverständnisses von Bedeutung ist (Booth/Hall 1994).

**Wortbildungen**

Ein weiterer Aspekt, der das Wortverstehen gerade im Deutschen mitbestimmt, ist der Umstand, dass ein wesentlicher Aspekt der Ausdrucksform in unserer Sprache in der Zusammensetzung von Wortstämmen zu Wörtern (mit neuer oder erweiterter Bedeutung) liegt. Es kann das Wortverständnis erleichtern, wenn der Leser in der Lage ist, diese Wortbildungen zu erkennen und zu reflektieren.

### *Satzverständnis und syntaktisch-grammatikalische Kompetenz*

**Parsing**

Nach dem heutigen Stand des Wissens vollzieht sich die Analyse eines Satzes beim Lesen inkrementell – schon beim Lesen wird jedem Wort eine bestimmte Position in der Struktur des Satzes zugewiesen, d. h. es wird vorweg eine bestimmte wahrscheinliche Satzkonstruktion angenommen. Diese muss allerdings revidiert werden, sobald mit der angenommenen Satzstruktur inkonsistente Informationen hinzukommen, d. h. wenn also der Satz nicht so weitergehen kann, wie es zu erwarten war (dies ist häufig bei uneindeutigen Strukturen der Fall). Dabei gelten Phrasen wie Nominal- oder Verbalphrase als elementare Strukturelemente. Man bezeichnet diesen Vorgang auch im Deutschen als „Parsing“.

**Garden-Path-Modell**

Folgt man dem heute am besten ausgearbeiteten Modell, dem so genannten „garden path“-Modell, so erfolgt die syntaktische Analyse nach einigen wenigen Grundprinzipien, von denen zwei explizit formuliert wurden, nämlich das

- „minimal-attachment"-Prinzip, das besagt, dass die angenommene Satzstruktur so gebildet wird, dass sie möglichst wenige Verzweigungen aufweist, und dem
- „late-closure"-Prinzip, nach dem das gerade gelesene Wort nach Möglichkeit in die zuletzt aktive Phrase eingebaut wird.

Dabei werden sowohl syntaktische als auch semantische Informationen parallel verarbeitet (Pickering/Traxler 1998), und beeinflussen einander. So führt die Analyse der Satzstruktur ***Die Ebene von Auvers wurde in den Tresor gesperrt...*** in die Irre, wenn man nicht weiß, dass es sich dabei um ein Gemälde handelt und/oder ein eindeutiger Zusatz vorhanden ist, z.B. ***...solange die Ausstellungshalle renoviert wurde***. Dies zeigt, wie bedeutsam weitere Komponenten des Leseverständnisses (hier auf Seite des Lesers Vorwissen und auf Seite des Textes der Kontext) schon auf Ebene der Analyse einzelner Sätze sind.

### *Textverständnis*

**lokale und globale Ebene**

Textverständnis beruht auf zwei Prozessen, nämlich zum einen auf der schrittweisen Bearbeitung, bei der Informationen, die aus den Sätzen gewonnen wurden, miteinander integriert werden. Dies zuerst auf einer lokalen Ebene, also in Bezug auf kürzere Textabschnitte, dann – durch Integration von immer mehr Information – auf Makroebene, etwa indem der Text in verschiedene Abschnitte gegliedert wird. Gleichzeitig werden beim Lesen eines Textes Vorinformationen und Vorerfahrungen aktiviert, die mit dem Text in Beziehung gesetzt werden. In jedem Fall handelt es sich aber wie erwähnt um ein strategisches Vorgehen, wobei sich der Leser entweder enger an der erarbeiteten Textbasis oder aber an seinem Vorwissen orientiert (van Dijk / Kintsch 1983).

Auf lokaler Ebene kann man sich den Verstehensprozess am besten als die Aktivierung eines Netzwerkes vorstellen, in dem die Konzepte, für die Wörter stehen, mit den Konzepten anderer Wörter verbunden sind. Eine Möglichkeit, mit mehrdeutigen Wörtern umzugehen, besteht darin, zunächst alle Konzepte eines Wortes zu aktivieren. Dabei bleiben nach und nach nur jene in einem aktiven Zustand, die durch den Kontext nahe gelegt werden. Plausibler ist allerdings, dass zunächst die wahrscheinlichste Wortbedeutung bzw. das entsprechende Konzept aktiviert wird (Pickering / Traxler 1998). Diese kann, wie oben beschrieben, eventuell schon sehr bald – beim Lesen einzelner Sätze – revidiert werden; bisweilen erst nach Kenntnis größerer Textpassagen.

**Propositionsanalyse**

Ein Modell, das erklären soll, wie die Integration vieler Einzelinformationen stattfinden kann, ist das Modell der Propositionsanalyse (Kintsch 1974). Nach diesem Modell werden aus elementaren Textaussagen, so genannten „Propositionen“, von denen in jedem Satz mehrere vorhanden sein können, gleichsam „Bilder“ von Situationen und Gesamtzuständen, konstruiert. Dabei bedient sich die Sprache bestimmter „Kohäsionsmittel“, wie Reflexivausdrücke oder auch Adverbien und Präpositionalgruppen, um etwa die zeitliche Gliederung einer Geschichte durchsichtig zu machen, z. B. ***nachdem***.

**Textschemata**

Vor allem auf Makroebene stellt die Verfügbarkeit geeigneter Schemata eine wesentliche Hilfe zum Textverständnis dar. Schemata sind abstrakte Konzepte, die eine Ordnung vorgeben, in die Information integriert werden kann. Sie werden durch typische, eng mit dem jeweiligen Schema verknüpfte Informationen aktiviert. So aktiviert der Satz ***Die Kinder streuten Blüten auf den Weg.*** bei den allermeisten Lesern das Schema „Blumenkinder“ „Umzug“, bei kaum einem das Schema „Falschgeld“.

Diese Schemata wirken, wie im Beispiel leicht nachzuvollziehen ist, „top-down“ auf den Verstehensprozess ein. Sie können unterschiedlicher Art sein, etwa als ein Schema zum Verständnis eines Handlungsablaufs wie „Fenster schließen“ (als „Skript“ bezeichnet) oder ein Schema zum Verständnis von Situationen (Situationsmodell), das oft stark von persönlichen Erfahrungen abhängig ist.

Ein spezieller Aspekt der Schemabildung, der schon die Metaebene des Verständnisses berührt, ist das Verständnis des Themas eines Textes. Dabei definiert ein „Thema“ ein Verhältnis zwischen Inhalten, das vom konkreten Text abgehoben ist und von Bewertungen bis zu einer simplen Sachverhaltsdarstellung reichen kann (Williams et al. 2002). So muss der Leser, um etwa das Thema einer Fabel zu erkennen, das zentrale Ereignis und die Folgen verstehen und beide miteinander in Beziehung setzen. Die „Ableitung“ des Themas betrifft hier zumeist eine moralische Bewertung, z. B. man soll nicht stehlen.

### *Inferenzbildung*

**zwischen den Zeilen lesen**

In einem Text, vor allem in narrativen Texten, wird nicht alles explizit mitgeteilt, der Leser muss eigenständig Schlüsse ziehen (Inferenzen bilden). Dies kann ganz basal als ein Prozess des „Lückenfüllens“ verstanden werden oder auch, wie es in neueren Modellen geschieht, darüber hinausgehend als ein Prozess zur Bildung eines komplexen Szenarios für einen Text (Collins et al. 1980). Viele sehen in dieser Fähigkeit „zwischen den Zeilen zu lesen“ das, worum es beim Lesen eigentlich geht.

Ihrer Natur nach handelt es sich bei der Inferenzbildung um einen Vorgang des deduktiven Denkens oder Schlussfolgerns. Es ist in der Literatur umstritten, wie dieser Vorgang im Einzelnen vor sich geht. Ein Ansatz geht davon aus, dass im Prozess des Lesens wichtige Informationen zu einem mentalen Situationsmodell integriert werden (Kintsch 1995), was eine automatische Inferenzbildung voraussetzen würde. In anderen Modellen wird gerade das automatisierte Bilden von Schlussfolgerungen bestritten. Nach diesen Vorstellungen würde der Leser nur Inferenzen bilden, durch die eine lokale Kohärenz des Textes sichergestellt wird, und solche, die direkt aus dem Vorwissen resultieren (McKoon / Ratcliff 1992).

**notwendige und weiterführende Inferenzen**

Man kann zwischen notwendigen Inferenzen, ohne die ein Text nicht verstanden werden kann, und weiterführenden Inferenzen unterscheiden. Ein Beispiel für notwendige Inferenzen wäre eine Textpassage, in der aus stilistischen Gründen ein allgemeiner Ausdruck verwendet wird, um etwas zuvor schon konkret Benanntes zu bezeichnen, z. B. ***Robert kam sich verloren vor. Der Junge hatte absolut keine Ahnung, wo er war.*** Weiterführende Inferenzen unterscheiden sich von notwendigen nicht in Form oder Inhalt, sondern nur hinsichtlich ihres Beitrags zum Textverständnis. Sie werden nur unter Umständen gebildet, vertiefen allerdings das Verständnis.

**Ebenen der Inferenzbildung**

Eine weitere Unterscheidung betrifft die Textebene, auf der Inferenzen gebildet werden. Diese reicht von der Ebene eines einzelnen Satzes bis hin zu Inferenzen, durch welche die wesentlichsten Aussagen eines ganzen Textes herausgearbeitet werden. Allerdings scheint es so zu sein, dass die verschiedenen Formen von Inferenzen ein gemeinsames Lesemerkmal darstellen. Schlussfolgerungen, die sich auf einzelne Aussagen beziehen, müssen nicht zwingend eine Voraussetzung dafür sein, dass die Bedeutung des Gesamttextes herausgearbeitet wird (sofern sie diesem nicht logisch untergeordnet sind; Davey / Macready 1985).

### *Differenzierung zwischen zentralen Inhalten und Detailinhalten*

Vor allem bei komplexeren Texten ist es notwendig, zwischen zentralen Inhalten und zusätzlichen Informationen, die der Text bietet, die aber für das Verständnis nicht unbedingt notwendig sind, zu unterscheiden. Gelingt dies nicht, so bleiben häufig wegen der Vielzahl verschiedener Informationen, die ein Text beinhalten kann, wichtige Momente unberücksichtigt (man merkt dies z. B. bei Nacherzählungen von gelesenen Texten oder bei Referaten über bestimmte Texte). Die Auswahl an wiedergegebenen Informationen scheint dann willkürlich und die Informationen selber wirken aus dem Zusammenhang gerissen. Dieses Muster findet man bei Kindern wie auch bei Erwachsenen relativ häufig (Meyer et al. 1980).

**Vorwissen**

Um Inhalte verschiedener Wichtigkeit voneinander zu unterscheiden, ist es notwendig, dass der Leser eine Vorstellung davon hat, worum es in einem Text geht. Die spezielle Herausforderung, das Thema eines Textes zu erkennen, wurde schon im Zusammenhang mit der Ausbildung entsprechender Schemata beschrieben. Diese sind stark vom Vorwissen abhängig; so fällt es Kindern mit geringem Wissen schwer, zwischen wichtigen und weniger wichtigen Informationen zu unterscheiden. Texte, von denen sie sich z. B. durch Verwendung der Ich-Form persönlich angesprochen fühlen, fallen ihnen leichter. Sie merken sich aber auch häufiger Textpassagen, die besonders interessant gestaltet, jedoch von geringer Wichtigkeit sind (Garner et al. 1991 zit. n. Alexander / Jetton 1996). Man kann sich den Vorgang der Differenzierung von Haupt- und Detailinhalten aber auch als Konstruktion von Aussagehierarchien vorstellen (Kintsch 1974). Dabei wird angenommen, dass jene Aussagen, die logische Voraussetzungen für weitere Aussagen bilden, als zentral anzusehen sind. Verschiedene Experimente haben gezeigt, dass die hierarchische Position einer Aussage die Wahrscheinlichkeit des Erinnerns vorhersagen kann.

### *Verständnis für Textstrukturen und Diskursformen*

In vielen Fällen gibt der Text gewissermaßen selber Hinweise darauf, wie er zu entschlüsseln ist, und Leser nützen diese Hinweise (Goldman / Rakestraw 2000). So können etwa bestimmte Merkmale der Oberflächenstruktur eines Textes es dem Leser erleichtern, scheinbare Inkonsistenzen aufzulösen oder gar nicht erst auftreten zu lassen (Zwaan / Radvansky 1998). Das Beispiel des dem nachfolgenden Satz vorangestellten Wortes ***SATZ*** in mathematischen Aussagen weist den Leser etwa sofort darauf hin, dass es sich bei dem Folgenden um eine mathematische Aussage handelt. Ein anderes bekanntes Beispiel ist der Anfang ***Es war einmal…***

**die syntaktische Ordnung**

Im Grunde ist schon die syntaktische Ordnung eines Satzes ein solcher Oberflächenhinweis auf seine Deutung. Goldman und Rakestraw (2000) unterscheiden darüber hinaus noch verschiedene Hinweise im Text, beispielsweise Konnektoren wie ***deshalb*** und ***danach***, bestimmte Ausdrücke, die die nachfolgende Passage als besonders wichtig ausweisen, wie z. B. ***Es muss festgehalten werden, dass…***, aber auch Textgliederungen wie Überschriften und Listen.

**rhetorische Schemata**

Außerdem existieren „rhetorische Schemata“ für verschiedene Textgattungen. Nach Meyer (1985) kann man beispielsweise zwischen fünf verschiedenen rhetorischen Strukturen in Sachtexten unterscheiden: Aufzählung und Liste, Beschreibung, Erklärung, Vergleich und Problem / Lösung. Ähnliche Differenzierungen existieren für Erzähltexte. Man spricht in diesem Zusammenhang auch häufig von der „Grammatik“ einer Geschichte, wobei die Annahme bestimmter Handungsschemata als hilfreich angesehen wird. Ein einfaches Handlungsschema wäre etwa die Abfolge von Ausgangssituation – Motiv – Ziel – Versuch, das Ziel zu erreichen – Ergebnis mit einem Protagonisten. Geschichten, die so einfach aufgebaut sind, können vom Leser relativ leicht verstanden werden. Andere Ansätze, die nicht auf „wohlgeformte Geschichten“ beschränkt sind, versuchen ein generelles Modell der Struktur von Geschichten zu entwickeln, ohne eine Hierarchie oder Abfolge der genannten Art anzunehmen. Stattdessen gehen sie davon aus, dass die Elemente in einem Netzwerk verbunden sind, das durch eine „kausale Dynamik“ beschrieben werden kann (Graesser et al. 1991).

### *Vorwissen, Vorerfahrung und Interesse*

Viele der bisher genannten Komponenten des Leseverständnisses sind in hohem Ausmaß davon abhängig, dass der Leser auf bestimmte Vorkenntnisse zurückgreifen kann. Diese können semantischer oder inhaltlicher Natur sein, sie können strukturelle Gegebenheiten eines Textes betreffen; es kann sich aber auch einfach um Alltagswissen handeln, das die Ausbildung von Situationsschemata erleichtert.

Neben dieser „Stützfunktion“ des Vorwissens und der Vorerfahrung stellen beide sozusagen auch die Perspektive für den Text her, indem sie die Aufmerksamkeit selektiv auf bestimmte Inhalte oder Passagen lenken. Dies ist auch der Grund, warum ein und derselbe Text von verschiedenen Personen bisweilen ganz unterschiedlich interpretiert und aufgefasst wird. So sind beispielsweise die Angaben von Schülern darüber, was in einem Text besonders wichtig ist, an das Wissen über den jeweiligen Bereich gebunden.

**Arten von Wissen**

Vorwissen kann verschieden breit gestreut sein. So unterscheiden verschiedene Autoren zwischen Bereichswissen, z. B. Wissen über Astrophysik, und themenspezifischem Wissen, z. B. Wissen über Teilaspekte der Astrophysik. Mit größerem Bereichswissen wird im Allgemeinen auch das Wissen um ein spezielles Thema höher sein. Der Zusammenhang ist jedoch nicht zwingend: Es gibt z. B. auch Kinder, die viel über „schwarze Löcher“, aber wenig über allgemeine Astrophysik wissen und umgekehrt (Alexander et al. 1994).

**persönliches Interesse**

Eine wesentliche Komponente bei der Ausbildung eines entsprechenden Wissensstandes ist das persönliche Interesse. Dieses kann vielfach motiviert sein. So unterscheidet Kintsch (1980) beispielsweise zwischen einem kognitiven und einem emotionalen Interesse. Hinzu kommt ein soziales Interesse, das dadurch motiviert ist, dass ein entsprechendes Wissen soziale Vorteile (z. B. im Unterrichtsgeschehen oder in der Gruppe Gleichaltriger) bringt. Alexander und Jetton (1996) sprechen hier von einer „strukturellen Wichtigkeit". Persönliches Interesse an einem Gegenstand ist stark an das Selbstkonzept gebunden und dient vor allem als Katalysator für aktive Wissensaufnahme, die gelegentlich mit dem Begriff „knowledge seeking" umschrieben wird. Dagegen ist soziales Interesse und vor allem schulisches Interesse im Allgemeinen Mittel zum Zweck und durch eine wesentlich geringere Beständigkeit und Verarbeitungstiefe ausgezeichnet.

### *Metakognitives Bewusstsein und Überwachen des eigenen Verständnisses*

**strategisches Lesen**

Der Einsatz dieser Fertigkeiten setzt allerdings voraus, dass der Leser auch immer ein „strategischer" Leser ist, der es versteht, seine kognitiven Ressourcen aufmerksam zu orchestrieren. Dies beinhaltet eine aktive Auseinandersetzung mit dem Text. Man spricht in diesem Zusammenhang oft von einer „konstruktivistischen Antwort" auf den Text (Pressley/Afflerbach 1995) oder von einem „strategischen Vorgehen", das eine (metakognitive) Fähigkeit voraussetzt, die man sich als Bewusstheit über das Lesen selbst und die eigenen Regulationsmechanismen beim Lesen vorstellen kann (Mokhtari/Reichard 2002). Dazu kommt die Regulation des eigenen Lese- bzw. Verständnisprozesses selber.

**Kategorien des strategischen Lesens**

Grob kann man Wissen um strategisches Lesen in drei Kategorien teilen. Demnach geht es darum zu wissen, (1) welche Faktoren das Lesen beeinflussen, (2) unter welchen Umständen welche Fähigkeiten einzusetzen sind und (3) warum verschiedene Strategien wirksam sind (Paris et al. 1983). Die Selbsteinschätzung eines Lesers hinsichtlich dieser Fähigkeiten bestimmt auch ihre Anwendung im Sinne einer Erfolgserwartung.

Metakognitive Fähigkeiten beziehen sich auf verschiedene Ebenen der Textverarbeitung, Analyse der Aufgabe und der persönlichen Fähigkeiten zum Lösen der Aufgabe, Planung (die Auswahl geeigneter Strategien) und Regulation. Der Terminus Regulation bezieht sich auf die Überwachung und Adaption der eigenen Aktivitäten während des Lesens. Dabei handelt es sich bei geübten Lesern häufig um eine

„Online-Aktivität“, also um einen Vorgang, der schon während des Lesens vor sich geht. Jüngere oder ungeübte Leser wenden derartige Strategien seltener an.

## 3.2 Die schriftliche Ausdrucksfähigkeit

Die schriftliche Ausdrucksfähigkeit, als die Fähigkeit, verschiedene Texte eigenständig adäquat zu gestalten, wurde lange Zeit bei der Betrachtung von Schwierigkeiten beim Erwerb der Schriftsprache vernachlässigt. Erst in jüngerer Zeit wurde diesem – in vielen Bereichen des schulischen Fortkommens sehr wichtigen – Aspekt erhöhte Aufmerksamkeit geschenkt. Schon allein in der Definition dessen, was unter einer „adäquaten“ Texterfassung zu verstehen ist, besteht Uneinigkeit. Bei so genannten „Sachtexten“ (etwa einer Funktionsbeschreibung) und bei gewissen „Gebrauchstexten“ (z.B. einer Schadensmeldung an eine Versicherung) können zumindest Minimalkriterien dessen, was der Text beinhalten soll und wie er zu gestalten ist, aufgestellt werden. Hingegen ist dies etwa bei Erzähltexten und gar bei Gedichten und anderen künstlerischen Leistungen äußerst schwierig (Marschik et al. 1997).

Weiterführende Literatur setzt sich mit den verschiedenen Facetten des „kreativen“ Schreibens eingehend auseinander, etwa mit Fragen des Schreibstils oder der Frage, inwieweit Schreiben die Weltsicht des Verfassers widerspiegelt oder welche Funktion es für die Selbstreflexion hat. Hier verweisen wir z.B. auf Marschik (1993). Wir wollen hier mehr die wesentlichen (kognitiven) Prozesse, die beim Schreiben beteiligt sind, beleuchten. Diese Prozesse sind zum Teil jenen sehr ähnlich, die bei der Untersuchung des Textleseverständnisses im letzten Kapitel genannt wurden, weil die Fähigkeit, sich schriftlich ausdrücken zu können, eng an das Verständnis für Texte geknüpft ist. Insofern sind die nächsten Kapitel in gewisser Weise eine Fortsetzung der Analyse des Leseverständnisses, diesmal freilich von der Seite der Textproduktion.

### 3.2.1 Komponenten der schriftlichen Ausdrucksfähigkeit – Modelle über kognitive Prozesse beim Schreiben

**Modell von Hayes und Flower**

Ganz ähnlich wie das sinnverstehende Lesen muss das Verfassen von Texten (im Folgenden schlicht als „Schreiben“ bezeichnet, in Abgrenzung von „Rechtschreiben“) als ein aktiver, strategisch planvoller

(Problemlösungs-)Prozess verstanden werden. Es gibt verschiedene Modelle darüber, welche kognitiven Vorgänge daran beteiligt sind. Das wohl bekannteste – und jenes, auf dem viele weitere Modelle aufbauen – ist jenes von Hayes und Flower (1980). In diesem Modell werden drei Hauptaktivitäten unterschieden, nämlich

- Planung,
- Übersetzung des Plans (Ausführung) und
- Überarbeitung.

Die Ausgangsbasis für den Schreibakt ist die Schreibsituation oder Schreibaufgabe selber, die von außen vorgegeben sein kann (wie zumeist in der Schule) oder aus eigenem Antrieb verwirklicht werden soll. Elemente dieses Basisbereiches sind einerseits das Thema, andererseits der (potenzielle) Leserkreis und zusätzlich eventuell motivierende Hinweise, die durchaus auch intrinsischer Natur sein mögen. Um diese Komponenten entsprechend einschätzen zu können, muss der Schreiber Wissen aus seinem Langzeitgedächtnis aktivieren (dies geschieht beim geübten Schreiber häufig viel bewusster als beim Lesen). So werden Themenwissen, Wissen um den Leserkreis, z.B. dessen mögliches Vorwissen oder Interesse, und auch entsprechend gespeicherte Schreibpläne aktiviert. Bei Sach- und Gebrauchstexten sind diese Schreibpläne oftmals formalisiert, so muss ein Brief im Allgemeinen mit einer Anrede beginnen, ein wissenschaftlicher Beitrag mit einem „Abstract“ etc.

In der Planungsphase des Textes muss der Schreiber Ziele und Sub-Ziele festlegen, er muss Inhalte generieren und in eine geeignete Ordnung bringen. In der zweiten Phase des Übersetzens werden die Inhalte in sprachliche Ausdrücke übersetzt und ein Text formuliert, der dann als Vorlage für die weitere Bearbeitung dient. Als letzter Schritt wird der Text überprüft und überarbeitet.

Das Modell geht von einer ständigen Kontrolle und Überwachung der kognitiven Prozesse selber aus. Dieses metakognitive Bewusstsein betrifft neben dem Korrekturprozess auch die früheren Schritte der Planung beziehungsweise des Übersetzens. Wesentlich dabei ist auch das Überwachen der Verständlichkeit einer Mitteilung für andere.

**Modell von Hayes (2012)**

Das Modell von Hayes und Flower (1980) wurde kürzlich aktualisiert (Hayes 2012, Abb. 3.2), vor allem, um den Schreibprozess bei Kindern besser zu erklären. In dem neuen Modell wurde die Komponenten-Transkription bzw. Transkriptionsmethode hinzugefügt. Hayes (2012) zitiert Arbeiten, die zeigen, dass selbst beim reifen Schreiber

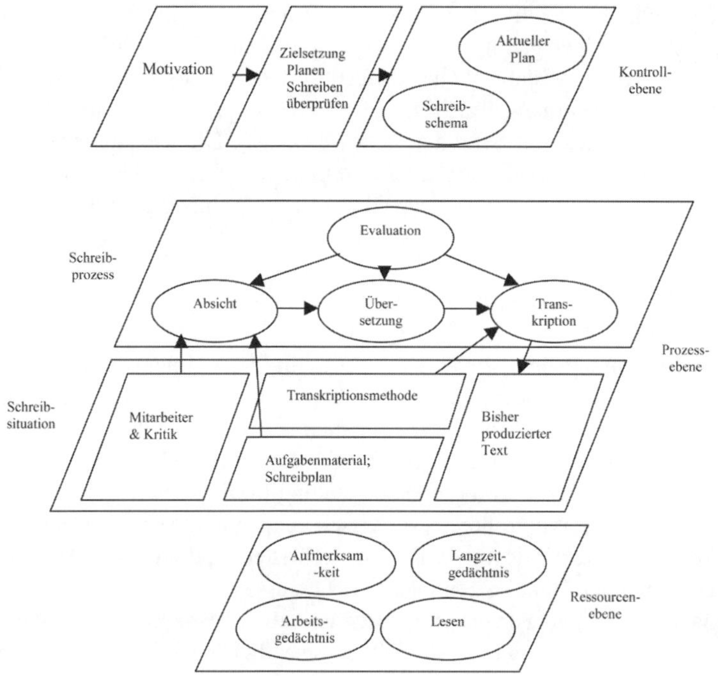


*Abb. 3.2:* Modell der Textproduktion nach Hayes (2012)

der Prozess des Niederschreibens (inklusive Rechtschreibung) unter bestimmten Umständen schwierig sein kann – z. B. wenn man ihn zwingt, alles in Großbuchstaben zu schreiben (Bourdin/Fayol 1994). Vor allem aber spielt dieser Prozess bei Kindern eine große Rolle. So verbessert sich z. B. die Textqualität, wenn Kinder ihre Texte diktieren anstatt sie selber zu schreiben (La Paz/Graham 1995, zit. n. Hayes 2012) und auch ein Handschriftentraining konnte die Arbeiten verbessern (Jones/Christensen 1999; zit. n. Hayes 2012).

Nach dem aktualisierten Modell von Hayes (2012) findet der Schreibprozess auf drei Ebenen statt, der Kontrollebene, der Prozessebene und der Ressourcenebene. Auf der Kontrollebene geht es um motivationale Aspekte, die für die Art und Weise verantwortlich sind, wie Menschen schreiben (z. B. mit welchem Engagement sie an die Schreibaufgabe herangehen). Diese motivationalen Momente führen zu bestimmten Zielsetzungen, die sowohl die Planung, als auch die Umsetzung und die Überprüfung des Ergebnisses betreffen. Es werden Umsetzungspläne konkretisiert und Schreibschemata aktiviert. Aus den Ergebnissen dieser Prozesse nährt sich der Schreibvorgang, der ähnlich wie im Modell von 1980 aus der Schreibabsicht, der konkreten Übersetzung und – wie gesagt neu im Modell – aus der Transkription besteht, wobei wiederum die Schreibsituation auf den Umsetzungsvorgang einwirkt. So beeinflusst z. B. die vorhandene Materialsammlung die Schreibabsicht (Abb. 3.2). Die Ressourcenebene beinhaltet schließlich bestimmte Fertigkeiten, die für das Schreiben relevant sind (z. B. Aufmerksamkeit oder das Langzeitgedächtnis).

### 3.2.2 Teilfertigkeiten als Voraussetzungen für geübtes Schreiben

**themenspezifisches Wissen**

In der Planungsphase geht es wie gesagt in erster Linie darum, Inhalte zu generieren und dem Text eine erste (oft nur gedachte) Grobstruktur zu geben. Zum Generieren von Inhalten ist vor allem „themenspezifisches Wissen" notwendig. Dieses themenspezifische Wissen (spezielles Sachwissen) ist von großer Bedeutung für die Qualität eines Textes. Schreiber mit größerem Vorwissen können insgesamt kohärentere Texte mit mehr relevanten Details verfassen. Und auch die Abfolge der einzelnen Handlungen oder Geschehnisse ist für den Leser besser nachvollziehbar. Verschiedene Studien haben gezeigt, dass das Ausmaß an eingearbeitetem Vorwissen wesentlich wichtiger sein dürfte als etwa die allgemeine Begabung und vor allem schwächer begabte Schreiber von einem entsprechenden themenspezifischen Vorwissen profitieren (z. B. Benton et al. 1995).

**Diskurswissen**

Das Konstruieren einer ersten Grobstruktur für den Text verlangt eine andere Form des Vorwissens, die mit dem Begriff „Diskurswissen" bezeichnet werden kann. Es geht darum, eine erste Orientierung zu finden, wie der Text „anzulegen" sei. Feilke und Augst (1989) beschreiben diesen Vorgang als Rückgriff auf Makrostrukturen, wie z. B. den Aufbau und die grobe Gliederung verschiedener Textgattungen (Erzähltexte, argumentative Texte, beschreibende oder erklärende Sachtexte etc.). Das Wissen um diese Makrostrukturen ist ein wesentlicher Indikator für die Fähigkeit, verständliche bzw. gut lesbare Texte zu schreiben.

Im Übergang zur Phase des Übersetzens nach dem Modell von Hayes und Flower erlangt ein weiterer Aspekt des Wissens um Diskursformen Bedeutung. Er bezieht sich weniger auf die grobe Gliederung, sondern eher auf verschiedene Zielsetzungen, die mit dem Schreiben verbunden sind und die auch einzelne Textpassagen betreffen können. Je nachdem, welche Ziele im Vordergrund stehen bzw. was im Mittelpunkt der Aussage steht, ergibt sich eine andere Form der Mitteilung. Kinneavy (1971) spannt hier z. B. das so genannte „Kommunikationsdreieck" zwischen den Eckpunkten Schreiber-Zielsetzung-Diskursform auf (Abb. 3.3).

**Register an sprachlichen Ausdrucksformen**

Ein wesentliches Element der schriftlichen Ausdrucksfähigkeit ist – neben den eher globalen Aspekten der Planung und Strukturierung – der individuell verfügbare Wortschatz und das verfügbare Register an sprachlichen Ausdrucksformen. Dazu kommen syntaktische Kenntnisse, die etwa gleich bedeutsam sind. Beide machen etwa bei Schülern der achten Schulstufe ein Sechstel der interindividuellen Unterschiede beim Schreiben aus (Klicpera et al. 1993b). Ein angemessener Wortschatz erlaubt es dem Schreiber, Inhalte möglichst vertändlich und treffend auszudrücken. Speziell die schon erwähnten Kohäsionsmittel sind als Kennzeichnung des Zusammenhangs zwischen verschiedenen Inhalten von Bedeutung. Zudem sind geübte Schreiber mit bestimmten tradierten Formen (Redewendungen) vertraut, mit deren Hilfe rasch von einem Gedanken zum anderen übergeleitet werden kann. Und sie wissen auch, welche Art der Formulierung in einer schriftlichen Mitteilung angemessen ist, unterscheiden also zwischen dem eher formellen Schreibstil und der Umgangssprache.

**Revision und Überarbeitung**

Revision und Überarbeitung stellt nach heutiger Sicht einen sehr wesentlichen Bestandteil adäquater Textgestaltung dar. Es ist sehr selten, dass ein Text schon nach dem ersten Niederschreiben in einer Form vorliegt, die allen Anforderungen der Stilistik und der Verständlichkeit entspricht. Häufig müssen im Nachhinein Sätze bzw. ganze Abschnitte neu formuliert und umgeschrieben werden, oder es sind fehlende Informationen zu ergänzen und in den richtigen Kontext zu stellen.

Dazu sind zwei unterschiedliche Kompetenzen erforderlich, die nur im Zusammenspiel zu einer Verbesserung des Textes führen. Einmal

| Was steht im Vordergrund des Textes? | | Was ist das grundlegende Ziel? | Diskursform |
|---|---|---|---|
| Schreiber | → | sich selbst ausdrücken | expressiver Diskurs |
| Leser | → | überzeugen | Einfluss nehmender Diskurs |
| Realität | → | Realität logisch erklären | referenzieller Diskurs |
| Text | → | unterhalten | literarischer Diskurs |

*Abb. 3.3:* Beispiele für verschiedene Diskursformen (Kinneavy 1971)

muss der Schreiber in der Lage sein, die Schwächen des eigenen Textes zu erkennen. Hier bedarf es vor allem metakognitiver Fertigkeiten und der Fähigkeit, sich in den potenziellen Leser hineinzuversetzen. Zum anderen müssen die entsprechenden Fertigkeiten zur Umstrukturierung und Neugestaltung des Textes vorhanden sein. Dies setzt ein relativ breit angelegtes Wissen um verschiedene Gestaltungsmöglichkeiten eines Textes bzw. seiner Teile voraus.

## 3.3 Entwicklungsaspekte

Die relativ hohe Übereinstimmung der Fähigkeiten, die einerseits beim sinnverstehenden Lesen wie auch andererseits beim Verfassen von Texten zur Anwendung gelangen, rechtfertigt es, die wichtigsten Entwicklungsschritte für beide Leistungen gemeinsam nachzuzeichnen.

**frühe Basisfertigkeiten**

Grundsätzlich kann man sagen, dass die kognitiven Aufwendungen, die Kinder für das Lesen wie für das Schreiben machen, sich mit Schulbeginn an den Basisfertigkeiten, also dem Dekodieren und dem Rechtschreiben orientieren. So hat Kroll (1981) für das Schreiben einen Vergleich zwischen der mündlichen und der schriftlichen Ausdrucksfähigkeit vorgenommen und kommt zu vier Phasen, deren erste als eine Vorbereitung auf das Schreiben zu sehen ist. Erst in einer zweiten Phase der Konsolidierung steht die Mitteilung an sich im Vordergrund, wenngleich wenig geordnet und nur in der Form eines mehr oder weniger direkten Anliegens: Der Leser wird als Vertrauter empfunden, was die Kinder interessiert, wird ihm mitgeteilt. Einer dritten Phase der Differenzierung, in der das Schreiben schon als planvolle Handlung gestaltet wird und einer zunehmenden Anzahl unterschiedlicher Ziele dient, folgt eine vierte Phase der systematischen Integration. In dieser nähern sich nach Kroll die beiden Pole der mündlichen und der schriftlichen Kommunikation wieder an: Es geht vor allem um Lesbarkeit und Verständlichkeit von Texten, der Rezipient findet verstärkt Beachtung, wobei auch umgekehrt die formalisiertere schriftliche Sprache die mündliche beeinflusst.

Ähnliche Entwicklungsverläufe kann man auch für das Leseverständnis nachzeichnen. Es wird zwar in den meisten Schulbüchern bereits im Rahmen des Erstleseunterrichts versucht, sinnvolle Sätze zu bilden bzw. die Wörter durch Abbildungen zu ergänzen, um das Verstehen zu erleichtern. Doch geht es in erster Linie darum, die einzelnen Wörter zu dekodieren. Erst mit Fortdauer des Unterrichts und der wachsenden Anforderung, den Schultexten Informationen zu entnehmen, entwickeln sich die einzelnen Kompetenzen des Textleseverständnisses und zunehmend auch ein metakognitives Bewusstsein über diese Fähigkeiten heraus. Damit ändert sich allmählich ebenso die Zielsetzung für das Lesen von der reinen Dekodierung und dem lauten Lesen hin zum sinnverstehenden Lesen und auch zum Lesen aus Freude. Wir wollen im Folgenden einen knappen Überblick über verschiedene Entwicklungsaspekte der beim sinnverstehenden Lesen und beim Verfassen von Texten wichtigsten Kompetenzen geben. Auf die nochmalige Darstellung der Entwicklung basaler Fertigkeiten wird dabei verzichtet.

**Entwicklung syntaktischer Kenntnisse**

Die Entwicklung der syntaktisch-grammatikalischen Kompetenzen von Kindern ist bei Schuleintritt nur zum Teil abgeschlossen. Zwar beherrschen Schulanfänger basale syntaktische Strukturen und können im Alter von fünf Jahren im Allgemeinen relativ lange und komplexe Sätze bilden, das Verständnis mancher Satztypen bereitet ihnen allerdings Schwierigkeiten. Es sind dies häufig Sätze, bei denen die äußere Form nicht mit der inneren Struktur (der Tiefenstruktur) übereinstimmt, z. B. der Satz ***Helmut ist leicht zu sehen***. Kinder bis etwa sieben/acht Jahre neigen dazu, den Satz so zu interpretieren, dass Helmut leicht sieht. Hier nimmt ***Helmut*** im Satz die Position des Subjekts ein, in der Tiefenstruktur ist er jedoch das Objekt. Ähnliche Schwierigkeiten treten bei der Interpretation von Passivkonstruktionen sowie bei der Zuordnung von Relativsätzen auf (Oakhill/Garnham 1988).

Beim Schreiben zeigen sich mangelnde syntaktische Kompetenzen vor allem darin, dass die Konstruktion der einzelnen Sätze häufiger falsch oder unklar ist. Andererseits fehlen aber auch bestimmte verbindende Elemente (Konnektoren) wie ***und*** oder ***deshalb***. Dies führt zu einer mangelnden Textualität, die auch bei Schülern höherer Klassenstufen zu beobachten ist. So machen Kinder noch in der ersten Klasse der österreichischen Hauptschule (fünfte Klassenstufe) pro 100 Wörter bei bestimmten Textgattungen bis zu zwei Fehler, die durch fehlende oder schwache Konnektoren gekennzeichnet sind. Diese Fehler verringern sich deutlich bis zur achten Schulstufe (Marschik et al. 1997). Insgesamt werden die Texte der Kinder mit Fortdauer des Unterrichts syntaktisch immer komplexer und damit länger. Es gelingt zunehmend, auch Satzkonstruktionen unter Verwendung untergeordneter Nebensätze zu bilden, wobei sich diese Entwicklung vor allem bei Erzählungen und Nacherzählungen deutlich zeigt (Abb. 3.4).

**Themenbewusstsein**
**Ausbildung von Schemata**

Kinder haben bereits in den Elementarklassen einen gewissen Sinn für das Thema einer Geschichte entwickelt. So fand z. B. Au (1992), dass mehr als ein Drittel der Kinder der Grundschule in Klassendiskussionen auf das jeweilige Thema bezogene Bemerkungen machte;

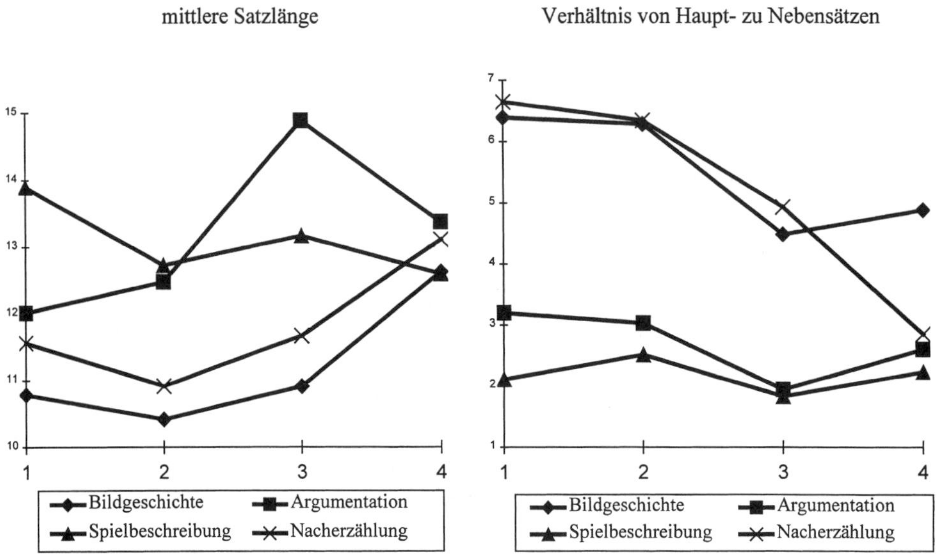


*Abb. 3.4:* Mittlere Satzlänge in Wörtern und Verhältnis von Haupt- zu Nebensätzen (Anzahl der Hauptsätze/Anzahl der Nebensätze) bei 4 verschiedenen Textgattungen: Verlauf von der 1. bis 4. Klasse der Hauptschule (Grafik adaptiert aus Marschik et al. 1997)

und bereits im Kindergarten konnten Kinder Geschichten nach ihrer Thematik ordnen (Lehr 1988).

Diese Themenbewusstheit reicht allerdings nicht aus, die Wiedergabe von Geschichten entsprechend zu ordnen. Vieiro und Garcia-Madruga (1997) untersuchten mündliche und schriftliche Zusammenfassungen von Geschichten. Es zeigte sich, dass Kinder der dritten Klassenstufe sich mehr auf die Umstände und Einzelaspekte der Geschichte konzentrierten und weniger Propositionen wiedergaben, die sich auf das Thema bezogen, im Gegensatz zu älteren Kindern der fünften Klassenstufe. Zudem scheinen speziell jüngere Kinder Erfahrungen, die sie an konkreten Geschichten gemacht haben, nur schwer auf andere Geschichten generalisieren zu können, wie die Ergebnisse aus verschiedenen Interventionsstudien zeigen (Williams et al. 2002).

**Verständnis von Textstruktur und Diskursform**

Ähnlich wie beim Themenbewusstsein können Kinder schon relativ früh Regelmäßigkeiten der Geschichtengrammatik erkennen und entsprechende Erwartungen ausbilden (Applebee 1978; Stein/Policastro 1984), wenngleich dies im Allgemeinen anfangs noch nicht ausreicht, die Geschichten vollständig nachzuerzählen. Die Struktur von Sachtexten wird erst später erkannt und ist deutlich abhängig vom

Alter der Kinder und von der Erfahrung mit dieser Textgattung (Garner et al. 1986).

Die Entwicklung der Kenntnis von Strukturen und Diskursformen in Sachtexten ist auch am Ende der Schulzeit nicht abgeschlossen. Insgesamt dürften Jugendliche und selbst junge Erwachsene hier ein eher unvollständiges Wissen besitzen (Chambliss 1995).

**Entwicklung des metakognitiven Bewusstseins**

Das Ausmaß an kontrollierter Auseinandersetzung mit dem Text variiert stark mit dem Alter. Jüngere Kinder verstehen Lesen häufig eher als einen Dekodierprozess denn als einen Vorgang des Verstehens.

In vielen Fällen scheinen sie sich dessen nicht bewusst zu sein, wenn sie einen Text oder eine Textpassage nicht verstehen (Garner/Reis 1981). Schoonen et al. (1998) fanden beispielsweise einen kontinuierlichen Anstieg in drei Bereichen metakognitiven Wissens (Kriterien/Ziele für das Textverstehen, Wissen um Textcharakteristiken und besondere Hinweise im Text, Kenntnisse von Lesestrategien) bei Schülern der sechsten, achten und zehnten Schulstufe. Dagegen variierte die Einschätzung der eigenen Lesefähigkeit offensichtlich in Abhängigkeit von der jeweiligen Referenzgruppe (eigenen Altersgruppe). Diese Autoren konnten auch zeigen, dass von den vier genannten Bereichen das Wissen um Textcharakteristiken und die Kenntnis von Lesestrategien am wichtigsten für das Leseverständnis waren und die Bedeutung metakognitiver Kompetenzen insgesamt in den höheren Klassen – als zusätzlicher Faktor zum Wortwissen – zunahm. Ähnliche Ergebnisse wurden zu speziellen Strategien wie dem schnellen „Überfliegen" eines Textes und auch zum Überwachen des eigenen Verständnisses gefunden. So sind jüngere Leser selbst von augenscheinlichen Widersprüchen eines Textes wenig berührt (Snow et al. 1998) und bemerken auch Informationslücken kaum.

Auch die Revision bzw. Überarbeitung eines Textes beim Schreiben ist bei jüngeren Kindern von untergeordneter Bedeutung. Korrekturen werden zumeist auf der Ebene der Rechtschreibung und der Wortwahl vorgenommen. Zudem scheint bei ungeübten Lesern die Fähigkeit, eine Korrektur adäquat vorzunehmen, noch nicht entsprechend ausgebildet; ihre Texte bleiben häufig selbst nach Überarbeitung unverständlich. Dies hängt auch damit zusammen, dass Schwachstellen im eigenen Text oft nicht erkannt werden (Scardamalia/Bereiter 1983).

**Sachtexte**

Texte, die Kinder zu einem bestimmten Thema verfassen, sind anfangs vor allem durch einen sehr persönlichen Stil gekennzeichnet: Jüngere Kinder schreiben, als ob sie ein persönliches Anliegen ausdrücken wollten. Erst gegen Ende der Grundschulzeit ist bei einem Großteil der Kinder ein Grundverständnis über die Struktur von Sachtexten vorhanden. Dabei sind jedoch häufig noch Mängel – etwa in der Begründung von Argumenten und Aussagen – vorhanden (für eine detaillierte Darstellung der Entwicklung der Schreibfähigkeit bei argumentativen Texten s. Marschik et al. 1997).

Eine spezielle Herausforderung, in der Leseverständnis und schriftliche Ausdrucksfähigkeit gewissermaßen „kombiniert" sind, ist das Verfassen von Texten zu einem bestimmten Thema. Auch hier zeigt sich ein deutlicher Kompetenzzuwachs in den höheren Schulstufen (Spivey / King 1989). Die Fortschritte sind vor allem dadurch gekennzeichnet, dass es den Kindern erstens zunehmend besser gelingt, die bedeutsamen Stellen eines Quelltextes auszuwählen. Zweitens bringen ältere und geübte Schreiber die einzelnen Informationen besser in einen Zusammenhang, die Texte sind also kohärenter. Dies hängt damit zusammen, dass ältere Kinder sich schon beim Lesen der Quelltexte mehr mit der Planung ihres eigenen Schreibens befassen.

Ähnlich ist es, wenn Texte zusammengefasst werden sollen. Jüngere Schreiber nähern sich dieser Aufgabe dadurch an, dass sie Teile des Quelltextes weglassen. Erst später gelingt es den meisten, den Kern verschiedener Geschichtenteile – unter entsprechender Weglassung von Details – wiederzugeben. Am Ende der Grundschulzeit ist ein Teil der Kinder in der Lage, eine altersgemäße Geschichte zusammenzufassen. Dieser Anteil steigt allerdings bis zur achten Schulstufe nicht mehr wesentlich an, wobei gute Zusammenfassungen in erster Linie dadurch gekennzeichnet sind, dass auch die Motivlage der handelnden Personen dargestellt wurde (Klicpera et al. 1993b).

**Erzähltexte**

Viele Schüler kommen in ihren Erzähltexten zunächst nicht über die bloße Aufzählung und Aneinanderreihung von Inhalten hinaus. Erst mit zunehmendem Alter werden die Geschichten interessanter. Vor allem gelingt es dem Schreiber immer besser, auch eine Erzähllinie einzuhalten, Motive handelnder Personen zu beschreiben und Ursachen von Ereignissen explizit zu erwähnen. Das führt dazu, dass Erzähltexte älterer Kinder im Allgemeinen besser beurteilt werden als Texte jüngerer Schreiber – sowohl im Hinblick auf Gliederung und Wortschatz als auch im Hinblick auf Momente wie „Spannung" und das Ausmaß an persönlichen Ideen, die von jüngeren Kindern nur in einem geringen Ausmaß eingebracht werden (etwa bei der Beschreibung einer Bildvorlage; Marschik et al. 1997). Besonders deutlich lassen sich Fortschritte an der Gestaltung des Beginns und des Endes einer Geschichte beobachten. Während Geschichten jüngerer Schreiber oft recht abrupt aufhören, bemühen sich ältere Schüler um eine Zusammenfassung oder eine stilistische Abrundung ihrer Geschichten (Langer 1986).

## 3.4 Zusammenfassung

Beim Leseverständnis wie beim schriftlichen Ausdruck handelt es sich jeweils um eine Fähigkeit, die aus einem komplexen Zusammenspiel verschiedener Teilkompetenzen resultiert. Neben grundlegenden Fertigkeiten des Worterkennens und des Verständnisses der gesprochenen Sprache bzw. der Rechtschreibfähigkeit ist eine Vielzahl von zusätzlichen Voraussetzungen zu erfüllen, damit auch komplexere Texte entweder adäquat verstanden oder eigenständig verfasst werden können.

Diese Voraussetzungen beziehen sich entweder auf das Wissen um die Struktur schriftlicher Mitteilungen, wie etwa das Wissen um Diskursformen oder „Geschichtengrammatiken", oder aber auf verschiedene Aspekte der Integration von Informationen (entweder als Leser im Sinne des Verstehens zusammenhängender Teile eines Textes oder als Schreiber im Sinne einer verständlichen Textgestaltung). Informationsintegration setzt dabei einerseits eine entsprechende Verfügbarkeit von Vorwissen, andererseits die Fähigkeit der Gliederung eines Textes als Leser oder Schreiber voraus: So müssen etwa zentrale Informationen von Detailinhalten unterschieden und bestimmte im Text implizit enthaltene Informationen berücksichtigt werden.

Sowohl beim Lesen als auch beim Schreiben sind besonders so genannte „metakognitive" Fertigkeiten der Selbstkontrolle und der Überwachung des Lese- bzw. Schreibprozesses von Bedeutung. Beim Lesen ermöglicht dies, im Falle von Verständnisschwierigkeiten entsprechende Problemlösestrategien zu aktivieren, etwa das Einholen zusätzlicher Informationen. Beim Schreiben erleichtert es die Aufgabe, den eigenen Text Verbesserungen und Revisionen zu unterziehen. Damit handelt es sich bei beiden Fähigkeiten um eine bewusste, zielgerichtete und strategische Auseinandersetzung mit dem Text.

## 3.5 Übungsfragen

1. Welche Argumente sprechen dafür, Leseverständnis als einen eigenen Kompetenzbereich im Rahmen der Aneignung der Schriftsprache aufzufassen?

2. Was sind die wichtigsten Komponenten des Leseverständnisses?

3. Nennen Sie die verschiedenen Wissensstufen des Wortverständnisses.

4. Was versteht man im Rahmen des „garden-path“-Modells unter dem „minimal-attachment“-Prinzip und unter dem „late-closure“-Prinzip?

5. Was sind die Komponenten des Textverständnisses, auf welchen beiden Prozessen beruht es?

6. Was versteht man unter Inferenzbildung? Worin liegt die Bedeutung beim Leseverständnis?

7. Was versteht man unter Metakognition im Hinblick auf das Leseverständnis? Nennen Sie Beispiele für metakognitive Vorgänge.

8. Beschreiben Sie das Modell der Textproduktion nach Hayes und Flower (1980).

9. Beschreiben Sie einige Aspekte der Entwicklung im Leseverständnis und im schriftlichen Ausdruck.

# 4 Lese- und Schreibunterricht

Lesen und Schreiben lernen die meisten Kinder in der Schule und die Gestaltung des Unterrichts hat auch einen wesentlichen Einfluss auf die Entwicklung dieser Fertigkeiten. Dieses Kapitel beginnt deshalb mit einer Darstellung der Bedeutung unterschiedlicher methodischer Ansätze im Erstleseunterricht für die Entwicklung des Lesens und Schreibens. In der Folge werden dann weitere didaktische Möglichkeiten im Leseunterricht in der ersten Klassenstufe und die Erhöhung der Lesegeläufigkeit als eine zentrale Aufgabe für den Leseunterricht in den höheren Klassen dargestellt.

Die weiteren Abschnitte des Kapitels setzen sich mit dem Unterricht in den übrigen Teilbereichen der schriftsprachlichen Kompetenz auseinander: zunächst mit dem Unterricht im Rechtschreiben, dann mit dem Unterricht im Leseverständnis und in der schriftlichen Ausdrucksfähigkeit. Abschließend wird auf Möglichkeiten eingegangen, einen individualisierten Unterricht zu unterstützen, dabei vor allem das paarweise Lesen in der Schule und die Einbeziehung von Mitschülern als Tutoren. Die Bedeutung des Wissens der Lehrer über den Aufbau der Sprache und den Lese- und Schreibprozess wird dann nochmals besonders betont.

## 4.1 Grundsätzliche methodische Ansätze im Erstleseunterricht

Im angloamerikanischen Sprachraum wird seit mehr als 50 Jahren eine Debatte zwischen zwei unterschiedlichen Ansätzen im Erstleseunterricht geführt – einem ganzheitlichen Ansatz, der früher als Ganzwortunterricht bzw. in den letzten Jahren als ganzheitlicher Sprachansatz (whole-language instruction) bezeichnet wurde, und einem Ansatz, bei dem die Zuordnungen auf der Phonem-Graphem-Ebene oder allgemeiner auf der Subwortebene betont werden, auch

„Phonics"-Unterricht genannt. Diese Debatte hat manche Ähnlichkeiten mit jener, die im deutschen Sprachraum in den 50er und 60er Jahren zwischen der synthetischen und der analytischen Leselehrmethode geführt wurde. Allerdings geht es in der angloamerikanischen Debatte nicht nur um technische Aspekte des Leseunterrichts, vielmehr ist hier auch Grundsätzliches angesprochen. Da manche der weitergehenden Auseinandersetzungen zwischen den beiden Ansätzen auch in der deutschsprachigen Debatte um eine angemessene Leselehrmethode eine Rolle spielen, soll darauf wenigstens kurz eingegangen werden.

**ganzheitlicher Sprachansatz**

Hinter dem ganzheitlichen Sprachansatz steht die Auffassung, dass das Lesen nur eine Erweiterung der bereits erreichten Aneignung der mündlichen Sprache darstellt. Demzufolge muss es – ähnlich wie die mündliche Sprache – von den Kindern aktiv und selbstständig gelernt werden, wobei die direkte Instruktion im Hintergrund steht. Der Lehrer muss dabei versuchen, dem Lernprozess der Schüler zu folgen, diesen zu unterstützen und zu erweitern. Das Wesentliche daran ist, dass die Kinder das Lesen und Schreiben als eine Form der Kommunikation verstehen und sich um deren Aneignung aktiv bemühen. Sie müssen sich bemühen, die Bedeutung der Texte zu entziffern, und lernen, alle Hinweise zu benutzen, die ihnen schriftliche Texte auf die Bedeutung der Mitteilungen geben. Diese Hinweise sind sowohl auf der semantischen Ebene und der Ebene der Grammatik als auch auf der Ebene der Buchstabenfolgen und der Buchstaben-Laut-Zuordnungen vorhanden. Die verschiedenen Ebenen werden als nahezu gleichrangig aufgefasst. Da die Zuordnung von Schrift und mündlicher Sprache recht komplex ist (was natürlich für das Englische noch viel stärker zutrifft als für das Deutsche), kann sie nur von den Kindern selbst rekonstruiert werden.

Systematischer Unterricht durch den Lehrer macht nach diesem Ansatz keinen Sinn und sollte, um die Kinder nicht zu verwirren, nach Möglichkeit unterlassen werden. In gewisser Weise wird hier ein recht konstruktivistischer Standpunkt vertreten, bei dem davon ausgegangen wird, dass die Kinder selbst eine Verbindung zwischen Schrift und mündlicher Sprache herstellen müssen. Es gibt keine hinter der Realität liegende „objektive" Wirklichkeit bzw. keine regelhaften Zuordnungen zwischen schriftlicher und mündlicher Sprache, deren Entdeckung einen Ausweg aus der vorhandenen komplexen Situation bedeutet.

**kindzentrierter Ansatz**

Der ganzheitliche Sprachunterricht stellt somit gleichzeitig einen kindzentrierten pädagogischen Ansatz dar, bei dem die Lehrer nicht einem vorgegebenen Unterrichtsplan folgen und eine „richtige" bzw.

optimale Art anwenden, den Kindern das Lesen beizubringen. Vielmehr kommt es auf die Art der Beziehungen zwischen Lehrern und Kindern und die Art, wie die Kinder die Funktion der Schrift begreifen, an. Lehrer müssen dabei die sich aus dem Verständnis der Kinder ergebenden Fragen aufgreifen und auf jene Fragen eingehen, die für die weitere Entwicklung der Kinder wesentlich sind.

**Phonics-Unterricht**

Der alternative didaktische Ansatz, der in der hier dargestellten Form auch „synthetic phonics“ genannt wird, versucht den Kindern als Basis für das Lesenlernen direkt die Buchstaben-Laut-Zuordnungen zu vermitteln. Und danach werden diese Zuordnungen durch das Lesen eines beschränkten Wortschatzes, also mit Wörtern, in denen nur die bisher vermittelten Zuordnungen vorkommen, geübt. Der Unterricht ist notwendigerweise stark lehrerzentriert, da dieser die Buchstaben-Laut-Zuordnungen einführt und auch das Lesematerial bestimmt. Im angloamerikanischen Sprachraum gibt es dabei große Unterschiede zwischen verschiedenen Klassen und Leselehrgängen in dem Umfang, der dem „Phonics“-Unterricht eingeräumt wird.

Ein Problem dabei ist, dass im Englischen gerade einige häufiger vorkommende Wörter nicht den als regelmäßig zu betrachtenden Buchstaben-Laut-Zuordnungen entsprechen. Deshalb muss der „Phonics“-Unterricht durch die Einführung einzelner Wörter als Sicht- oder Lernwörter, die nicht aufgrund der Zuordnungen zu erlesen sind, ergänzt werden.

**Buchstaben-Laut-Zuordnungen**

Es gibt eine größere Anzahl von Untersuchungen, die die Auswirkungen eines gezielten und strukturierten Unterrichts in den Graphem-Phonem-Korrespondenzen auf die Fortschritte im Lesen und Schreiben evaluiert haben. Dabei kann man unterschiedliche Untersuchungsansätze unterscheiden. Einmal gibt es Untersuchungsansätze, die von den Besonderheiten des jeweiligen Schriftsystems abstrahiert haben und mit einer künstlichen Schrift, also einer neuen Orthographie gearbeitet haben. Zum anderen gibt es Untersuchungen, die die jeweiligen Unterrichtsmethoden mit einer unterschiedlichen methodischen Ausrichtung studiert haben. Hier ist es sinnvoll, die verschiedenen Schriftsysteme zu unterscheiden.

Wir wollen dabei neben Untersuchungen zum Lesen- und Schreibenlernen im deutschen Sprachraum auch Untersuchungen aus dem englischen Sprachraum betrachten, da Fragen der Leselehrmethode hier eine viel größere Bedeutung zukommt und sie viel mehr Beachtung gefunden haben. Aus diesem Sprachraum liegen einige Schlussfolgerungen für die Gestaltung des Leseunterrichts vor, die jedoch zum Teil für den Unterricht in unserem Sprachraum ebenso Bedeutung haben dürften. Einschränkend ist hier allerdings festzustellen, dass die Art der Realisierung des Erstleseunterrichts oft nicht näher analysiert wurde. Häufig wurde nicht überprüft, wie sehr der Unterricht in den einzelnen Klassen allgemeinen Merkmalen der beiden didaktischen Ansätze entsprach und ob es noch andere Merkmale gab, die für den Effekt des Unterrichts wesentlich gewesen sein könnten.

**Untersuchungen mit einer künstlichen Orthographie:** Einige Untersuchungen bedienten sich einer künstlichen Schrift, bei der die Phonem-Graphem-Beziehungen unterschiedlich durchsichtig waren und die spontan gelernt werden sollte (Brooks 1977; Baron/Hodge 1978). Dabei zeigt sich, dass ein Erlernen der Zuordnungen und eine Generalisierung immer dann erfolgt, wenn regelmäßige Zuordnungen enthalten sind, selbst wenn dies nicht bewusst bemerkt wird. Je durchsichtiger diese Zuordnungen sind, desto besser werden sie gelernt und in der Folge generalisiert.

**Untersuchungen über die didaktische Orientierung des Erstleseunterrichts aus dem angloamerikanischen Sprachraum:** Im Verlauf der Jahre sind im angloamerikanischen Sprachraum relativ viele Vergleichsstudien zum Einfluss der Leselehrmethode auf die Fortschritte der Kinder im Lesen und Rechtschreiben durchgeführt worden. Eine Metaanalyse dieser Studien wurde von Ehri et al. (2001) durchgeführt. Die Ergebnisse belegen einen mäßig positiven Einfluss eines expliziten Unterrichts in den Graphem-Phonem-Korrespondenzen auf die Leseentwicklung, und zwar vor allem auf das Dekodieren von Wörtern, nicht jedoch auf das Leseverständnis. Ein früher Unterricht (Kindergarten bzw. erste Klasse), sowie ein individueller Unterricht sind effektiver. Risiko-Kinder und Schüler aus sozial schwachen Familien profitieren besonders davon.

Die Größe der Einheiten, bei denen die Korrespondenz zwischen Schrift und Aussprache demonstriert und gelernt werden soll, ist umstritten. Im Allgemeinen scheint es günstiger zu sein, möglichst kleine Einheiten zu wählen.

**Untersuchungen aus dem deutschen Sprachraum:** Im deutschen Sprachraum hat es in den letzten Jahren nur wenige Untersuchungen über die Bedeutung eines systematischen Unterrichts in den Graphem-Phonem-Zuordnungen gegeben. In den 60er Jahren allerdings gab es eine Diskussion darüber, ob im Leseunterricht den Kindern zuerst Wörter als Ganzes vorgestellt werden sollen, um in der Folge dann die Ausgliederung von Einzelbuchstaben zu trainieren (analytisches Vorgehen); oder ob das Vorgehen strikt synthetisch sein sollte, also von den Einzelbuchstaben ausgehend größere Einheiten erarbeitet werden sollen.

Die Untersuchungen, die damals zu den Vorteilen eines analytischen vs. synthetischen Vorgehens im Leseunterricht durchgeführt wurden, kamen in der Tendenz zu recht einheitlichen Ergebnissen. Sie wiesen in den unteren Klassen auf deutliche Fortschritte eines synthetischen Erstleseunterrichts hin, die jedoch in den höheren Klassen ausgeglichen wurden. Zwischen verschiedenen Untersuchungen variierte allerdings der Zeitpunkt, ab wann ein Aufholen des anfänglichen Rückstands des analytischen Erstleseunterrichts festzustellen war. Nach Ferdinand (1970) geschieht dies bereits Ende der zweiten Klasse, nach Müller (1964, 1965) und Schubenz (1966) ist in der zweiten und dritten Klasse noch immer ein Vorsprung der synthetisch unterrichteten Kinder festzustellen. Am Ende der Grundschulzeit, in der vierten bzw. fünften Schulstufe, ist hingegen in keiner der bekannten Untersuchungen mehr ein Vorteil festzustellen.

**Nachteil analytischen Unterrichts**

Relativ einig sind sich die vorgelegten Untersuchungen auch darin, dass schwächer begabte Schüler in einem analytischen Erstleseunterricht mehr Schwierigkeiten haben. Die Leistungsfortschritte hängen hier mehr von der intellektuellen Begabung ab als in einem synthetischen Unterricht (Holzinger 1964; Müller 1964; Schubenz 1966). Allerdings dürfte auch das Engagement der Lehrer mit dem Erfolg des Leseunterrichts zusammenhängen, da nach Ferdinand (1967) längerfristig immer jene Methode mehr Ergebnisse zeigte, die in einem Schulbezirk weniger etabliert war und für die Lehrer daher mehr Anreize bot.

**ganzheitlich-analytischer Ansatz**

Über die Merkmale, in denen sich der ganzheitliche bzw. synthetische Unterricht in den 60er Jahren im deutschen Sprachraum unterschied, wissen wir aus den früheren Berichten nur begrenzt Bescheid. Der ganzheitlich-analytische Ansatz in der Lesedidaktik wird in der Regel so charakterisiert, dass vom ganzen Wort und Satz ausgegangen wird. Bildkarten verschiedener Gegenstände oder Tätigkeiten etwa werden jeweils die entsprechenden Wörter in ihrer geschriebenen Form zugeordnet (z.B. Findeisen et al. 2000; Heuser 1991). In einer ersten Phase wird darauf verzichtet, die Aufmerksamkeit auf die Wortstruktur zu lenken, und die einzelnen Buchstaben werden zunächst nicht vorgestellt. Es handelt sich also zunächst einfach um ein Nachsprechen der vom Lehrer vorgesagten Wörter und um die ganzheitliche Zuordnung zum Schriftbild. Erst nach geraumer Zeit sollen die Kinder lernen, durch die Durchgliederung (Analyse) der bereits beherrschten Wörter auch auf die Wortstruktur zu achten.

Beim synthetischen Unterricht auf der anderen Seite handelte es sich früher in der ersten Phase um die Verbindung von Buchstaben zu Silben und Wörtern, ohne dass es darum ging, den Sinn eines Satzes oder eines kurzen Textes zu erfassen.

In den meisten ersten Klassen wird heute im deutschen Sprachraum nach einem Ansatz unterrichtet, in dem die allmähliche Einführung der Buchstaben und das darauf folgende Lesen von Texten, die mit den vorgestellten Buchstaben gelesen werden können, im Zentrum stehen. Diese Form des Unterrichts wird auch durch die meisten Erstleselehrbücher bzw. Fibeln nahe gelegt. Nur in einigen Leselehrbüchern findet sich eine relativ kurze Phase ganz am Anfang, in der schon einige Wörter vorgestellt werden, obwohl noch keine Buchstaben gelernt wurden. Dies ist wohl ein Tribut an die früher doch weit stärker entwickelte Alternative des ganzheitlich-analytischen Ansatzes, in dem dieser Phase ein viel größerer Raum gewidmet worden war.

**Methodenintegration**

Dies ist ein Teil der so genannten Methodenintegration. Man bezeichnet entsprechende Ansätze heute zumeist als „analytisch-synthetisch". Ein weiterer Teil der Methodenintegration dürfte darin bestehen, dass man trotz der frühen Fokussierung auf Buchstaben von Anfang an auch mit Sätzen und kurzen Texten arbeitet, in denen immer wieder eine begrenzte Zahl von Figuren bzw. Personen vorkommen, so dass es eine Art zusammenhängende und überleitende Geschichte gibt.

Allerdings findet man auch heute im deutschen Sprachraum noch Lehrer, die sich stärker einem ganzheitlichen Ansatz verpflichtet fühlen (in Österreich schätzen wir den Anteil auf etwa 5 bis 10 % der ersten Klassen). Merkmal dieser Klassen, von denen wir mittlerweile eine größere Anzahl untersuchen konnten (Klicpera et al. 1999), ist es, dass sie in erster Linie das Interesse der Kinder an schriftlicher Kommunikation in den Vordergrund stellen und dabei Wörter aussuchen, die die Kinder interessieren und die sie zur Kommunikation benötigen, also z. B. das Wort ***ich***. Ein weiteres Merkmal dieser Vorgangsweise ist, dass sich die Kinder wöchentlich eine bestimmte Anzahl an Wörtern merken sollen (so genannte Lernwörter, für die ein eigenes Heft bzw. eine eigene Kartei geführt wird, nicht nur für die erste Klasse, sondern auch noch in den höheren Klassenstufen der Grundschule). Buchstaben werden zwar auch von Anfang an eingeführt – nicht nur als visuelles Muster bzw. mit den zu ihrer Ausführung erforderlichen Bewegungen, sondern auch mit den ihnen zugeordneten Lauten. Dies hat aber keinen so zentralen Stellenwert. Vor allem wird nicht darauf geachtet, dass nur Wörter gelesen und geschrieben werden, die ausschließlich aus bereits vorgestellten Buchstaben aufgebaut sind.

Der von uns vorgefundene Unterschied zwischen einem synthetischen und einem ganzheitlichen Ansatz im Erstleseunterricht ist zwar viel geringer als die klassischen Ausprägungen dieser Ansätze, die im deutschen Sprachraum in den 60er Jahren vorhanden waren und sich – wie oben erwähnt – auf die Lese- und Schreibentwicklung in den ersten Klassen deutlich unterschiedlich ausgewirkt hatten. Doch mussten auch wir markante Unterschiede feststellen.

**Auswirkungen der Unterrichtsform**

Recht massiv waren die Auswirkungen auf das Lesen- und Schreibenlernen in der ersten Klasse. Kinder in Klassen mit einem ganzheitlichen Erstleseunterricht konnten nach drei Monaten zwar recht gut die im Unterricht vorgestellten Wörter lesen und auch schreiben. Sie waren allerdings viel schlechter in der Lage, ihnen bisher vom Schriftbild her unbekannte Wörter zu lesen oder nach dem Gehör zu schreiben – auch wenn sie aus den häufigsten, in den bisher gelesenen Wörtern, vorkommenden Buchstaben bestanden und diese zu einem großen Teil schon explizit eingeführt worden waren. Auswirkungen hatte der didaktische Ansatz auch auf die Buchstabenkenntnisse nach drei Monaten. Die Kinder im ganzheitlichen Unterricht, die ja schon viel mehr Buchstaben in den gelesenen bzw. im Unterricht vorgestellten Wörtern kennen gelernt hatten, waren sich beim Wiedererkennen, dem Benennen sowie dem Schreiben der am häufigsten vorgekommenen acht Buchstaben nicht so sicher wie die Kinder in den synthetischen Leselehrgängen. Die Unterschiede im Lesen und Rechtschreiben ließen sich noch am Ende der ersten Klasse, aber nicht mehr am Ende der zweiten oder einer höheren Klasse nachweisen.

Aus den Ergebnissen wurde auch klar, dass diese negativen Auswirkungen des ganzheitlichen Leseunterrichts sich bei den Schülern am deutlichsten zeigten, die mit den geringsten Lernvoraussetzungen in die erste Klasse eingetreten waren. Der Entwicklungsstand der phonologischen Bewusstheit am Ende des Kindergartens sagte in diesen Klassen die Fortschritte im Erstleseunterricht weit stärker voraus als in Klassen mit einem synthetisch orientierten Erstleseunterricht.

Eine Zusammenfassung der bisher vorliegenden empirischen Untersuchungen zu unterschiedlichen Unterrichtsmethoden für den deutschen Sprachraum legt Schründer-Lenzen (2004) vor. Sie kommt zu dem Ergebnis, dass im Anfangsunterricht systematische Instruktion besonders wichtig sei, da insbesondere leistungsschwache Schüler auf einen gut strukturierten und systematischen Unterricht angewiesen sind. Zudem betont sie, dass sich die Unterrichtsmethode in der Entwicklung der Kinder im Lesen und Schreiben widerspiegelt, wobei eine Zu- oder Abnahme von Leistungsdifferenzen in der Klasse durch unterschiedliche Prozessmerkmale des Unterrichts (stärker frontal versus eher offen) beeinflusst wird. Schließlich bescheinigt sie der Methode „Lesen durch Schreiben“, die im deutschen Sprachraum sehr verbreitet ist, dass sie vor allem für schwächere Schüler mit Migrationshintergrund nicht geeignet sei, da sie den Schülern zu wenig systematische Unterstützung anbiete und daher eher zu ihrer Verwirrung beitrage (Schründer-Lenzen 2004).

Zusammenfassend kann man feststellen, dass ein expliziter Unterricht in den Graphem-Phonem-Korrespondenzen Kindern die Anfänge des Lesenlernens deutlich erleichtert. Vor allem in den ersten Phasen des Erstleseunterrichts fällt es den Kindern viel leichter, das alphabetische Prinzip zu erfassen, wenn ihnen die Korrespondenzen direkt vorgestellt werden und der zu übende Lesestoff nur aus Wörtern besteht, die mit den bereits gelernten Zuordnungen gelesen werden können. Im deutschen Sprachraum sind die positiven Auswirkungen eines solchen Vorgehens zumindest in der ersten Klassenstufe deutlich erkennbar. Längerfristig scheinen die meisten Kinder aufgrund der leichteren Durchschaubarkeit des Schriftsystems allerdings auch in einem eher ganzheitlich orientierten Unterricht das phonologische Rekodieren beim Lesen zu erlernen. Im englischen Schriftsystem braucht es deutlich länger, um die häufigeren Zuordnungen zu erfassen. Ein positiver Einfluss eines expliziten Unterrichts ist hier deshalb in geringerem Ausmaß auch noch in den höheren Klassenstufen nachweisbar. Zudem dürfte es hier hilfreich sein, auch auf Regelmäßigkeiten in der Zuordnung zwischen der Graphem- und der Phonemfolge auf der Silbenebene hinzuweisen.

Die Ergebnisse der empirischen Studien zeigen, dass es kaum Reinformen der Umsetzung methodischer Konzepte gibt, sondern dass vielfach Mischformen praktiziert werden. Analytisches und synthetisches Vorgehen werden kombiniert, und hinzu kommt im deutschen Sprachraum oft auch ein silbenanalytisches Vorgehen. Insgesamt sind die Unterschiede zwischen dem Unterricht der einzelnen Lehrer in einer Unterrichtsform größer als die Unterschiede zwischen den Unterrichtsformen (Snowling/Juel 2006). Der entscheidende Faktor für den Lernerfolg der Kinder ist daher nicht so sehr die Methode, sondern die Unterrichtsqualität. Die Art der Vermittlung ist von viel größerer Bedeutung und damit spielt der Lehrer die wichtigste Rolle. Drei Aspekte kennzeichnen einen guten Leseunterricht: zunächst die Zeit, die die Kinder tatsächlich für das Lesen aufwenden, als zweiter Faktor die Strukturiertheit des Vorgehens, was vor allem für schwächere Schüler und im Anfangsunterricht notwendig ist. Schließlich drittens die Fähigkeit des Lehrers, individuelle Lernprozesse zu identifizieren und zu begleiten.

Aus dem englischen Sprachraum ist bekannt, dass es zu Beginn des Leseunterrichts vor allem wichtig ist, die Aufmerksamkeit der Kinder auf die kleinen Einheiten bzw. Bestandteile der Sprache zu richten und eine explizite Instruktion von Buchstaben-Laut-Zuordnungen vorzunehmen. Manche Kinder werden nach kurzer Zeit das alphabetische Prinzip begreifen und benötigen von da an nur mehr unterschiedliche

Texte sowie motivierendes Material, um an Lesegeschwindigkeit zuzunehmen und ihr Leseverständnis zu verbessern. Andere Kinder jedoch – und das trifft vor allem für die schwächeren zu – benötigen weiterhin explizite Instruktion der Buchstaben-Laut-Korrespondenzen, mehr Übungszeit für das Lesen und genügend einfache Texte und Materialien, um den Zusammenhang zwischen Buchstaben und Lauten einzeln zu vertiefen, kleinere Einheiten zu wiederholen und viel Übung, eventuell auch die Teilung längerer Worte in Silben, um das Gedächtnis zu entlasten und die Worte untergliedern zu können (Snowling/Juel 2006).

## 4.2 Zusätzliche Hilfen im Erstleseunterricht

### 4.2.1 Handzeichen als Hilfe für das Behalten der Buchstaben-Laut-Zuordnung

**Systeme von Handzeichen**

Es ist von Praktikern in der Lese-Rechtschreib-Förderung und der Lesedidaktik im deutschen Sprachraum immer wieder vorgeschlagen worden, das Behalten der Buchstaben bzw. der Buchstaben-Laut-Zuordnungen durch Handzeichen zu unterstützen. Dabei sind recht unterschiedliche Systeme von Handzeichen entwickelt worden. Ein Teil der vorgeschlagenen Zeichen erinnert primär an die Buchstabenform, andere an die so genannten Empfindungslaute, die die Empfindung bei der Aussprache der den Buchstaben zugeordneten Laute ausdrücken sollen, z. B. ***iii*** oder ***ooo***. Wieder andere Systeme sollen an den Artikulationsort bzw. die typische Mundstellung bei der Artikulation der Laute erinnern (z. B. jenes von Kossow 1977). Solche Systeme, die also gerade das, was einem Teil der Kinder schwer fällt, in den Vordergrund stellen, nämlich den zugeordneten Laut des Buchstabens bzw. die Merkmale dieses Lautes, scheinen uns primär sinnvoll zu sein. Obwohl häufig als Hilfe erwähnt (Blumenstock 1997), gibt es bisher noch keine Belege für die Effektivität der Handzeichen als Hilfe für den Leseunterricht.

### 4.2.2 Förderung der phonologischen Bewusstheit als Aufgabe des Erstleseunterrichts

**geringere Vorkenntnisse**

Im deutschen Sprachraum ist der Kindergarten – im Gegensatz zu anderen Ländern – nicht Teil des Schulsystems. Obwohl das Bewusstsein für die Bedeutung der sprachlichen Bildung in den Kindergärten deutlich gestiegen ist, werden die Kinder in dieser Zeit im Vergleich zu angloamerikanischen Ländern wenig und nicht systematisch auf das Lesen- und Schreibenlernen vorbereitet. Daher kommen die Kinder mit wenig Vorkenntnissen im Lesen und Schreiben und einem relativ gering entwickelten phonologischen Bewusstsein in die Schule.

**Sensibilisierung für Sprache**

Eine wesentliche Aufgabe des Erstleseunterrichts ist es daher, die Kinder für die Gliederung und den Aufbau der Sprache zu sensibilisieren. Die Lehrer bauen deshalb eine größere Anzahl von Übungen ein, die die Kinder darauf hinführen sollen, auf die in verschiedenen Wörtern vorkommenden Laute zu achten (etwa Wörter zu nennen, in denen bestimmte Laute vorkommen). Auch sollen sie auf die Position der Laute in diesen Wörtern achten. Zum Teil werden von den Lehrern auch Auf- und Abbauübungen mit Wörtern vorgenommen.

Es gibt hier ein breites Spektrum an Übungen und – wie wir aus Lehrerbefragungen wissen – größere Unterschiede zwischen Lehrern in der Häufigkeit, mit der solche Übungen in der ersten Klasse angesetzt werden. Typischerweise gehen einige derartige Übungen der Neueinführung eines Buchstabens voraus. Dabei sollen die Schüler dafür sensibiliert werden, dass sie ja schon eine Reihe an Wörtern kennen, in denen der Laut, den der neu eingeführte Buchstabe vertritt, vorkommt.

Ein zusätzliches Training in phonologischer Bewusstheit erweist sich in der frühen Leseentwicklung jedoch nur für Kinder mit Leseschwierigkeiten als hilfreich, normal lesende Schüler benötigen dies im Allgemeinen nicht, bzw. ist es für sie nicht von zusätzlichem Nutzen (Carroll et al. 2011). Außerdem ist zu betonen, dass für Kinder mit Leseschwierigkeiten die Kombination von einem Training in phonologischer Bewusstheit mit den Buchstaben-Laut-Zuordnungen von großer Bedeutung ist.

### 4.2.3 Unterricht in Analogien und die Gliederung zwischen An- und Auslaut als Hilfe

**Gliederungen auf Wort- und Silbenebene**

Untersuchungen über die Aneignung der Schriftsprache haben gezeigt, dass Kinder auch Gliederungen auf der Wort- bzw. Silbenebene beim Erlernen des Lesens und Schreibens ausnutzen – speziell in Schriftsprachen mit einer recht unregelmäßigen Graphem-Phonem-Zuordnung. Es ist daher nahe liegend, diese Gliederung in größere Einheiten auch im Unterricht systematisch zu berücksichtigen. Dabei ist allerdings darauf zu achten, auf welcher Entwicklungsstufe die Kinder einen Nutzen aus Analogien ziehen.

**Eine systematische Interventionsstudie**

Eine bekannte systematische Interventionsstudie im deutschen Sprachraum (Einsiedler et al. 2002) konnte zeigen, dass ein Programm, in dem derartige Übungen besonders betont werden, die phonologische Bewusstheit der schwächeren Schüler in der ersten Klasse tatsächlich steigern kann, auch wenn kurzfristig keine Verbesserung der Lese- und Rechtschreibleistungen erzielt wurden.
Ein Grund für die vergleichsweise geringen Auswirkungen könnte sein, dass derartige Übungen von vielen Lehrern bereits ohne diese zusätzliche Anregung in den regulären Erstleseunterricht eingebaut werden. Ein anderer Grund kann natürlich auch darin gesehen werden, dass diese Übungen etwas zu spät kommen und die ersten Schritte entscheidend sind. Wenn nicht von Anfang an eine klarere Bewusstheit über die zu meisternde Aufgabe besteht, versäumen die Kinder wesentliche Schritte. Zudem wäre auch vorstellbar, dass bei einem Training in der ersten Klasse eine stärkere Betonung der Lautsynthese bzw. des Zusammenschleifens erforderlich gewesen wäre, da hier die größeren Probleme der Kinder vorzufinden sind.

Kasten 4.1

Orthographische Analogien werden für die Kinder zweifellos bedeutsamer, wenn sie bereits einen größeren Umfang von Wörtern kennen, die sie lesen können. Es scheint jedoch schon in den Anfängen des Lesenlernens von Vorteil zu sein, wenn die Kinder explizit darauf hingewiesen werden, auf die Ähnlichkeit speziell im Auslaut von Wörtern, also den sich reimenden Teil, zu achten und die Benutzung von Ähnlichkeiten zu üben. Goswami (1999, 2001) argumentiert, dass es sinnvoll ist, dies auch durch Spiele zu unterstützen, die für Reime generell sensibilisieren, und auf die orthographische Ähnlichkeit von sich reimenden Wörtern aufmerksam zu machen (für Einwände siehe Savage 2001).
Für den deutschen Sprachraum ist ein geringerer Nutzen für ein entsprechendes Vorgehen im Unterricht zu erwarten. Es gibt auch keine Studien, die den Nutzen belegen würden. Dennoch wollen wir die Sinnhaftigkeit entsprechender Übungen nicht ganz in Abrede stellen.

### 4.2.4 Geschwindigkeit des Vorgehens im Erstleseunterricht

**Unterschiede zwischen Klassen**

Die Geschwindigkeit des Vorgehens hat bisher in der Auseinandersetzung mit der Didaktik des Erstleseunterrichts keine besondere Beachtung gefunden. Es bestehen wohl größere Unterschiede zwischen verschiedenen Klassen in der Geschwindigkeit, mit der bei einem synthetischen Unterricht vorgegangen wird, der durch die Einführung von Buchstaben klarer strukturiert ist, und im Zeitpunkt, zu dem alle Buchstaben eingeführt wurden.

**Vor- und Nachteile raschen Vorgehens**

Die Erwartungen, was diese Geschwindigkeit für das Lesenlernen bedeutet, sind gleichfalls unterschiedlich. Einerseits wird erwartet, dass ein langsameres Vorgehen im Erstleseunterricht schwächeren Schülern eher die Möglichkeit geben würde, den Anschluss zum Durchschnitt der Klasse zu behalten. Damit sei die Gefahr einer Überforderung geringer und die Chancen zu einer ausreichenden Absicherung der neu eingeführten Kenntnisse größer. Auf der anderen Seite kann man auch argumentieren, dass die Einführung der Buchstaben eine eigene Dynamik hat. Je früher die Buchstaben eingeführt sind, desto früher besteht die Chance, dass die Kinder auch außerhalb der Schule anfangen können, Bücher zu lesen, die sie interessieren.

**neue Wiener Längsschnittuntersuchung**

In einer neuen Längsschnittuntersuchung begleiteten wir die Entwicklung im Lesen und Schreiben von jährlich mehr als 20 Klassen über die Grundschulzeit (Klicpera et al. 2000). Darin konnten wir beobachten, dass ein rascheres Vorgehen im Erstleseunterricht nach den ersten drei Monaten mit einem insgesamt höheren Leistungsstand der Schüler am Ende der ersten Klasse verbunden war, obwohl mit drei Monaten noch kein Unterschied zwischen diesen Klassen im bis dahin erreichten Leistungsstand festzustellen war. Dieser Unterschied am Ende der ersten Klasse hielt sich auch die folgenden Jahre. Dies deutet eher auf Vorteile eines rascheren Vorgehens im Erstleseunterricht hin. Zudem – und dies stellt wohl keinen Zufall dar – mussten wir feststellen, dass die Lehrer, die im Erstleseunterricht rascher vorgegangen waren, im zweiten Halbjahr der ersten Klasse auch dem Üben des Lesens und Schreibens mehr Zeit widmeten.

### 4.2.5 Erhöhung der Lesegeläufigkeit als Aufgabe der zweiten bis vierten Klassenstufe

**Erfassung des alphabetischen Prinzips**

In der ersten Klasse sollte die Erfassung des alphabetischen Prinzips und damit die grundlegende Einsicht in die Phonem-Graphem-Korrespondenz in Wörtern abgeschlossen sein. Kinder sollten auch in der Fähigkeit Graphemen Phoneme zuzuordnen so weit fortgeschritten sein, dass sie die häufigen Zuordnungen beherrschen. Die zweite Klasse wird dabei vielfach noch als eine Art Übergangsklasse betrachtet – als letzte Chance für die Kinder, das bisher noch nicht sicher Beherrschte aufzuholen, bevor dann das Lesen nicht mehr als Lerngegenstand, sondern als Instrument zum Lernen im Vordergrund steht (Snow et al. 1998).

**Kinder motivieren**

Eine wichtige Aufgabe des Erstleseunterrichts besteht darin, die Kinder zum Lesen zu motivieren und ihnen ansprechendes und für ihren Leistungsstand geeignetes Lesematerial zur Verfügung zu stellen. Dies sollte schon in frühen Stadien des Lesenlernens ein Anliegen sein. Im angloamerikanischen Raum wurden dafür beispielsweise die „big books“ entwickelt. Sie sollen ein gemeinsames Lesen einer größeren Zahl von Kindern mit der Lehrerin ermöglichen, wobei die Lehrerin vorliest und einzelne Schüler mit dem Finger das Gelesene nachfahren (fingerpoint reading). Die Art, wie die Kinder dabei mitlesen, kann und soll dabei variieren: Es kann sich um ein leises Lesen, ein gemeinsames Lesen der ganzen Klasse oder einer Gruppe von Kindern (Chorlesen) handeln.

**Fehlerkorrektur**

Eine häufig praktizierte Methode bei der Übung des lauten Lesens ist es, dass der Lehrer die Schüler der Reihe nach zum Vorlesen aufruft. Damit ist die Chance größer, dass die Schüler still mitlesen, eventuell sogar vorauslesen, um auf das eigene Lesen, das ja jederzeit kommen kann, vorbereitet zu sein. Gerade bei schwachen Lesern ist allerdings nicht gesichert, dass diese Schüler aufmerksam sind und mitlesen, daher wird nach Möglichkeit für eine individuelle Begleitung der schwächeren Leser zu sorgen sein. Ein kritischer Bestandteil solcher Übungen im lauten Lesen ist dabei die Fehlerkorrektur. Diese soll nicht zu schnell erfolgen, damit der Schüler selbst noch eine Möglichkeit hat, seinen Fehler zu korrigieren. Auch ist ein bloßes Verbessern durch Aussprechen des richtigen Wortes durch den Lehrer (terminales Feedback) nicht günstig. Besser ist es, die Schüler selbst korrigieren zu lassen und ihnen dabei Hinweise bzw. Hilfen zu geben (Reitsma 1988).

**Steigerung der Lesegeläufigkeit**

Um eine größere Geläufigkeit im Lesen zu erzielen, ist ein wiederholtes Lesen der gleichen Wörter als Hilfe zur Steigerung der Lesegeschwindigkeit nicht wegzudenken. Als eine dafür erprobte Methode kann das wiederholte Lesen der gleichen Texte gelten, bis eine Geläufigkeit erzielt wird. Zum Teil kann dies natürlich auch dadurch erreicht werden, dass man spezielle Texte zusammenstellt und die gleichen Wörter jeweils in aufeinander folgenden Texten unterbringt. Therrien (2004) konnte deutliche Effekte des wiederholten Lesens sowohl auf das Leseverständnis als auch auf die Leseflüssigkeit nachweisen. Bemerkenswert ist auch, dass die unmittelbaren Effekte von $d = 0.76$ bei diesen bekannten und wiederholt gelesenen Texten auch auf das Lesen von neuen Texten generalisierten. In Bezug auf die Möglichkeit eines Transfers der Effekte auf neue, unbekannte Texte konnte gezeigt werden, dass selbst dann, wenn der Text unbekannt war, sich deutliche Effekte von $d = 0.50$ zeigen ließen.

Vor allem in der zweiten Klassenstufe, eventuell auch in der dritten, ist es empfehlenswert für längere Zeit den Unterricht so auszurichten, dass das Ziel einer Steigerung der Lesegeläufigkeit – verbunden mit einer Arbeit am Leseverständnis – im Vordergrund steht. Snow et al. (1998) berichten als Beispiel von einem Unterrichtsversuch von Stahl et al. (1997), in dem immer wieder neue Texte aus dem Lesebuch der Klasse vorgestellt und bearbeitet wurden. Diese Texte wurden jeweils dadurch eingeführt, dass der Lehrer sie selbst vorlas und mit der Klasse darüber diskutierte. Fragen zum Text wurden von Lehrer und Schülern erarbeitet, es wurde gemeinsam die Struktur und der Inhalt der Texte analysiert und mit Hilfe von bildlichen Repräsentationsformen (Skizzen bzw. Karten über die Geschehnisse etc.) dargestellt.

**Technik des Echolesens**

Am gleichen Tag wurde auch begonnen, das Lesen einzelner Abschnitte vor allem mit den schwächeren Schülern zu üben. Dabei wurde die Technik des Echolesens, also des Vorlesens eines Absatzes durch den Lehrer mit darauf folgendem Lesen des gleichen Abschnitts durch den Schüler, eingesetzt. Die Schüler sollten diesen Text dann gleichfalls zu Hause mit den Eltern lesen. Am folgenden Tag wurde mit dem Üben des Lesens fortgefahren, und zwar sollten die Schüler einander paarweise abwechselnd jeweils einzelne Absätze oder Seiten vorlesen. Damit konnte das laute Lesen als Vorstufe des leisen, verständnisvollen Lesens geübt werden. Dies stellt auch eine Übungsform dar, in der alle Schüler einbezogen und die Fortschritte der einzelnen Kinder gut kontrolliert werden können, indem der Lehrer reihum geht. Als weitere Übungsform wurde in diesem Programm das Üben einzelner Absätze zum Vorlesen vor der ganzen Klasse geübt. Dabei ist bei schwächeren Schülern unter Umständen ein mehrmaliges Lesen erforderlich, um Geläufigkeit zu erzielen. Eine Ergänzung dieser schulischen Übungen kann auch durch nochmaliges Lesen der gleichen Texte zu Hause erreicht werden. In Form einer Gruppen- oder einer Klassenarbeit soll gleichzeitig an den Inhalten der Texte gearbeitet werden, wobei auch eigene Beiträge der Schüler zu den Inhalten in Form einer Klassenzeitschrift verfasst werden.

Ein weiterer wichtiger Bestandteil dieser Gestaltung des Leseunterrichts ist das tägliche Lesen eines selbst ausgewählten Buches durch jeden Schüler für 15 bis 20 Minuten in der Schule, wobei die Schüler das Weiterlesen in dem Buch als Hausaufgabe erhalten.

Wenn dieser Schwerpunkt über ein Schuljahr durchgehalten wurde, konnte eine deutliche Steigerung der Lesefähigkeit beim Großteil der Schüler erzielt werden. Nur bei den besten Schülern ist in der zweiten Klassenstufe eventuell schon eine höhere Leistung bei den üblichen Lesetestverfahren festzustellen. Die schwächsten Leser benötigen auf der anderen Seite zusätzliche Unterstützung, um von so einem Programm zu profitieren.

### 4.2.6 Unterricht für Schüler mit anderen Erstsprachen als Deutsch in den ersten Klassen Grundschule

Schüler, die andere Erstsprachen als Deutsch sprechen, sind in ihren Leseschwierigkeiten eher jenen Schüler ähnlich, die Schwierigkeiten im Leseverständnis haben und insbesondere einen geringen Wortschatz aufweisen. Im Dekodieren hingegen unterscheiden sie sich nicht von Schülern mit Deutsch als Erstsprache. Daher ist eine Förderung im Leseverständnis für diese Schüler von besonderer Bedeutung (Carroll et al. 2011).

**differenzierter Leseunterricht**

Für Schüler mit Deutsch als Erst-, aber auch als Zweitsprache, wurde von unserer Arbeitsgruppe (Seifert et al. 2016) ein Interventionsprogramm entwickelt und evaluiert, das sich auf die Förderung von Wortschatz und Leseverständnis konzentriert. Das Programm „DiLu“ (Differenzierter Leseunterricht) wird im Deutsch- und im Sachunterricht umgesetzt. Ein zentraler Punkt ist die Wortschatzförderung, ein zweiter die Förderung des Leseverständnisses. Für die Wortschatzförderung wird mit einem begrenzten, thematisch relevanten, nach linguistischen Kriterien (Frequenz, orthographische Regularität, morphologische Komplexität) ausgewählten Wortschatz gearbeitet (Seifert et al. 2016). Die Themen der Texte und des Wortschatzes orientieren sich an den Themen des Curriculums. Für die Förderung des Leseverständnisses ist es zunächst notwendig, die Lesefähigkeiten der Schüler genau zu beobachten, um sie dann ihren Fähigkeiten entsprechend fördern zu können. Die Schüler erhalten Texte, die in vier Stufen differenziert sind (gute, durchschnittliche, schwache und sehr schwache Leser), die sie lesen, zu denen sie Fragen beantworten und Aufgaben zum Verständnis bearbeiten.

Das Programm wurde im Unterricht der zweiten Klasse Grundschule durchgeführt und in einer quasi-experimentellen Interventionsstudie evaluiert. 158 Schüler nahmen an dem Interventionsprogramm teil, 218 Schüler fungierten als Vergleichsgruppe. Diese erhielten einen regulären Leseunterricht. Das Programm wurde durch die Klassenlehrerin implementiert, die in den ersten beiden Monaten der Projektlaufzeit Unterstützung durch ein Mitglied des Projektteams erhielt. Das Leseprogramm wurde jede Woche zwei Stunden über sieben Monate hinweg durchgeführt, sodass jedes Kind etwa 50 Stunden mit den Materialien arbeitete. Die Evaluation zeigte deutliche Effekte durch die Förderung im Leseverständnis und im expressiven Wortschatz der geförderten Kinder (Seifert et al. 2015).

## 4.3 Unterricht im Rechtschreiben

**Ermutigung zum Schreiben**

Von vielen Didaktikern wird heute die frühe Anregung und Übung des Schreibens empfohlen, wobei zunächst der Druck, immer orthographisch korrekt zu schreiben, minimiert wird. Die Kinder sollen im Gegenteil ermutigt werden, sich möglichst selbst zu überlegen, wie etwas geschrieben werden soll, da es verschiedene Möglichkeiten gibt, Wörter zu schreiben. Sie sollen sich deshalb nicht dadurch beirren lassen, wenn ihre Schreibweise von jener anderer Menschen abweicht.

**selbst erfundenes Rechtschreiben**

Seit mehr als einem Jahrzehnt wird das „invented Spelling" (selbst erfundenes Rechtschreiben) als Vorstufe des fehlerfreien Rechtschreibens empfohlen. Untersuchungen zeigen, dass es zu einer größeren Sensibilität für die Lautstruktur der Sprache führt, die phonologische Bewusstheit also zunimmt und dass in weiterer Folge auch die Aneignung des korrekten Rechtschreibens leichter fällt (Clarke 1988). Vor allem hat das Zulassen des selbst erfundenen Rechtschreibens natürlich den Umfang dessen, was die Kinder sich zu schreiben trauen, und damit auch den Stellenwert des freien Schreibens schon in den ersten Klassen Grundschule gewaltig erhöht (Richgels 2001).

Von manchen Pädagogen wird befürchtet, dass die einmal von den Kindern produzierte falsche Schreibweise es ihnen erschweren könnte, später die orthographisch korrekte Schreibweise zu behalten. Experimentelle Belege dafür gibt es jedoch keine. Wenn etwa unbekannte Wörter bzw. Pseudowörter in einem eigenständigen Versuch von den Kindern auf eine bestimmte Art geschrieben wurden, dann ist es für sie nicht schwerer als für andere Kinder, später eine andere bzw. die „richtige" Schreibweise zu lernen (Ehri et al. 1988). In den ersten Klassenstufen wirkt sich also die Konfrontation mit falschen Schreibweisen kaum negativ aus. Bei einem Teil der fünften Schulstufe etwa und bei Erwachsenen führt dies jedoch zu einer Verunsicherung und Verschlechterung der Rechtschreibfertigkeit (Treiman 1998a, b).

**zusätzliche Förderung**

Treiman (1998a, b) rät aber davon ab, dem selbst erfundenen Rechtschreiben ein zu großes Gewicht zu geben oder es zu der einzigen Form des Rechtschreibunterrichts zu machen. Die Kinder brauchen zusätzlich auch eine Förderung im Bereich der phonologischen Bewusstheit und einen Unterricht in den Graphem-Phonem-Zuordnungen, um größere Fortschritte zu machen und beim Schreiben nicht zu sehr behindert zu werden. Nachdem die Kinder beim Schreiben ein wenig Fortschritte gemacht haben, ist der Gewinn, den sie vom selbst erfundenen Rechtschreiben ziehen können, nur mehr gering. Die Kinder sollten ermutigt werden, sich an der konventionellen Rechtschreibung zu orientieren, indem sie ein Wörterbuch zu Rate ziehen oder selbst eine Art Kartei anlegen.

Zudem werden beim „geführten selbst erfundenen Rechtschreiben" kleinere Abschnitte eines direkten Unterrichts im Rechtschreiben eingeflochten. Hier macht es Sinn, etwa darauf hinzuweisen, dass sie das Wort gleich geschrieben haben wie ein anderes Wort, das doch anders klingt. Zum Teil ist eine Verfeinerung der phonologischen Analyse hilfreich. Der Lehrer sollte also das Kind ermutigen, weiter selbst herauszufinden, wie Wörter geschrieben werden, die Kinder aber auch darauf hinweisen, dass manchmal die Schreibweise von Wörtern nicht ganz logisch und nicht unbedingt von der Aussprache abzuleiten ist.

**Hilfen beim lautgetreuen Schreiben**

Mit der Einführung der Buchstaben und der Vertrautheit mit der Schreibweise einer größeren Anzahl an Wörtern als Grundstock ist es zu empfehlen, den Kindern Hilfestellungen beim lautgetreuen Schreiben zu geben. Man sollte sie auf die Bedeutung einer langsamen, jede Silbe extra betonenden und damit die Wörter in Silben gliedernden Sprechweise aufmerksam machen. Zur Verbesserung der Rechtschreibung muss der umgangssprachlichen Tendenz entgegengewirkt werden, unbetonte Silben zu verkürzen, Vokale auszulassen oder zu einem unspezifischen „Schwa" (s. etwa die Aussprache der Endsilbe ***-er*** in ***Ruder***) zu verändern. Das silbenweise Sprechen führt dazu, dass für die Kinder die Struktur der Wörter deutlicher und die Schreibweise neuer Wörter damit besser behalten wird (Drake / Ehri 1984). Auch Silbenübergänge können damit für die Kinder klarer und die Schreibung von Doppelkonsonanten verbessert werden. Damit wird die spontane Tendenz ausgenutzt, bei kurzen Vokalen in zweisilbigen Wörtern den folgenden Konsonanten sowohl an das Ende der ersten Silbe als auch an den Anfang der folgenden Silbe zu setzen, also z. B. ***Kam-mer*** zu unterteilen (Tacke et al. 1993). Schließlich verbessert das langsame, silbenweise Sprechen die Konzentration auf die Aussprache der Wörter.

**wortspezifisches orthographisches Wissen**

Neben der Fähigkeit zum lautgetreuen Schreiben soll schon in der Grundschule auch das wortspezifische orthographische Wissen verbessert werden. Hier bietet sich eine Orientierung am Grundwortschatz an – dass man also mit einem Blick darauf, welche Wörter zu den am häufigsten vorkommenden gehören, diesen Grundwortschatz einmal absichert. Zu diesem Zweck ist auch die konstante Arbeit mit Merkwörtern zu empfehlen. Dazu werden jede Woche eine gewisse Zahl von Wörtern neu zur Einprägung geschrieben und in ein Heft und / oder eine Kartei eingetragen. Im Sinne einer verteilten Übung soll das Schreiben dieser Wörter in der Folge wieder aufgefrischt werden, um sie möglichst dauerhaft zu sichern. Umgekehrt kann aber auch mit dem Anlegen einer Kartei der richtigen Schreibweise von fehlerhaft geschriebenen Wörtern eine systematische Übung unterstützt werden.

**Gedächtnisübungen**

Das Einprägen der korrekten Schreibweise von Wörtern und die Absicherung dieser Kenntnisse mit speziellen Ansagen oder „Gedächtnisübungen“ kann schon in der zweiten Hälfte der ersten Klasse oder in der zweiten Klasse beginnen. Als Zeitpunkt, zu dem damit begonnen wird, kann allgemein jener genannt werden, zu dem die Kinder im Lesen eine gewisse Sicherheit gewonnen haben und die Wörter, deren Rechtschreibung sie lernen, gut und sicher lesen können.

Auch die Wortanalyse und die Gliederung in Morpheme und Silben kann die Struktur von zusammengesetzten Wörtern deutlicher machen und eine Hilfe für das korrekte Schreiben darstellen. So kann etwa ein Training in der Bildung von Ableitungsformen, bei Hauptwörtern die Bildung des Singulars, bei Zeitwörtern jene des Infinitivs zu einer Klärung der Schreibweise mancher Wörter führen (Assink 1987; Scheerer-Neumann 1993). Dies ist ein Bereich, in dem sich das Üben des Lesens und Rechtschreibens gegenseitig verstärken und anregen.

**Entdecken von Analogien**

Ähnlichkeiten zwischen den Wörtern werden nicht nur durch den Abbau zu identischen Elementen etwa in Form von Vorsilben oder Wortendungen deutlich. Auch sonst kann die Zusammenstellung von Wörtern zu Gruppen, die jeweils ein bestimmtes Element gemeinsam haben, die Generalisation sowie das Entdecken von Analogien in der Schreibweise erleichtern. Dies macht nicht nur die künftige Schreibung der geübten Wörter einfacher, sondern auch jener Wörter, die eine ähnliche Schreibweise haben (Wieczerkowski et al. 1979).

**Einführung von Rechtschreibregeln**

In den höheren Klassen kann schließlich die Einführung von Rechtschreibregeln wenigstens in manchen Bereichen zu einer Verbesserung führen. Voraussetzung ist sicher, dass die Regeln relativ einfach sind und nicht von einer allzu großen Zahl an Ausnahmen durchbrochen werden. Eine Hilfe stellen etwa die Regeln für die Groß-/Kleinschreibung und bei entsprechender Hervorhebung und Sensibilisierung für die wesentlichen Merkmale einer Bedeutungsänderung auch jene für das Getrennt-/Zusammenschreiben dar (Dumke 1979; Klauer 1993).

**Bedeutung der Leseerfahrung**

Nicht genug betont kann die Bedeutung der Leseerfahrung für die Rechtschreibentwicklung werden. Sowohl aus der Analyse von Entwicklungsverläufen in Längsschnittuntersuchungen (Klicpera et al. 1994) als auch aus Unterrichtsexperimenten ist die mittel- bis langfristige Bedeutung des Lesens von Wörtern bekannt für die

Fähigkeit, diese später richtig zu schreiben bzw. die Rechtschreibkompetenz längerfristig zu steigern (Wieczerkowski 1979; Heller 1977).

Diese positiven Effekte sind allerdings nicht so groß, dass daraus der Schluss zu ziehen ist, man könnte auf einen speziellen Rechtschreibunterricht überhaupt verzichten und sich auf die Übertragung der Kenntnisse vom Lesen oder aber vom Lernen des freien Schreibens verlassen (Graham 2000). Auch muss man dabei bedenken, dass die korrekte Schreibweise von Wörtern besser gelernt wird, wenn sie in Listenform vorliegen, als wenn sie eingebettet in einen Text gelesen werden. Dies sollte man beim Üben des Rechtschreibens berücksichtigen und sich nicht allein auf Gedächtnisübungen wie das Lernen eines Satzes für ein wöchentliches Diktat stützen. Weiterhin muss man berücksichtigen, dass noch am Ende der ersten Klasse Kinder recht viele Wiederholungen (wenigstens etwa zehn Wiederholungen) beim Lesen brauchen, damit sie sich die Schreibweise eines Wortes merken können. Und dabei sollen sie veranlasst werden, auch bewusst auf die Schreibweise zu achten, indem sie die Wörter buchstabieren, sie abschreiben oder mit Buchstabenkarten nachlegen (Treiman 1998a, b).

## 4.4 Unterricht im Leseverständnis

Lange Zeit war es typisch für den Leseunterricht, dass zwar viel über gelesene Texte (vor allem Geschichten) gesprochen wurde, die Kinder aber wenig Anleitungen erhielten, wie sie beim Lesen und dem Versuch, sich einen Text zu erarbeiten bzw. ihn zu verstehen, vorgehen sollen. Das Leseverständnis selbst wurde also nicht zum Thema. Darauf hat erstmals Durkin (1979) in ihrer klassischen und recht einflussreichen Beobachtungsstudie über den Leseunterricht aufmerksam gemacht. In den Vorstellungen darüber, wie ein Unterricht im Leseverständnis aussehen soll, hat sich in den Jahren seither einiges geändert.

Um den Unterricht im Leseverständnis gestalten zu können, muss man zuerst verstehen, wie geübte Leser an einen Text herangehen, um diesen Text zu verstehen. Duke und Kollegen (2011) beschreiben zehn wichtige Elemente zur Förderung des Leseverständnisses:

**Förderung des Leseverständnisses**

1. Wissen aufbauen, sowohl Weltwissen wie auch bereichsspezifisches Wissen
2. Die Schüler mit vielen unterschiedlichen Texten in Berührung bringen, mit einer großen Menge und einem breiten Angebot an Texten konfrontieren

3. Motivierende Texte und Kontexte zum Lesen schaffen
4. Schülern Strategien zum Textverständnis beibringen
5. Textstrukturen unterrichten
6. Schüler in Diskussionen involvieren
7. Wortschatz aufbauen und Sprachverständnis fördern
8. Lesen und Schreiben integrieren
9. Beobachten, einschätzen und bewerten
10. Den Unterricht differenzieren

Gerade in den höheren Klassen ist die positive Interdependenz zwischen Leseverständnis und fachspezifischem Wissen zu berücksichtigen. Durch das Lesen wird fachspezifisches Wissen vertieft, das fachspezifische Wissen wiederum verstärkt das Leseverständnis. Daher sollte Lesen nicht isoliert geübt werden. Stattdessen sollte das Verständnis für Zusammenhänge gemeinsam mit der Vertiefung fachwissenschaftlicher Aspekte geschult werden. Wenn also geübt wird, dann in einem konkreten, fachspezifischen Kontext. So gelingt gleichzeitig Förderung von Leseverständnis und fachwissenschaftliche Vertiefung.

### 4.4.1 Erweiterung des Wortschatzes

**explizierter Unterricht**

Aufgrund von Unterrichtsexperimenten bzw. Instruktionsstudien wird heute zumeist die Ansicht vertreten, dass ein gezielter Unterricht zur Erweiterung des Wortschatzes anzustreben ist, um das Leseverständnis der schwächeren Schüler zu verbessern. Zwar ist es klar, dass nicht alle Wörter, die sich der durchschnittliche Schüler in den Schuljahren aneignet, durch expliziten Unterricht auch den schwächeren Schülern beigebracht werden können. Es zeigt sich jedoch, dass ein expliziter Unterricht doch eine größere Zahl an Wörtern vermitteln kann und dies ausreichend ist, um zu einer deutlichen Steigerung des Leseverständnisses beizutragen. Ein solcher Unterricht kann den Schülern auch Strategien und eine lernbereite Haltung für die Aneignung eines größeren Wortschatzes bzw. dessen Ausweitung vermitteln.

**Beispiele für die Anwendung**

Es kommt dabei nachweislich auch auf die spezielle Vorgangsweise an (Stahl / Fairbanks 1986). Das Lernen von Definitionen und wiederholte Übungen mit einzelnen Wörtern führen zu einem eingeschränkteren Zuwachs, als wenn den Kindern sowohl Informationen über die Wortbedeutung gegeben wie auch Beispiele für die Anwendung der Wörter in einer größeren Anzahl unterschiedlicher Kontexte gebracht werden.

### 4.4.2 Textbezogene Verständnisstrategien

**wichtigste Aussagen ermitteln**

Auch in Bezug auf die Vermittlung von textbezogenen Verständnisstrategien wird in den letzten Jahren eine aktive Haltung im Unterricht angeraten. Es sollen den Schülern nach Möglichkeit bereits in der Grundschule Strategien vermittelt werden, die ihnen helfen, die wichtigsten Aussagen des Textes zu eruieren und sich einzuprägen. Zunächst sind dies einige wenige Strategien, diese können und sollen jedoch in den höheren Klassen erweitert werden.

Am wichtigsten scheint wohl die Strategie zu sein, sich selbst zu fragen, inwieweit das in dem Text Vermittelte Sinn macht und mit dem eigenen Wissen übereinstimmt. Dieses Herstellen von Bezügen zum eigenen Wissen geschieht für gewöhnlich, aber nicht immer automatisch und muss vor allem bei Texten, bei denen die Information sehr dicht gebracht wird, aktiv betrieben werden. Auch das Formen von Bildern über das im Text Vermittelte sowie der Versuch, das Gelesene zusammenzufassen, sind sinnvolle Strategien. Eine weitere Strategie ist das Erarbeiten der Grundstruktur des Textes, wobei sich dies bei Erzähltexten etwa an der Geschichtengrammatik, also am regelhaften Aufbau von Geschichten, orientieren kann (Abb. 4.1).

**reziprokes Unterrichten**

Viel Beachtung hat zu Recht der Ansatz des reziproken Unterrichtens von Palincsar und Brown (1984) gefunden, bei dem in einem Kleingruppensetting gemeinsam mit einem Lehrer in relativ kurzer Zeit (20 Stunden) den Schülern vier wesentliche Verständnisstrategien beigebracht werden sollen: Vorhersage weiterer Aussagen des Textes; Stellen von Fragen an den Text; Suchen einer Klärung, wenn etwas unklar ist; und Zusammenfassung. Hier werden von einem Diskussionsleiter unter den Schülern Fragen an die Gruppe gestellt, die Antwortversuche dann zusammengefasst, um den anderen Schülern die Möglichkeit zu geben, ihrerseits Fragen zu stellen.

Im deutschen Sprachraum wurde ein Programm für den Unterricht vorgelegt, das sich am Vorgehen des reziproken Lehrens von Palincsar und Brown orientiert und zusätzlich den Einsatz weiterer Selbstregulationsstrategien fördert (Spörer et al. 2016). Die Implementierung des Programms im Klassenkontext durch ausgebildete Assistenten erwies sich als gut durchführbar. Durch die Anreicherung des reziproken Lehrens durch spezifische Strategien der Selbstregulation, wie etwa Zielsetzung, Planung und Reflexion des Lernens, konnte das Leseverständnis nachhaltig gefördert werden. Die Evaluation des Programms ergab ähnlich positive Effekte wie beim reziproken Lehren, zusätzliche Effekte darüber hinaus blieben jedoch eher klein (Spörer/ Schünemann 2014).

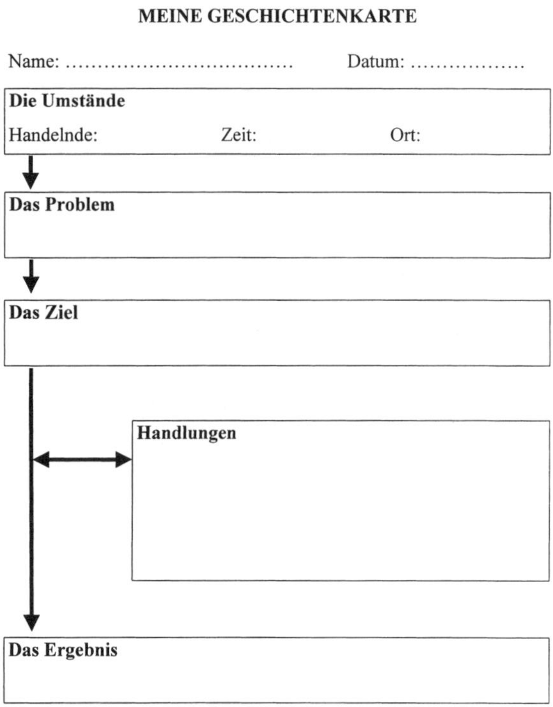


*Abb. 4.1:* Geschichtenkarte nach Idol 1987

## 4.4.3 Unterrichten von Verständnisstrategien

Von Duffy et al. (1986, 1987) wurde in einer Reihe von Arbeiten eine bestimmte Abfolge des Vorgehens beim Unterrichten von Verständnisstrategien in einem lehrergeleiteten Unterricht vorgeschlagen:

Der Lehrer sollte demnach zunächst die Strategie vorstellen und erklären. Dann sollte er sie selbst demonstrieren, indem er zeigt, wie er sie bei einem Text anwendet, und daraufhin den Schülern die Möglichkeit bieten, dies auszuprobieren, wobei er Rückmeldung gibt. Zudem sollte er die Schüler beraten, bei welchen Gelegenheiten die Anwendung einer Strategie sinnvoll ist, und sie darauf aufmerksam machen, wenn so eine Situation verkommt.

**transaktionaler Strategieunterricht**

Pressley und Mitarbeiter entwickelten diesen Ansatz dann weiter. In dem Bewusstsein, dass es nicht nur um eine kurzzeitige Anwendung einzelner Strategien geht, sondern um die langfristige Vermittlung einer größeren Anzahl an Verständnisstrategien, haben sie den „transaktionalen Strategieunterricht“ erarbeitet (Pressley 2000).

**Bedeutung der Lesemotivation**

Guthrie und Wigfield (2000), die die Bedeutung der Lesemotivation für die Aneignung der Lesekompetenz besonders betont haben, heben die Notwendigkeit einer Einbeziehung des Leseunterrichts in den Sachunterricht und die Bemühungen um eine Entwicklung der gesamten Lernkompetenz der Schüler hervor. Auf diese Weise sollte das Konzeptwissen der Schüler und der Gebrauch von Strategien verbessert werden, aber auch die sozialen Interaktionen in der Klasse und schließlich die Lernmotivation. Die Schüler wären dann viel engagierter beim Lesen, wenn das Lesen etwa im Zusammenhang mit der Informationssammlung zu einem anregenden und gemeinsam durchgeführten Experiment oder mit dem Vorbereiten eines Theaterstücks stünde.

**Mitbeteiligung der Schüler**

Ähnliches gilt, wenn Lehrer die Schüler an Unterrichtsentscheidungen mitbeteiligten und ihnen Mitsprache bei der Wahl des Lesestoffs ließen; aber auch wenn sie die Zusammenarbeit unter den Schülern förderten und eine Bewertungsform wählten, die dem von den Schülern erbrachten Beitrag gerecht würde. Die Gruppe um Guthrie hat diese Ideen in einem Programm für den Leseunterricht in den höheren Klassen der Grundschule umgesetzt (Concept Oriented Reading Instruction, CORI) und konnte zeigen, dass damit die Leseaktivitäten der Schüler wie auch ihre Lesekompetenzen gesteigert werden (1996).

**Concept Oriented Reading Instruction**

CORI baut auf dem „Engagement-Modell des Leseverständnisses" auf, das postuliert, dass Leseunterricht vor allem dann das Leseverständnis fördert, wenn das Engagement der Schüler für das Lesen unterstützt wird. Die Unterstützung von kognitiven und motivationalen Prozessen beim Lesen sollte der alleinigen Förderung von Strategien überlegen sein. Diese Hypothese konnte von der Arbeitsgruppe auch belegt werden (Wigfield et al. 2008). CORI-Schüler erwarben ein höheres Ausmaß an Leseverständnis, bessere Lesestrategien und zeigten mehr Engagement beim Lesen. Allerdings verschwanden die Unterschiede im Leseverständnis zwischen den Gruppen, wenn das Leseengagement statistisch kontrolliert wurde. Daher ist anzunehmen, dass das Lese-Engagement der Schüler die Unterstützung im Unterricht mediiert und einbezogen werden sollte. Der wechselseitige Zusammenhang von Lesemotivation und Lesefähigkeit ist allerdings aus Studien zum Leseerwerb schon lange bekannt. Dies wird hier nochmals belegt, bedeutet jedoch nicht, dass eine alleinige Förderung des Engagements per se schon wirksam wäre.

Daher integriert CORI die Förderung von Leseflüssigkeit, Leseverständnis, Motivation und Vermittlung von inhaltlichem Wissen. CORI hat sich in heterogenen Klassen als wirksam erwiesen und ist zudem gleichermaßen effektiv für gute und schwache Schüler (Guthrie et al. 2009). In dieser Interventionsstudie erhielten schwache Leser Texte, die ihrer Lesefähigkeit angepasst waren, wurden in Leseverständnisstrategien sowie in der Bildung von Inferenzen gefördert, erhielten Unterstützung in ihrer Motivation sowie in metakognitiven Strategien und konnten ihr Wissen in dem Gegenstand vertiefen. Die Ergebnisse der zwölf Wochen andauernden Intervention zeigten, dass die Schüler im Vergleich zu traditionellem Unterricht im Worterkennen, im Leseverständnis und im inhaltlichen Wissen bessere Fortschritte aufwiesen. Die Autoren plädieren für eine explizite und parallele Förderung in diesen unterschiedlichen Bereichen des Lesens, damit jeder Schüler auf seine Weise profitieren kann.

## 4.5 Unterricht im schriftlichen Ausdruck

Wenn im traditionellen Unterricht bereits wenig zur gezielten Förderung des Leseverständnisses unternommen wurde, so gilt dies noch mehr für die Förderung des schriftlichen Ausdrucks und des eigenständigen Schreibens. Systematische Beobachtungen im Unterricht und Befragungen von Lehrern haben gezeigt, dass Schreibaufgaben in der Grundschule insgesamt nur einen relativ geringen Teil der Unterrichtszeit in Anspruch nehmen. Dabei handelt es sich zumeist um Abschreiben sowie um Schreibaufgaben mit einem geringen Anteil an eigenständiger Formulierung und Ausdenken eines Textes (Bridge et al. 1997).

Allerdings hat sich in den amerikanischen Schulen der Anteil an Aktivitäten, die sich auf das eigenständige Schreiben beziehen, in den vergangenen fünfzehn Jahren nahezu verdoppelt. Dies dürfte sowohl auf veränderte Einstellungen als auch auf schulinterne Regelungen zurückzuführen sein. Probleme bei der Instruktion bestehen auch darin, dass viele Lehrkräfte nicht ausreichend darauf vorbereitet sind, Schreiben zu unterrichten, sondern dass sie sich im Unterricht eher auf exemplarische Erfahrungen, aber nicht systematisch auf evidenzbasierte Methoden beziehen und schließlich darauf, dass sie die Schwierigkeiten von Schülern, die mit dem Schreiben Probleme haben, gar nicht oder zu wenig berücksichtigen (Graham/Harris 2011).

In den letzten Jahrzehnten gab es eine intensive Auseinandersetzung mit dem Schreibprozess bei Kindern und auch Bemühungen, Unterrichtsmethoden zur gezielten Förderung verschiedener Schreibaktivitäten zu entwickeln und zu erproben. Als eine Hilfe haben sich sowohl Bemühungen um eine Erweiterung des Wortschatzes und Übungen zur Verbesserung des Satzbaus erwiesen als auch eine Förderung textbezogenen Strukturwissens, was den Aufbau von Geschichten wie auch von Sachtexten betrifft. Die Unterweisung im Aufbau einer Geschichte, also in den wesentlichen Bestandteilen und der logischen Reihenfolge dieser Teile, hilft den Kindern zu einer besseren Verständlichkeit ihrer Texte zu kommen.

**gelingender Schreibunterricht**

Graham und Harris (2011) gaben aufgrund langjähriger Forschung folgende fünf Empfehlungen für einen gelingenden Schreibunterricht:

1. Zunächst ist es wichtig, eine das Schreiben unterstützende Umgebung zu schaffen, in der alle Schüler etwas erreichen können. Dies gelingt nur durch ständige Ermutigung und Herausforderung aller Schüler, der guten wie auch der schwachen.
2. Die Schüler sollten viel Zeit mit dem Schreiben verbringen. Alle Schüler sollten dabei einbezogen werden. Es sollte von allen Schüler gefordert werden, dass sie viel und regelmäßig schreiben.
3. Die Schüler dabei unterstützen, ihre eigenen Schreibstrategien, ihre Schreibfähigkeiten, ihr Wissen und ihre Motivation weiterzuentwickeln. Den Schülern müssen Strategien zum Planen, Zusammenfassen, Überarbeiten und Editieren der Texte beigebracht werden. Dabei hat es sich als sinnvoll erwiesen, kooperative Lernmethoden einzusetzen. Wichtig ist jedoch auch eine Anleitung, wie man bei der Ideensammlung und der Planung eines Textes vorgeht. Hier ist das gemeinsame Sammeln von Ideen und das Durchgehen und Ordnen dieser Ideen in einer Gruppe eine Hilfe, die den Übergang zum eigenständigen Schreiben erleichtert.
   Zudem können die Schüler Strategien nutzen, um den Schreibprozess zu organisieren, wie graphische Visualisierungen oder Mindmaps. Beim Schreiben selber benötigen die Schüler grundlegende Fähigkeiten, wie Rechtschreibung und Satzkonstruktion. Hier ist insbesondere die Unterstützung bei der Entwicklung der Fähigkeit, einfachere Satzkonstruktionen zu komplexeren zu verbinden, notwendig. Schließlich benötigen die Kinder Hilfestellungen und eine Anweisung, wie sie bei der Überarbeitung eines Textes vorgehen sollen (Bereiter/Scardamalia 1987).
4. Hilfreich für die Schüler ist auch das Benutzen von Textverarbeitungsprogrammen. Sie erleichtern den Schreibprozess in vielerlei Hinsicht, nicht nur das Strukturieren und Überarbeiten.
5. Der letzte Punkt bezieht sich auf die besondere Unterstützung von Schülern, die Schreibschwierigkeiten aufweisen. Für sie ist das Nutzen von Textverarbeitungsprogrammen noch wichtiger als bei durchschnittlichen Schülern. Auch benötigen sie Hilfe bei der Weiterentwicklung von Strategien zum Planen, Überarbeiten und Editieren von Texten. Hinzu kommt Unterricht in Syntax sowie Unterstützung bei

der Entwicklung von Verständnis dafür, wie Sätze konstruiert werden. Zudem ist auch Unterricht in Grammatik, der ansonsten relativ kritisch betrachtet wird, für diese Schüler unter bestimmten Bedingungen hilfreich. Wenn die Lehrperson zuerst vorzeigt, wie es richtig gemacht wird, und der Schüler dann die Anwendung übt, kann das schwache Schreiber wohl unterstützen. Schließlich ist die Förderung von Selbstregulationsstrategien für schwache Schüler von großer Bedeutung, wie eigene Ziele setzen, Selbstinstruktion, Überprüfen und Selbst-Verstärkung (Graham/Harris 2011).

## 4.6 Unterrichtsorganisation

**Gelegenheit zum Lesen**

Ein wichtiger Faktor im Erstleseunterricht ist auch die Unterrichtsorganisation. Sie sollte gewährleisten, dass die Schüler möglichst viel Gelegenheit zum Lesen und auch rasche Hilfe bekommen, wenn sie etwas nicht verstehen. Deshalb ist eine möglichst individualisierte Vorgehensweise im Erstleseunterricht bedeutsam. Zudem sollte die Unterrichtsorganisation natürlich die Schüler zu einer aktiven Mitarbeit motivieren. Deshalb ist ein Unterricht zu empfehlen, der den Schülern möglichst viel Wahlmöglichkeiten lässt und Partnerarbeiten und Kleingruppenarbeiten viel Raum gibt. Wichtig ist, die Zusammenarbeit der Schüler zu ermuntern und Konkurrenzdenken zu vermeiden.

**Einsatz von Tutoren**

Es gibt verschiedene Möglichkeiten, eine solche individualisierte Form des Unterrichts zu erreichen. Eine in den letzten Jahren häufiger angewandte Methode besteht darin, Schüler höherer Klassen, Studenten oder aber auch Mitglieder der lokalen Gemeinde dafür zu gewinnen, als Tutoren in den Klassen oder außerhalb der Unterrichtszeit mit den Schülern zu arbeiten. Diese Tutoren bekommen eine Einführung in ihre Tätigkeit, wobei es hilfreich ist, eine recht detaillierte Anleitung zu verfassen, was jeweils in mehrmals die Woche stattfindenden Stunden zu tun ist. Zusätzlich sollten die Tutoren von einem Lehrer oder einem anderen Spezialisten, Pädagogen oder Psychologen, begleitet und supervidiert werden.

Als Tutoren können aber auch Schüler derselben Klasse fungieren (Topping/Ehli 1998). Dabei werden jeweils ein besserer und ein schwächerer Leser als Partner einander zugeordnet. Die beiden sollen über wenigstens acht Wochen dreimal die Woche jeweils für eine halbe Stunde miteinander ein Buch lesen, wobei der schwächere Leser vom besseren unterstützt wird. Jeder soll am Ende des gemeinsamen Lesens einige Fragen zu dem Inhalt beantworten, besonders wichtig ist viel Lob und gemeinsamer Spaß.

## *Wissen der Lehrer über den Lese- und Schreiblernprozess als Einflussfaktor*

Auch wenn eine gewisse Einsicht in die Gliederung und den Aufbau der Sprache notwendig ist, um lesen und schreiben zu lernen, werden diese Fertigkeiten mit der Zeit so gefestigt und automatisiert, dass sich der geübte Leser und Schreiber dieser Grundlagen gar nicht mehr bewusst ist. Er meint, dass man die Wörter so spricht, wie man sie schreibt. Im Deutschen bedeutet das etwa, dass selbst Lehrer um das Phänomen der Auslautverhärtung (Kasten 4.2) nicht mehr wissen und daher nicht verstehen, wieso Kinder dabei oft Schwierigkeiten haben, und ihnen erklären, sie müssten nur genau hinhören, dann würden sie schon merken, wie die Wörter geschrieben gehörten.

**Individuallaut und Normallaut**

Es muss betont werden, dass die Realisierung der Phoneme in der Aussprache auch vom Kontext abhängt, also von der Stelle in der Phonemfolge, in der ein Phonem vorkommt. In der Tradition der Lesedidaktik spricht man hier von dem Unterschied zwischen dem „Individuallaut", also der konkreten Realisierung des Phonems an einer bestimmten Stelle in einem Wort, und dem „Normallaut", also der abstrakten Form, in der das Phonem zu sprechen ist. Hier gehen auch die Unterschiede zwischen „Unterrichts"- und Umgangssprache ein – einer besonders bemühten und deutlichen Aussprache eines Wortes, wie sie etwa von Lehrern verwendet wird, wenn sie ein Wort bei einer Ansage den Schülern vorsprechen, und der Umgangssprache, die wir normalerweise verwenden und in der auf eine langsame, überdeutliche Aussprache verzichtet wird (Kasten 4.2). Wie Naumann (1989) zu Recht hervorhebt, ist hier noch zusätzlich das Problem des Unterschieds zwischen Hochsprache und regionalem Dialekt zu berücksichtigen, der eine weitere Dimension beschreibt.

**Prinzipien der Schreibweise**

Außerdem sollten die Lehrer ein Verständnis dafür gewinnen, dass sich die deutsche Schriftsprache wie die meisten anderen Schriftsprachen zwar in einem hohen Ausmaß an dem Prinzip der Lautgetreuheit der Schreibweise bzw. dem phonemisch-phonetischen Prinzip (Piirainen 1981) orientiert, dass aber daneben noch andere Prinzipien Einfluss auf die Gestaltung der Rechtschreibung nehmen. Hier ist vor allem das morphemische Prinzip (die Rechtschreibung soll die Herleitung aus gemeinsamen Wortstämmen durchsichtig machen), das semantische Prinzip (unterschiedliche Schreibweisen für gleichlautende Wörter mit verschiedener Bedeutung wie etwa ***Seite – Saite***) und das grammatikalische Prinzip (vor allem durch die Groß- / Kleinschreibung) zu nennen. Aber auch das historische Prinzip, also die Wahrung gewohnter Schreibweisen, hat eine beträchtliche Bedeutung.

**Wissen um den Prozess**

Neben dem (oft unzureichenden) Wissen um die Sprache hat auch das Ausmaß des Wissens um den Prozess des Lesen- und Schreibenlernens einen Einfluss darauf, wie die Lehrer im Unterricht vorgehen. Das Bemühen, Lehrern mehr über die Probleme von Kindern bei der Sprachanalyse, aber auch über die besonderen Anforderungen beim Leseverständnis beizubringen, zeigt Resultate. Einerseits führt es dazu, dass Lehrer nach standardisierten Beobachtungen im Unterricht zu Beginn des Lesenlernens mehr Zeit dafür aufbringen, den Kindern explizit die Analyse der Sprache in kleinere Einheiten zu vermitteln (und mehr Übungen zur Erhöhung der phonologischen Bewusstheit ansetzen), und später – etwa ab Ende der ersten Klasse – mehr Zeit darauf verwenden, Kindern explizit den Aufbau von Erzählungen und Texten sowohl in der mündlichen Sprache als auch in Lesetexten zu erklären. Ebenso wird zunehmend versucht, die Analyse von Texten zu üben bzw. das Verständnis der Texte zu vertiefen. Im Weiteren hat dies zur Folge, dass auch die Fertigkeiten der Kinder im Lesen und Schreiben zunehmen (McCutchen et al. 2002).

## 4.7 Unterstützung leseschwacher Schüler im Klassenkontext durch explizite Instruktion

Um Schüler mit Leseschwierigkeiten im Klassenkontext unterstützen zu können, müssen bestimmte Grundsätze beachtet werden, wie schrittweise Unterstützung, eine motivierende und individualisierte Lernumgebung und ein angemessenes Schwierigkeitsniveau des Lesestoffes. Schüler mit Leseschwierigkeiten benötigen sehr viel an direkter schrittweiser Instruktion, weil sie sich die Dinge nicht selbst zusammenreimen, wie dies bei anderen Schülern der Fall ist. Lehrer sollten niemals voraussetzen, dass die Schüler bestimmte Aspekte schon verstanden haben, sondern ihnen direkt alle notwendigen Fertigkeiten und Strategien vermitteln, die für das Lesen nötig sind (auf Wort- und Satzebene, in Bezug auf Leseverständnisstrategien sowie metakognitive Strategien) (Wharton-McDonald 2011).

Foorman und Torgesen (2001) meinen, dass bei der Unterstützung für Schüler mit Leseschwierigkeiten besonders auf zwei Aspekte zu achten ist: Erstens benötigen die Schüler eine klare Systematik des Beibringens von Fähigkeiten, sodass jede Fertigkeit konsequent und stufenweise auf der anderen aufbauen kann und ein sicheres, fehler-

**Für das Rechtschreiben relevante Abweichungen der Umgangssprache von der Hochsprache**

Es gibt mehrere Phänomene, bei welchen im Deutschen die Aussprache von der Schrift abweicht und geübte Leser/Schreiber gelernt haben, sich in der Beurteilung der lautmäßig korrekten Schreibweise mehr an der Schrift als an der auditiven Wahrnehmung der Umgangssprache zu orientieren:

- Dies gilt einmal für die so genannte Auslautverhärtung, bei der Verschlusslaute, wenn sie im Wortauslaut bzw. am Wortende vorkommen, verhärtet werden, also mit stimmlosen Verschlusslaut gesprochen werden, obwohl sie weiter mit einem weichen bzw. stimmhaften Verschlusslaut geschrieben werden, z. B. ***blöd***, ***Bild***, ***Raub***).
- Die Vokalisierung des ***r*** nach langen Vokalen, etwa in ***Tor*** als ***Toa*** ist vielen ebenfalls nicht unbedingt bewusst.
- Ähnliches gilt für die so genannte ***e***-Elision vor ***m***, ***n*** und ***l*** in unbetonten Silben (manchmal auch als Bildung eines silbischen ***m***, ***n*** und ***l*** bezeichnet).
- Die Bildung eines Murmel ***-e***´s bzw. eines „Schwa´s" in unbetonten Endsilben wie etwa in ***Vater***.
- Die Verschriftlichung von Übergangs- bzw. Gleitlauten wie etwa zwischen zwei Vokalen oder zwischen Vokalen und Diphthongen wie z. B. die Einfügung eines ***j*** in ***Eier***. Ähnlich wird auch bei der Verbindung von ***m*** und ***t*** gelegentlich ein ***b*** eingefügt, z. B. ***kombt*** für ***kommt***.

Kasten 4.2

freies Lesen rasch ermöglicht wird. Zweitens ist ein direkter Dialog zwischen Schüler und Lehrer notwendig, sodass dem Kind während des Lesens direkt erklärt und beigebracht wird, wie der Leseprozess verläuft, welche Strategien wann angewendet werden können, um zum Ziel zu kommen, etc.

Ein besonderes Merkmal expliziter Instruktion ist auch der Aspekt der Intensität. Intensität bedeutet in diesem Zusammenhang, dass mehr Zeit für das Lernen zur Verfügung steht und dass das Lernen in kleineren Gruppen stattfindet. Eine tägliche Unterstützung ist wesentlich besser als eine Förderung in größeren Abständen. Beispielhaft berichtet Vellutino (2004) von einer Interventionsstudie für leseschwache Schüler der ersten Klassen. Diese erhielten ein tägliches Training durch erfahrene Lehrer mit Übungen zur phonologischen Bewusstheit, Buchstabenerkennung, Wort- sowie Textlesen. Die Intervention begann Mitte der ersten Klasse und nach nur einem Semester Förderung, am Ende des ersten Jahres, erreichten 67 % der geförderten Schüler den Bereich der durchschnittlichen Lesefähigkeiten. Er plädiert dafür, dass die Förderung in kleineren Gruppen stattfindet und mehr Zeit zur Verfügung gestellt wird. Am effizientesten wirken nach Vellutino (2004) sehr erfahrene Lehrer, die mit kleinen Gruppen von zwei bis drei Schülern arbeiten.

**scaffolding**

Im Gegensatz dazu plädieren Foorman und Torgesen (2001) dafür, dass der allgemeine Klassenkontext für die Leseentwicklung der Schüler förderlicher wäre als isolierte Settings. Allerdings müssen die Lehrer imstande sein, die Anforderungen, mit denen die Schüler konfrontiert sind, adäquat einzuschätzen und Hilfestellungen zu geben. Die effizientesten Lehrer erkennen, wann und in welcher Weise ein Schüler Unterstützung benötigt und bieten ihm unterstützende Hilfestellungen an. Dieses sogenannte „scaffolding" meint eine schrittweise Unterstützung, Hilfe bei der Vermeidung von Fehlern sowie das Ermöglichen von Verständnis und kann nur individualisiert durch einen Lehrer oder Schüler erfolgen. Die Kunst im Unterricht scheint darin zu liegen, Formen der Unterrichtsorganisation zu finden, in denen eine individualisierte Unterstützung von schwachen Schülern genauso möglich ist wie das Arbeiten mit der gesamten Klasse und in welcher die schwachen Schüler von beiden Settings gleichermaßen profitieren. Eine solche motivierende Lernumgebung führt dazu, dass die Schüler sich mehr und intensiver mit Lesen beschäftigen.

**angemessenes Schwierigkeitsniveau**

Voraussetzung seitens der Lehrpersonen ist ein umfangreiches Wissen über den Leseprozess, diagnostische Sicherheit sowie eine entsprechende Vielfalt an Materialien. Die Materialien müssen gewährleisten, dass die Schüler ein angemessenes Schwierigkeitsniveau vorfinden. Schüler engagieren sich nur dann, wenn sie Texte lesen, deren Schwierigkeitsniveau nicht zu hoch, aber auch nicht zu niedrig für sie ist. Daher ist es in einem guten Unterricht nicht möglich, dass in einer Klasse alle Schüler dasselbe Buch lesen. Gute Lehrer erkennen, welches Schwierigkeitsniveau für die einzelnen Schüler gerade angemessen ist, geben den Schülern Lesestoff, der ihrem Leseniveau entspricht und ermöglichen auch schwachen Lesern erfolgreiches Lesen. Sie erkennen den Lesestand der Schüler und bieten entsprechendes Lesematerial an, sind bei Schwierigkeiten zur Stelle und bieten Hilfe an, die den Schülern die nächsten Schritte ermöglicht. Für ein solches Vorgehen ist eine große Flexibilität und die Bereitstellung angemessener Herausforderungen notwendig, d.h. von Materialien, die dem Lesestand der Schüler angemessen sind (Foorman/Torgesen 2001).

## 4.8 Effekte der Instruktion

Mittlerweile liegt auch zu den Effekten des Leseunterrichts eine Reihe von Metaanalysen vor, die eine Einschätzung der Evidenz von Unterrichtsmethoden erlauben.

**Veränderung der Zielsetzung**

Befasst man sich mit dem Erlernen des Lesens, so wird rasch deutlich, dass die Leseentwicklung von Kindern über die Zeit eine bedeutende Veränderung in ihrer Zielsetzung erfährt. Diese Veränderung wird zutreffend als „from learning to read to reading to learn“ (Hattie 2009, S. 129) bezeichnet. Gemeint ist damit, dass die Kinder zunächst „das Lesen erlernen“, aber in ihrer späteren Entwicklung vielmehr „lesen, um zu lernen“. Diese Veränderung in der Zielsetzung des Lesens ist auch für die Instruktion von entscheidender Bedeutung.

Lesen lernen bedeutet zunächst das Erlernen des Dekodierens. Es bedeutet aber auch den Erwerb von Leseverständnis und damit von Wortschatz, Lesestrategien und Textverständnis. Für den Unterricht bedeutet dies, Schülern aktiv Strategien, Fähigkeiten und Fertigkeiten beizubringen, und dies über Jahre hinweg in einer sehr unterschiedlichen Art und Weise. Da sich die Anforderungen des Leseprozesses über die Zeit sehr stark verändern, müssen die Schüler immer wieder neue Fähigkeiten erwerben. Eine Zusammenfassung der Effekte der Instruktion hat Hattie (2009) vorgenommen. Unter Berücksichtigung der Ergebnisse von 50 Metaanalysen mit mehr als 2000 Studien konnte er einen mittleren Effekt der Instruktion auf den Erwerb des Lesens von $d=0.51$ feststellen.

Trennt man die einzelnen Bereiche, so ist die Förderung der basalen Prozesse von jener der hierarchiehöheren zu unterscheiden. Dementsprechend beginnt die Metaanalyse auch mit der Zusammenfassung der Ergebnisse zur Wahrnehmung, um anschließend die Förderung des Wortschatzes, das Erlernen des Dekodierens und schließlich das Leseverständnis und das Schreiben zu thematisieren.

Bei der Förderung der Wahrnehmung gilt dieselbe Maxime wie bei der Förderung anderer Bereiche: Je spezifischer die Fähigkeiten sind, die gefördert werden, und je enger sie mit den Lesern zusammenhängen, desto höher die Effekte. So beziehen sich Ergebnisse zur visuellen Wahrnehmung vor allem auf die Wahrnehmung von Buchstaben. Bei der auditiven Wahrnehmung wird die Wahrnehmung von Lauten und Sprache thematisiert. Weniger wichtig hingegen sind allgemeinere Aspekte wie Figur-Grund-Unterscheidung oder die Integration perzeptueller Stimuli, wie dies beispielsweise im Frostig-Programm geübt wird. Bei spezifischen Übungen sind die Effekte der Förderung der auditiven oder visuellen Wahrnehmung in ähnlicher Weise mit der Worterkennung und dem Leseverständnis verbunden und haben eine mittlere Effektstärke von d=0.55 (Hattie 2009).

Für die Wortschatzförderung gilt, dass sie stark mit dem Leseverständnis zusammenhängt. Hier zeigt sich eine mittlere Effektstärke der Wortschatz-Instruktion von d=0.67 (Hattie 2009). Insbesondere wirkte sich die Wortschatzförderung auf ein besseres Verständnis jener Texte aus, in denen diese Wörter vorkamen. Am effektivsten sind Lehrmethoden, die sowohl Informationen zur Definition von bestimmten Wörtern geben als auch zum Kontext, in dem diese Wörter vorkommen und der bei den Übungen mit berücksichtigt werden muss.

**Phonics Instruction**

Zu den Unterrichtsmethoden wird sehr deutlich, dass die sogenannte „Phonics Instruction" am effektivsten ist (d=0.60, Hattie 2009). Damit wird wieder belegt, dass eine Leselehrmethode, bei der das Erlernen des alphabetischen Systems, die Zuordnung von Graphemen zu Phonemen, das Zusammenlauten, die schrittweise Einführung von Buchstaben sowie das systematische Erlernen der Buchstaben-Laut-Zuordnungen in den Mittelpunkt gestellt wird, besonders hilfreich ist. Die Effektstärke dieser Art des Unterrichts auf phonologische Fähigkeiten beträgt d=0.86, auf Lesefähigkeiten d=0.53 und d=0.59 auf Schreiben (Hattie 2009). Ähnliche Ergebnisse konnten Bus und van Ijzendoorn (1999) in ihrer Metaanalyse über die Effekte von Phonologischem Bewusstheitstraining auf frühes Lesen nachweisen. Es zeigte sich eine kombinierte Effektstärke für Phonologische Bewusstheit und Lesen von d=0.30 für randomisierte und d=0.70 für gematchte Studien. Diese Effekte waren auch nach eineinhalb Jahren noch nachweisbar.

**whole language approach**

Hingegen hat der sogenannte „whole language approach", ein Ansatz, bei dem davon ausgegangen wird, dass der Kontext das Lesen erleichtert und die Lesefähigkeiten fördert, keinen oder nur einen sehr geringen Effekt auf die Lesefähigkeiten (d=0.06, Hattie 2009). Ähnlich gering ist der Effekt des Unterrichts im Kombinieren von Sätzen (d=0.15, Hattie 2009). Darunter versteht man eine Instruktionsstrategie, bei der es darum geht, dass die Schüler einzelne Sätze in größere Satzgefüge zusammenfügen. Diese Strategie hat sich für das Lesen nicht bewährt, für das Leseverständnis ist der Effekt gering (Fusaro 1993). Im Gegensatz dazu hat sich das wiederholte Lesen von kurzen Textpassagen, bei dem die Erhöhung der Leseflüssigkeit im Mittelpunkt steht, als Methode bewährt (d=0.67, Hattie 2009).

In Bezug auf die Förderung des Leseverständnisses konnte ein mittlerer Effekt des Unterrichts nachgewiesen werden (d=0.58, Hattie 2009). Programme mit Focus auf Prozessstrategien (Bildung von Inferenzen, Regeln zum Zusammenfassen), zeigten höhere Effekte als Textprogramme, die sich lediglich auf die Wiederholung von Konzepten bezogen. Das bereits erwähnte CORI-Programm, das die Förderung des Leseverständnisses mit einer Förderung der Lesemotivation kombiniert (Guthrie et al. 2007), konnte sehr gute Effekte auf Leseverständnis (d=0.93), aber auch positive Effekte auf die Leseflüssigkeit (d=0.73) nachweisen. Auf der anderen Seite zeigten Untersuchungen zum inzidentellen Lernen, dass Schüler nicht bekannte Wörter in Texten eher erlernten, wenn ihre Häufigkeit gering war. Wenn jedoch die Anzahl an unbekannten Wörtern in Texten hoch war, lernten sie die Schüler nicht mehr, da sich nur bei einer geringen Anzahl an nicht bekannten Wörtern die Leser deren Sinn erschließen können. Steigt die Anzahl an unbekannten Wörtern, dann geht das gesamte Verständnis für den Inhalt eines Textes verloren. Ansonsten erlernen Schüler an die 15 % der unbekannten Wörter während des Lesens (Swanborn/de Glopper 2002).

Das alleinige Vorlesen von Texten hingegen hat gar keinen oder nur einen sehr geringen Effekt. Wenn allerdings die Lehrpersonen das Vorlesen eines Textes dazu nutzen, die Schüler in einen Dialog zu verwickeln und mit ihnen ein Gespräch zu führen, dann ist der Effekt positiv, aber nicht besonders groß (d=0.36, Hattie 2009). Vom alleinigen Vorlesen hingegen sind keine Effekte auf die Lesefähigkeiten zu erwarten.

**Hatties Säulen guter Leseinstruktionen**

Insgesamt betont Hattie (2009), dass in den vorhandenen Metaanalysen die sogenannten fünf Säulen guter Leseinstruktion nachweisbar sind:

- Unterstützung der phonologischen Bewusstheit,
- Festigung der Buchstaben-Laut-Beziehungen oder „Phonics-Instruction“,
- Übung von Leseflüssigkeit,
- Wortschatz und
- Leseverständnis.

Diese Aspekte werden auch von Slavin (2009) betont, der die Notwendigkeit eines guten Leseunterrichts unterstreicht, vor allem auch in heterogenen Klassen:

„Furthermore, the gap in reading performance between different ethnic groups, and between middle-class and disadvantaged children, is perhaps the most important policy issue in education in the United States." (Slavin et al. 2009, pp.1391–1392).

Auch in dieser Metaanalyse wird deutlich, dass Programme, die dazu entwickelt wurden, die täglichen Instruktionspraktiken zu verändern, deutlich mehr empirische Evidenz aufweisen können als Programme, die sich nur auf das Curriculum oder auf eine Technologie alleine stützen. Erfolgreiche Programme sind durch zwei Merkmale gekennzeichnet:

- Sie haben immer einen Schwerpunkt auf kooperativem Lernen, auf dem Einsatz von Peer-Tutoring, bei dem die Schüler in kleinen Gruppen miteinander arbeiten und sich gegenseitig unterstützen (in den ersten Schulstufen PALS, später vor allem CIRC).
- Sie haben zu Beginn einen Schwerpunkt auf „phonics instruction". Dies hat nicht nur auf das Dekodieren, sondern auch auf das Leseverständnis positive Auswirkungen. Allerdings ist auch hier die wesentliche Frage, wie unterrichtet wird. Guter Phonics-Unterricht allein reicht nicht aus. Wichtig ist die Art und Weise, wie Lehrer und Schüler miteinander arbeiten, zu verändern. Nötig wäre das Zusammenwirken von Curriculum, pädagogischen Methoden und extensiver professioneller Entwicklung.

In den höheren Klassen liegt dann der Schwerpunkt auf der Förderung von Leseflüssigkeit und Leseverständnis. Hier sind Programme wichtig, die kooperatives Lernen, vor allem reziprokes Lehren, fokussieren, die die Motivation der Schüler fördern und die Lehrpersonen im Beibringen von Strategien und im Klassenmanagement stärken. Hingegen haben alternative Curricula und der Einsatz von Informationstechnologien, wie etwa computergestützte Programme, nur geringe Effekte.

Dies gilt auch für Schulen in Brennpunktvierteln. Dort ist ein extensives Training der Lehrer in Strategien notwendig, die die Partizipation und das Engagement der Schüler fördern, ihnen metakognitive Strategien beibringen, um Texte zu verstehen, und ihre Fähigkeiten zum Dekodieren unterstützen.

## 4.9 Zusammenfassung

Der Unterricht hat für das Erlernen des Lesens und Schreibens eine wesentliche Bedeutung. Seine Gestaltung entscheidet bei den meisten Kindern nicht nur darüber, ob sie Lesen und Schreiben lernen, sondern nimmt auch auf den Verlauf der Entwicklung großen Einfluss. Das systematische Vorstellen aller Buchstaben-Laut-Zuordnungen und die Einschränkung des Lesewortschatzes auf die bereits eingeführten Zuordnungen am Anfang des Erstleseunterrichts machen den Kindern die erste Phase des Lesenlernens einfacher.

Zudem besteht die Möglichkeit der Einführung zusätzlicher Hilfsmittel, die den Kindern das Erlernen des Lesens und Rechtschreibens erleichtern können. Ein Teil dieser Hilfsmittel sollen – wie etwa Handzeichen bzw. Lautgebärden – das Behalten der Buchstaben-Laut-Beziehungen erleichtern. Andere weisen auf Regelmäßigkeiten in der Sprache-Schrift-Zuordnung in größeren Einheiten als der Buchstaben-Laut-Zuordnung hin. In den höheren Klassen sollten dann Gelegenheiten für Übungen zur Erhöhung der Lesegeläufigkeit geschaffen werden.

Im Rechtschreiben kann zu Anfang noch auf ein orthographisch korrektes Schreiben verzichtet werden, auch um den Kindern bereits früh Mut zum selbstständigen Schreiben zu machen. In den höheren Klassen ist aber die Einführung von Rechtschreibregeln und der systematische Aufbau eines Schriftwortschatzes notwendig.

Neben diesen basalen Fertigkeiten ist allerdings auch beim Leseverständnis und im schriftlichen Ausdruck ein direkter Unterricht erforderlich, und dies wird im deutschsprachigen Raum noch immer eher vernachlässigt. Bei all diesen Aufgaben ist es zur Individualisierung des Unterrichts erforderlich, dass die Lehrer auch die Mitschüler aktiv einbeziehen und beim gemeinsamen Lernen unterstützen.

## 4.10 Übungsfragen

**1.** Durch welche Kennzeichen ist der ganzheitliche Ansatz im Erstleseunterricht charakterisiert?

**2.** Welche Merkmale kennzeichnen den phonetischen Ansatz im Erstleseunterricht?

**3.** Was bedeutet Methodenintegration im Erstleseunterricht und durch welche Merkmale ist dieser Unterricht gekennzeichnet?

**4.** Durch welche Übungen kann die phonologische Bewusstheit gefördert werden?

5. Wie wird die Technik des Echolesens angewandt und wozu eignet sie sich?

6. Weshalb ist es am Beginn des Schreibunterrichts sinnvoll, auf orthographisch korrekte Schreibweisen weniger Wert zu legen? Welche zusätzliche Förderung soll den Kindern den Erwerb des Schreibens ermöglichen?

7. Auf welche Aspekte ist bei der Erweiterung des Wortschatzes zu achten?

8. Wie können Tutorensysteme und das paarweise Lesen organisiert werden?

9. Welche Abweichungen der gesprochenen Sprache von der Schriftsprache sind für Schüler am Beginn des Schriftspracherwerbs oft schwierig?

# 5 Förderung durch die Eltern beim Erlernen des Lesens und Schreibens

**Bedeutung der familiären Unterstützung**

Bei einem großen Teil der Schüler ist die begleitende Unterstützung bei den Hausaufgaben, die Ermutigung zum Lesen seitens der Eltern und die tägliche gemeinsame Übung notwendig, damit die Kinder die beschwerlichen Hürden des Lesen- und Schreibenlernens meistern. Ohne Begleitung und familiäre Unterstützung würden viele Schüler das Lesen und Schreiben kaum erlernen. Doch ist der familiäre Einfluss bereits lange vor Schulbeginn wirksam.

Bereits vor Schulbeginn ist die Konfrontation mit Schriftsprache, mit vorgelesenen und erzählten Geschichten von Bedeutung für den Erwerb der Literalität. Zunächst steht die Förderung der Vorläuferfertigkeiten im Mittelpunkt, später wird die Häufigkeit außerschulischen Lesens von Bedeutung sein, die Erweiterung und Differenzierung des Wortschatzes, die Verbesserung des sprachlichen Ausdrucks und der Syntax. In den Volksschuljahren ist aber auch die Beaufsichtigung und Unterstützung bei den Hausaufgaben und die Bereitstellung interessanten und spannenden Lesestoffes für die Kinder wichtig. In den weiteren Schuljahren geht es darum, inwieweit die Eltern das Interesse der Kinder und Jugendlichen für verschiedene Themen wecken, sie zum Lesen motivieren und sie in ihrer allgemeinen kognitiven Entwicklung herausfordern. Im folgenden Kapitel sollen diese verschiedenen Bereiche, in denen die Förderung durch die Eltern von Bedeutung ist, besprochen und wesentliche Befunde dazu vorgestellt werden.

## 5.1 Frühe Förderung der Vorläuferfertigkeiten im Elternhaus: Entwicklung der Literalität

**familiäre Literalität**

Kinder kommen mit sehr unterschiedlichen Voraussetzungen in die Schule und sind daher auch ganz unterschiedlich auf den Erwerb der Schriftsprache vorbereitet. Die Vorbereitung der Kinder kann sich auf drei wesentliche Bereiche beziehen: auf das Verhalten der Kinder, inwieweit sie ruhig und konzentriert zuhören und an einer Sache arbeiten können; auf die soziale Kompetenz, inwieweit sie mit ihrem Mitschülern freundlich umgehen und Streitigkeiten lösen können; und schließlich die Voraussetzungen für den Erwerb schulischer Fertigkeiten im engeren Sinn, das Verständnis und die Anteilnahme für die Vorgänge in ihrer Umwelt (etwa für die Vorgänge in der Natur, aber auch für mathematische Konzepte) einerseits, für sprachliche Kommunikation, für Texte und Geschichten andererseits. (Von der phonologischen Bewusstheit im engeren Sinn soll hier abgesehen werden, darauf wurde ja bereits hingewiesen.) Ein gutes Verständnis für die sprachliche Kommunikation erleichtert zwar nicht den Erwerb des mündlichen Lesens, wenn man dies allein auf den Erwerb der Phonem-Graphem-Korrespondenzen bezieht, jedoch alles darüber Hinausgehende. Vor allem bildet es die Grundlage für das Leseverständnis und den schriftlichen Ausdruck, die zwar nicht im ersten Jahr von besonderer Bedeutung sind, wohl aber in den folgenden Schuljahren.

Um diese Eingangsvoraussetzungen zu umreißen, wurde der Begriff „familiäre Literalität" eingeführt. Diese beinhaltet einerseits sprachliche Teilfertigkeiten wie Wortschatz und Grammatik und andererseits konzeptuelles und prozedurales Wissen über Schriftsprache, z. B. phonologische Bewusstheit, das alphabetische Prinzip, Konzepte der Schriftsprache, Druck als ein semiotisches System etc. Allerdings sind die Dimensionen, die mit dieser literalen familiären Umgebung umfasst werden, nicht besonders klar definiert. Britto und Brooks-Gunn (2001a) unterscheiden drei unterschiedliche Aspekte der familiären Literalität:

- Sprache und sprachliche Interaktionen,
- das Lernklima und
- das soziale und emotionale Klima in den Familien.

**sprachliche Grundlagen**

Zunächst sind die sprachlichen Grundlagen, die ein Kind mitbringt, von großer Bedeutung für seine Entwicklung im Lesen und Schreiben. Vor allem die sprachlichen Interaktionen in der Familie bereiten das Kind auf den Erwerb der Schriftsprache vor. In ihrer Längsschnittstudie konnten Hart und Risley (1995) zeigen, dass die Vielfalt der Sprache in der Familie einen deutlichen Einfluss auf den Wortschatz der Kinder in der frühen und mittleren Kindheit hat. Auch die Gesprächsthemen und die Verwendung besonderer, nicht alltäglicher Wörter beeinflussen die verbalen Fähigkeiten der Kinder positiv.

**dekontextualisierte Sprache**

Ein weiterer wichtiger Aspekt, der die Entwicklung der Literalität beeinflusst, ist der Gebrauch dekontextualisierter Sprache, d.h. von Sprache, die nicht in einen Kontext eingebettet ist. Mündliche Sprache und Schriftsprache sind einander sehr ähnlich. Es werden dieselben Wörter benutzt, ähnliche Satzkonstruktionen verwendet etc. Allerdings unterscheidet sich die Schriftsprache in einigen Punkten wesentlich von der gesprochenen Sprache. So ist sie etwa stets aus dem Kontext gerissen. In einem Buch wird ein ganz neues Ereignis geschildert, das mit der aktuellen Umgebung keinen Zusammenhang hat. In sehr eindrucksvoller Weise hat Michael Ende in seinem Buch „Die unendliche Geschichte" den Versuch geschildert, diese Dekontextualisierung geschriebener Sprache aufzuheben und eine Verbindung zwischen dem Text und dem Leser aufzubauen.

**Unterhaltungswert des Lesens**

Um diese Form zu verstehen ist es notwendig, dass Kinder lernen, Sprache unabhängig vom Kontext zu benutzen. Hier erweist sich die Fähigkeit von Bedeutung, über im aktuellen Kontext nicht vorhandene Konzepte oder Objekte zu sprechen, z.B. ein vergangenes Ereignis zu erzählen. Auch der Austausch von Ideen oder Plänen gehört dazu. Dekontextualisierte Sprache wird in der Familie während vier verschiedener Aktivitäten benutzt: gemeinsam ein Buch lesen, Gespräche während des Essens, gemeinsames Spiel und bei Gesprächen über vergangene Ereignisse (Snow et al. 1991). Der Gebrauch von dekontextualisierter Sprache hängt stark mit der Literalität der Familie zusammen. In Familien mit umfangreicherer Kenntnis der Schriftsprache wird mehr dekontextualisierte Sprache benutzt. Diese Erfahrung mit dekontextualisierter Sprache ist ein wichtiger Prädiktor für Erfolg in der Schule.

Als zweiter Punkt ist das Lernklima in der Familie zu beachten. Ein förderliches Lernklima hat einerseits mit der Verfügbarkeit von Gedrucktem oder dem Zugang zu Schriftmaterial in der Familie zu tun, aber andererseits auch mit dem Gebrauch davon. In der Familie erleben die Kinder täglich, wie ihre Eltern mit gedrucktem Text umgehen. Eltern könnten Texte als Unterhaltungsmedium benutzen, als Gelegenheit zum Lernen oder einfach als Bestandteil des täglichen Lebens. Gerade wenn Eltern den Unterhaltungswert des Lesens schätzen und betonen, vermitteln sie ihren Kindern eine positive Einstellung zum Lesen, und die Kinder erleben, dass Lesen Spaß macht. Daher entwickeln diese Kinder bessere Lesefähigkeiten als die Kinder von Eltern, die das Lesen eher als direkten Unterrichtsgegenstand betrachten (Britto / Brooks-Gunn 2001a).

**emotionale Unterstützung**

Schließlich ist noch das soziale und emotionale Klima in den Familien ein wichtiger Prädiktor der Lese- und Schreibfertigkeit der

Kinder. Es besteht eine positive Beziehung zwischen dem Wohlbefinden der Kinder und der sozioemotionalen Unterstützung, die sie zu Hause erfahren. Auch zwischen der Unterstützung und Wärme der Eltern und den sprachlichen Fähigkeiten der Kinder besteht ein Zusammenhang. Es ist daher anzunehmen, dass die emotionale Unterstützung und Wärme der Eltern auch die Lese- und Schreibentwicklung positiv beeinflusst. Allerdings liegen zur emotionalen Interaktion zwischen Eltern und Kindern während des gemeinsamen Vorlesens kaum Befunde vor.

In einer der wenigen Studien zu dem Thema konnten Britto und Brooks-Gunn (2001a) bei 126 afroamerikanischen Müttern mit niedrigem Einkommen nachweisen, dass sich vor allem die Ermunterung und emotionale Wärme der Mutter sowohl auf die Schuleingangsvoraussetzungen als auch auf die expressive Sprache der Kinder positiv auswirkte. Besonders deutlich war der Zusammenhang zwischen der Intelligenz der Kinder, der Qualität der Lerngelegenheiten zu Hause und der emotionalen Unterstützung bei Kindern, deren Mütter eine höhere Schulbildung hatten. Allerdings sollte angemerkt werden, dass der Einfluss der familiären Literalität auf die Kinder bestehen bleibt, selbst wenn die Schulbildung der Mutter berücksichtigt wird. Die Literalität in der Familie ist also ein unabhängiger, zusätzlicher wichtiger Einflussfaktor.

**Texte elaborieren und Vorlesen**

Ein intensiv diskutiertes und erforschtes Thema ist die Frage, inwieweit die Lesefähigkeit der Kinder durch das Vorlesen von Geschichten bereits frühzeitig gefördert werden kann. Gesicherte Ergebnisse gehen dahin, dass Kinder ihren Wortschatz erweitern, wenn ihnen Geschichten vorgelesen werden. Es hilft ihnen auch, Verständnis für den Aufbau eines Textes oder einer Geschichte zu gewinnen.

Allerdings geht es nicht allein um simples Vorlesen von Geschichten; fördernd wirkt in erster Linie die Art der Interaktionen zwischen den Müttern und den Kindern. Wenn die Mütter mit den Kindern über Voraussagen des Textes diskutieren, Erklärungen geben, den Text mit den Kindern elaborieren und mit früheren Erfahrungen des Kindes verbinden, so hat dies einen positiveren Effekt auf die Sprachentwicklung und die Literalität der Kinder als simples Vorlesen alleine (Wasik et al. 2001). Die Eltern guter Leser erklären den Kindern den Text, diskutieren ihn mit den Kindern und geben den Kindern zusätzliche Hilfen und schrittweise Unterstützung. Die Eltern schlechter Leser hingegen reduzieren die Komplexität, vereinfachen den Text und kritisieren die Kinder.

Hier zeigt sich, dass sich die Effekte der Qualität der Eltern-Kind-Beziehung mit den Aspekten, die eine Förderung konkreter Fertigkeiten betreffen, vermischen.

Die Bedeutung des Vorlesens zeigt sich in einem umfangreicheren Wortschatz und in einem besseren sprachlichen Ausdruck der Kinder. Allerdings ist für diese positiven Effekte nicht allein das Vorlesen, sondern auch das emotionale Klima, die Qualität der Mutter-Kind-Beziehung verantwortlich. Auf dem theoretischen Hintergrund der Bindungstheorie, mit deren Hilfe die Qualität der Mutter-Kind-Beziehung relativ reliabel erfasst werden kann, wurde der Zusammenhang zwischen der Qualität der Mutter-Kind-Beziehung und den Interaktionen beim Vorlesen näher beleuchtet (Bus / van Ijzendoorn 1995). Mütter mit unsicher gebundenen Kindern können die Gelegenheit des Vorlesens viel weniger für positive Interaktionen nutzen. Sie lesen ihren Kindern weniger vor, und während des Vorlesens benutzen sie eher eine disziplinierende Sprache. Bus und van Ijzendoorn (1995) meinen daher, gemeinsames Vorlesen sei ein sozialer Prozess, und das Erlernen des Lesens und Schreibens sei mit der affektiven Dimension der Mutter-Kind-Beziehung eng verbunden.

**Interaktionen beim Vorlesen Mutter-Kind-Beziehung**

## 5.2 Erwerb der Grundfertigkeiten des Lesens und Schreibens in der ersten und zweiten Klasse

*Die Bedeutung der Unterscheidung zwischen Vorlesen und dem eigenen Lesen und Schreiben:* Trotz der Bedeutung des Vorlesens durch die Eltern für die Entwicklung des Lesens und Schreibens bestehen zwischen dem Vorlesen von Geschichten und dem eigenen Schrifterwerb einige wesentliche Unterschiede (Purcell-Gates 2001). Für den Erwerb des Lesens und Schreibens ist natürlich der Kontakt mit geschriebener Sprache wichtig, die Hinführung zum eigenen Lesen und Schreiben der Kinder und die Unterstützung dabei sind jedoch von unmittelbarer Bedeutung.

**Hinführung zum eigenen Lesen und Schreiben**

Wie häufig die Eltern den Kindern vorlesen und ob sie ihnen lesen und schreiben beibringen, sind voneinander unabhängige Aspekte (Senechal / LeFevre 2001). Eltern, die ihren Kindern viel vorlesen, zeigen diesen nicht notwendigerweise auch, wie man Wörter liest und schreibt, und umgekehrt.

Inwieweit die Kinder auf das Lesen und Schreiben vorbereitet sind, ist ein wichtiger Prädiktor, der kurzfristig darauf Einfluss hat, wie die Kinder die Anfänge des Lesens und Schreibens im Erstleseunterricht meistern. Auf die anfänglichen Fortschritte beim Lesen wirkt sich in erster Linie das Bemühen der Eltern aus, den Kindern das Alphabet oder einzelne Wörter beizubringen. Für den Beginn der

Literalität ist hingegen das gemeinsame Lesen nicht so wichtig. In dieser Phase geht es primär um das Erlernen der Graphem-Phonem-Korrespondenzen und im Weiteren dann um die Automatisierung des Worterkennens und des mündlichen Lesens. Langfristig jedoch haben die allgemeineren sprachlichen Fähigkeiten der Kinder, die durch das gemeinsame Lesen im Vorschulalter erworben werden, eine weit größere Bedeutung – so beispielsweise der Wortschatz der Kinder, ihr Wissen um sprachliche Strukturen etc. (Senechal/LeFevre 2001).

In einer Längsschnittstudie vom Vorschulalter bis zur zweiten Klasse in den USA wurde der Zusammenhang zwischen den familiären Verhältnissen und der Lese- und Schreibentwicklung der Kinder untersucht (Storch/Whitehurst 2001). Dabei wurde zwischen zwei Dimensionen sprachlicher Lernvoraussetzungen unterschieden: zum einen allgemeinere sprachliche Fähigkeiten (wie Wortschatz) und das zugehörige Verständnis für die Umwelt, zum anderen Fähigkeiten, die enger mit dem Erwerb des Lesens zusammenhängen, wie etwa die phonologische Bewusstheit, das Wissen der Buchstabennamen und das Verständnis für die Merkmale der Schrift.

Die Studie konnte zeigen, dass Einflüsse der familiären Umgebung, wie etwa die Buchnähe der Kinder (Anzahl der Bücher im Haus, das gemeinsame Lesen bzw. Vorlesen der Eltern mit dem Kind) und die Buchnähe bzw. der Bildungsstand und die Erwartungen der Eltern sich in erster Linie auf den Wortschatz und den allgemeinen Sprachentwicklungsstand der Kinder auswirkten. Nur indirekt über den Wortschatz der Kinder vermittelt, beeinflusste die familiäre Umgebung auch die unmittelbaren Lernvoraussetzungen für das Lesen wie die phonologische Bewusstheit und das Wissen um die Funktionen und Merkmale der Schrift. Es waren diese unmittelbaren Vorläuferfertigkeiten, die dann zu einem beträchtlichen Ausmaß die mündliche Lesefertigkeit am Ende der ersten Klasse, aber auch am Ende der zweiten Klasse sowie zusätzlich auch das spätere Leseverständnis beeinflussten (Storch/Whitehurst 2001).

**Partnerschaft zwischen Schule und Eltern**

*Hausaufgabensituation und Zusammenarbeit Eltern-Schule:* Für das Erlernen des Lesens ist im Allgemeinen eine Partnerschaft zwischen der Schule und den Eltern nötig. Dies wird vor allem in dem hohen Stellenwert der Hausaufgaben und der Zusammenarbeit zwischen Eltern und Lehrern in der ersten Schulstufe deutlich. Kinder bekommen etwa in Österreich praktisch vom ersten Schultag an Hausarbeiten, und ein großer Teil dieser Hausarbeiten ist dem Weiterführen von Lese- und Schreibaufgaben aus der Schule gewidmet. Vor allem beim Lesen, aber auch beim Schreiben können die Lehrer den Kindern kaum die individuelle Zuwendung geben, die in vielen Fällen erforderlich ist. Nur die Eltern sind bei einem großen Teil der Kinder in der Lage, bei den ersten Leseübungen aufmerksam, geduldig und interessiert zuzuhören.

**spezifische Instruktionen für Eltern**

Leider erhalten die Eltern von den Lehrern nur selten Hilfestellungen für die Begleitung der Hausübungen. Meist müssten die Eltern lernen, den Kindern etwas mehr Zeit zu lassen, Lösungen nicht einfach vorzusagen, sondern schrittweise Hilfen zu geben und die Kinder bei der Korrektur einzubeziehen. Da die Eltern nicht über die Prozesse beim Erlernen des Lesens und Schreibens informiert sind, brauchen sie sehr spezifische Instruktionen und nicht nur allgemeine Ratschläge für den Umgang mit den Kindern bei den Hausaufgaben bzw. dem Üben des Lesens und Schreibens.

Auch über die Hausaufgaben hinaus ist eine Zusammenarbeit zwischen Eltern und Schule sinnvoll. Längsschnittuntersuchungen (Tizard et al. 1988) konnten zeigen, dass selbst unter Berücksichtigung der Merkmale der Kinder das Ausmaß an Zusammenarbeit zwischen Eltern und Schule für die Fortschritte der Kinder im Lesen während der Grundschule mitverantwortlich war.

**parent tutoring**

In ähnlicher Weise wie ehrenamtliche Kräfte können auch Eltern als Tutoren in den Lese- und Schreibunterricht innerhalb oder außerhalb der regulären Schulzeit einbezogen werden. Auch in diesem Fall wäre es nötig, die Eltern auf diese Aufgabe vorzubereiten und klare Vorgaben bezüglich des Verhaltens etwa bei Fehlern des geförderten Kindes auszuarbeiten.

## 5.3 Förderung in den höheren Grundschulklassen: Leseflüssigkeit und Leseverständnis

Auch nach den ersten Klassen ist es sinnvoll, das gemeinsame Lesen von Eltern und Kindern anzuregen, vor allem wenn es sich um Kinder handelt, deren Lesen noch sehr stockend ist. Hierzu bieten sich verschiedene Techniken an, etwa das paarweise Lesen (paired reading; Kasten 5.1). Dieses oder ähnliche Programme können dadurch unterstützt werden, dass man Vereinbarungen mit den lokalen Bibliotheken trifft oder dass man selbst die Möglichkeit schafft, den Kindern Bücher mit nach Hause zu geben, aus denen sie Teile so weit vorbereiten, dass sie sie dann in der Schule dem Lehrer oder der ganzen Klasse vorlesen können. Um die weitere Entwicklung des Leseverständnisses voranzubringen, ist eine Verbindung mit Aufgaben, die die Aufmerksamkeit auf den Sinn des Gelesenen lenken, sinnvoll.

**Paired Reading**

Beim gemeinsamen Lesen soll es einen häufigen Wechsel zwischen einem gemeinsamen lauten Lesen und dem Vorlesen des Kindes geben. Das Kind kann diesen Wechsel jederzeit ankündigen (etwa durch Klopfen) und so lange weiterlesen, bis es einen Fehler begeht. Für die Korrektur von Lesefehlern gibt es eine vereinbarte Prozedur – die Eltern sollen dem Kind wenigstens vier Sekunden Zeit lassen zur Selbstkorrektur und dann einfach das richtige Wort sagen, das das Kind wiederholen soll.

Die Eltern werden in die Methode eingeschult und darauf hingewiesen, dass die Bücher zwar schön zu lesen sind, dass es aber vor allem darauf ankommt, die Vorzüge der Bücher zu entdecken, sie mit den Kindern daher auch über die Bücher sprechen sollen. Am Ende des gemeinsamen Lesens sollen die Kinder einige Fragen zu den Geschichten beantworten, um den Fokus stärker auf den Inhalt der Bücher zu lenken. Die Eltern werden zudem eigens darauf hingewiesen, wie wichtig es ist, ihre Kinder viel zu loben. Dazu wird jede Gelegenheit genützt, vor allem wenn die Kinder ein Wort oder einen Abschnitt gut und fehlerfrei lesen. Die Eltern sorgen in erster Linie dafür, dass den Kindern das Lesen Spaß macht.

Kasten 5.1

## 5.4 Förderung des Leseverständnisses und der schriftlichen Ausdrucksfähigkeit in der Sekundarstufe

Die Einbeziehung der Eltern und ihr Informationsstand über die schulischen Leistungen ist auch in den höheren Klassen von Bedeutung. Hier geht es gewöhnlich nicht mehr um die basalen Lese- und Rechtschreibfertigkeiten, sondern um das verständnisvolle und kritische Lesen von Texten und um Versuche, sich schriftlich auszudrücken. Eltern mit höheren Erwartungen an die Leistungen ihrer Kinder können diese eher motivieren, sich weiterzuentwickeln. Sie unternehmen auch eher etwas, wenn sich die schulischen Leistungen ihrer Kinder nicht so entwickeln, wie sie dies erwartet haben. Und dies schafft mitunter die Möglichkeit, eine negative Entwicklung zu verändern (Helmke et al. 1991).

## 5.5 Elternbeteiligung bei Schülern aus bildungsfernen Familien

Die Unterstützung durch die Eltern ist insbesondere bei Schülern notwendig, die aus sozioökonomisch benachteiligten Schichten stammen, d. h. bei Kindern, die zu Hause nur wenig Anregungen erfahren.

Bei Kindern von Müttern mit geringen Bildungsabschlüssen zeigt die Förderung der Elternbeteiligung die größten Effekte (Dearing et al. 2004), insbesondere für die Lesefähigkeit, aber auch für die Motivation und das Lerninteresse der Kinder. Auch wenn sie selbst nur eine geringe schulische Ausbildung haben, ist für die Eltern die schulische Bildung, aber auch beispielsweise vorschulische Sprachförderung im Kindergarten von großer Bedeutung (Gasteiger-Klicpera et al. 2011). Allerdings ist die Unterstützung durch die Eltern nicht per se effektiv. Die positiven Effekte hängen weder von der Bildung der Eltern, noch von ihrer Fähigkeit der Beherrschung der deutschen Sprache ab, sondern davon, wie und in welcher Weise sich die Eltern beteiligen.

Da die Elternbeteiligung für den schulischen Erfolg der Kinder so bedeutsam ist, wurde im angloamerikanischen Sprachraum eine Vielzahl an Programmen zur Förderung der Elternbeteiligung umgesetzt. Metaanalysen zu den Effekten dieser Programme haben gezeigt, dass es vor allem von Bedeutung ist, wie diese Programme implementiert werden. Damit ein Programm zur Stärkung der Elternbeteiligung effektiv sein kann, benötigt es ein theoretisch und empirisch fundiertes Verständnis für den Prozess der Zusammenarbeit zwischen Eltern und Lehrern. Dazu gehört Verständnis für die Motivation der Eltern, Verständnis für die Art der Beteiligung (z.B. übereinstimmende Erwartungen, wie die Kinder zu Hause unterstützt werden, wie miteinander kommuniziert wird sowie zur Beteiligung in der Schule) und auch fundiertes Wissen darüber, wie diese Beteiligung entsteht und aufrecht erhalten werden kann (durch Ermutigung, Verständnis, gegenseitiges Vertrauen, Modell der Lehrer, Verstärkung, etc.) (Paratore 2011, Sénéchal/Young 2008). Drei Aspekte sind wesentlich für die Unterstützung der Beteiligung der Eltern:

- Zum einen ist es wichtig, einerseits zu berücksichtigen, dass die Eltern sich einbringen wollen und andererseits intensive Anstrengungen zu unternehmen, mit den Eltern in Kontakt zu treten und die Eltern dabei zu unterstützen, die Hindernisse aus dem Weg zu räumen, die der Unterstützung der Kinder im Weg stehen.
- Zweitens ist von Bedeutung, dass auf dem Wissen der Eltern aufgebaut wird, damit diese ihre Erfahrung einbringen können.
- Schließlich ist es notwendig, die Selbstwirksamkeit der Eltern zu unterstützen.

**solides theoretisches Fundament**

Effektive Programme zur Förderung der Elternbeteiligung müssen ein solides theoretisches Fundament ein klares Verständnis für die Aufgaben in der Beziehung zu den Eltern aufweisen. Wesentlich ist die

Konzentration auf den inhaltlichen Fokus und die Vermittlung von Strategien, um die erwarteten Ergebnisse zu erzielen. Wenn Eltern ihren Kindern vorlesen oder gemeinsam mit ihnen lesen, müssen sie eine Reihe an Fähigkeiten erwerben. Eltern müssen im Blick behalten, was für die Kinder zu einem bestimmten Zeitpunkt die entscheidenden Lernergebnisse sein sollen und den Eltern müssen die Inhalte und Fähigkeiten vermittelt werden, um die Kinder beim Erwerb dieser Fähigkeiten zu unterstützen. Es geht darum, Kindern jeweils spezifische literarische Fähigkeiten beizubringen, um eine produktive Leseinteraktion zu ermöglichen, die jeweils unterschiedlich ist, da unterschiedliche Arten von Texten ein unterschiedliches Miteinander-Umgehen erfordern (Sénéchal/Young 2008).

**reichhaltige schriftsprachliche Umgebung**

Die Interaktion zwischen Eltern und Kindern muss in eine reichhaltige schriftsprachliche Umgebung eingebettet werden. Die Inhalte der Bücher und Texte sollten für die Familien praktisch relevant sein, d. h. in ihrem sozialen Kontext wichtig sein, sodass das Lesen und Schreiben auf für die Familie bedeutsame Themen fokussiert. Wichtig ist es, an das vorhandene Wissen und an die Interessen der Eltern anzuknüpfen, Wege aufzuzeigen, neues Wissen zu erwerben, aber auch, auf dem aufzubauen, was in der Familie vorhanden ist.

**Grenzen für die Eltern**

Effektive Programme nehmen besonders Rücksicht darauf, wo die Grenzen für die Eltern liegen. Die Lehrer gehen auf die Eltern zu und suchen mit ihnen nach Lösungen für die Herausforderungen im Alltag, die Partizipation verhindern oder unmöglich machen. Vielleicht muss man darüber nachdenken, ob es wirklich notwendig ist, dass Treffen immer in der Schule stattfinden, ob die Eltern eine Form von Freiwilligenunterstützung benötigen würden und wie die Eltern so entlastet werden können, dass es ihnen möglich ist, in ihrem Alltag die Unterstützung für die Kinder einzubauen.

**Unterstützung der Selbstwirksamkeit der Eltern**

Neben der Frage der Ressourcen ist die Unterstützung der Selbstwirksamkeit der Eltern von großer Bedeutung. Zentral ist es, den Eltern Strategien beizubringen, wie sie die Kinder beim Lesen unterstützen und mit ihren Kindern interagieren können. Dies muss ihnen erklärt und vermittelt werden, indem die Lehrperson als Modell fungiert und diese neue Form der strategischen Interaktion einbringt. Wenn es gelingt, die Eltern zu ermutigen und ihnen Vertrauen in die eigene Expertise zu vermitteln, sind positive Ergebnisse zu erwarten. Dies zeigt sich bei den Schülern auf unterschiedlichen Ebenen:

- In der Förderung der Lesefähigkeiten,
- der akademischen Selbstwirksamkeit,

- der Motivation zu Lernen,
- der Selbstregulation,
- der Art und Weise, mit Lehrern in Kontakt zu treten und
- positive Auswirkungen auf die allgemeinen Leistungen der Schüler.

Viele Lehrer sind nicht ausreichend darauf vorbereitet, die Partizipation der Eltern in dieser Weise zu unterstützen. Es bräuchte eigene Bausteine in der Lehrerausbildung, die den angehenden Lehrern beibringen, wie sie eine effektive Partnerschaft mit den Eltern aufbauen können.

## 5.6 Zusammenfassung

Bereits vor Schulbeginn werden in der Familie die Grundlagen für den Erwerb des Lesens und Schreibens gelegt. Wesentliche Bereiche dieser familiären Literalität sind die Sprache und die sprachlichen Interaktionen in der Familie, aber auch der Umgang mit schriftsprachlichem Material und schließlich das soziale und emotionale Klima in den Familien. Für den Erwerb der Schriftsprache sind gemeinsame Gespräche und Reflexionen im Vorschulalter von entscheidender Bedeutung, ebenso wie die Frage, ob es den Eltern gelingt, den Kindern zu vermitteln, dass Lesen Spass macht. Auch das Vorlesen von Geschichten wird im Vorschulalter als wichtige Gelegenheit betrachtet, den Erwerb des Schreibens und Lesens vorzubereiten. Dabei stehen zum einen kognitive Aspekte im Vordergrund: die Förderung der Sprachentwicklung aber auch eine gemeinsame Elaboration von Texten, Gespräche über Ereignisse, Geschichten etc. Es geht aber auch um die Beziehung zwischen Eltern und Kindern, um die Gelegenheit gemeinsamen Austausches und um emotionale Nähe und Verbundenheit.

Im ersten Schuljahr hingegen steht die Konfrontation mit der Schrift im Vordergrund. Nun ist die Unterstützung der Eltern beim Erwerb der Phonem-Graphem-Korrespondenzen nötig. Hier brauchen die Eltern konkrete Hinweise seitens der Lehrer, wie sie ihren Kindern die ersten Schritte des Schriftspracherwerbs erleichtern können.

In den weiteren Schuljahren, wenn die Erhöhung der Lesegeläufigkeit im Mittelpunkt steht, hat sich die Methode des paarweisen Lesens bewährt. Damit kann es gelingen, den Kindern Freude am Lesen zu vermitteln, auch wenn sie noch sehr langsam lesen.Auch in der Sekundarstufe bleibt die Begleitung und Unterstützung durch die Eltern ein wichtiger Prädiktor für schulischen Erfolg.

## 5.7 Übungsfragen

1. Welche drei Aspekte kennzeichnen die familiäre Literalität nach Britto und Brooks-Gunn?

2. Was versteht man unter dekontextualisierter Sprache?

3. Welche Bereiche der Lese- und Schreibentwicklung werden durch das Vorlesen von Geschichten gefördert?

4. Welche Aspekte der Förderung seitens der Eltern sind am Beginn des Leseunterrichts von Bedeutung?

5. Weshalb brauchen die Eltern spezifische Instruktionen, um die Kinder beim Erlernen des Lesens und Schreibens unterstützen zu können?

6. Worauf ist bei der Methode des „paired reading“ seitens der Eltern besonders zu achten?

# Zweiter Abschnitt – Lesen und Schreiben bei schwachen Schülern

## 6 Definition, Häufigkeit und Prognose von Lese- und Rechtschreibschwierigkeiten

Die Auseinandersetzung mit Lese- und Rechtschreibschwierigkeiten ist immer auch von dem Problem der unterschiedlichen Verwendung von Definitionskriterien geprägt. Da es sich bei diesen Schwierigkeiten nicht um ein primär medizinisches Problem handelt, haben daran auch die in der amerikanischen psychiatrischen Klassifikation bzw. in der internationalen Krankheitsklassifikation der Weltgesundheitsbehörde vorgegebenen Kriterien nicht allzu viel geändert. Diese Kriterien finden nur eine begrenzte Akzeptanz in der Fachwelt, sie stellen nur einen Vorschlag unter mehreren dar.

Im folgenden Kapitel sollen neben der Frage der Klassifikation auch die damit zusammenhängenden Fragen der Häufigkeit und Verbreitung von Lese- und Rechtschreibschwierigkeiten in der Bevölkerung (= der Epidemiologie) dargestellt werden. Dabei ist auf die Frage nach den Geschlechtsunterschieden und deren Ursachen ebenso einzugehen wie auf die Frage nach dem gemeinsamen Auftreten von Schwierigkeiten bei der Aneignung der Schriftsprache und anderen Entwicklungsproblemen. Zudem soll auch zum längerfristigen Verlauf dieser Schwierigkeiten Stellung genommen werden, wobei es sowohl um die Vorhersage dieser Probleme bereits im Vorschulalter als auch um die längerfristige Prognose der lese- und rechtschreibschwachen Kinder und um ihre längerfristige soziale Anpassung geht.

### 6.1 Klassifikation

**Definitionskriterien**

Nach den diagnostischen Kriterien des DSM-IV (APA 1994) und ICD-10 (Dilling et al. 2004/2005) wird eine deutliche Abweichung des Entwicklungsstands in der Lesegenauigkeit, dem Leseverständnis und / oder im Rechtschreiben von dem nach Alter und der allgemeinen

Intelligenz erwarteten gefordert. (Diskrepanz von mehr als zwei Standardabweichungen im DSM-IV und in den Forschungskriterien der ICD-10; Dilling et al. 1994. Die Standardabweichung ist ein Maß für die Schwankungen der Werte in der Population um den Durchschnittswert. Etwa 16% liegen eine Standardabweichung, etwa 3% zwei Standardabweichungen unter dem bzw. über dem Mittelwert.) Zudem sollte durch die Probleme die schulische Ausbildung behindert sein. Die Störung darf jedoch weder durch eine Wahrnehmungs- oder eine neurologische Störung noch durch extreme Unzulänglichkeiten im Unterricht und in der Erziehung bedingt sein. Zur Diagnose einer isolierten Rechtschreibstörung ist eine normale Leseleistung neben einem deutlichen Rückstand im Rechtschreiben erforderlich. Außerdem dürfen in der Vorgeschichte keine ausgeprägten Leseschwierigkeiten aufgetreten sein. Wenngleich es Belege dafür gibt, dass Leseschwierigkeiten auch isoliert auftreten können (z.B. Moll/Landerl 2009), werden diese im ICD-10 nicht gesondert, sondern in Verbindung mit Rechtschreibschwierigkeiten genannt.

Das in ICD-10 empfohlene Kriterium einer Leistungsdifferenz von mehr als zwei Standardabweichungen zum Durchschnitt der Altersgruppe (bzw. der durch die Intelligenz vorhergesagten Leistung) wird häufig als zu einschränkend empfunden. Ein Rückstand von einer Standardabweichung kann nämlich bereits eine erhebliche Beeinträchtigung der Lese- und Rechtschreibleistung und damit eine Gefährdung der schulischen Laufbahn bedeuten. Ein Prozentrang von weniger als 15 in einem standardisierten Lese- oder Rechtschreibtest wird daher im Allgemeinen für die Diagnose einer Lese- oder Rechtschreibstörung als ausreichend erachtet.

**Dyslexie vs. Schwierigkeiten im Leseverständnis**

In der Neuausgabe des Diagnostic and statistical manual of mental disorders (DSM-5, APA 2013) wurden einige Änderungen an der Definition von Lese-Rechtschreibschwierigkeiten vorgenommen. Zum einen wurde das Leseverständnis in die Definition mit aufgenommen. Zum anderen wurde die Forderung der Diskrepanz in Bezug auf die Intelligenz abgeschwächt und der Fokus mehr auf die Alters-Diskrepanz gelegt. Die Abweichung in einem standardisierten Leistungstest soll mindestens 1,5 Standardabweichungen von der Altersgruppe betragen. Dieser Wert kann, je nach eingesetztem Testverfahren, auch etwas schwanken und bei klinischen Einschätzungen auf bis zu eine Standardabweichung reduziert werden. Im DSM-5 ist, im Gegensatz zum ICD-10, auch eine isolierte Leseschwierigkeit vorgesehen. Der Begriff Dyslexie kann dann verwendet werden, wenn Probleme beim basalen Lesen (Flüssigkeit, Genauigkeit) und Rechtschreiben auftreten. Eine weitere Unterscheidung zum ICD-10 betrifft die Schwierigkeiten im schriftlichen Ausdruck und der Grammatik, die hier ebenfalls beschrieben werden. Zusätzlich werden bei den Lernstörungen drei Schweregrade unterschieden:

- Leicht, wenn die Störung einen oder zwei Lernbereiche betrifft und kompensiert werden kann.
- Mittel, bei Schwierigkeiten in einem oder mehreren Lernbereichen, die ohne Phasen spezieller Förderung nicht bewältigt werden können.
- Schwer, wenn mehrere Fertigkeiten Schwierigkeiten beim Erlernen bereiten, einer dauerhaften Förderung bedürfen und dennoch negative Auswirkungen zu erwarten sind.

Für die Abgrenzung von Schwierigkeiten im Leseverständnis ist es notwendig, dass die Lesegenauigkeit und Lesegeschwindigkeit eines Kindes bei einem altersgemäßen normierten Test im Altersdurchschnitt liegt, während das Leseverständnis eine Jahrgangsstufe darunter liegt. Da es schwierig zu definieren ist, was es bedeutet, eine Jahrgangsstufe „darunter" zu sein, insbesondere auch, weil das bei Jugendlichen etwa von 14 Jahren ein ganz anderes Ausmaß bedeuten würde als bei Kindern der dritten Klasse Grundschule, wird ein anderes Vorgehen vorgeschlagen, das sinnvoller erscheint, nämlich dass zwischen der Leistung in der Lesegeschwindigkeit und jener im Leseverständnis mindestens eine Diskrepanz von einer Standardabweichung bestehen muss (Hulme/Snowling 2009).

## 6.2 Epidemiologie

**Häufigkeit des Vorkommens**

*Prävalenz:* Die Leistungen im Lesen und Rechtschreiben verbessern sich während der ersten beiden Schuljahre sehr schnell. Im ersten Schuljahr ist die Geschwindigkeit des Vorgehens im Erstleseunterricht und damit der Leistungsstand verschiedener Klassen sehr unterschiedlich. Ein Vergleich des Leistungsstands der Schüler mit normierten Testergebnissen in standardisierten Lese- und Rechtschreibtests ist wohl erst am Ende der ersten Klasse bzw. am Beginn der zweiten Klasse möglich. In der Lesesicherheit wird relativ früh, nämlich bereits mit etwa zehn bis zwölf Jahren, eine hohe Leistung erreicht. Die Lesegeschwindigkeit verbessert sich weiter, ebenso das Rechtschreiben (Klicpera et al. 1993b). Das Leistungsprofil schwacher Leser und Rechtschreiber verändert sich somit mit den Jahren nicht unwesentlich (in den niedrigen

Klassenstufen liegt der Schwerpunkt der Probleme in der Lesesicherheit, in den höheren Klassen in der Lesegeschwindigkeit. Im Rechtschreiben sowie bei Verständnistests, in denen es auf Zeit ankommt, bleiben die Schwierigkeiten erhalten). Insgesamt bleibt ein deutlicher Abstand zum Leistungsstand durchschnittlicher Schüler bestehen.

Die Prävalenz von isolierten Schwierigkeiten im Leseverständnis wird bei einer unselektierten Stichprobe von Grundschülern auf etwa 10 % geschätzt (Nation/Snowling 1997).

Die Leistungen der Schüler weisen in jeder Klassenstufe ein relativ weites Spektrum auf. Dabei erbringen etwa beim Rechtschreiben in den klassenstufenspezifischen Tests für die oberen Klassen der Grundschule jeweils etwa 15 % der Schüler schlechtere Leistungen als der Durchschnitt in der um ein Jahr niedrigeren. Wiederum 15 % erbringen bessere Leistungen als der Durchschnitt der Schüler in der ein Jahr höheren Klassenstufe (Klicpera et al. 1993b).

Die Leistungen in diesen Rechtschreibtests sind jedoch kontinuierlich, so dass sich die Festlegung von Grenzen für die Definition der Lese- und Rechtschreibschwierigkeiten an anderen Kriterien als der Verteilung orientieren muss. Es hat sich gezeigt, dass die Stabilität deutlich größer und damit die Wahrscheinlichkeit einer spontanen Remission der Schwierigkeiten bei jenen Kindern deutlich geringer ist, deren Leistungen mehr als eine Standardabweichung unter dem Durchschnitt liegen.

**Diskrepanz zur Intelligenz**

Die Vorstellung, dass man mit Hilfe von standardisierten Tests ein eindeutiges Kriterium angeben könnte, ab dem man von Lese- und Rechtschreibschwierigkeiten spricht, ist sicher irreführend. Vielmehr muss man von einer kontinuierlichen Verteilung der Leseleistung ausgehen. Dies gilt auch, wenn man – wie dies von ICD-10 vorgeschlagen wird – nicht allein von den Leistungen in normierten Lese- und Rechtschreibtests ausgeht, sondern die Leistungen in Relation zu der intellektuellen Begabung der Kinder, also ihrem IQ, setzt. ICD-10 schlägt dabei das Kriterium von einer Abweichung um mindestens zwei Standardabweichungen von dem von der Intelligenz vorhergesagten Wert vor. In der Praxis wird aber meist eine geringere Diskrepanz von 1,0–1,5 Standardabweichungen als ausreichend angesehen (Thomas et al. 2015).

Wenn man die ICD-10 Kriterien zugrunde legt, kommt man auf 2 bis 4 % an Kindern mit spezifischen Lese- und Rechtschreibentwicklungsstörungen (Yule et al. 1974; für den deutschen Sprachraum Esser 1991; Fischbach et al. 2013). Variationen in den Definitionskriterien führen jedoch zu beträchtlichen Abweichungen (Lewis et al. 1994; Silva et al. 1985; Moll et al. 2014). Solche Variationen sind vielfach vorgeschlagen worden. Am häufigsten wurde eine Reduktion des Kriteriums auf eineinhalb Standardabweichungen empfohlen. Dies wird beispielsweise in vielen Bundesstaaten der USA zur Definition spezifischer Lernstörungen, von denen der größte Teil Lese- und Rechtschreibschwierigkeiten sind, herangezogen.

Etwa zwei Drittel der Kinder mit Lese- und Rechtschreibschwierigkeiten entsprechen den Diskrepanzkriterien und weisen somit spezifische Lese- und Rechtschreibschwierigkeiten auf, während etwa ein Drittel eine „nicht-diskrepante Schwäche" zeigt. Weiterhin kann man für den amerikanischen Raum sagen, dass etwa 80 % der von den Schulbehörden diagnostizierten Kinder mit speziellen Lernstörungen an einer Lese- und Rechtschreibstörung leiden (Snow et al. 1998).

**kriteriums-orientierte Testverfahren**

Die Angaben über die Häufigkeit von Lese- und Rechtschreibschwierigkeiten, die sich auf einen vorher definierten Bereich der Abweichung von den Durchschnittsleistungen einer Klassenstufe beziehen, sind natürlich relativ willkürlich, da ja das Ausmaß an Abweichung die Häufigkeit des Vorkommens bestimmt. Zudem lassen sich damit auch keinerlei Aussagen etwa darüber machen, ob solche Schwierigkeiten im angloamerikanischen Sprachraum häufiger vorkommen als im deutschen, da die Normen für die jeweils unterschiedlichen Lese- und Rechtschreibtests auch unabhängig voneinander erstellt werden. Aus diesem Grund wurde immer wieder vorgeschlagen, auch für die Feststellung der Prävalenz von Lese- und Rechtschreibschwierigkeiten kriteriumsorientierte Testverfahren (bei denen der Leistungsstand nach an den tatsächlichen Anforderungen an das Lesen orientierten Kriterien bestimmt wird) einzusetzen.

In den USA bemüht sich etwa das Programm des „National Assessment of Educational Progress" (NAEP) darum. Es versucht, den Anteil jener Schüler der vierten Klassenstufe zu bestimmen, deren Lesefähigkeit unter dem Niveau ist, auf dem sie die allgemeine Bedeutung des Gelesenen bestimmen und offensichtlich bestehende Verbindungen zwischen dem Gelesenen und den eigenen Erfahrungen herstellen sowie einfache Schlussfolgerungen aus dem Text ziehen können. Nach Snow et al. (1998) kommen die NAEP-Mitarbeiter aufgrund der jüngsten Umfrage zu dem Ergebnis, dass die Lesefähigkeit von 40 % der Viert- und 30 % der Achtklässler dafür nicht ausreicht.

**Lesefähigkeit im Alltag**

Bei den großen internationalen Vergleichsstudien der letzten Jahre wurde eine Art Mittelweg gewählt, indem man zwar standardisierte Leistungstests verwendet hat, aber sich gleichzeitig überlegt hat, bei welchen Werten man Minimalanforderungen an die Lesefähigkeit eines in das Berufsleben eintretenden Jugendlichen erfüllt. So wurde in der PISA-Studie versucht, die Fähigkeit des „Lesens, um zu lernen", zu bestimmen. Man hat sich also bemüht, jenes Ausmaß an Lesefähigkeit zu erfassen, das jeweils ein unterschiedliches Ausmaß an Lerngewinn aus der Lektüre ermöglicht. Auf der Kompetenzstufe 1 sollten die 15-jährigen Schüler in der Lage sein, die einfachsten Leseaufgaben zu lösen, wie z. B. eine Einzelinformation zu finden, das Hauptthema eines Textes zu finden oder eine einfache Verbindung zu Alltagskenntnissen zu ziehen. Es handelt sich also nicht um eine Bestimmung der „technischen" Lesefertigkeit, sondern um die weiterführende Lesekompetenz.

Im OECD-Durchschnitt lagen zuletzt 18 % der Schülerinnen bei Stufe 1 und ca. 2 % unter Stufe 1. Von den drei deutschsprachigen Ländern hat Österreich im Vergleich aller teilnehmenden Länder leicht unterdurchschnittliche und die Schweiz und Deutschland durchschnittliche Ergebnisse erzielt. Der Prozentsatz der Schüler, deren Kompetenzen unter der Stufe 1 bzw. auf Stufe 1 lagen, betrug in den drei Ländern: Österreich 1% bzw. 19 %, Schweiz 1% bzw. 13 % und Deutschland 1 % bzw. 14 % (Schwantner et al. 2013). Die Ergebnisse der neuesten PISA-Studie (Toferer et al. 2016) zeigen, dass im Schnitt 20 % der Jugendlichen zur Risikogruppe (23 % der österreichischen; 16 % der deutschen Jugendlichen) gehören.

**funktionaler Analphabetismus**

Im Jugend- und Erwachsenenalter, also nach Abschluss der Schulbildung, wurde neben den Verteilungswerten bzw. der Diskrepanz zwischen der tatsächlich besuchten bzw. der altersentsprechenden Schulstufe und jener des erreichten Entwicklungsstands im Lesen und Rechtschreiben (ein Schüler der fünften Schulstufe, der auf dem Niveau eines Zweitklässlers liest, hätte demnach einen deutlichen, nämlich etwa drei Jahre großen Leistungsrückstand) ein weiteres Kriterium zur Definition von Lese- und Rechtschreibschwierigkeiten herangezogen: Die erreichten Fähigkeiten sollten den Anforderungen des Alltagslebens an das Lesen und Rechtschreiben genügen. Daher spricht man bei Jugendlichen und Erwachsenen von „funktionalem Analphabetismus". Aus dem englischsprachigen Raum ist bekannt, dass etwa 5 bis 10 % der Erwachsenen Mühe haben, relevante Informationen aus Zeitungsannoncen zu entnehmen und einfache Formulare, etwa bei einer Stellenbewerbung, auszufüllen (Stedman/Kaestle 1987).

**Prävalenz von funktionalem Analphabetismus**

Um die Prävalenz von funktionalem Analphabetismus in Deutschland zu erfassen, wurde 1995 erstmals die International Adult Literacy Survey (IALS, OECD 2000) durchgeführt. In Deutschland wurde eine Stichprobe von 3000 Befragten untersucht, etwa zwei Drittel (2062) beantworteten

die Fragen (Lehmann/Peek 1996). Nach den Ergebnissen dieser Untersuchung waren in Deutschland 14,4 % der Befragten der Stufe des funktionalen Analphabetismus zuzuordnen. Zum Vergleich: in England waren dies 21,8 % der Befragten.
Als erste groß angelegte Untersuchung zum funktionalen Analphabetismus in Deutschland wurde 2010 die „Level-One Studie", eine standardisierte Befragung und Testung der Lese- und Schreibfertigkeiten einer Zufallsauswahl von 7035 Personen im Alter von 18 bis 64 Jahren, durchgeführt. Ergänzt wurde diese Stichprobe um 1401 Personen, die höchstens einen Hauptschulabschluss erworben hatten (Bilger et al. 2012).
Insgesamt kommt die Level-One Studie mit Hilfe dieser Zusatzerhebung auf eine Schätzung eines Anteils von 14,5 % der erwachsenen Bevölkerung, das sind ca. 7,5 Millionen funktionale Analphabeten in Deutschland. Männer sind in dieser Gruppe häufiger vertreten (17,4 % der Gesamtgruppe) als Frauen (11,6 %). Weitere wichtige Einflussfaktoren sind das Alter, die Beschäftigung und die Sprachzugehörigkeit. Etwa 13 % der 18- bis 29-Jährigen sind funktionale Analphabeten, in der Gruppe der 30- bis 39-Jährigen sowie bei den 40- bis 49-Jährigen sind es 15 % und bei den älteren, den 50- bis 64-Jährigen, etwa 16 %. Von den Personen mit funktionalem Analphabetismus hat ein großer Teil, nämlich 42 %, Deutsch als Zweitsprache erlernt.
Auch muss man nach Hochrechnungen davon ausgehen, dass in Deutschland fast zwei Drittel der Personen ohne Schulabschluss, nämlich 59 %, funktionale Analphabeten sind. An diesen Zahlen wird wieder deutlich, wie wichtig der Erwerb des Lesens und Schreibens für den schulischen Erfolg ist (Grotlüschen et al. 2012).

Eine gewisse Unsicherheit herrscht bezüglich der Frage, inwieweit die Leistungen im Lesen und Rechtschreiben in den industrialisierten Ländern in den letzten Jahrzehnten – wie immer wieder befürchtet – abgenommen hätten. Untersuchungen aus den angloamerikanischen Ländern kommen zu dem Schluss, dass sich die Leistungen in den letzten 70 Jahren relativ wenig verändert haben (bei allen Problemen, die derartige Vergleiche mit sich bringen; Hurry 1999; Rodgers 1984; Stedman / Kaestle 1987).

**Geschlechtsunterschiede:** In nahezu allen Untersuchungen an Kindern und Jugendlichen, die wegen Lese- und Rechtschreibschwierigkeiten in klinischen oder sonderpädagogischen Einrichtungen vorgestellt wurden, wird von einem höheren Anteil auffälliger Jungen berichtet (je nach Einrichtungsart beträgt die Relation Jungen zu Mädchen zwischen 3:2 bis 3:1). Im Gegensatz dazu kommen Untersuchungen an unselektierten Stichproben im Allgemeinen zu weniger eindeutigen Ergebnissen, dennoch werden bei Jungen in vielen Studien oft doppelt so häufig

Schriftsprachschwierigkeiten gefunden wie bei Mädchen (Fischbach et al. 2013; Liederman et al. 2005). Wenn man die Störungsbilder einzeln betrachtet – auch die isolierte Lesestörung, wie sie im DSM-5 aufgeführt ist – zeigt sich jedoch, dass sich kaum Geschlechtsunterschiede bei Lesestörungen im Bereich der Leseflüssigkeit finden lassen (Shaywitz et al. 1990; Berninger et al. 2008; Fischbach et al. 2013; Moll et al. 2014). Jedoch dürften Jungen im Bereich des Rechtschreibens öfter betroffen sein (Moll et al. 2014). Etwas konsistenter sind die Ergebnisse in Bezug auf das Leseverständnis (Klicpera/Gasteiger-Klicpera 1998b). In den internationalen Vergleichsstudien (PIRLS; Suchan et al. 2012; PISA; Schwantner et al. 2013; Toferer et al. 2016; Breit et al. 2016) erzielen Mädchen immer bessere Leistungen als Jungen. Für diese Geschlechtsunterschiede werden verschiedene Gründe angeführt, die sich in drei Gruppen gliedern lassen:

- eine stärkere Lesemotivation der Mädchen wegen der Nähe des Lesens zum weiblichen Geschlechtsrollenstereotyp,
- größere Chancen zum Üben des Lesens und Schreibens im Unterricht als Resultat unterschiedlicher Lehrer-Schüler-Interaktionen und schließlich
- Begabungsunterschiede zwischen Jungen und Mädchen.

Vor allem die Lese- und Schreibmotivation könnte eine größere Bedeutung für Geschlechtsunterschiede in den schriftsprachlichen Fertigkeiten haben (Richter 1996). In jedem Fall ist jedoch auf die große Variabilität der Ergebnisse unterschiedlicher Untersuchungen (auch bei unausgelesenen Stichproben) hinzuweisen, deren Ursache nicht geklärt ist.

Deutlich größer als in unausgelesenen Stichproben sind die Unterschiede unter Schülern, die von Lehrern oder Eltern zu Fördermaßnahmen überwiesen werden. Auch dies dürfte mit verschiedenen Faktoren zusammenhängen, wie etwa, dass Jungen mit Schulschwierigkeiten häufiger im Unterricht stören bzw. die Eltern in vielen Kulturen höhere Erwartungen an die berufliche Vorbereitung bei Jungen als bei Mädchen haben.

**Gemeinsames Auftreten (Komorbidität) der Lese- und Rechtschreibschwierigkeiten und anderer umschriebener Entwicklungsrückstände:** Ein Teil der Kinder mit Lese- und Rechtschreibschwierigkeiten weist auch Probleme in anderen schulischen Lerngegenständen auf.

**LRS und Rechenstörungen**

Dabei verdient die Kombination mit umschriebenen Rechenschwierigkeiten besondere Beachtung. So zeigen epidemiologische Untersuchungen (z. B. Lewis et al. 1994), dass bei 64 % der Kinder mit einer Rechenstörung zusätzlich eine LRS vorliegt. Jedoch sind diese

Werte – ebenso wie die Prävalenzraten – sehr stark davon abhängig, wie die Kriterien definiert werden. So untersuchten Moll und Kollegen (2014), wie sich die Vorkommenshäufigkeiten ändern, wenn die Kriterien unterschiedlich angesetzt werden. Die Autoren orientierten sich am DSM-5; daher wurde die Intelligenz nicht berücksichtigt. Wurden die Kriterien mit einer Standardabweichung angesetzt, kamen kombinierte Störungen häufiger vor, als wenn die Kriterien strenger gesehen wurden (1,5 Standardabweichungen).

Wenn trotz der Kombination von Schwierigkeiten in verschiedenen Teilbereichen noch von umschriebenen Lernschwierigkeiten oder Teilleistungsstörungen gesprochen wird, so ist dies darauf zurückzuführen, dass sich bei einem größeren Teil dieser Kinder die allgemeine Lernfähigkeit (nonverbale Intelligenz) im Normalbereich befindet. Das neuropsychologische Profil dieser Kinder dürfte sich bei Jungen und Mädchen unterscheiden (White et al. 1992), allerdings liegen bisher nur wenige Berichte über Kinder mit dieser Kombination „spezifischer" Lernschwierigkeiten vor.

**verzögerte motorische Koordination**

Ein Teil der Kinder zeigt zudem Schwierigkeiten in anderen umschriebenen Teilleistungen. Vor allem die Entwicklung der motorischen Koordination ist häufig verzögert, wobei den Kindern die bimanuelle Koordination besondere Mühe bereitet (Klicpera et al. 1981). Nach Wolff (1983) beträgt dieser Anteil etwa 50 % jener lese- und rechtschreibschwachen Kinder, die an speziellen pädagogischen Maßnahmen teilnehmen.

**Zusammenhang mit Sprachentwicklungsstörungen**

Des Weiteren weist ein Teil der Kinder spezielle Sprachschwierigkeiten auf, wie auch umgekehrt viele Kinder mit Sprachentwicklungsstörungen Probleme beim Erlernen des Lesens und Rechtschreibens haben (Klicpera et al. 1993d, 1994b; für einen Überblick bei Kindern mit familiärem Risiko für LRS vgl. Snowling/Melby-Lervag 2016). Umschriebene Artikulationsschwierigkeiten stellen zwar kein Risiko für die Entwicklung des Lesens und Schreibens dar, wohl aber phonologische Störungen wie die verbale Entwicklungsapraxie (eine Sprachstörung, bei der Probleme der motorischen Steuerung der Sprechorgane im Vordergrund stehen; Dodd et al. 1993). Zudem ist natürlich bei Kindern mit Sprachentwicklungsstörungen häufig die Entwicklung des Leseverständnisses beeinträchtigt (Bishop 1982).

Bei der Diskussion der Komorbidität zwischen Lese- und Rechtschreibschwierigkeiten und Sprachschwierigkeiten sowie Problemen in anderen Schulfächern darf nicht übersehen werden, dass die geringe Lesefähigkeit an sich bereits deutliche Auswirkungen auf jene

Schulfächer hat, bei denen die Leistungen von der Informationsaufnahme und damit von schriftlichem Material abhängig sind. Auch die sprachliche Entwicklung ist in hohem Ausmaß von der Lesefähigkeit und dem Leseverhalten abhängig (Share / Silva 1987; Stanovich 1993). Ein Beispiel dafür, wie die Probleme beim Lesen- und Schreibenlernen zu anderen schulischen Problemen führen dürften, stellen die immer wieder berichteten Probleme dieser Kinder bei der Aneignung einer Fremdsprache dar.

## 6.3 Prognose im Vorschulalter

**phonologische Bewusstheit**

Seit langem versuchen Forscher, Lese- und Schreibschwierigkeiten bereits vor Schuleintritt vorherzusagen, um die Kinder durch spezielle Fördermaßnahmen besser auf die Anforderungen des Lesens und Schreibens vorzubereiten. Ausgehend von Überlegungen über die Sprachwahrnehmung und den Zusammenhang zwischen der alphabetischen Schrift und der Phonemfolge, haben Shankweiler und Liberman (1972) die Fähigkeit zur Gliederung der Sprache in Phoneme als wesentliche Voraussetzung des Lesenlernens postuliert. Dieser Zusammenhang zwischen phonologischer Sensitivität und dem Lesenlernen hat sich bestätigt. Allerdings ist er, wie eine Zusammenstellung von Scarborough (1998) zeigt, nicht allzu groß und auch nicht wesentlich höher als jener anderer sprachlicher Fertigkeiten.

Im deutschen Sprachraum weichen die Ergebnisse verschiedener Untersuchungen bezüglich der Prädiktion durch die Überprüfung der phonologischen Bewusstheit etwas voneinander ab. Deutlich wird dies etwa beim Vergleich der Ergebnisse von Jansen et al. (1999) mit jenen von Mayringer et al. (1998). Die Ursachen sind unklar, könnten aber mit der Gestaltung des Leseunterrichts zusammenhängen (s. Klicpera et al. 1999). Darüber hinaus verbessert sich die phonologische Bewusstheit sehr rasch, sobald die Kinder im Lesen und Schreiben unterrichtet werden (Klicpera et al. 1993b). Manche sprechen daher von der phonologischen Bewusstheit als einer notwendigen, aber nicht hinreichenden Bedingung für das Lesen- und Schreibenlernen. Von anderen wird ihr zwar eine gewisse Bedeutung zugeschrieben, aber die enge Abhängigkeit von den Fortschritten beim Lesen- und Schreibenlernen betont (Wimmer et al. 1991).

Allerdings scheint das Rechtschreiben stärker von der phonologischen Bewusstheit abhängig zu sein als das Lesen (Wimmer et al. 1994). Sogar in höheren Klassen konnte bei schwachen Rechtschreibern ein Defizit in den phonologischen Kompetenzen nachgewiesen werden (Marx et al. 2001).

## 6.4 Verlauf

**langfristige Prognose**

In den ersten Monaten ist die Entwicklung des Lesens und Rechtschreibens noch relativ variabel. Ein Teil der Kinder, die anfangs Probleme beim Erlernen des Lesens und Rechtschreibens zeigen, überwindet diese Schwierigkeiten bis zum Ende des ersten Schuljahres (je nach Ausmaß der Schwierigkeiten zwischen einem Drittel und mehr als der Hälfte). Jenen Kindern aber, die in der zweiten Klasse Grundschule noch immer größere Probleme beim Lesen und Rechtschreiben haben, gelingt es bis zum Ende der Schulzeit kaum ohne spezielle Hilfe, diese Schwierigkeiten zu überwinden (Klicpera et al. 1993b; Schneider et al. 1997a, b; Strehlow et al. 1992).

Dieser ungünstige Verlauf von Lese- und Rechtschreibschwierigkeiten gilt für den deutschen Sprachraum ebenso wie für den englischen (Schonhaut/Satz 1983). Dabei ist ein Gutteil der gelegentlich berichteten größeren Variabilität auf Messfehler bei den Lesetests und nicht auf echte Schwankungen im Leistungsniveau zurückzuführen (Fergusson et al. 1996).

Ein wesentlicher Grund für die schlechte Prognose dürfte darin zu suchen sein, dass leseschwache Kinder und Jugendliche außerhalb des Unterrichts deutlich weniger lesen als durchschnittliche Schüler (Cunningham/Stanovich 1997). Leseschwache Schüler lesen außerhalb der Schule im Durchschnitt täglich nur wenige Minuten. Dies hat deutliche Auswirkungen auf die weitere Entwicklung, und zwar vor allem auf das Leseverständnis, aber auch auf das Wissen um die spezifische Schreibweise von Wörtern (Anderson et al. 1988; Stanovich et al. 1991).

**Prognose bei Untergruppen**

Über den Einfluss des Begabungs- und Leistungsprofils auf die weitere Entwicklung ist noch relativ wenig bekannt. Erste Beobachtungen über einen besonders ungünstigen Verlauf bei Kindern mit spezifischen (zur Intelligenz diskrepanten) Lese- und Rechtschreibschwierigkeiten (Yule 1973) konnten nicht bestätigt werden (Klicpera et al. 1993b; Share et al. 1987), auch nicht von der gleichen Forschergruppe (Maughan et al. 1994). Was den Verlauf bei Untergruppen betrifft, die nach dem Profil ihrer Schwierigkeiten beim Lesen und Schreiben gebildet wurden (vgl. zu den einzelnen Gruppen Kap. 8), so liegen nur zur Entwicklung von Kindern mit isolierten Lese- bzw.

Rechtschreibschwierigkeiten Beobachtungen vor (Klicpera et al. 1993b, c, 1994a).

Sie deuten darauf hin, dass die Entwicklung der Kinder mit isolierten Rechtschreibschwierigkeiten von der zweiten Klassenstufe bis zum Ende der Pflichtschulzeit variabel ist. Während ein Drittel den Rückstand im Rechtschreiben aufholt und am Ende zu den durchschnittlichen Schülern zählt, behält ein anderes Drittel die Schwierigkeiten bei und das letzte Drittel fällt auch im Lesen zurück und entwickelt bis zum Ende Lese- und Rechtschreibschwierigkeiten. Entscheidend für diese Verlaufsunterschiede dürfte das Lesen außerhalb der Schule sein. Wenn rechtschreibschwache Kinder wenig lesen, dann ist die Wahrscheinlichkeit einer günstigen Entwicklung relativ gering, und es kann sogar sein, dass sie auch im Lesen weiter zurückfallen. Wenn sie hingegen viel lesen, dann haben sie die Chance, Rechtschreibprobleme zu überwinden.

Im Gegensatz dazu dürften Kinder mit isolierten Leseschwierigkeiten ihre Probleme sowohl mittel- als auch längerfristig beibehalten. Ihre Schwierigkeiten bestanden in unserer Längsschnittuntersuchung schon in der zweiten Klasse Grundschule primär aus einem recht langsamen, dafür aber fehlerfreien Lesen. Diesen Lesestil haben sie in dieser Längsschnittstudie von Mitte der zweiten Klasse nicht nur bis zum Ende der Grundschule, sondern überwiegend auch bis zum Ende der Pflichtschulzeit beibehalten (Klicpera et al. 1993b).

### *Auswirkungen auf die längerfristige soziale Anpassung*

**emotionale und Verhaltensprobleme**

Im Vorhergehenden haben wir bereits auf die hohe Persistenz von Lese- und Rechtschreibschwierigkeiten hingewiesen. Dennoch ist die Prognose nach den Ergebnissen von Langzeitstudien, die diese Kinder bis ins frühe Erwachsenenalter hinein begleitet haben, nicht ungünstig (Maughan / Hagell 1996). Männer mit Leseschwierigkeiten kamen später in den verschiedensten Lebensbereichen (Beruf, persönliche Beziehungen, Bewältigung des Alltags etc.) genauso gut zurecht wie eine Kontrollgruppe ohne Leseschwierigkeiten. Es bestanden auch keine deutlichen Unterschiede im Selbstwertgefühl oder in der Häufigkeit psychiatrischer Störungen.

Bei Frauen wurden etwas mehr Schwierigkeiten beobachtet: Ihre berufliche Qualifikation war geringer, und das allzu frühe Eingehen einer festen Bindung (häufig, um den sonst eher tristen Verhältnissen zu entgehen) führte später zu Partnerschaftsproblemen und damit zu Belastungen. Maughan und Hagell (1996) interpretierten diese relativ gute längerfristige Prognose dahingehend, dass das Versagen während der Schulzeit zu einem Anstieg der emotionalen und Verhaltensprobleme führte, jedoch die Veränderung der aktuellen Situation mit dem Übergang ins Erwachsenenalter einen Rückgang an Belastungen mit sich brachte.

Auch die wenigen deutschsprachigen Untersuchungen haben, was die emotionalen Beeinträchtigungen betrifft, keine deutlichen Auffälligkeiten im Erwachsenenalter beobachten können (Strehlow et al. 1992). Allerdings zeigte sich in der Nachuntersuchung einer klinischen Stichprobe von Strehlow et al. (1992) sowie in einer neueren epidemiologischen Stichprobe von Haffner et al. (1998), dass schlechte Leistungen im Lesen und Rechtschreiben deutliche Auswirkungen auf die weitere Schul- und Berufslaufbahn haben.

**Abhängigkeit von zusätzlichen Faktoren**

Man muss dabei in Rechnung stellen, dass die Gruppe der lese- und rechtschreibschwachen Kinder aus recht unterschiedlichen Situationen kommt. Für die Prognose der sozialen Anpassung im Erwachsenenalter dürfte nicht in erster Linie die Entwicklung der Lese- und Rechtschreibleistung verantwortlich sein, sondern in einem hohen Ausmaß auch, wie die Eltern den Kindern in den Schuljahren gegenübergestanden sind und inwieweit sich die Betroffenen in dieser Zeit von den Eltern akzeptiert und unterstützt gefühlt haben. Dies ist zu einem guten Teil dafür entscheidend, wie sich das Selbstkonzept und das Selbstbewusstsein dieser Gruppe weiterentwickelt hat, wie eine qualitative Studie aus den Niederlanden zeigt (Hellendoorn / Ruijssenaars 2000). Auch die Reaktion der Lehrer und der Schule in der Grundschulzeit ist für das künftige Selbstbewusstsein von Bedeutung.

In einer weiterführenden Analyse konnte die Gruppe um Maughan und Rutter zeigen, dass auch die erhöhte Delinquenz von Jugendlichen mit Lese- und Rechtschreibschwierigkeiten nicht so sehr eine Folge dieser Schwierigkeiten war, sondern mit dissozialem Verhalten und mit einer Tendenz zum unregelmäßigen Schulbesuch zusammenhing (Maughan et al. 1996). Diese Aussagen werden im Wesentlichen auch von den bekannten Langzeitstudien in Neuseeland gestützt (Fergusson / Lynskey 1997; Williams / McGee 1994).

## 6.5 Zusammenfassung

*Zusammenfassend* bleibt festzuhalten, dass ein beträchtlicher Teil der Schüler in den deutschsprachigen Ländern wie in anderen Industriestaaten mit einem hoch entwickelten Schulsystem Schwierigkeiten beim Erlernen des Lesens und Schreibens hat. Ein größerer Teil dieser Schüler verlässt am Ende der Pflichtschulzeit die Schule mit unzureichenden Kenntnissen im Lesen und Schreiben. Da es sich beim Lesen und Schreiben um ein Kontinuum an Fertigkeiten handelt, war es immer schwierig, sich auf einen bestimmten Anteil an Schülern festzulegen, bei dem man von größeren bzw. behandlungsbedürftigen Schwierigkeiten sprechen kann.

Diese Schwierigkeiten sind auch heute vorhanden. Jedoch haben die Bemühungen um einen internationalen Vergleich der schulischen Leistungen gewisse Fortschritte gebracht, indem Fertigkeitsniveaus definiert wurden, die den Minimalanforderungen an das Lesen genügen. Danach liegen die Leistungen in den deutschsprachigen Ländern international etwa im Mittelfeld und der Anteil der Schüler, die gegen Ende der Pflichtschulzeit grundlegenden Anforderungen gerade genügen, liegt in den drei deutschsprachigen Ländern bei etwa 23 %. Der Anteil jener, die dieses Niveau nicht erreichen und zur „Leserisikogruppe" zählen, liegt in Deutschland bei 16 %, in Österreich bei 23 % und in der Schweiz bei 20 %. Der Anteil der Schüler, die dieses Niveau nicht erreichen und lediglich einzelne explizite Informationen aus kurzen Texten entnehmen können, liegt in Österreich bei 9 % und in Deutschland bei 5 % (Toferer et al. 2016).

Ein guter Teil der Schwierigkeiten geht mit Entwicklungsproblemen in anderen Bereichen einher, vor allem mit Sprachentwicklungsstörungen. Die Schwierigkeiten sind bei Jungen häufiger als bei Mädchen. Allerdings ist dieser Unterschied in der gesamten Schülerschaft nicht so stark ausgeprägt, wie die deutlich größere Häufigkeit vermuten lässt, mit der Jungen wegen solcher Probleme in der Schule behandelt oder in klinischen Einrichtungen vorgestellt werden.

Viele dieser Schwierigkeiten sind bereits im Vorschulalter absehbar, und man versucht, Vorläufer der späteren Schwierigkeiten durch geeignete Testverfahren in diesem Alter bereits zu erkennen und vorbeugend zu behandeln. Wenn die Schüler in den ersten Klassen einen Rückstand zu ihren Mitschülern aufgebaut haben, sind die Schwierigkeiten im Lesen und Schreiben recht stabil.

Die Auswirkungen auf die längerfristige soziale Anpassung im Erwachsenenalter hängen allerdings von vielen zusätzlichen Faktoren ab. Beeinträchtigt dürften jedenfalls die beruflichen Chancen der Betroffenen sein.

## 6.6 Übungsfragen

**1.** Inwieweit ist es ein Problem, dass man sich bei der Bestimmung der Häufigkeit von Lese- und Schreibschwierigkeiten auf die Leistungen anderer Kinder des gleichen Alters oder anderer Altersstufen bezieht?

**2.** Welche Alternativen gibt es zur Bestimmung nach Verteilungsmaßen in der jeweiligen Altersgruppe?

**3.** Wie haben internationale Vergleichsstudien, etwa die PISA-Studie, die Häufigkeit von Leseschwierigkeiten zu bestimmen versucht?

**4.** Was ist über die Geschlechtsunterschiede in der Häufigkeit von Lese- und Schreibschwierigkeiten sowie deren Ursachen bekannt?

**5.** Mit welchen Entwicklungsstörungen treten Lese- und Schreibschwierigkeiten oft gemeinsam auf und wie eng ist dieser Zusammenhang?

**6.** Wie gut und wodurch lassen sich Lese- und Schreibschwierigkeiten bereits im Vorschulalter vorhersagen?

**7.** Was wissen Sie über die längerfristige Prognose und die Stabilität von Lese- und Schreibschwierigkeiten?

**8.** Wie sind die Auswirkungen von Lese- und Schreibschwierigkeiten in der Schule auf die längerfristige soziale Anpassung?

# 7 Entwicklung des Lesens und Schreibens bei schwachen Schülern

Die Darstellung der Entwicklung des Lesens und Schreibens hat deutlich gemacht, dass sich verschiedene Teilfertigkeiten mehr oder weniger parallel zueinander – wenn auch in unterschiedlicher zeitlicher Dynamik – entwickeln und dass diese Entwicklungslinien vielfach ineinander greifen und sich gegenseitig verstärken. Wenn wir nun in dem folgenden Kapitel versuchen, die Dynamik dieser Entwicklung bei Schülern darzustellen, die Probleme in der Aneignung der Schriftsprache aufweisen, so sollen zunächst die wichtigsten Unterschiede zur Entwicklung der Teilfertigkeiten bei Schülern mit durchschnittlichen Fortschritten beim Lesen- und Schreibenlernen herausgearbeitet werden. Wir behandeln dabei die schwachen Schüler zunächst als einheitliche Gruppe, auf mögliche Unterschiede innerhalb der schwachen Schüler soll erst in einem folgenden Kapitel eingegangen werden.

Als Erstes geht es darum, die wechselseitige Beziehung der verschiedenen Teilfertigkeiten des Lesens und Schreibens zueinander und zu den bereits zu Schuleintritt vorhandenen Fähigkeiten der Kinder darzustellen. Anschließend wird auf die wichtigsten Teilbereiche des Lesens und Schreibens eingegangen – zunächst auf das Worterkennen, dann auf das Leseverständnis als darauf aufbauender Fähigkeit, weiterhin auf die Entwicklung des Rechtschreibens bei den schwachen Schülern und schließlich auf die Entwicklung der schriftlichen Ausdrucksfähigkeit.

## 7.1 Beziehung der Teilfertigkeiten des Lesens und Schreibens zueinander

**Abhängigkeit von basalen Fertigkeiten**

Um die Entwicklung der verschiedenen Teilfertigkeiten des Lesens und Schreibens, vor allem das Worterkennen und seine Komponenten, das Leseverständnis, das Rechtschreiben und den schriftlichen Ausdruck sowie deren Beziehungen zueinander verständlich zu machen, entwickelten Gough und Hillinger (1980) das so genannte einfache Modell des Lesens. In der Folge wurde es von Juel et al. (1986; Juel 1994) näher ausgeführt und auf seinen Erklärungswert in verschiedenen Schulstufen hin überprüft (Abb. 7.1).

Danach kann einerseits angenommen werden, dass das Worterkennen von der Kenntnis der Graphem-Phonem-Verbindungen sowie wortspezifischen bzw. lexikalischen Kenntnissen abhängt und zum Leseverständnis die sprachlichen Fertigkeiten, die für das Verständnis gesprochener Sprache erforderlich sind (Hörverständnis), noch hinzukommen (vgl. Abschnitt über das Leseverständnis). Beim Schreiben andererseits ist als einfachere und grundlegendere Fertigkeit zunächst die Rechtschreibfertigkeit anzunehmen. Diese hängt ähnlich wie das Worterkennen zum einen von der Beherrschung der Phonem-Graphem-Zuordnungen und zum anderen von einem wortspezifischen bzw. lexikalischen Wissen um die speziellen Schreibweisen vieler Wörter ab. Weiterhin geht in die Schreibfähigkeit (neben den mündlichen sprachlichen Fertigkeiten, die auch für das Leseverständnis von Bedeutung sind) noch die Fähigkeit ein, Ideen für eine Geschichte

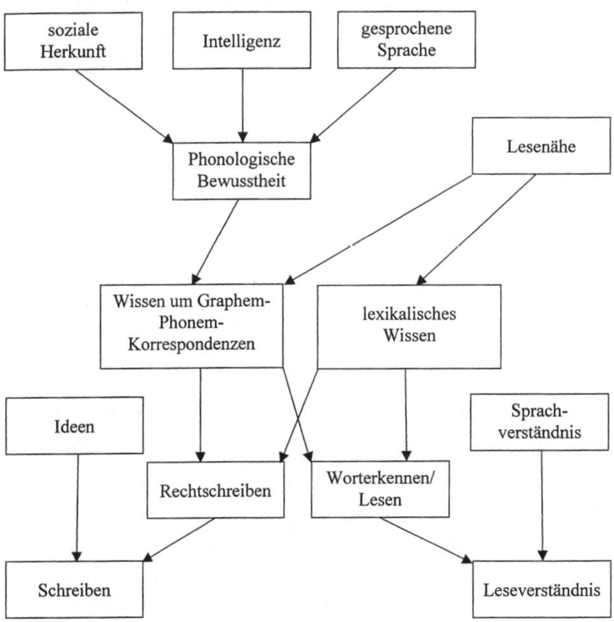


*Abb. 7.1:* Darstellung des Einflusses basaler Fähigkeiten auf komplexere Lese- und Schreibfertigkeiten nach Juel (1994)

bzw. einen Text zu generieren, sowie weitere Komponenten, die u.a. im Modell von Hayes/Flower (1980) spezifiziert sind (Kap. 3.2.).

Im Folgenden soll die Entwicklung der verschiedenen Teilfertigkeiten des Lesens und Schreibens bei einem typischen lese- und schreibschwachen Kind im Verlauf der Schulstufen ausgeführt werden.

## 7.2 Entwicklung des Worterkennens

**Leseprobleme bereits zu Schulbeginn**

Bedingt durch die ungünstige Ausgangssituation (geringe Lernvoraussetzungen, schlechter Start beim Lesenlernen, zu wenig Unterstützung und Ermutigung) kommen manche Kinder von Anfang an nicht gut voran. Bereits nach etwa drei Monaten kann man beträchtliche Leistungsunterschiede zwischen den Kindern feststellen.

In einem typischen Leseunterricht werden den Kindern bereits in den ersten Wochen der ersten Klasse die ersten Buchstaben vorgestellt und danach begonnen, mit den Kindern die ersten Wörter zu lesen. Die ersten Buchstaben sind in der Regel Kontinuanten wie ***M*** oder ***L*** sowie Vokale wie ***A*** und ***O***, also alles Buchstaben, die auch gedehnt ausgesprochen werden können und bei denen es einfach ist, sie zusammenzulauten. Die in den Erstlesebüchern enthaltenen Wörter bestehen in dem typischen Leseunterricht nur aus den bereits vorgestellten Buchstaben. Es wird allerdings versucht, die Wörter möglichst immer in Sätzen vorzugeben und den Satzkontext jeweils durch Bilder zu ergänzen, um von Anfang an verständlich zu machen, dass es beim Lesen immer um eine Aussage bzw. eine Mitteilung geht und dass die Wörter dabei verschiedene Funktionen haben.

Zudem werden die Buchstaben im typischen Leseunterricht auch immer gleich geschrieben. Ein Teil der Schreibaufgaben besteht in Übungen zum Bilden der Buchstaben, die oft in Form einer Buchstabenzeile wiederholt nacheinander geschrieben werden müssen. Daneben werden von Beginn an auch die ersten Wörter geschrieben.

**Schwierigkeiten im Einprägen**

Trotz dieser Versuche, den Kindern den Einstieg ins Lesen möglichst zu erleichtern, bleiben die Kinder, die später Schwierigkeiten haben, von Anfang an zurück. In mehreren Längsschnittuntersuchungen haben wir immer nach etwa drei Monaten versucht, eine erste Bilanz zu ziehen. Zu diesem Zeitpunkt zeigte sich bereits ein deutlicher Rückstand der schwachen Schüler. Sie konnten die im Unterricht bis dahin gelernten Buchstaben (etwa acht) nicht alle richtig benennen – im Gegensatz zu guten Lesern – und sie konnten nur zwei Drittel der vertrauten und im Unterricht häufig gelesenen Wörter fehlerfrei erkennen.

Man kann also sagen, dass diese Kinder von Anfang an gewisse Schwierigkeiten haben, sich die korrekte Zuordnung der Aussprache für die bereits mehrmals gelesenen Wörter zu merken. Sie tun sich auch beim raschen Aktivieren der Aussprache schwerer als die gut lesenden Schüler.

**Probleme bei unbekannten und Pseudowörtern**

Ganz anders sehen die Leistungen und die Strategien der schwachen Leser nach drei Monaten beim Lesen von neuen und Pseudowörtern aus. Nach dem Lesemodell der zweifachen Zugangswege können unbekannte und Pseudowörter nur über den indirekten Weg richtig gelesen werden. Ein direktes Wiedererkennen der Wörter ist nicht möglich. Die leseschwachen Kinder haben hier zu Anfang des Leseunterrichts sehr große Probleme und lesen weniger als ein Fünftel der zwischen drei und fünf Buchstaben langen Pseudowörter richtig. Diese Tatsache deutet auf große Schwierigkeiten bei einem Teilprozess des Worterkennens hin, nämlich beim phonologischen Rekodieren der Buchstabenfolge. Hier haben sie deutlich mehr Probleme als durchschnittliche Schüler, die drei Viertel der Pseudowörter (aber mehr als neun Zehntel der bekannten Wörter) richtig lesen. Natürlich

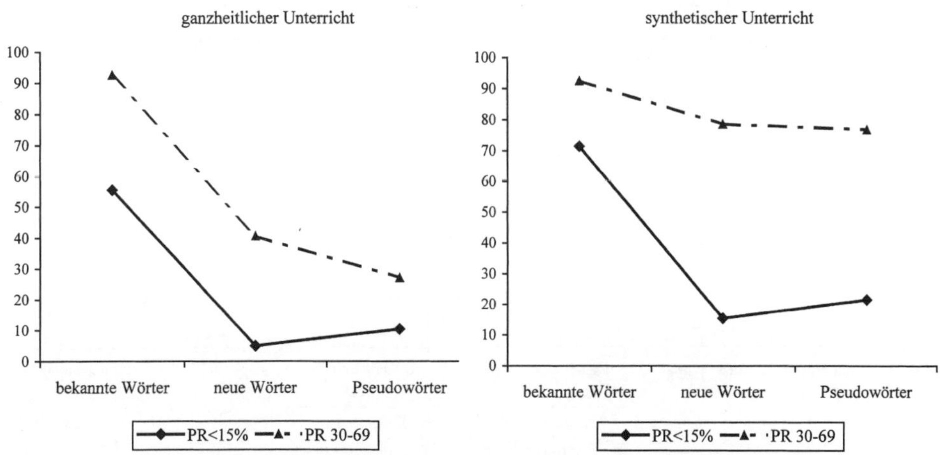


*Abb. 7.2:* Anzahl von korrekt gelesenen bekannten, neuen und Pseudowörtern durch schwache und durchschnittliche Leser am Anfang der 1. Klasse (Klicpera et al. 2000)

auch im Vergleich zu den guten Lesern, denen das Lesen von Pseudowörtern kaum Schwierigkeiten bereitet (91 % korrekt; Abb. 7.2).

**Zusammenschleifen der Laute gelingt nicht**

Näheren Aufschluss bringt auch hier die Betrachtung des Vorgehens beim Lesen. Pseudowörter werden am Anfang der ersten Klasse kaum spontan benannt, von den schwachen Lesern schon gar nicht. Sie müssen versuchen, sie über das Lautieren und Zusammenschleifen zu erlesen. Allerdings gelingt dies zu einem großen Teil nicht. Oft – bei der Hälfte der Pseudowörter – können die schwachen Leser zu diesem Zeitpunkt nur die Buchstaben lautieren, sie aber nicht zusammenlauten (Abb. 7.3). In der Mehrzahl der Fälle ist die lautierte Buchstabenfolge an sich korrekt, gelegentlich (bei insgesamt 12 % der Pseudowörter) schleichen sich beim Lautieren dann auch noch falsche Buchstaben ein, was zusätzlich zum Versagen beim Lesen beiträgt.

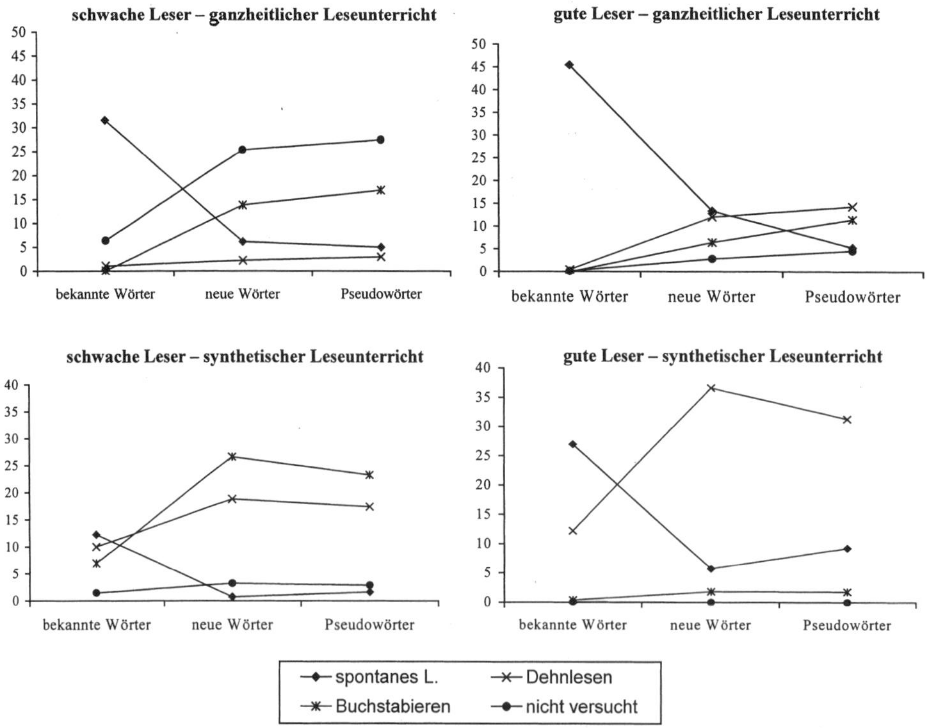


*Abb. 7.3:* Leseverhalten beim Lesen von bekannten und von neuen Wörtern sowie Pseudowörtern am Anfang der 1. Klasse (Klicpera et al. 2000)

Man kann also die Anfänge des Lesens schwacher Leser bei einem typischen Erstleseunterricht im deutschen Sprachraum dadurch charakterisieren, dass diese Schüler gewisse Probleme beim Behalten der Buchstaben haben. Das macht sich dann etwas stärker bemerkbar, wenn die Kinder die zugeordneten Laute beim Erlesen benötigen, als wenn sie getrennt eine Liste mit Buchstaben benennen sollen. Nicht zu vernachlässigen sind auch die Probleme beim Behalten bereits gelesener Wörter, von denen sie selbst nach drei Monaten, wenn die Zahl der Wörter noch recht klein ist, einen größeren Teil nicht erinnern und lesen können. Selbst wenn sie richtig lesen, ist das Lesen doch langsam. Im Vergleich zu den guten und durchschnittlichen Lesern können sie seltener gleich auf Anhieb, ohne zu zögern, gut lesen. Der größte Unterschied zeigt sich allerdings bei den Aufgaben, unbekannte Wörter bzw. Pseudowörter zu lesen.

**Veränderungen im ersten Schuljahr**

Die großen Schwierigkeiten mancher Kinder zu Beginn des Leseunterrichts sind für die meisten Lehrer noch nicht wirklich beunruhigend. Ihrer Erfahrung nach macht der größte Teil der Kinder erst in der zweiten Hälfte des ersten Schuljahres den wesentlichen Fortschritt im Lesen. Wenn wir uns die typische Entwicklung der Lesefähigkeit der schwachen Kinder im zweiten Halbjahr der ersten Klasse Grundschule ansehen, so ist auffällig, dass sie insgesamt mehr an Lesesicherheit gewinnen. Dies erstreckt sich nicht nur auf häufige Wörter, sondern auch auf seltenere und sogar auf Pseudowörter. Während wir vor 20 Jahren bei den schwächsten Lesern noch eine größere Unsicherheit im Lesen von Pseudowörtern am Ende der ersten Klasse beobachten konnten, war diese Unsicherheit in den letzten von uns untersuchten Stichproben am Ende nur mehr recht gering. Die schwach lesenden Schüler konnten am Ende der ersten Klasse immerhin 66 % der kurzen bzw. einsilbigen und 40 % der langen, dreisilbigen Pseudowörter korrekt lesen. Sie lagen damit zwar deutlich unter dem Gesamtniveau der durchschnittlichen (86 bzw. 80 % der kurzen und langen Pseudowörter korrekt) und vor allem der guten Leser (96 bzw. 93 % der kurzen und langen Pseudowörter korrekt) zum gleichen Zeitpunkt. Die Leistungen beim Lesen von Pseudowörtern waren allerdings nicht viel geringer als jene der häufigeren richtigen Wörter.

Die Veränderungen beim Lesen in dieser Zeit werden nochmals deutlicher, wenn man die Lesestrategien betrachtet. Beim Lesen aller drei Arten von Wortlisten (Listen mit häufigen, seltenen Wörtern und mit Pseudowörtern) waren die schwachen Leser zwar seltener in der Lage, Wörter spontan, ohne längere Pause, zu lesen – der Anteil lag nach wie vor nur bei einem Fünftel der Wörter (im Gegensatz zu beinahe zwei Drittel der Wörter bei den guten Lesern). Auf der anderen Seite konnten sie nahezu alle Wörter erlesen – bei nur mehr 4 % der Wörter war ein Lautieren der Buchstaben ohne Zusammenlauten festzustellen – und griffen häufig zur Methode des gedehnten Erlesens von Wörtern. 53 % der Wörter wurden von den schwachen Lesern auf diese Weise gelesen, dieser Anteil betrug bei den guten Lesern hingegen nur 23 %. Man kann also sagen, dass nahezu alle schwachen Leser sich bereits am Ende der ersten Klasse die grundlegenden Techniken des Lesens angeeignet hatten, selbst wenn diese nur langsam funktionierten und fehleranfällig waren.

**bleibender Rückstand im Verlauf**

In den Klassenstufen zwei bis vier müssen die schwächeren Kinder die bisherigen Fortschritte absichern und weiter vertiefen, d. h. sie müssen versuchen, die Technik des Zusammenlautens so weit zu beherrschen, dass sie sie ohne Fehler auch bei längeren Wörtern anwenden können. Des Weiteren müssen sie zu einer größeren Geläufigkeit und Automatisierung beim Lesen kommen. In der Tat sehen wir bis zum Ende der Grundschule nochmals deutliche Fortschritte in der Sicherheit und Geläufigkeit des Lesens bei den schwachen Lesern. Trotzdem ist nicht zu übersehen, dass die schwachen Leser ihren Rückstand nicht aufholen, sondern insbesondere bei der Lesesicherheit nicht einmal das Niveau erreichen, das die guten Leser schon am Ende der ersten Klasse erreicht haben. Hinzu kommen, vor allem in Sprachen mit einem regulären Schriftsystem, deutliche Probleme in der Lesegeschwindigkeit (Wimmer 1996b; Ziegler et al. 2002). Der Unterschied zwischen schwachen und guten Lesern ist dabei vor allem beim Lesen von Texten (im Vergleich zu Listen) in der 2. und 3. Klasse besonders groß. Schwache Leser können in der Grundschule also den Kontext weniger nutzen (Eklund et al. 2015).

**Zurückbleiben der Lesegeschwindigkeit**

Was sich über den längeren Verlauf zeigt, nämlich die Unmöglichkeit für die schwächeren Leser, ihren bereits am Ende der ersten Klasse, also der ersten Phase des Leseunterrichts, sichtbar gewordenen Rückstand aufzuholen, das zeigt sich auch bei einer kurzfristigen Lern- und Übungsaufgabe. Die schwachen Leser erreichen in der Lesegeschwindigkeit auch nach vielen wiederholten Darbietungen nicht die Geschwindigkeit, die gute Leser bereits bei den ersten Darbietungen gezeigt haben. So wurde in mehreren Experimenten von Levy (2001) gezeigt, dass auch nach wiederholter isolierter Darbietung der gleichen Wörter die Worterkennungsgeschwindigkeit leseschwacher Kinder zurückbleibt. Ein Ergebnis, das in etwas veränderter Form auch von Ebner und Thaler (2001) für den deutschen Sprachraum repliziert werden konnte.

**bleibende Leseschwäche bei Pseudowörtern**

Es stellt sich die Frage, ob die Entwicklung der Lesefähigkeit bei leseschwachen Kindern als bloße Verzögerung oder aber als qualitativ abweichend aufzufassen ist. Bereits Anfang der 80er Jahre ist zur Klärung dieser Fragen vorgeschlagen worden, den Leseprozess schwacher Leser nicht nur mit jenem von gleichaltrigen Kindern zu vergleichen, die natürlich viel besser lesen können, sondern auch mit jenem von jüngeren Kindern, die sich bei normaler Entwicklung in etwa auf dem gleichen relativ niedrigen Entwicklungsstand befinden (Backman et al. 1984; Bryant / Goswami 1986).

Zur Prüfung der Fähigkeit zum direkten und indirekten Worterkennen führten wir in den letzten Jahren mehrere Untersuchungen durch (Klicpera / Gasteiger-Klicpera 1994, 1999; Klicpera et al. 1993b). Der Vergleich schwacher Leser der vierten Klasse mit jüngeren Lesern desselben Entwicklungsstandes verdeutlichte vor allem die mangelnde Fähigkeit schwacher Leser beim Lesen von Pseudowörtern.

Andere Studien aus dem deutschen Sprachraum haben diesen Befund nur teilweise bestätigen können. Sie fanden ähnliche Ergebnisse, wenn man die Lesegeschwindigkeit als Kriterium heranzieht, aber nicht, wenn man die Lesefehler betrachtet (Wimmer 1996b; Ziegler et al. 2002).

## 7.3 Entwicklung des Leseverständnisses

**stark beeinträchtigtes Leseverständnis**

Ziel des Lesenlernens ist von Anfang an die Sinnentnahme aus dem Text, also das verständnisvolle Lesen. Dies mag zeitweise in den Hintergrund treten, wenn die Kinder so sehr damit beschäftigt sind, die Aussprache der Buchstabenfolgen zu entschlüsseln. Man hat dann im Verlauf der ersten und zweiten Klasse manchmal den Eindruck, dass Kinder das, was sie einem mühsam vorlesen, gar nicht verstehen – ein Eindruck, für den im Englischen der Ausdruck „name calling" geprägt wurde. Manche Kinder produzieren auch zunächst die Aussprache, um dann das gleiche Stück nochmals und diesmal mit hörbarem Verständnis zu lesen.

Das Leseverständnis bei den Kindern stimmt im Allgemeinen jedoch gut mit ihrem Verständnis von mündlich Gehörtem überein. Es hängt also sowohl von der Entwicklung basaler sprachlicher Fähigkeiten, dem Wortschatz der Kinder, der Beherrschung syntaktischer Strukturen und der Fähigkeit zur lokalen Textintegration (s. Kap. 3), als auch von dem Arbeitsgedächtnis und der allgemeinen kognitiven Entwicklung ab.

Beim reifen Leser ist die Übereinstimmung zwischen dem Verstehen mündlicher Kommunikation und dem Leseverständnis recht hoch (nach Snow et al. 1998 beträgt der Anteil gemeinsamer Variabilität ca. 64 %), bei Kindern ist sie noch deutlich niedriger und nimmt dann allmählich zu. Der Anteil der Varianz am Leseverständnis, der durch das Hörverstehen erklärt werden kann, ist somit bei Kindern deutlich geringer als bei Erwachsenen. Auf der anderen Seite ist bei den Kindern ein größerer Anteil des Leseverständnisses durch Einschränkungen im Worterkennen bedingt (Snow et al. 1998; Juel 1994; Landerl/Reiter 2002; Schabmann et al. 2012). Dabei ist natürlich zu bedenken, dass in vielen Untersuchungen als Maß für das Worterkennen nur die Lesesicherheit bzw. die Fehlerzahl beim Lesen berücksichtigt wird. Nimmt man hingegen die Lesegeschwindigkeit als Maß, so ist – zumal es sich bei vielen Lesetests um zeitbegrenzte Tests handelt – der Anteil der durch basale Lesefertigkeiten erklärten Varianz deutlich größer, nach Landerl (2001) annähernd ein Drittel.

**kein Zuwachs im Hörverständnis**

Zunächst sind bei allen Kindern, natürlich im Besonderen bei den schwachen Lesern, die Fähigkeiten zum mündlichen Sprachverständnis größer als jene im Leseverständnis. In den höheren Klassenstufen kehrt sich diese Relation jedoch bei den besseren Lesern um. So entwickelt sich etwa gerade im Zusammenhang mit dem Lesen die Fähigkeit, das eigene Verstehen zu überwachen und durch nochmaliges Lesen Verständnislücken auszugleichen (s. Kap. 3.1). Hier macht sich bemerkbar, dass die schwachen Leser diese Entwicklung, ohne spezielle Unterstützung und Training nicht bzw. nur teilweise mitmachen. Sie bemerken daher weniger als durchschnittliche Leser Inkonsistenzen im Text. Zum Teil liegt dies wohl daran, dass sie schon bei relativ basalen Verständnisprozessen, wie etwa beim Verständnis von Wortbedeutungen, bei der Satzanalyse bzw. bei anderen eher lokal begrenzten Prozessen (wie bei der Identifizierung der Referenten rückbezüglicher Ausdrücke) Schwierigkeiten haben. Zum Teil dürfte es auch an einem mangelnden Verständnis für die übergreifenden Ziele von Texten und den sich daraus ergebenden Bearbeitungsstrategien liegen.

Alternativ wurde vor allem von Perfetti (1985) die Hypothese formuliert, dass durch die größere Langsamkeit und Mühe bei den basalen Verständnisprozessen bei den schwachen Lesern wenig Zeit und Kapazität übrig bleibt, sich um die weitere Verarbeitung der vom Text aufgenommenen Informationen zu bemühen. In jedem Fall ist feststellbar, dass leseschwache Kinder gewöhnlich recht wenig aktiv beim Bemühen um ein Verständnis von Texten sind. Sie bleiben beim wörtlichen Verständnis stehen und ziehen kaum Schlussfolgerungen aus dem Gelesenen bzw. bilden keine Inferenzen.

Juel (1994) konnte in ihren Längsschnittuntersuchungen zeigen, dass bei gut lesenden Kindern in den ersten Schulklassen mit den Fortschritten im Lesen auch das Hörverständnis ansteigt, bei den schwachen Lesern lässt sich diese Zunahme hingegen nicht feststellen. Das Lesen regt also gewöhnlich reifere, bewusstere Formen der Textbearbeitung an, die vom Lesen auch auf die Bearbeitung mündlich übermittelter Informationen übertragen werden.

## 7.4 Entwicklung des Rechtschreibens

**Rechtschreiben schwerer als Lesen**

Das Rechtschreiben ist in gewisser Weise die Kehrseite des Lesens, da es sich zu einem Teil um die dem Lesevorgang spiegelbildliche Zuordnung von Graphemen zu Phonemen handelt. Allerdings ist die Zuordnung der Phoneme zu Graphemen mit einer größeren Unsicherheit behaftet, da Phoneme durch eine größere Anzahl von Graphemen wiedergegeben werden können als umgekehrt. Zudem handelt es sich für Kinder beim Lesen nur um das Wiedererkennen der neu zu lernenden Sprachrepräsentationsform, während es beim Schreiben um deren aktive Reproduktion geht.

Trotz des Naheverhältnisses von Lesen und Schreiben kann man nicht davon ausgehen, dass das Schreibenkönnen eine selbstverständliche Folge des Lesenkönnens darstellt. Hier gibt es nach Venezky (1991) auch historische Beispiele für das Gegenteil – so war es in Schweden verpflichtend, dass jedes Kirchenmitglied die Bibel lesen konnte, schreiben konnten hingegen nur wenige.

Schreiben ist in jedem Fall ein deutlich langsamer ablaufender und bewusster gesteuerter Prozess als das Lesen. Die größere Langsamkeit und Bewusstheit betrifft nicht nur das Formulieren und Gestalten des Textes, sondern auch die Ebene der einzelnen Wörter, wo eine vollständige Durchgliederung erforderlich ist, dafür aber auch die Möglichkeit einer Korrektur besteht, ja, diese geradezu erwünscht ist.

Heute läuft das Erlernen des Lesens und Schreibens weitgehend parallel bzw. zeitgleich ab, wobei allerdings das, woran in den beiden Komponenten der Schriftsprachbeherrschung gearbeitet wird, nicht immer übereinstimmen muss. Die erste Phase der Rechtschreibentwicklung ist noch stärker durch das Erlernen des Schreibvorgangs und der Buchstabenform geprägt. Trotzdem ist es derzeit in den meisten Klassen im deutschsprachigen Raum selbstverständlich, dass die Wörter, die die Kinder lesen lernen, auch geschrieben werden.

In mehreren Längsschnittstudien haben wir die besonderen Merkmale, die die Rechtschreibentwicklung schwacher Schüler von jener guter unterscheidet, nachgezeichnet (Klicpera et al. 2000). Schüler mit Rechtschreibproblemen unterscheiden sich demnach schon zu Beginn der ersten Klasse von guten Schülern. Auffallend sind Schwierigkeiten vor allem in zwei Bereichen:

- Zum einen bereitet ihnen das Behalten der konkreten Schreibweise eines Wortes Schwierigkeiten. Sie können zwar Wörter, die bereits im Unterricht vorgestellt und gelesen wurden, deutlich besser schreiben als andere Wörter, die aus den gleichen Buchstaben zusammengesetzt sind. Gleichzeitig haben sie aber deutlich mehr Schwierigkeiten als andere Mitschüler bei der Wiedergabe dieser Wörter, werden also durch die Vertrautheit mit diesen Wörtern weniger in der schriftlichen Wiedergabe unterstützt.
- Auf der anderen Seite ist nicht zu übersehen, dass trotz der eigentlich unerwarteten relativ guten Leistung beim Schreiben von Pseudowörtern die Schwierigkeiten in der lautgetreuen Wiedergabe beträchtlich sind. Dies ist besonders deutlich, wenn die Kinder aufgefordert werden, die Pseudowörter, die sie in Form einer Leselernaufgabe wiederholt zu lesen hatten, nach Diktat niederzuschreiben. Diese Aufgabe scheint die schwächsten Schüler noch zusätzlich zu verwirren, so dass sie nur sehr wenige dieser Pseudowörter korrekt niederschreiben können.

**schwierige Lautmerkmale**

Der Weg vom Meistern der ersten Schritte in der Rechtschreibung bis zur Bewältigung der größten Schwierigkeiten ist noch sehr lang. So sind in den ersten von den Kindern zu schreibenden Wörtern noch keine Konsonantenverbindungen enthalten, die ihnen besondere Schwierigkeiten machen, da sich die Aussprache der beiden miteinander verbundenen Konsonanten stark überlappt. Deshalb wird leicht entweder einer der beiden überhört und ausgelassen oder die Reihenfolge, in der sie geschrieben werden sollen, kann nicht richtig bestimmt werden. Auch gibt es noch eine Reihe anderer Lautmerkmale, deren Unterscheidung den Kindern schwer fällt. Eines dieser Merkmale ist etwa die Stimmhaftigkeit bzw. die Härte der Verschlusslaute, ein weiteres die Kennzeichnung der Vokaldehnung bzw. der Vokalkürze.

In der weiteren Folge müssen die Kinder dann noch eine größere Anzahl an wortspezifischen Schreibweisen lernen, bei denen für lautgleiche Wörter zum Teil bewusst unterschiedliche Schreibweisen eingeführt wurden, um die Wörter ihrer Bedeutung nach wenigstens beim Lesen auseinanderhalten zu können, z. B. ***Wahl*** vs. ***Wal***. Weiterhin müssen auch die besonderen Merkmale der Schreibweisen vieler Wörter, die sich aus ihrer Herleitung voneinander und dem gemeinsamen Bedeutungskern ergeben (Wortfamilien), von den Kindern durchschaut werden. Hier hat sich gezeigt, dass Kinder mit Rechtschreibschwierigkeiten Probleme haben, komplexe morphologische Zusammenhänge zu erkennen und auszunutzen (Breadmore/Carroll 2016). Allerdings ist unklar, inwieweit diese Probleme auf einer mangelnden Anwendung von Ableitungsregeln beruhen oder ob die Schwierigkeiten eher im impliziten Lernen von morphologischen Mustern bestehen (Protopapas et al. 2013).

Bis zum Ende der ersten Klasse sollten die Kinder in der Rechtschreibung eine größere Sicherheit erlangen und vor allem bei etwas längeren Wörtern lautgetreu schreiben lernen. Bei jenen Stellen, in denen eine differenzierte Lautanalyse Hinweise auf die korrekte Schreibweise gibt, sollten auch bei schwachen Schülern gewisse Fortschritte bemerkbar sein.

**aktives Beherrschen der Orthographie schwierig**

In den höheren Klassen sollten die lese- und rechtschreibschwachen Kinder ihr orthographisches Wissen bzw. ihre Kompetenzen beim wortspezifischen Schreiben erweitern. Allerdings nimmt dieses Wissen nur sehr langsam zu, sodass sich in der 4. Klasse noch deutliche Unterschiede zwischen den schwachen und den guten Rechtschreibern zeigen (Klicpera / Gasteiger-Klicpera 2000).

## 7.5 Schriftlicher Ausdruck

**schwache Schüler schreiben wenig**

Anforderungen an den schriftlichen Ausdruck werden in den Grundschulen erst relativ spät gestellt. Erst in der dritten und dann vor allem in der vierten Klasse bekommen die Schüler die Aufgabe, mehr als einzelne Sätze zu bilden und einen Erlebnisbericht oder eine Phantasiegeschichte sowie eine Nacherzählung zu schreiben. Es ist wohl nicht unerwartet, dass die lese- und rechtschreibschwachen Schüler dabei Schwierigkeiten haben. Das Erste, was dabei auffällt, ist die geringe Menge dessen, was die schwachen Schüler dabei zu Papier bringen (Marschik et al. 1997).

Das hängt, wie verschiedenste Untersuchungen gezeigt haben, einmal damit zusammen, dass sich die schwachen Schüler dies nicht zutrauen bzw. dem Schreiben am liebsten aus dem Weg gehen. Die bloße Wiederholung der Aufforderung bzw. eine zusätzliche Ermutigung kann daher in vielen Fällen schon eine Steigerung der Textmenge bewirken. Auch die Mühe, die der Schreibvorgang bereitet, wirkt als Abschreckung, wobei hier wohl ebenso der Schreibvorgang selbst als auch die Unsicherheit, wie die Wörter geschrieben werden sollen, eine Hürde darstellen. Eine nicht unbeträchtliche Steigerung der produzierten Textmenge ist deshalb zu erzielen, wenn das Schreiben selbst an eine andere Person delegiert werden kann und die Kinder ihren Text nur zu diktieren brauchen (Graham 1990).

**unzureichende Textproduktion**

Nach dem zu Beginn des Abschnitts eingeführten Modell von Juel und Kollegen (1986; Juel, 1994) ist neben der Beherrschung des Rechtschreibens die Fähigkeit, Schreibideen zu produzieren, ein wesentlicher Einflussfaktor. In der Tat konnte sie zeigen, dass schwache Schüler auch bei der mündlichen Produktion von Texten Schwierigkeiten hatten. Ihre erzählten Geschichten wiesen weniger ausgeführte Ideen, einen eingeschränkteren Wortschatz und eine weniger klare Logik in der Ereignisfolge auf. Die Rechtschreibfähigkeit hatte vor allem in der ersten Klasse, also zu Anfang der Rechtschreibentwicklung, einen großen Einfluss auf die Fähigkeit, Texte zu verfassen. In den höheren Klassen ging der Einfluss deutlich zurück. Das Leseverständnis war hingegen zunächst von keiner allzu großen Bedeutung, die allerdings in den höheren Klassen eindeutig anstieg. Ähnlich wie Juel (1994) eine deutliche Zunahme des mündlichen Geschichtenverständnisses bei den durchschnittlichen und guten Lesern in den höheren Klassenstufen fand, so konnte sie bei diesen Schülern auch eine beträchtliche Steigerung in der Fähigkeit feststellen, mündlich eine Geschichte zu erzählen. Dagegen blieb dieser Zuwachs bei den lese- und schreibschwachen Kindern aus.

## 7.6 Zusammenfassung

Die Darstellung der Entwicklung des Lesens und Schreibens bei Schülern mit Problemen bei der Aneignung der Schriftsprache hat deutlich gemacht, dass diese Kinder typischerweise von Anfang an beim Erlernen des Worterkennens und der schriftlichen Wiedergabe von Wörtern zurückbleiben. Sie haben zu Beginn große Probleme beim phonologischen Rekodieren der visuell vorgegebenen Buchstabenfolgen, und zwar vor allem dann, wenn sie die bereits bekannten Graphem-Phonem-Zuordnungen auf neue Wörter oder auf Pseudowörter – also auf aussprechbare Buchstabenfolgen, die keine richtigen Wörter sind und die sie daher noch nie gesehen haben können – übertragen sollen.

Ähnliches gilt in umgekehrter Weise auch für die Fähigkeit zum Niederschreiben von angesagten Phonemfolgen, von neuen Wörtern bzw. Pseudowörtern. In der weiteren Entwicklung bleibt für längere Zeit eine größere Unsicherheit beim Lesen und Schreiben von unbekannten Wörtern bzw. Pseudowörtern bestehen. Diese Unsicherheit zeigt sich nach übereinstimmenden Berichten bei schwachen Schülern aus dem deutschen Sprachraum in jedem Fall in der Lesegeschwindigkeit, nach eigenen Befunden auch in der Fehleranfälligkeit beim Lesen.

In der ersten Phase der Leseentwicklung nimmt auf das Ausmaß an Schwierigkeiten, das das Erlernen des phonologischen Rekodierens den schwachen Schülern bereitet, auch das didaktische Vorgehen im Leseunterricht Einfluss. Wenn besonderer Wert darauf gelegt wird, dass die Buchstaben-Laut-Zuordnungen nicht nur explizit vorgestellt werden, sondern auch ausreichend Gelegenheit zur Übung und Einprägung dieser Zuordnungen gegeben wird, dann haben nur die allerschwächsten Schüler Probleme, und sie versuchen wenigstens ein Erlesen bzw. eine Niederschrift. Wird dies nicht gemacht, dann sind alle schwächeren Kinder mit dieser Aufgabe bei unbekannten Wörtern und Pseudowörtern deutlich überfordert.

Die weitere Entwicklung des Lesens ist vor allem durch ein sehr langsames Worterkennen gekennzeichnet. Den schwachen Lesern gelingt es auch nach häufigerer Übung nicht, den Rückstand in der Worterkennungsgeschwindigkeit aufzuholen. Sie haben darüber hinaus auch deutliche Probleme im Leseverständnis, wobei hier das geringe Ausmaß des mündlichen Leseverständnisses neben der langsamen Worterkennungsgeschwindigkeit eine weitere einschränkende Bedeutung hat.

Neben dem Lesen ist der typische im Lesen schwache Schüler auch durch Probleme bei der Aneignung des Rechtschreibens beeinträchtigt. Die Schwierigkeiten bei der Beherrschung des orthographisch richtigen Schreibens dauern bei den schwachen Schülern recht lange an. Dabei kann in den höheren Klassen zunehmend lautgetreu geschrieben werden, allerdings unter Verstoß gegen die Konventionen der Orthographie. Jedoch scheint den schwachen Schülern im Vergleich zu jüngeren Kindern der gleichen Entwicklungsstufe im Rechtschreiben das Meistern der phonologischen Rekodierung die größeren Probleme zu bereiten.

Was die schriftliche Ausdrucksfähigkeit betrifft, ist auch eine unzureichende Produktion bzw. ein mangelndes Durchhalten beim Schreiben für das auffallende Defizit mitveranwortlich. Noch mehr als bei einer mündlichen Texterstellung gehen hier auch Probleme bei der Schaffung eines kohärenten Textes mit ein.

## 7.7 Übungsfragen

1. Wann und wodurch fallen die Leseschwierigkeiten schwacher Leser im Erstleseunterricht erstmals auf?

2. Wie entwickelt sich die Lesesicherheit dieser Schüler gewöhnlich in den höheren Klassenstufen der Grundschule?

3. Wie steht es um die Entwicklung der Lesegeschwindigkeit bei den schwachen Schülern?

4. Wie entwickelt sich das Leseverständnis im Vergleich zum Hörverständnis bei leseschwachen Schülern?

5. Wann und wodurch fallen Rechtschreibschwierigkeiten im Unterricht erstmals auf?

6. Wie verläuft die Entwicklung des Rechtschreibens der lese- und rechtschreibschwachen Kinder in den höheren Klassen Grundschule?

7. Was sind die auffallendsten Merkmale der lese- und schreibschwachen Schüler bei der schriftlichen Textproduktion?

# 8 Unterscheidung von Kindern mit verschiedenen Formen von Lese- und Schreibschwierigkeiten

**heterogenes Erscheinungsbild**

Die eben beschriebenen Schwierigkeiten beim Schriftspracherwerb scheinen nahe zu legen, dass alle Kinder und Jugendlichen, die beim Lesen- und Schreibenlernen zurückbleiben, ein ähnliches Profil an Schwierigkeiten aufweisen. Dies ist irreführend. Die Art der Schwierigkeiten verschiedener Kinder und Jugendlicher ist im Erscheinungsbild keineswegs homogen. Um diese Vielfalt zu ordnen, wurden verschiedene Einteilungen in Untergruppen vorgeschlagen. Ausgehend von dem Profil der Schwierigkeiten beim Lesen und Schreiben und den dabei recht eng zusammenhängenden Fertigkeiten kann man drei Formen von Gruppenbildungen unterscheiden, die in der Folge kurz vorgestellt werden sollen:

- Unterscheidung zwischen Schwierigkeiten in verschiedenen Teilbereichen des Lesens und Schreibens, also etwa in der Lesesicherheit, der Lesegeschwindigkeit, im Rechtschreiben etc.
- Unterscheidung zwischen zwei Subtypen von Schwierigkeiten beim Lesen und Rechtschreiben: einem phonologischen und einem orthographischen Subtyp.
- Gruppierung nach anderen Merkmalen als den Leistungen beim Lesen und Schreiben. Dabei wollen wir einerseits auf die Differenzierung zwischen zur Intelligenz diskrepanten und nichtdiskrepanten Schwierigkeiten eingehen, andererseits auf die Gruppenbildung nach Defiziten in der phonologischen Bewusstheit und im raschen Benennen von Bildern, Zahlen und Farben.

## 8.1 Unterscheidung zwischen Schwierigkeiten in verschiedenen Teilbereichen des Lesens und Schreibens

In jedem Teilbereich der Schriftsprache können relativ umschriebene Schwierigkeiten auftreten. Vorweg erscheint es sinnvoll, zwischen den folgenden Teilbereichen zu unterscheiden: Lesesicherheit und Lesegeschwindigkeit, Rechtschreibsicherheit, Leseverständnis und schriftliche Ausdrucksfähigkeit. Die Frage, nach welchen Merkmalen eine Bildung von Untergruppen erfolgen soll, ist bisher eine nur in Ansätzen gelöste Frage.

### 8.1.1 Dimensionen der Lese- und Schreibfertigkeiten

Es gibt bisher nicht viele Versuche, zu einer systematischen Einteilung von Kindern mit verschiedenen Formen von Lese- und Schreibschwierigkeiten zu kommen und eine Übersicht darüber zu gewinnen, wie häufig verschiedene Formen auftreten. Einen derartigen Versuch möchten wir erwähnen, und zwar die Untersuchungen von Aaron et al. (1999). Sie gelangten bei jüngeren Kindern zu zwei, in den höheren Klassenstufen zu drei Faktoren. Die bei jüngeren Kindern identifizierten beiden Faktoren bezeichneten die Fähigkeit zum Worterkennen bzw. Dekodieren (also mündliches Lesen) und das Lese- bzw. Sprachverständnis. Der bei den älteren Kindern identifizierte dritte Faktor entsprach der Dimension Lesegeschwindigkeit sowie Beherrschung der Orthographie.

### 8.1.2 Kinder mit speziellen Problemen in der Lesegeläufigkeit

**Relation einzelner Fertigkeiten**

Die Relation der Fertigkeiten in den vier Teilbereichen ist in hohem Ausmaß von der Klassenstufe und dem Gesamtentwicklungsstand abhängig. Im Allgemeinen entwickelt sich die Lesesicherheit vor der Geläufigkeit im Lesen. Im Deutschen erlangen die meisten Kinder bis zum Ende der ersten Klasse eine hohe Sicherheit in der Beherrschung der Buchstaben und im Lesen von kürzeren und häufigen Wörtern.

Dabei kann aber die Geläufigkeit noch gering sein. Diskrepanzen zwischen der Lesesicherheit und -geschwindigkeit werden vor allem dann deutlich, wenn den Kindern nicht nur Listen von Wörtern, sondern auch kleinere Texte mit Geschichten vorgegeben werden. Hier zeigt sich, dass manche Kinder sehr langsam und stockend lesen, obwohl sie dabei kaum Fehler machen. Daneben gibt es Kinder, die zwar relativ viele Fehler machen, die aber trotzdem verhältnismäßig flüssig lesen.

**isolierte Lesegeschwindigkeitsschwierigkeiten**

Im Deutschen schafft es – wie erwähnt – auch ein großer Teil der Schüler, die Probleme mit der Aneignung der Schriftsprache haben, wenigstens in den höheren Klassen recht sicher lesen zu lernen. Viele bleiben allerdings in der Lesegeschwindigkeit deutlich zurück. Bereits in den Wiener Längsschnittstudien war auffällig, dass nicht alle diese Kinder auch beim Rechtschreiben große Mühe hatten (Klicpera et al. 1993b). Es konnte eine Gruppe von etwa 2 % der Kinder identifiziert werden, die isolierte Leseschwierigkeiten aufwies und über die Jahre recht stabil blieb.

Auch Wimmer und Mayringer (2002; Wimmer 1993) haben im Rahmen der Salzburger Längsschnittuntersuchungen die besonderen Schwierigkeiten betont, die es manchen Kindern im deutschen Sprachraum bereitet, ein flüssiges Lesen zu erlernen. Diese besondere Schwierigkeit ist beim Lesen von Pseudowörtern mindestens ebenso ausgeprägt wie beim Lesen von Wörtern und betrifft etwa 5 % der Kinder. Auffallend war, dass die Kinder mit isolierten Lesegeschwindigkeitsschwierigkeiten bei Schuleintritt kein Problem im Bereich der phonologischen Bewusstheit hatten, wohl aber deutliche Schwierigkeiten beim raschen Benennen von wiederholten Bilderfolgen.

### 8.1.3 Kinder mit speziellen Problemen beim Rechtschreiben

In den ersten Phasen des Lesens und Rechtschreibens besteht eine gewisse Unabhängigkeit der beiden Entwicklungen. Nicht alle Wörter, die richtig gelesen werden, werden auch richtig geschrieben und umgekehrt. Im Deutschen gibt es dann auch in den höheren Klassen neben Kindern mit Schwierigkeiten im Lesen und Rechtschreiben eine größere Anzahl von Kindern mit umschriebenen Schwierigkeiten beim Rechtschreiben (Klicpera et al. 1993b).

Isolierte Rechtschreibschwierigkeiten kündigen sich sehr oft bereits bei Schulbeginn durch eine geringe Ausbildung der phonologischen Bewusstheit und durch Probleme beim Nachsprechen von Pseudowörtern an (Wimmer / Mayringer 2002).

Im angloamerikanischen Sprachraum begehen Kinder mit isolierten Rechtschreibschwierigkeiten weit weniger nicht lautgetreue Fehler beim Rechtschreiben als lese- und rechtschreibschwache Kinder. Hinzu kommt, dass sie viele Fehler machen, bei denen sie gegen orthographische Konventionen verstoßen (Frith 1979, 1980). Dies lässt sich zumindest in den ersten Grundschuljahren auch für den deutschen Sprachraum nachweisen. In der vierten Klasse gehen die nicht-lautgetreuen Fehler insgesamt deutlich zurück, wodurch die Unterschiede geringer werden.

Im Gegensatz zu Befunden aus dem angloamerikanischen Sprachraum haben Kinder mit isolierten Rechtschreibschwierigkeiten in den höheren Klassen beim Lesen von Pseudowörtern und in der Lesegeschwindigkeit keine Probleme (Klicpera et al. 1993b).

**Diagnosekriterien**

*Kriterien für die Diagnose isolierter Rechtschreibschwierigkeiten:* Der Anteil von Kindern mit isolierten Rechtschreibschwierigkeiten ist sehr von den Kriterien abhängig, zeigt aber natürlich gewisse Schwankungen von Stichprobe zu Stichprobe. Bei einer Diskrepanzdefinition war der Anteil in den Wiener Längsschnittuntersuchungen in allen Klassenstufen etwa 9 %, während 14 % der Kinder lese- und rechtschreibschwach waren (Klicpera et al. 1993b). In den Salzburger Längsschnittstichproben betrug der Anteil am Ende der dritten Klasse einmal 3.6 %, das andere Mal 5.3 %, während 8.4 % bzw. 7.0 % Probleme im Rechtschreiben und beim Lesen hatten (Wimmer / Mayringer 2002). ICD-10 sieht ebenfalls die Diagnose isolierter Rechtschreibschwierigkeiten vor, allerdings sollen die Kinder nie Schwierigkeiten beim Lesen gehabt haben. Dieses Ausschlusskriterium ist kritisch zu betrachten, da es dazu führt, dass im Deutschen keine rechtschreibschwachen Kinder identifiziert werden (Esser 1991).

### 8.1.4 Kinder mit speziellen Problemen beim Leseverständnis

**enge Verbindung mit Leseproblemen**

Ähnlich wie mündliche Leseschwierigkeiten in der Grundschule zumeist mit Rechtschreibschwierigkeiten verbunden sind, aber auch getrennt vorkommen, so lässt sich auch eine enge Verbindung von mündlichen Leseschwierigkeiten und Problemen mit dem Leseverständnis feststellen. Wie zu erwarten, erzielen Kinder, die langsam und fehlerhaft lesen, auch in Leseverständnistests schlechte Leistungen. Dies kann bloße Folge davon sein, dass die Kinder so langsam beim Lesen sind. Oft gehen die Probleme aber darüber hinaus und sie haben auch bei mündlich vorgegebenen Texten oder dann, wenn ihnen mehr Zeit eingeräumt wird, Schwierigkeiten.

Von besonderem Interesse sind jene Kinder, die zwar das mündliche Lesen recht gut gemeistert haben, trotzdem aber ein geringes

**isoliertes Leseverständnisproblem**

Leseverständnis aufweisen. Bei diesen Kindern lassen sich eine Reihe besonderer Merkmale bei der Textbearbeitung feststellen. Diese Kinder haben bereits kurz nach dem Lesen größere Mühe, Fragen über einen Text zu beantworten. Dies ist besonders auffällig, wenn sich die Fragen auf Informationen beziehen, die nicht wörtlich in dem Text vorgekommen sind, sondern nur indirekt aus dem Text geschlossen werden müssen (Oakhill 1984). Dies liegt nicht unbedingt daran, dass sich die Kinder nur unzulänglich an den Text erinnern. Die Schwierigkeiten bleiben auch dann bestehen, wenn sie den Text vor sich haben und ihn zur Beantwortung der Fragen mit heranziehen können. Sie haben die Tendenz, nicht allzu sehr über die explizit im Text festgehaltenen Informationen hinauszugehen. Gleichfalls neigen sie im Vergleich zu anderen Schülern weniger dazu, von ähnlichen, aber nicht wortwörtlich gleichen Sätzen anzunehmen, dass sie aus dem gelesenen Text stammen, wenn man sie später danach fragt (Oakhill 1982).

**Merk- und Hörverständnisprobleme**

Kinder mit Leseverständnisproblemen haben auch Schwierigkeiten, rückbezügliche Ausdrücke, Verweise und komprimierte Darstellungen zu verstehen (Yuill / Oakhill 1988). Zudem haben sie Probleme, Informationen in einem Text zu identifizieren. Der Grund dafür dürfte sein, dass sie sich nicht die zeitliche Abfolge der Ereignisse in einem Text merken können. Ihr räumliches Gedächtnis bzw. die Fähigkeit, sich die Lokalisation einzelner Wörter auf einer Seite zu merken, dürfte hingegen nicht beeinträchtigt sein (Cataldo / Oakhill 2000). Auch von anderen Autoren werden Gedächtnisschwierigkeiten (etwa im Arbeitsgedächtnis) nicht als primäre Ursache der Verständnisschwierigkeiten dieser Kinder gesehen (Stothard / Hulme 1992), obwohl zu dieser Frage gegensätzliche Befunde berichtet wurden (s. etwa De Beni et al. 1998).

Es zeigt sich bei diesen Kindern im Allgemeinen auch, dass die Verständnisprobleme nicht auf das Lesen beschränkt sind, sondern auch dann auftreten, wenn sie sich Geschichten anhören können, ohne selbst lesen zu müssen (Stothard / Hulme 1992).

**Einfluss des Satzkontexts**

Ein guter Bestimmungsfaktor dafür, inwieweit das Lesen durch zusätzliche Verständnisschwierigkeiten erschwert wird, stellt der Einfluss eines Satzkontexts auf das Lesen einzelner Wörter dar. Normalerweise übt der Satzkontext bei Kindern, die bereits über die Anfänge des Lesenlernens hinaus sind, nur mehr einen geringen Einfluss aus. Das Worterkennen und Benennen der Wörter erfolgt sehr rasch, so dass die vorausgehenden Informationen gar nicht mehr zur Identifikation der Wörter benötigt werden. Kindern mit Schwierigkeiten im mündlichen Lesen helfen die vorausgehenden Informationen im Satz allerdings beim Worterkennen, und sie stützen sich deshalb beim Lesen vermehrt darauf. Auf der anderen Seite erfahren Kinder mit Leseverständnisschwierigkeiten wenig Hilfe vom Kontext, auch wenn er, etwa in Form eines Satzrahmens, mündlich vorgegeben wird (Nation / Snowling 1998a).

**Lesefähigkeit von selteneren und Pseudowörtern**

Auch der Vergleich der Lesefähigkeit von Pseudowörtern und selteneren richtigen Wörtern kann Aufschluss über Leseverständnisprobleme geben. Bei gleichem Entwicklungsstand im Lesen von Pseudowörtern können Kinder mit Leseverständnisproblemen seltenere Wörter und Wörter mit einer speziellen Schreibweise weniger gut lesen (Nation / Snowling 1998b). Solche Wörter werden normalerweise durch Unterstützung seitens der Semantik gelesen. Noch deutlicher ist der Kontrast zwischen der Fähigkeit zum Lesen von Pseudowörtern und jener zum Lesen von Texten, da hier neben der Wortsemantik auch das Textverständnis von Bedeutung ist.

Die Existenz einer Untergruppe mit speziellen Verständnisschwierigkeiten beim Lesen, aber auch beim Hören von Geschichten trotz guter Dekodierfertigkeiten beim Lesen bestätigt in den Grundzügen die „einfache Betrachtungsweise der Lesekompetenz" (Simple View of Reading) von Hoover und Gough (1990). Sie geht davon aus, dass das sinnentnehmende Lesen die Summe der Fertigkeiten beim Dekodieren von Wörtern und des Sprachverständnisses ist. Hier gibt es natürlich erwartungsgemäß Dissoziationen. Viele, wohl sogar die meisten Kinder mit Schwierigkeiten beim Dekodieren haben keine zusätzlichen Leseverständnisschwierigkeiten, da sie auch keine Probleme haben, Gehörtes zu verstehen. Es gibt aber sehr wohl Personen, die in beiden Bereichen Schwierigkeiten haben, beim Verständnis von sprachlichen Mitteilungen und beim Dekodieren geschriebener Wörter; sowie Personen, die primär unter Sprach- und vor allem unter Leseverständnisschwierigkeiten leiden, obwohl ihre Dekodierfähigkeit in Ordnung ist. Solche Schüler sind natürlich nicht nur im englischen Sprachraum, sondern auch im Deutschen zu finden (Marx / Jungmann 2000).

### 8.1.5 Kinder mit speziellen Problemen im schriftlichen Ausdruck

Ähnlich wie man beim Lesen Kinder unterscheiden kann, die primär beim Worterkennen bzw. beim Dekodieren und lauten Lesen von Wörtern und Pseudowörtern bzw. beim Leseverständnis Probleme haben, lassen sich auch Personen unterscheiden, deren Schwierigkeiten primär beim Rechtschreiben entstehen, und solche, deren Rechtschreibleistungen zumindest altersgemäß sind, die aber Probleme beim schriftlichen Ausdruck haben.

In den Wiener Längsschnittuntersuchungen haben wir uns auf diese Unterscheidung gestützt und stellten fest, dass etwa die Hälfte der lese- und rechtschreibschwachen Kinder in der vierten Schulstufe auch bei der Nacherzählung einer Geschichte geringe Leistungen in der Verwendung schriftlicher Ausdrucksmittel erzielt hat. In der achten Schulstufe war dieser Anteil auf zwei Drittel angestiegen. Zusätzlich gab es unter den Kindern, die beim mündlichen Lesen und Rechtschreiben keine Probleme hatten, in beiden Klassenstufen jeweils etwa 15 bis 20 %, die beim Nacherzählen nur eine dürftige Wiedergabe der Geschichte schreiben konnten (Klicpera et al. 1993b). Die Kinder mit Problemen bei der Geschichtenwiedergabe fielen auch durch geringe Leistungen in anderen Sprachtests auf. Viele von ihnen hatten Probleme beim Leseverständnis und konnten bei den nachzuerzählenden Geschichten anschließende Fragen zu den Texten nur mangelhaft beantworten.

Aus dem amerikanischen Raum berichten Hooper et al. (1993), dass von den Schülern der Sekundarstufe mit durchschnittlichen Leistungen beim lauten Lesen und im Leseverständnis ein relativ großer Teil (in manchen Schulen mehr als 40 %) geringe Leistungen bei Schreibaufgaben erzielen.

### 8.1.6 Hyperlexie als besondere Untergruppe

**mündliches Lesen vs. Leseverständnis**

Wenn die Diskrepanz zwischen der Sicherheit, aber auch der Geläufigkeit im mündlichen Lesen und dem Leseverständnis besonders stark ausgeprägt ist, die Kinder bzw. Jugendlichen oder Erwachsenen also recht gut vorlesen können, obwohl ihr Verständnis des Gelesenen sehr gering ist, spricht man von einer Hyperlexie, um die gegenüber dem Leseverständnis außergewöhnlich gute mündliche Lesefähigkeit zu betonen. Auch hier sind die Verständnisschwierigkeiten nicht auf das Lesen beschränkt, sondern zeigen sich auch in der mündlichen Kommunikation. Sie entstehen nicht nur auf der Wortebene, sondern betreffen auch die Satz- sowie die Textebene. So wird etwa das Gelesene sehr wörtlich genommen, und es können Analogien, aber auch das nur indirekt Ausgedrückte nicht verstanden werden (Siegel 1994a).

Eine Gruppe, bei der eine Hyperlexie häufiger festzustellen ist, sind Kinder mit einer autistischen Störung. Hier muss wohl neben einer ungestörten Entwicklung phonologischer Fertigkeiten auch eine gewisse Zwanghaftigkeit und ein übermäßiges Interesse an Ordnungen und Regelmäßigkeiten hinzukommen.

### 8.1.7 Unterscheidung zwischen einem phonologischen und einem orthographischen Subtyp

**phonologische vs. Oberflächendyslexie**

Neben diesen Schwierigkeiten, die sich auf Teilbereiche der schriftsprachlichen Kompetenz beziehen, werden im angloamerikanischen Sprachraum zwei unterschiedliche Formen von Lese- und Rechtschreibstörungen unterschieden. Diese werden in Anlehnung an Störungen der Schriftsprache, die durch Hirnschädigung erworben wurden, auch als Oberflächen- vs. phonologische Lese- und Rechtschreibstörung bezeichnet (Stanovich et al. 1997b). Kinder mit einer Oberflächendyslexie bzw. -dysgraphie zeigen vor allem Probleme im orthographischen Wissen, beherrschen jedoch die phonologische Rekodierung beim Lesen und Schreiben recht gut. Kinder mit einer phonologischen Lese- und Rechtschreibstörung zeigen gerade bei der phonologischen Rekodierung größte Schwierigkeiten. Ähnliche Unterformen wurden allerdings im Deutschen, das eine transparentere Sprache ist, in der die Aneignung der phonologischen Rekodierung den Kindern generell weniger schwer fällt, unserem Wissen nach bisher nicht beschrieben.

**Versuche zu den Subtypen**

Neben der Beschreibung einzelner Fälle wurde im anglo-amerikanischen Sprachraum mehrmals versucht, in größeren Gruppen von leseschwachen Kindern die Häufigkeit dieser Typen zu bestimmen und dafür klare Kriterien zu ermitteln. In einem ersten Versuch identifizierten Castles und Coltheart (1993, siehe zusammenfassend etwa Griffiths/Snowling 2002) von 53 legasthenen Kindern nur 8 (15 %) mit der ersten und 10 (20 %) mit der zweiten Form von Leseschwäche. Später wurde das Kriterium weniger scharf angesetzt, dann wiesen 55 % eine phonologische und 30 % eine Oberflächendyslexie auf.

Manis, Seidenberg, Doi et al. (1996) nahmen als Vergleichs- bzw. Referenzgruppe zur Einteilung in Subtypen nicht durchschnittlich lesende Kinder des gleichen Alters, sondern durchschnittlich lesende jüngere Kinder des gleichen Leseentwicklungsstandes. In diesem Fall zeigte sich nur bei etwa einem Viertel der leseschwachen Kinder (24 %) ein deutliches phonologisches Defizitprofil und nur bei 2 % das Profil einer Oberflächendyslexie. Zu einem ähnlichen Ergebnis kamen Stanovich et al. (1997a). Demnach sind die meisten Kinder, die verglichen mit ihren Alterskollegen eine Oberflächendyslexie aufweisen, also Mühe mit Wörtern haben, die irregulär ausgesprochen werden, nicht von jüngeren normal lesenden Kindern des gleichen Leseentwicklungsstands zu unterscheiden. Manis et al. (1996) vermuten, dass eine leichte allgemeinere Beeinträchtigung kognitiver Ressourcen das Erlernen von Graphem-Phonem-Zuordnungen und in weiterer Folge auch das Erlernen der komplexeren orthographischen Verbindungen erschwert. Stanovich et al. (1997) nimmt spezifischer eine leichte Beeinträchtigung phonologischer Fertigkeiten an, die – und hier sind sich Manis et al. sowie Stanovich et al. einig – verstärkt wird durch ungenügende Erfahrung mit dem Lesen und durch einen ungünstigen Unterricht.

Zumeist wird die Möglichkeit eines unterschiedlichen Profils an Lesefertigkeiten im Rahmen des Modells der zweifachen Zugangswege erklärt. Viele Autoren betonen, dass die beschriebenen Subtypen kaum je in reiner Form existieren und dass es vielmehr eine große Variabilität in den Teilfertigkeiten des Lesens (und Schreibens) gibt. Bezieht man die Self-Teaching-Hypothese (Share 1995) in die Überlegung mit ein, ist es nicht verwunderlich, dass Mischtypen vorkommen. Ist nämlich die phonologische Rekodierung beeinträchtigt, wird sich dies auf den Aufbau des mentalen Lexikons auswirken.

Harm und Seidenberg (1999) stützen sich auf das Netzwerkmodell und nehmen an, dass es individuelle Unterschiede in der Geschwindigkeit geben könnte, mit der Regelmäßigkeiten in der Graphem-Phonemzuordnung wieder verlernt werden. Griffiths und Snowling (2002) haben auf die Annahme von eindeutig identifizierbaren Subtypen verzichtet und konnten zeigen, dass unter der Annahme eines Kontinuums die Fähigkeit, Pseudowörter zu lesen, signifikant von der phonologischen Bewusstheit sowie vom phonologischen Kurzzeitgedächtnis abhängt. Die Fähigkeit zum Lesen von Ausnahmewörtern hängt hingegen nur von der Leseerfahrung und der Vertrautheit mit Büchern ab.

Zur Stabilität der Subtypen gibt es kaum Untersuchungen. Manis und Bailey (2008) haben Kinder, bei denen Oberflächendyslexie bzw. phonologische Dyslexie diagnostiziert wurden, nach zwei Jahren erneut getestet, um herauszufinden, wie stabil das Störungsbild der Subtypen ist. Es zeigte sich, dass die phonologische Dyslexie stabiler als die Oberflächendyslexie ist. Diese Ergebnisse konnten von Peterson und Kollegen (2013) bestätigt werden.

Unserer Ansicht nach sollte auch im deutschen Sprachraum intensiver versucht werden, verschiedene Formen von Schwierigkeiten beim Lesen und Rechtschreiben zu differenzieren. Zumindest im Rechtschreiben sollte es möglich sein, Kinder zu unterscheiden, deren

Schwierigkeiten primär darin bestehen, eine Phonemfolge zu analysieren und den Segmenten passende Grapheme zuzuordnen. Diese Form von Lese- und Rechtschreibschwierigkeiten sollte von einer Form abgegrenzt werden können, deren Problem primär im unzureichenden Aufbau orthographischen Wissens besteht.

## 8.2 Gruppenbildungen nach anderen Merkmalen als den Leistungen beim Lesen und Schreiben

### 8.2.1 Differenzierung zwischen spezifischen und unspezifischen Lese- und Rechtschreibschwierigkeiten

**Diskrepanz zur allgemeinen Intelligenz**

Vielfach wird als Kriterium für die Diagnose einer umschriebenen Störung der Aneignung der Schriftsprache nicht nur eine Diskrepanz zum Alters- bzw. Klassendurchschnitt, sondern eine Diskrepanz zu jenem Leistungsstand, der aufgrund der allgemeinen Intelligenz (vgl. Kap. 6) des Kindes zu erwarten wäre, gefordert. Damit wird eine Unterscheidung zwischen einer spezifischen bzw. zur Allgemeinbegabung diskrepanten Lese- und Rechtschreibstörung (vielfach als Legasthenie bezeichnet) und einer unspezifischen Lese- und Rechtschreibschwäche nahe gelegt.

Die Sinnhaftigkeit dieser Unterscheidung ist allerdings umstritten, da bisherige Untersuchungen keinen wesentlichen Unterschied in den Merkmalen des Lese- und Rechtschreibprozesses zwischen diesen beiden Arten von Schwierigkeiten finden konnten (Stanovich 1994; Stanovich et al. 1997a; Klicpera / Gasteiger-Klicpera 2001; Pennington et al. 1992). Entgegen ersten Befunden (Yule 1973) unterscheidet sich auch die Prognose nicht wesentlich (Share et al. 1989; Klicpera et al. 1993b). Ähnliches gilt für das Ausmaß an familiärer bzw. genetischer Belastung (Pennington et al. 1992), und abgesehen von der Intelligenz ist auch in den assoziierten kognitiven Defiziten (phonologische Sensitivität, Benennungsgeschwindigkeit) kein signifikanter Unterschied zu beobachten. Zudem ist der Erfolg von Interventionen vergleichbar (Weber et al. 2002). Nur dann, wenn der Wortschatz und die Fähigkeit zur Bildung von Inferenzen ins Spiel kommen, also beim Leseverständnis, bestehen Unterschiede zwischen Kindern mit einer spezifischen Lesestörung und einer unspezifischen Leseschwäche.

Lese- und Rechtschreibschwierigkeiten können daher als ein deutliches Beispiel für die modulare Organisation der menschlichen Informationsverarbeitung betrachtet werden, bei der sich Teilbereiche relativ unabhängig voneinander entwickeln. Deshalb wird auch im Kommentar zu den Forschungskriterien von ICD-10 (Dilling et al. 1994) darauf hingewiesen, dass die Abgrenzung dieser beiden Störungen unklar und die Diagnose einer Leseschwäche allein aufgrund einer Diskrepanz zur durchschnittlichen Leistung der Altersgruppe möglich ist.

### 8.2.2 Gruppen mit geringem phonologischen Bewusstsein bzw. geringer Benennungsgeschwindigkeit und einem „doppelten Defizit"

**Gruppenbildung**

Die beiden am unmittelbarsten mit den Fortschritten im Worterkennen und im Rechtschreiben zusammenhängenden Fertigkeiten – die phonologische Bewusstheit einerseits und die Benennungsgeschwindigkeit andererseits – haben in den letzten Jahren den Versuch zu einer Gruppenbildung angeregt (Wolf/Bowers 1999).

Die phonologische Bewusstheit weist nur einen geringen Zusammenhang mit der Benennungsgeschwindigkeit auf, so dass die schriftsprachlichen Kompetenzen einerseits von den beiden Fähigkeiten unabhängig voneinander vorausgesagt werden können. Andererseits lassen sich aber auch Untergruppen von lese- und rechtschreibschwachen Kindern bilden, die entweder das eine, nämlich eine Schwäche im raschen Benennen, oder das andere Defizit, eine mangelnde phonologische Bewusstheit, oder aber Defizite in beiden Bereichen, ein so genanntes „doppeltes Defizit", aufweisen.

**Relation der Gruppen**

Die bisherigen Untersuchungen weisen darauf hin, dass im angloamerikanischen Raum der Großteil der schwachen Leser ein doppeltes Defizit aufweist. Die Kinder mit dem doppelten Defizit im Lesen hatten jeweils die deutlich größten Schwierigkeiten. Im deutschen Sprachraum haben bisher nur Wimmer et al. (2000) über die Einteilung von drei jeweils nicht allzu großen Gruppen von Schülern mit Lese- und Rechtschreibschwierigkeiten berichtet. Danach war die Größe der drei Gruppen nicht so unterschiedlich. Allerdings gab es nur relativ wenige lese- und rechtschreibschwache Kinder, die nur ein Defizit in der phonologischen Bewusstheit hatten. Das Profil der Fähigkeiten bei den verschiedenen Lese- und Schreibaufgaben unterschied sich nicht so wesentlich zwischen diesen drei Gruppen. Es zeigte sich allerdings recht einheitlich, dass eine geringe Benennungsgeschwindigkeit mit einer besonders geringen Lesegeschwindigkeit verbunden war.

## 8.3 Zusammenfassung

*Zusammenfassend* ist festzuhalten, dass die relativ große Heterogenität zu unterschiedlichen Einteilungsversuchen geführt hat. Die Diskussion um die Sinnhaftigkeit und Berechtigung dieser Klassifikationen ist nicht abgeschlossen. Es stellt sich natürlich die Frage, welche der Einteilungen sinnvoll ist: einerseits in Bezug auf die Planung von Fördermaßnahmen und andererseits die Suche nach den Ursachen der Schwierigkeiten. In Bezug auf die Einteilung nach den Schwerpunkten der Schwierigkeiten beim Lesen und Schreiben dürfte eine unmittelbare Relevanz für die Förderplanung vorhanden sein. Wenn Kinder etwa Probleme beim Rechtschreiben, aber nicht beim Worterkennen haben, sollte sicher der Schwerpunkt der Förderung auf Maßnahmen gelegt werden, die längerfristig ein Aufholen der Schwierigkeiten beim Rechtschreiben ermöglichen. Anders ist dies etwa bei jenen Kindern, die spezielle Schwierigkeiten beim Leseverständnis und beim schriftlichen Ausdruck haben.

Größere Unsicherheit besteht bei den übrigen Einteilungen. So ist etwa die Sinnhaftigkeit einer Einteilung der Lese- und Rechtschreibschwierigkeiten in einen phonologischen und orthographischen Subtyp für den deutschen Sprachraum noch immer umstritten; ebenso sind die Einteilungskriterien unklar. Auch in Bezug auf die Bedeutung der Unterscheidung in IQ-diskrepante und nichtdiskrepante Lese- und Rechtschreibschwierigkeiten gibt es eine größere Uneinigkeit. Während die Schulbehörde in Bayern ebenso wie viele Mediziner (s. etwa Warnke et al. 2001) an dieser Unterscheidung festhalten, wird sie von anderen – uns eingeschlossen – in Frage gestellt, da sie etwa in Bezug auf die Planung und die Prognose von Fördermaßnahmen keine besondere Bedeutung zu haben scheint. Für andere Einteilungen (etwa jene nach der orthographischen Bewusstheit und dem raschen Benennen) wissen wir ebenfalls noch zu wenig über deren Relevanz für die Förderung. Hier wird man sicher aufmerksam auf neue Befunde warten müssen.

## 8.4 Übungsfragen

**1.** Wie häufig gibt es im deutschen Sprachraum Kinder mit speziellen Problemen in der Lesegeschwindigkeit? Wie ist diese Form von Problemen zu erklären?

2. Was kennzeichnet Kinder mit speziellen Problemen beim Rechtschreiben in verschiedenen Klassenstufen?

3. Worin zeigen sich die besonderen Schwierigkeiten von Kindern mit speziellen Leseverständnisproblemen? Wodurch kommt auf der anderen Seite die Hyperlexie zustande?

4. Wie hat man bisher versucht, einen phonologischen und einen orthographischen Subtyp von Lese- und Rechtschreibschwierigkeiten zu unterscheiden? Was gibt es an Alternativen zu dieser Unterscheidung?

5. Wie werden IQ-diskrepante und nichtdiskrepante Lese- und Rechtschreibschwierigkeiten definiert? Warum besteht von Seiten einer größeren Anzahl von Forschern heute größere Zurückhaltung gegenüber dieser Unterscheidung?

6. Wie unterscheiden sich Kinder mit einer geringen phonologischen Bewusstheit und einer geringen Benennungsgeschwindigkeit bei Bildern, Farben und Zahlen? Wie ist die Relation dieser Gruppen im angloamerikanischen bzw. im deutschen Sprachraum?

# Dritter Abschnitt: Ursachen, Diagnostik, Intervention

## 9 Ursachen der Lese- und Rechtschreibschwierigkeiten

Für die Entwicklung von Lese- und Rechtschreibschwierigkeiten können ganz verschiedene Ursachen verantwortlich sein. In den meisten Fällen führen mehrere Faktoren dazu, dass den Kindern das Lesen und Schreibenlernen schwerer fällt und sie dabei geringere Fortschritte machen als andere. Um diese Ursachen in ein theoretisches Konzept einzuordnen, ist wohl am ehesten ein interaktives Modell geeignet (Abb. 9.1).

Es ist anzunehmen, dass sowohl individuelle Faktoren (geringe Lernvoraussetzungen) als auch eine mangelnde Unterstützung in der Familie und schließlich ein für das Kind unzureichender Unterricht zusammenwirken. Diese verursachen über die ersten Schuljahre einen deutlichen Rückstand in der Lese- und Rechtschreibentwicklung. Allerdings sind die in dem Modell angeführten Faktoren nicht unabhängig voneinander, sondern sie befinden sich in steter dynamischer Wechselbeziehung. So sind etwa familiäre Einflüsse mitverantwortlich für die Lernvoraussetzungen, mit denen die Kinder die Schule beginnen. Andererseits sind geringere Lernvoraussetzungen bei Schuleintritt nicht als endgültig zu betrachten. Schule und Familie können sich auch nach Schuleintritt um eine Förderung dieser Lernvoraussetzungen bemühen. Durch eine besondere familiäre Unterstützung oder ein langsames individualisiertes Vorgehen im Erstleseunterricht können mangelnde Voraussetzungen kompensiert werden.

Schließlich muss noch darauf hingewiesen werden, dass die Fortschritte der Kinder im Lesen und Schreiben auch auf die Lernvoraussetzungen zurückwirken. Dies gilt etwa für die phonologische Bewusstheit, aber auch für viele sprachliche Lernvoraussetzungen, etwa den Wortschatz der Kinder, der während der Schulzeit unter dem Einfluss des Lesens beträchtlich ansteigt.

Was die verschiedenen Einflussfaktoren betrifft, diskutieren wir zunächst biologische Faktoren, dann kognitive Lernvoraussetzungen und Ursachen für Defizite. In einem weiteren Teil geht es dann um

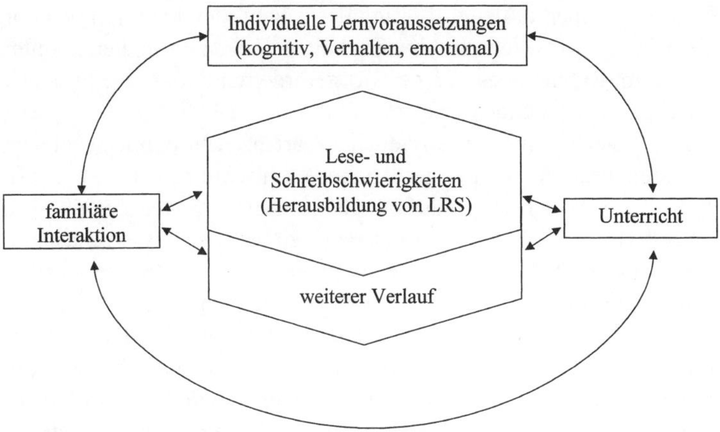


*Abb. 9.1:* Interaktives Modell der Entwicklung von Lese- und Rechtschreibschwierigkeiten

die unzureichende Förderung bzw. Unterstützung der Kinder vor und während der Schule als Ursache der Lernschwierigkeiten.

## 9.1 Biologische Faktoren

### 9.1.1 Genetische Faktoren

Die unmittelbare Erklärung für Lese- und Schreibschwierigkeiten stellen beeinträchtigte Lern- bzw. Informationsverarbeitungsprozesse dar. Wesentliche Grundlage dieser Beeinträchtigungen sind nach heutigem Verständnis genetische Einflüsse, die sich auf die Entwicklung des Nervensystems auswirken.

**Zwillingsstudien**

Schon Anfang des 20. Jahrhunderts wurde auf das gehäufte Auftreten unerwarteter Leseschwierigkeiten in manchen Familien hingewiesen (Hinshelwood 1900; Orton 1937). Doch erst ab den späten 1970er Jahren konnten groß angelegte Untersuchungen an Familien mit betroffenen Kindern und vor allem Zwillingsuntersuchungen den Beleg für die erbliche Bedingtheit von LRS erbringen. Vor allem die intensiven Bemühungen der Gruppe um DeFries in Boulder, Colorado, sind hier zu nennen. Sie konnte über die Jahre eine recht große Gruppe von Zwillingen identifizierten und für eine Teilnahme an einer Untersuchung über die Entwicklung des Lesens und Rechtschreibens gewinnen. Außerdem haben sich in den letzten Jahren auch andere

Forschergruppen um eine Klärung der genetischen Faktoren bemüht, die bei Lese-Rechtschreibschwierigkeiten eine Rolle spielen könnten – etwa im Rahmen des von der EU geförderten Forschungsprojektes „NeuroDys" (Schulte-Körne et al. 2006).

Das Ausmaß an interindividueller Varianz, das durch genetische Faktoren bestimmt wird, wird beim Rechtschreiben auf etwa 60–70%, beim Worterkennen auf 50–60% geschätzt (Davies et al. 2001; Harlaar et al. 2005). Allerdings ist dabei zu beachten, dass Teilaspekte des Lese- und Schreibprozesses in einem unterschiedlichen Ausmaß von genetischen Faktoren beeinflusst sein können. So zeigt sich zum Beispiel, dass der Einfluss genetischer Faktoren bei den Kindern und Jugendlichen, die beim Lesen auf Basis der Graphem-Phonem-Korrespondenzen mehr Schwierigkeiten haben („phonologische" Dyslexiker), größer ist als bei jenen, die das phonologische Rekodieren gut beherrschen, aber nur über ein geringes orthographisches Wissen verfügen (Castles et al. 1999). Byrne und Kollegen (2013) konnten zeigen, dass drei „genetische Faktoren" existieren, die jeweils statistisch voneinander separiert und als Gruppen von Genen interpretiert werden können, die jeweils teilweise unabhängig voneinander sind. Der erste Faktor betrifft den Wortschatz, der zweite Buchstabenkenntnisse und orthographisches Lernen, der dritte das Wiederholen von Pseudowörtern und das Gedächtnis für Geschichten (also das verbale Kurzzeitgedächtnis).

**Abhängigkeit vom Alter**

Das Ausmaß des genetischen bzw. des Umgebungseinflusses dürfte auch vom Alter bzw. dem Entwicklungsstand abhängen. So haben Stevenson und Kollegen (1987) berichtet, dass bei 13-jährigen Zwillingen die Bedeutung genetischer Faktoren für das Rechtschreiben größer sei als für das Lesen. DeFries und Kollegen (1997) konnten zeigen, dass der Einfluss genetischer Faktoren beim Lesen mit dem Alter abnimmt und bei 11- bis 20-Jährigen deutlich geringer ist als bei 8- bis 11-Jährigen (0.64 gegenüber 0.47). Beim Rechtschreiben bleibt die Heredität hingegen auch bei älteren Kindern und Jugendlichen hoch bzw. nimmt sogar noch etwas zu (von 0.52 auf 0.68). Eine mögliche Erklärung ist, dass Bemühungen um eine Förderung beim Lesen erfolgreicher sind als beim Rechtschreiben. Daher verschwinden die größeren Unterschiede zwischen den Kindern beim Lesen, während sie beim Rechtschreiben erhalten bleiben.

**Umgebungseinflüsse beim Leseverständnis**

Während also das Worterkennen bzw. das mündliche Lesen und das Rechtschreiben eine beträchtliche Heredität aufweisen, ist dies beim Leseverständnis weit weniger der Fall. Hier hat das Ausmaß an Förderung und Anregung (also Umgebungsfaktoren) die weitaus größere

Bedeutung. Die Entwicklung des Wortschatzes und des Allgemeinwissens hängt zu einem beträchtlichen Teil davon ab, inwieweit die Konzepte und die dafür erforderlichen bzw. verwendeten Wörter den Kindern zu Hause vermittelt werden. Hier ist auch das Ausmaß an Leseerfahrung von Bedeutung und diese hängt wohl von der familiären Literalität ab.

**Risikowahrscheinlichkeit**

Für Kinder mit einem Verwandten ersten Grades mit LRS beträgt die Wahrscheinlichkeit, selbst eine Lese- und Rechtschreibstörung zu entwickeln, 50 % (Scerri/Schulte-Körne 2010). 20–33 % der Geschwister von Kindern mit LRS sind betroffen (Gilger et al. 1996; zit. n. Scerri/Schulte-Körne 2010). Wenn auch noch ein Elternteil betroffen ist, so steigt das Risiko auf 54–63 %; sind beide Eltern betroffen auf bis zu 78 % (Schulte-Körne et al. 1996). Bei Mädchen ist die Übertragung von den Eltern auf die Kinder (=Penetranz) geringer als bei Jungen.

**Vererbung von LRS und Intelligenz**

Unklar ist, inwieweit die Vererbbarkeit abhängig vom IQ ist. Schulte-Körne und Kollegen (1996) finden keinen Unterschied zwischen Kindern mit spezifischen (diskrepanten) Lese- und Rechtschreibschwierigkeiten und Kindern mit einer unspezifischen (nichtdiskrepanten) Lese- und Rechtschreibschwäche. Allerdings dürfte es dabei sehr auf die Stichprobendefinition und die Art der Bestimmung des Einflusses des IQ auf das Ausmaß der Heredität ankommen: Wenn ein größeres IQ-Spektrum zugelassen und genau darauf geachtet wurde, dass sich die Gruppen mit unterschiedlichem IQ nicht auch im Schweregrad ihrer Leseprobleme unterschieden, so ist die Heridität bei Kindern mit höherem IQ größer und der Einfluss der Umgebung geringer (Olson et al. 1999).

**Lokalisierung der Gene**

Versuche, in größeren Familien mit mehreren betroffenen Mitgliedern die genetischen Loci mit Hilfe einer Linkage-Analyse zu bestimmen, legen insgesamt neun chromosomale Regionen nahe, die für die Lese- Rechtschreibstörung relevante Gene tragen. Diese Regionen befinden sich auf den Chromosomen 1, 2, 3, 6, 15, 18 und X. Dazu kommen weitere Kandidatengene (Schulte-Körne 2007; Carrion-Castillo et al. 2013).

**Prävention durch Identifikation von Risikogruppen**

Durch den Nachweis genetischer Faktoren beim Zustandekommen von Lese- und Rechtschreibschwierigkeiten ergibt sich eine Möglichkeit, bereits vor dem eigentlichen Erlernen des Lesens und Schreibens Kinder zu identifizieren, die ein hohes Risiko für die Entwicklung von Lese- und Rechtschreibproblemen haben. Damit lassen sich die Entwicklungsprozesse näher kennen lernen, die an der Entstehung dieser Schwierigkeiten beteiligt sind. Mittlerweile liegen Ergebnisse aus einigen Untersuchungen vor, die die Entwicklung bei Kindern legas-

### Die Risikokinderstudie von Scarborough (1990, 1991)

Untersucht wurden 34 Kinder legasthener Eltern aus der Mittelschicht (einer der beiden Eltern sollte in einem standardisierten Lesetest Leistungen mit wenigstens einer Standardeinheit unter dem von ihrem Alter und der Intelligenz vorhergesagten Wert erzielen) vom Alter von zwei Jahren an bis zum achten Lebensjahr.

Zwei Drittel dieser Kinder entwickelten selbst Lese- und Rechtschreibschwierigkeiten. Als Definition galt, dass die Leistungen mehr als eineinhalb Standardabweichungen unter dem von der Intelligenz vorhergesagten Wert liegen sollten. Neben den Schwierigkeiten im Lesen hatten diese Kinder auch im Rechtschreiben und bei mündlichen Sprachaufgaben Probleme (Nachsprechen von Pseudowörtern, Unterteilung von Wörtern in Phoneme). In Mathematik hingegen und in den Intelligenztests erzielten sie am Ende der zweiten Klasse durchschnittliche Leistungen.

Scarborough verglich vor allem die Entwicklung der sprachlichen Fähigkeiten in der Vorschulzeit der Kinder, die später eine Lese- und Rechtschreibstörung entwickelten, mit einer unauffälligen Kontrollgruppe. Er konnte zeigen, dass die lese- und rechtschreibschwachen Kinder bereits mit zwei bis drei Jahren sowie in den folgenden Jahren vor dem Schuleintritt durch eine eingeschränkte syntaktische Entwicklung und ab dem dritten Lebensjahr auch durch einen geringeren Wortschatz auffielen. Vor der Schule beherrschten die Schüler weniger Namen von Buchstaben und hatten eine geringere phonologische Bewusstheit. Die Entwicklung der nonverbalen Leistungen war immer normal, es handelte sich also nicht um eine generelle Entwicklungsverzögerung.

Kasten 9.1

thener Eltern von früh an begleitet haben. Die erste Untersuchung, die diesen Weg gegangen ist, wurde von Scarborough (1990, 1991) durchgeführt (Kasten 9.1).

**Schwierigkeiten genetisch belasteter Kinder**

In einer Studie, in der die frühe sprachliche Entwicklung von Kindern legasthener Eltern vom vierten bis zum achten Lebensjahr verfolgt wurde (Gallagher et al. 2000), konnten zum einen Probleme bei der Aneignung von neuen Wörtern und bei der Ausweitung des aktiven und passiven Wortschatzes sowie bei der Entwicklung eines weiteren Spektrums aktiver Sprachbeherrschung bestätigt werden. Zum anderen wurde auch klar, dass die Kinder bei Schuleintritt die wichtigen Vorläuferfertigkeiten des Lesens und Schreibens, wie die Ausbildung der phonologischen Bewusstheit und die Aneignung von Buchstabenkenntnissen weniger gemeistert hatten. Dies stand allerdings in Kontrast dazu, dass sich die Eltern besondere Mühe zu geben schienen, den Kindern bei der Aneignung von Buchstabenkenntnissen und beim Meistern der ersten Schritte in der Orientierung zur Schrift zu helfen.

In einigen weiteren Studien wurde versucht, die Entwicklung in den ersten Lebensjahren zu erfassen. Locke und Mitarbeiter (1997) konnten an einer Gruppe von 30 Kindern legasthener Eltern frühe sprachliche Auffälligkeiten bestätigen, allerdings nicht in allen Maßen. So fanden sie den bereits im Vorschulalter geringeren Wortschatz bestätigt, nicht aber den eingeschränkteren Gebrauch der Syntax. Sie konnten auch gewisse Hinweise auf Einschränkungen des Kurzzeitgedächtnisses und eine deutlich später einsetzende Sensitivität für Reime beobachten. Kurz vor Schulbeginn waren diese Kinder deutlich schlechter auf das Lesenlernen vorbereitet, kannten weniger Buchstaben und hatten eine geringere phonologische Bewusstheit. Torppa und Kollegen (2010) verglichen Kinder mit LRS (wobei LRS natürlich retrospektiv nach Schuleintritt erhoben wurde) und normal lesende Kinder mit oder ohne familiärer LRS im Längsschnitt von der Geburt bis zum Ende der 2. Klasse. Sie fanden deutliche Defizite der LRS-Gruppe in Bereichen der expressiven und rezeptiven Sprache, Morphologie sowie phonologischen Sensitivität.

Insgesamt scheinen also bei Kindern von legasthenen Eltern die gleichen Fertigkeiten bzw. Schwächen künftige Lese- und Rechtschreibschwierigkeiten vorauszusagen wie bei anderen Kindern.

**Identifikation von „Risikokindern"**

Eine Frage, die sich in dieser Hinsicht stellt, ist, wie Kinder mit einem familiär bzw. genetisch bedingten Risiko für Lese- und Rechtschreibschwierigkeiten identifiziert werden können. In klinischen Einrichtungen scheinen zwar Fragen an die Eltern nach eigenen (früheren oder aktuellen) Schwierigkeiten im Lesen und/oder Rechtschreiben im Großen und Ganzen wahrheitsgemäß beantwortet zu werden (Schulte-Körne et al. 1997). Jedoch ist es uns in unseren eigenen Untersuchungen von Kindern im Vorschulalter nicht gut gelungen, aufgrund entsprechender Befragungen der Eltern Risikogruppen von Kindern zu identifizieren. Auch bei der Befragung von Eltern lese- und rechtschreibschwacher Schulkinder werden weit seltener ähnliche Schwierigkeiten berichtet, als man es bei dem beträchtlichen genetischen Einfluss erwarten würde (Klicpera/Gasteiger-Klicpera 1999).

## 9.1.2 Neuropsychologische Erklärungsmodelle

### *Das Modell der Alexien und Agraphien*

**sensorische und motorische Aphasie**

Detaillierte neuropsychologische Untersuchungen von Erwachsenen, die aufgrund erworbener Gehirnschädigungen ihre Lese- und Schreibfähigkeit verloren haben, können wesentliche Informationen zu der Frage beitragen, welche Teilkomponenten des Lesens und Schreibens voneinander trennbar sind bzw. welche isoliert beeinträchtigt sein können, und welche unterschiedlichen Formen von Lese- und Rechtschreibschwierigkeiten der Ausfall einzelner Teilkomponenten bedingt (Klicpera/Gasteiger-Klicpera 1998a). Lesestörungen (Alexien) treten meist bei Patienten auf, die auch Störungen der mündlichen Kommunikation (Aphasien) haben, und diese Form der Lesestörung weist viele Merkmale der mündlichen Sprachstörung auf. So sind die Leseschwierigkeiten bei Patienten mit einer „sensorischen" oder Wernicke'schen Aphasie durch häufige, sinnstörende Lesefehler gekennzeichnet. Patienten mit einer „motorischen" oder Broca'schen Aphasie haben hingegen vor allem Schwierigkeiten bei der Aussprache, dem lauten Lesen und bei der Analyse und dem Gebrauch der Grammatik. Daneben gibt es jedoch auch die reine Alexie (ohne begleitende Aphasie).

**Alexien und Agraphien**

Bei der Alexie werden zum einen periphere (bei denen die Schädigung einen visuellen Verarbeitungsmechanismus betrifft) von zentralen Alexien abgegrenzt. Zum anderen werden bei der zentralen Alexie Störungen, bei denen nur eine Komponente des Lese- bzw. Verarbeitungsprozesses betroffen ist, von Störungen mit multiplen Beeinträchtigungen unterschieden (Shallice/Warrington 1980). Ähnlich werden auch bei den spät erworbenen Störungen des Rechtschreibens (Agraphien) periphere und zentrale Formen unterschieden.

**phonologische Dyslexie und Oberflächendyslexie**

Besonders großen Einfluss auf die Auseinandersetzung mit den Lese- und Rechtschreibschwierigkeiten bei Kindern hatte die Unterscheidung zwischen der phonologischen Dyslexie und der Oberflächendyslexie (bzw. parallel dazu zwischen der phonologischen und der lexikalischen Dysgraphie). In Anlehnung an die neuropsychologischen Befunde bei erwachsenen Patienten wird angenommen, dass man auch bei Entwicklungsstörungen des Lesens und Rechtschreibens Kinder unterscheiden kann, die entweder bei der phonologischen Rekodierung oder beim Behalten wortspezifischer (orthographischer) Informationen Schwierigkeiten haben (Castles/Coltheart 1993; Stanovich et al. 1997a, b; Temple 1997). Bei den meisten Kindern ist aber das phonologische Rekodieren betroffen (s. Kap. 8.1.7).

### *Anatomisch-strukturelle Abweichungen des Zentralnervensystems*

**Untersuchungen von Galaburda**

*Symmetrie des Planum temporale (Temporallappen):* Untersuchungen an den Gehirnen von einigen wenigen im frühen Erwachsenenalter verstorbenen Personen mit ausgeprägten Leseschwierigkeiten haben in der Vergangenheit einige Aufmerksamkeit erfahren. Das

Ergebnis einer Vermessung dieser Gehirne zeigte nicht die gewöhnlich bei Rechtshändern anzutreffende Asymmetrie wichtiger Regionen des Planum temporale zugunsten der normalerweise dominanten linken Hemisphäre. Außerdem war bei diesen Personen das Planum temporale der rechten Hemisphäre vergleichsweise größer als jenes der linken Hemisphäre (Galaburda 1991). Erste Untersuchungen mit bildgebenden Verfahren schienen die Befunde von Galaburda zu bestätigen. Ein größerer Teil der späteren Untersuchungen, die sich auf bessere Techniken stützten, konnte allerdings eine generelle Reduktion der Hemisphärenasymmetrie bei leseschwachen Personen nicht bestätigen (Leonard 2001). Aufgrund der mittlerweile umfangreichen Anzahl an Befunden, kommen Eckert und Leonard (2000) sowie Leonard (2001) zu dem Urteil, dass eine fehlende Asymmetrie nur bei jenen Personen vorliegt, die sowohl allgemeine sprachliche Schwierigkeiten als auch im Lesen Probleme haben. Leseschwierigkeiten, die in Diskrepanz zu den übrigen sprachlichen Fähigkeiten stehen, weisen keine Symmetrie im Planum temporale auf.

**Morphologie des Corpus Callosum**

*Entwicklung des Corpus Callosum:* Besondere Beachtung im Zusammenhang mit Lese- und Rechtschreibschwierigkeiten hat auch die Morphologie des Corpus Callosum (einer Faserverbindung zwischen den beiden Hemisphären) gefunden. So wurden teilweise Auffälligkeiten im Sinne einer geringeren Ausbildung dieser Faserverbindungen beobachtet (Hynd et al. 1995). Allerdings war davon der vordere Anteil des Corpus Callosum und nicht der hintere betroffen, bei dem dies eigentlich zu vermuten wäre, da hier die wesentlichen Verbindungen der Temporalregion verlaufen. Neuere Untersuchungen an Analphabeten aus Portugal, die aufgrund geringer Möglichkeiten zum Schulbesuch nie Gelegenheit hatten, das Lesen zu erlernen, deuten jedoch darauf hin, dass sich aufgrund der Lesefähigkeit die Hirnorganisation verändert. So kommt es bei lesekundigen Erwachsenen zu stärkeren bilateralen Verbindungen im Corpus Callosum zwischen den beiden Schläfenlappen (Castro-Caldas et al. 1999).

**Präsenz ektopischer Nervenzellgruppen**

*Andere Auffälligkeiten in der Entwicklung des Zentralnervensystems:* Die Untersuchungen von Galaburda (1991) wiesen auch auf die häufigere Präsenz ektopischer (d. h. an anderen als den dafür vorgesehenen Stellen vorkommenden) Nervenzellgruppen vor allem in den Sprachregionen hin. Dies macht wahrscheinlich, dass es bereits bei der Migration der Nervenzellen vor der Geburt Auffälligkeiten gab.

### *Hinweise auf eine Veränderung der zentralnervösen Informationsverarbeitung*

**funktionelle Beeinträchtigungen**

In einer Vielzahl an Untersuchungen wurde durch EEG- und Stoffwechsel- bzw. Durchblutungsuntersuchungen des Gehirns versucht, Hinweise auf eine funktionelle Beeinträchtigung des Prozesses der visuellen Wahrnehmung und der Sprachverarbeitung zu finden und diese Abweichungen bestimmten Gehirnregionen zuzuordnen (Pugh et al. 2000; Richards 2001; Rumsey 1996; Warnke 1990). Dabei wird zunächst versucht, den Lese- bzw. Worterkennungsprozess in Komponenten zu gliedern und Aufgaben vorzugeben, die speziell diese Informationsverarbeitungskomponente erfordern. Die Aufgaben werden dann mit anderen verglichen, bei denen diese Verarbeitungskomponente nicht erforderlich ist.

Komponenten am Lese- und Schreibprozess, die dabei unterschieden werden, wären etwa die Verarbeitung der visuellen Wortform, die Verarbeitung der speziellen, orthographisch korrekten Schreibweise von Wörtern und die Verarbeitung der phonologischen Informationen über Wörter sowie sublexikalischer phonologischer Informationen und schließlich die Verarbeitung semantischer Informationen (Joseph et al. 2001).

- Eine Aufgabe, bei der es darum geht, orthographische Informationen zu verarbeiten, wäre etwa, die Schreibweise von zwei gezeigten Buchstabenfolgen daraufhin zu überprüfen, welche jene eines richtigen Wortes ist, obwohl beide Wörter gleich ausgesprochen werden, z.B. ***Haus*** und ***Hauß*** (Rumsey et al. 1997).
- Demgegenüber würde bei der Aufgabe, bei zwei Pseudowörtern anzugeben, welches wie ein richtiges Wort ausgesprochen wird, der Schwerpunkt der Anforderungen bei der Beurteilung der phonologischen Informationen, die über Wörter verfügbar sind, liegen, z.B. ***Kaßten*** und ***Kaasden*** (Paulesu et al. 1996).

**orthographische Repräsentation**

Die Ergebnisse neuropsychologischer Untersuchungen stützen z.T. die theoretischen Annahmen über den Lese- und Rechtschreibprozess (vgl. Abschnitt 2). So postulierten Warrington und Shallice (1980) einen Mechanismus, der in der Lage ist, orthographische Repräsentationen wiederzuerkennen bzw. die visuelle Form einer Buchstabenreihe in eine abstrakte orthographische Form umzuwandeln und zu speichern, über die eine Verbindung zur phonologischen, aber auch der semantischen Repräsentation dieses Wortes herzustellen ist. Durchblutungsmessungen mit PET gaben Hinweise darauf, dass bei normalen geübten Lesern

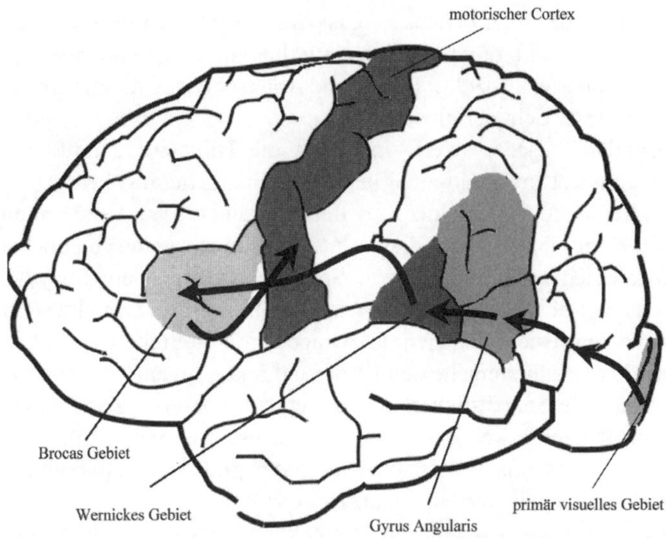


*Abb. 9.2:* Hirnregionen, die an der Verarbeitung von Schrift beteiligt sind

diese Funktion im linken medialen prästriaten Okzipitallappen lokalisiert ist (Petersen et al. 1989, 1990). Carr und Posner (1995) entwickelten die Hypothese, dass diese Region für die Verbindung zwischen visuellen Reizen und dem Sprachsystem verantwortlich sein könnte. Pugh und Kollegen (2000) unterscheiden zwei Zentren: Das eine ist ein mehr dorsal gelegenes temporo-parietales Zentrum, das stärker beim Lesen von Pseudowörtern aktiv ist und bei der phonologischen Analyse eine Rolle spielt. Davon ist ein weiter ventral gelegenes occipito-temporales Zentrum zu unterscheiden, das eine stärkere Aktivität beim Lesen von gut bekannten Wörtern zeigt. Die Aktivität dieses Zentrums nimmt mit dem Alter zu und sagt die Lesefähigkeit voraus.

In mehreren Untersuchungen fanden sich bei lese- und rechtschreibschwachen Kindern und Jugendlichen, aber auch Erwachsenen bei Leseaufgaben abweichende Reaktionsmuster (für eine Übersicht siehe Pugh et al. 1997, 2000; Shaywitz et al. 1998). Richlan und Mitarbeiter (2009) stellten in einer Metaanalyse über 17 Studien mit bildgebenden Verfahren Unteraktivierungen bei Kindern mit LRS in bestimmten Regionen fest. Abbildung 9.2. gibt einen groben Überblick über Unter- und auch Überaktivierungen im Gehirn von Kindern mit LRS.

**Auswirkungen durch das Lesenlernen**

Allerdings können Abweichungen der messbaren Gehirnreaktionen auf Leseaktivitäten nicht ohne weiteres als Ursache der Lese- und Rechtschreibschwierigkeiten aufgefasst werden. Bei der Interpretation der Befunde ist zu bedenken, dass das Lesenlernen nachweisbare Auswirkungen auf die Bahnung zentralnervöser Verbindungen hat (Castro-Caldas et al. 1998). Daher sind Abweichungen möglicherweise Folge dieser Schwierigkeiten.

**unterschiedliche Lesestrategien**

Besonders beachtenswert sind auch die Hinweise darauf, dass es – zumindest im anglo-amerikanischen Sprachraum – beachtliche interindividuelle Unterschiede in der zentralnervösen Verarbeitung von Wörtern gibt und dass diese Unterschiede mit unterschiedlichen Lesestrategien zusammenhängen. So hat die Gruppe um Shaywitz (Shaywitz et al. 1995) gezeigt, dass eine Strategie dem direkten Zugangsweg entspricht und sich überwiegend auf die linke Hemisphäre stützt. Davon zu unterscheiden ist der indirekte Zugang, bei dem die Zuordnung der Schrift-Sprache über kleinere Einheiten, also Grapheme bzw. Phoneme, vorgenommen wird. Diese Zuordnung stützt sich auf ein weiteres, bilaterales Netzwerk in den präfrontalen und temporoparietalen Regionen (Pugh et al. 1996, 1997).

Zusammenfassend können wir festhalten, dass die moderne Forschung zunehmend in der Lage ist, die biologische Verankerung von Lese- und Rechtschreibschwierigkeiten zu erhellen. Dies gilt zum einen für die genetischen Mechanismen, wo die deutlichen Fortschritte in der Forschung es möglich machen könnten, nicht nur die für die besonderen Schwierigkeiten beim Lesen- und Schreiben lernen verantwortlichen Gene zu identifizieren, sondern auch die Entwicklungsprozesse zu verdeutlichen, wie gewisse Anlagen zu diesen Schwierigkeiten führen. Darüber hinaus dürften wir zunehmend in der Lage sein, Risiken frühzeitig zu erkennen und durch gezielte Fördermaßnahmen präventiv einzugreifen.

Weitere Fortschritte sind auch auf dem Gebiet der Neurophysiologie zu erwarten. Mit Hilfe bildgebender Verfahren zur Darstellung der neurophysiologischen Aktivitäten könnte es gelingen, die unterschiedlichen Verarbeitungsmodalitäten bei Teilprozessen des Lesens und Schreibens besser zu verstehen. Damit ist in Zukunft eventuell auch die Veränderung dieser Verarbeitungsprozesse durch Unterrichts- und Fördermaßnahmen nachvollziehbar. Dies könnte eine Grundlage für therapeutische Entscheidungen darstellen.

## 9.2 Wahrnehmungsschwächen und mangelnde kognitive Lernvoraussetzungen

### 9.2.1 Visuelle Wahrnehmungsschwächen als Ursachen von Lese- und Rechtschreibschwierigkeiten

Obwohl bei Kindern mit Lese- und Rechtschreibschwierigkeiten die basalen Sinnesfunktionen nicht beeinträchtigt sind, werden von manchen Autoren spezielle visuelle Verarbeitungsschwächen vermutet. Jene Hypothesen, die in der aktuellen Forschung diskutiert werden (und auch eine gewisse Bekanntheit bei Praktikern erlangt haben), sollen im Folgenden kurz angeführt werden. Abschließend wird auf wesentliche Kritikpunkte daran eingegangen.

**laterale Maskierung**

*Zu geringe laterale Maskierung im peripheren Gesichtsfeld und zu starke im zentralen Gesichtsfeld bzw. die daraus resultierende mangelnde Unterscheidung des fokussierten vom nächsten Buchstaben* (Geiger/Lettvin 1999): Diese Hypothese beruht auf der Annahme, dass die laterale Maskierung ein aktiver Prozess sei, der durch Übung der visuell gesteuerten Bewegungen gelernt werde. Lese- und rechtschreibschwache Kinder hätten diese zielführenden visuellen Strategien nicht erlernt. Geiger und Lettvin führten zwar eine Reihe an Belegen für diese Hypothese an, andere Untersuchungsgruppen konnten die Befunde jedoch nicht replizieren.

**Blickbewegungen**

*Unzureichende Steuerung der Blickbewegungen:* Auffällige Blickbewegungen bei leseschwachen Kindern, kürzere Sakkaden und häufigere Regressionen sind schon frühzeitig aufgefallen.

5-10 % der Kinder mit LRS weisen entsprechende Auffälligkeiten auf. Allerdings könnten diese Symptome auch durch das gleichzeitige Vorhandensein von Aufmerksamkeits- und Lesestörungen erklärt werden (vgl. Fischer/Biscaldi 1999). Zudem kommen neuere Untersuchungen zu dem Ergebnis, dass die veränderten Blickbewegungen eher die Folge als Ursache von LRS sind (Medland et al. 2010).

**Augendominanz**

*Mangelnde Ausbildung eines stabilen Referenzauges:* Stein und Fowler (1982) machten Schwächen bei der Ausbildung der Augendominanz für die Wahrnehmungsschwierigkeiten beim Lesen verantwortlich. Sie vertraten die Ansicht, diese Schwächen seien bei einem Teil der Kinder die Ursache der Leseprobleme und könnten durch ein zeitweises Verdecken eines Auges korrigiert werden. Gegen diese Hypothese und die Methoden zur Erfassung eines stabilen Referenzauges (sowie die daraus abgeleiteten therapeutischen Folgerungen) sind schon frühzeitig Einwände erhoben worden (Evans 1997). Neuere Untersuchungen bestätigten diese Einwände (Goulandris et al. 1998) und wiesen auf die Möglichkeit hin, dass auch die Leseerfahrung zur Ausbildung visueller Funktionen beitrage, so dass die als Ursache der Lesestörung postulierte Funktionsstörung in Wirklichkeit deren Folge sei.

**Augenbelastung**

*Meares-Irlen-Syndrom:* Von einem Teil der Kinder und Jugendlichen mit Lesestörungen wird eine starke Belastung der Augen berichtet, wodurch sie die Wörter beim Lesen verzerrt und verschwommen sehen. Neben einer Beeinträchtigung durch mangelnde binokulare Koordination (dekompensierte Heterophorie, d. h. nicht mehr kompensierbares Schielen) kann dies auch durch eng gestreifte Muster (Zeilen eines Buches) ausgelöst und durch Bedeckung des Buches mit einer farbigen Folie bzw. das Tragen einer gefärbten Linse beseitigt werden. Untersuchungen konnten eine gewisse Validität dieser Behauptungen zeigen – die Bedeutung dieser Probleme für Leseschwierigkeiten ist allerdings unklar (Evans 1997).

**magnozelluläres System**

*Defizit im magnozellulären visuellen System:* Die größte Beachtung fand die Hypothese, dass das magnozelluläre System, das gemeinsam mit dem parvozellulären System einen von zwei parallelen visuellen Kanälen bildet, beeinträchtigt sein könnte. Das magnozelluläre System dürfte für eine erste Verarbeitung globaler eher großräumiger Aspekte visueller Objekte zuständig sein, das parvozelluläre System hingegen im Weiteren für die anschließende Verarbeitung kleinerer Details. Beide Systeme müssen eng zusammenwirken. Die Befunde

Kasten 9.2

### Einwände gegen die Annahme visueller Defizite

- Visuelle Defizite können die deutlichen Unterschiede in der Lesefähigkeit bei Wörtern und Pseudowörtern nicht erklären.
- Der Einfluss linguistischer Merkmale auf die Leseleistung kann durch visuelle Defizite nicht erklärt werden.
- Bei visuellen Problemen müsste leseschwachen Kindern das Lesen von Wörtern im Kontext schwerer fallen. Auch diese Annahme kann durch die vorhandene Evidenz nicht bestätigt werden – im Gegenteil, gerade beim Lesen einzelner Wörter (etwa von Pseudowörtern) werden die besonderen Schwierigkeiten leseschwacher Kinder deutlich (Hulme 1988).

spezieller Defizite des magnozellulären Systems bei legasthenen Kindern geben gewisse Hinweise auf eine funktionelle Beeinträchtigung. Allerdings ließ sich die Hypothese nicht durchgehend bestätigen (u.a. Lovegrove/Williams 1993; Pepper/Lovegrove 1999; Livingston et al. 1991; Evans 1997; Everatt et al. 1999) und neuere Untersuchungen kommen auch hier zu dem Schluss, dass die Defizite nicht kausal für LRS sind (Hutzler et al. 2006).

Insgesamt ist die Kausalität vieler dieser sensorisch-visuellen Komponenten unklar. Manche Autoren (z.B. Goswami 2015) sehen visuelle Defizite bei leseschwachen Kindern eher als Folge der Schwäche, andere schreiben visuellen Aufmerksamkeitsdefiziten kausale Ursachen zu. Für den deutschsprachigen Raum konnten Schabmann und Kollegen (2009) zeigen, dass die frühe visuelle Verarbeitung (gemessen im Kindergarten) nur unter bestimmten Unterrichtsbedingungen (ganzheitlich orientierter Unterricht) von Bedeutung für das spätere Lesen ist.

**visuelle Orientierungsschwäche**

Erwähnt sollte noch eine ältere Hypothese werden, die bis heute in der Praxis eine große Verbreitung gefunden hat. Sie geht von einer räumlichen Orientierungsschwäche bzw. einer „Raumlage-Labilität“ aus. Immer noch sehen viele Lehrer in der Verwechslung mancher Buchstaben, etwa von ***b*** und ***d*** oder von ***w*** und ***m***, ein typisches Merkmal legasthener Schüler und nehmen an, dass solche Fehler (auch „Reversionsfehler“ genannt) durch Rechts-Links-Vertauschung oder allgemeiner durch ungenügende Beachtung der räumlichen Orientierung zustande gekommen sind. Vielfach werden auch Vertauschungen in der Reihenfolge der Buchstaben zu diesen Fehlern hinzugerechnet.

Detaillierte Untersuchungen solcher Fehler haben allerdings ergeben, dass sie in den ersten Klassenstufen bei allen Kindern einen geringen Teil der Fehler ausmachen. Die Häufigkeit von Reversionsfehlern beim Lesen einzelner Buchstaben und beim Lesen von Buchstaben in Wörtern korreliert zudem nur wenig (Liberman et al. 1971). Eine Tendenz, bei verschiedenen Schreibaufgaben immer wieder vermehrt gerade solche Fehler zu machen, lässt sich nicht als besonderes Merkmal lese- und rechtschreibschwacher Kinder oder einer Untergruppe sichern (Klicpera et al. 1993b). Auch in neueren Untersuchungen erweist sich die Tendenz zu solchen Fehlern in erster Linie als ein nicht sehr charakteristisches Merkmal schwächerer Schüler der ersten Schulstufen.

### 9.2.2 Zusammenhang mit sprachlichen Entwicklungsbeeinträchtigungen

**Prädiktionsstudien im Vorschulalter**

Einer der stärksten Prädiktoren für Leseschwierigkeiten sind Beeinträchtigungen in der vorschulischen Sprachentwicklung. Sowohl ein geringer Wortschatz als auch ein Rückstand in der Beherrschung grammatikalischer Strukturen sagen künftige Schwierigkeiten beim Lesen und Rechtschreiben voraus.

Eine Metaanalyse der Prädiktionsstudien im Vorschulalter (Scarborough 1998) zeigte, dass im englischen Sprachraum von beiden Entwicklungsbereichen eine etwa gleich große Vorhersage auf die künftigen Leseleistungen ausgeht. Vor allem wenn die Leistung im Leseverständnis betrachtet wird, ist die Vorhersage durch die vorschulische Sprachentwicklung bzw. den Stand der Sprachentwicklung bei Schuleintritt etwa so groß wie die Vorhersage durch den Entwicklungsstand der phonologischen Bewusstheit (Ennemoser et al. 2012). Bemerkenswert ist allerdings, dass schon sehr früh, beim Erreichen der ersten Meilensteine der Sprachentwicklung, eine recht hohe Vorhersage künftiger Leseschwierigkeiten möglich ist (Shapiro et al. 1990). Auch Untersuchungen an Kindern leseschwacher Eltern weisen darauf hin, dass viele bereits lange vor Schulbeginn in ihrer Sprachentwicklung auffällig sind (Scarborough 1990). Zu Schulbeginn werden die künftigen Leistungen von Kindern mit Sprachentwicklungsstörungen einmal durch den Entwicklungsstand der Grammatik und des aktiven Wortschatzes, vor allem aber durch direkt schriftbezogene Maße wie etwa die Leistungen in der phonologischen Bewusstheit oder die Kenntnis der Buchstaben und der ihnen zugeordneten Laute vorhergesagt (Snow et al. 1998).

Die Vorhersage künftiger Leseschwierigkeiten durch den Sprachentwicklungsstand im Vorschulalter ist zweifellos ein Hinweis, dass ein unzureichender Sprachentwicklungsstand ein Risiko für die Entwicklung von Lese- und im Weiteren auch von Schreibschwierigkeiten darstellt. Dies wird zudem durch die sehr hohe Überlappung zwischen den beiden Bereichen Leseschwierigkeiten und spezifische Sprachentwicklungsstörungen unterstrichen. Neuere Studien sprechen davon, dass mehr als die Hälfte (55 %) der Kinder mit Leseschwierigkeiten auch spezifische Sprachentwicklungsstörungen aufweisen und dass andererseits etwa die Hälfte der Kinder mit spezifischen Sprachentwicklungsstörungen wiederum Leseschwierigkeiten haben (McArthur et al. 2000). Dies gilt allerdings lediglich für Kinder mit spezifischen Sprachentwicklungsstörungen, nicht jedoch für Kinder, die nur Artikulationsprobleme haben (Raitano et al. 2004).

**Rückwirkungen des Lesens auf die Sprachentwicklung**

Andererseits zeigen Längsschnittuntersuchungen wie die Dunedin-Studie, dass eine mangelnde Beherrschung der Schrift negative Rückwirkungen auf die Entwicklung der Sprache hat (Share/Silva 1987). Vor allem die Entwicklung des Wortschatzes ist von den Leseerfahrungen abhängig. Hier spielen sowohl die Erfahrungen im schulischen Unterricht als auch das Lesen außerhalb der Schule eine bedeutsame Rolle. Schätzungen legen nahe, dass die normal lesenden Kinder während der Schulzeit etwa sieben Wörter täglich neu kennen lernen, wenn es auch einige Zeit und mehrere Wiederholungen braucht, bis man sagen kann, dass diese Wörter in den Wortschatz der Kinder eingegangen sind. Dies macht etwa 2.000 neu gelernte Wörter im Jahr. Einen klaren Hinweis auf diesen Vorteil, den die Kinder aus ihrer Leseerfahrung für die Sprachentwicklung ziehen, brachten Untersuchungen, in denen ein Zusammenhang der Lesefähigkeit mit der Vertrautheit mit Buchtiteln und dem Wortschatz sowohl bei Kindern als auch bei Erwachsenen nachgewiesen wurde (zusammenfassend bei Stanovich 1993).

### 9.2.3 Auditive Wahrnehmungsschwächen oder Rückstand in der Entwicklung der Sprachwahrnehmung

**Fähigkeiten zur Lautdiskrimination**

Auch die Fähigkeit zur Lautdiskrimination ist ein Prädiktor künftiger Lese- und Rechtschreibfertigkeiten. Bei zumindest einem Teil der lese- und rechtschreibschwachen Kinder finden sich – wie mittlerweile eine größere Anzahl an Untersuchungen vor allem mit der Unterscheidung von Verschlusslauten, wie ***b***, ***d***, ***g***, ***p***, und dem Nachsprechen unter Lärmbelastung gezeigt hat – recht konsistent gewisse, wenn auch nicht allzu große Schwierigkeiten (z. B. Manis et al. 1997).

**Zeitverarbeitungsstörung**

Tallal und Mitarbeiter (1993) sprechen im Besonderen davon, dass die sprachgestörten Kinder ebenso wie Kinder mit Leseschwierigkeiten Probleme bei der Wahrnehmung der zeitlichen Reihenfolge von kurz aufeinander folgenden Reizen und generell bei der Wahrnehmung von raschen Übergängen in Reizen haben. Zur Bezeichnung dieser Schwierigkeiten hat Tallal den Ausdruck „Zeitverarbeitungsstörung“ verwendet, der wegen seiner unklaren Bedeutung ebenfalls kritisiert wurde. Es liegen inzwischen viele Befunde vor, die auf akustische Wahrnehmungsschwierigkeiten hindeuten (z. B. Kujala et al. 2000; Nittrouer 1999). Allerdings sind diese Befunde nicht eindeutig als „Zeitverarbeitungsstörung“ zu interpretieren und ihr Stellenwert bei der Erklärung der phonologischen Verarbeitungsschwierigkeiten lese- und rechtschreibschwacher Schüler unklar (Studdert-Kennedy/Mody 1995). Zudem gibt es Hinweise, dass solche auditiven Wahrnehmungsprobleme nur bei Kindern festzustellen sind, die auch in ihrer mündlichen Sprache merkliche Probleme haben (Heath et al. 1999).

**basale auditive Informationsverarbeitung**

Zunehmend werden basale auditive Prozesse und rhythmische Fertigkeiten diskutiert (Thomson/Goswami 2008). Motorische (rhythmische) Fertigkeiten sind schon relativ untersucht worden, allerdings hat sich die Annahme einer generellen motorischen Störung (Nicolson/Fawcett 1990) nicht bestätigen lassen (z. B. Wimmer et al. 1999). Rezent sind allerdings rhythmische Kompetenzen im Gespräch, die eng an die Verarbeitung von Sprache geknüpft sein dürften (Goswami 2011). So konnte für verschiedene Orthographien gezeigt werden, dass schwach lesende Kinder und auch Erwachsene Probleme hatten, einen vorgegebenen Rhythmus nachzuklopfen, dessen Frequenz sich weitgehend mit jener von betonten Silben in der Sprache deckt (Wolff 2002; Thomson et al. 2006). Außerdem wird argumentiert, dass vor allem das Erkennen, ob eine Silbe scharf wie in ***Bock*** oder weich wie in ***Schuh*** beginnt (die sog. amplitude envelope onset rise-time sensitivity, AEO), dabei hilft, stabile phonologische Repräsentationen aufzubauen. Experimentell wird dies dadurch geprüft, dass Sinustöne mit verschieden „scharfem" (bzw. langem) Anstieg vorgegeben werden und die Probanden diese voneinander differenzieren müssen (z. B. Thomson/Goswami 2008). Es konnte vor allem gezeigt werden, dass wiederum leseschwache Kinder und Erwachsene größere Mühe haben, die verschiedenen Töne voneinander zu unterscheiden (Hämäläinen et al. 2016).

Mit der basalen auditiven Verarbeitung im engen Zusammenhang stehen dürften prosodische Kompetenzen, also die Sensitivität für Länge und Intensität in der gesprochenen Sprache. Prosodische Fähigkeiten dürften vor allem für die Entwicklung phonologischer Kompetenzen (Osipov et al. 2016) und des flüssigen Lesens (Corriveau et al. 2007; Sauter et al. 2012) von Bedeutung sein. Goswami und Kollegen (2010) stellten fest, dass Kinder mit Leseschwäche bei einer Aufgabe, bei der sie bekannte Namen oder Filmtitel nur aufgrund der Prosodie (Dee-Dee Aufgabe) erkennen sollten, deutlich schlechter abschnitten als normale Leser. Zudem wurden in derselben Studie Korrelationen zwischen einer sehr basalen Aufgabe zur auditiven Verarbeitung (Erkennen, wie rasch ein Ton in der Lautstärke anwächst) und dem Lesen und Rechtschreiben gefunden. Ähnliche Ergebnisse wurden von Schmidt und Kollegen (2016) an Erwachsenen gefunden. Allerdings ist fraglich, welches Kausalgefüge diesen Unterschieden zugrunde liegt (Schabmann et al. 2016).

### 9.2.4 Abweichende Verarbeitung oder Repräsentation von Wörtern

**holistische vs. segmenthafte Wahrnehmung**

In den Anfängen der Sprachentwicklung nehmen die Kinder Wörter nicht als eine Folge von Segmenten und aufgrund der Merkmale dieser Segmente wahr, sondern holistisch. Erst wenn der Wortschatz einen größeren Umfang angenommen hat, wird diese holistische Wahrnehmungsstrategie zugunsten einer segmenthaften Wahrnehmung aufgegeben. In der Folge wird auch die interne Repräsentation der Aussprachemerkmale von Wörtern von einer holistischen auf eine segmenthafte umgestellt (Fowler 1991).

**distinktere Speicherung**

In Weiterführung dieses Ansatzes nimmt Elbro (1996, 1998) an, dass es im Lauf dieser Umstellung zu einer präziseren bzw. „distinkteren" Form der Speicherung der phonologischen Merkmale der Wörter im Gedächtnis kommt, so dass die Wörter besser von anderen ähnlichen Wörtern unterschieden werden können. Diese größere Bestimmtheit erleichtert die phonologische Verarbeitung. Die größere Distinktheit hat zudem nach Elbro (1998) zur Folge, dass die Repräsentationen der Wörter dem Bewusstsein zugänglicher sind und damit eher auch Veränderungen an der Phonemfolge vorgenommen werden können (also eine höhere phonologische Bewusstheit existiert). In Untersuchungen an Kindern und Erwachsenen konnten deutliche Zusammenhänge zwischen der Klarheit der Aussprache der Wörter und Leseschwierigkeiten festgestellt werden (Elbro 1998; Elbro et al. 1998).

### 9.2.5 Geringe Benennungsgeschwindigkeit

**Benennungsgeschwindigkeit als Prädiktor**

Bereits seit Mitte der 70er Jahre wurde die Benennungsgeschwindigkeit als wichtiger Faktor bei der Entwicklung des Lesens und Schreibens angesehen.

In einer Reihe von Untersuchungen, v. a. auch in Längsschnittuntersuchungen (Wolf et al. 1986; Wolf/Goodglass 1986), konnte gezeigt werden, dass die Benennungsgeschwindigkeit ein Prädiktor der Fortschritte in den höheren Klassen ist, und zwar über die Prädiktion, die durch den jeweils erreichten Leistungsstand beim Lesen möglich ist, hinaus. Weitere Untersuchungen zeigten, dass durch die Benennungsgeschwindigkeit bereits im Vorschulalter künftige Leseschwierigkeiten vorhergesagt werden können (Wolf/Obregon 1992). Auch bleibt der Unterschied zwischen schwachen und guten Lesern beim raschen Benennen stabil, er wird also in den höheren Klassen nicht aufgeholt.

**Zusammenhang mit Lesegeschwindigkeit**

In der Folge konnte gezeigt werden, dass vor allem ein engerer Zusammenhang mit der Flüssigkeit bzw. Geschwindigkeit beim Lesen besteht. Außerdem wurde klar, dass der Zusammenhang mit dem Lesen enger mit „automatisierten" Benennungsaufgaben – wie dem Benennen von Buchstaben und Zahlen – ist. Die Benennungsgeschwindigkeit bei Bildern würde hingegen einen engeren Zusammenhang mit dem Leseverständnis aufweisen (Wolf et al. 2002).

Mit der zweiten Gruppe von Fähigkeiten, die einen engeren Zusammenhang mit der Entwicklung schriftsprachlicher Kompetenzen zeigt, nämlich mit der phonologischen Bewusstheit, zeigt die Benennungsgeschwindigkeit nur einen geringen Zusammenhang, so dass die schriftsprachlichen Kompetenzen durch die beiden Fähigkeiten unabhängig von einander vorausgesagt werden können (vgl. Abschnitt Doppel-Defizit-Hypothese).

### 9.2.6 Beeinträchtigungen des Gedächtnisses

**artikulatorische Schleife**

Ein recht deutlicher Zusammenhang besteht zwischen Lese- und Rechtschreibschwierigkeiten und der Fähigkeit zum phonologischen Rekodieren im Arbeitsgedächtnis. Durch das phonologische Rekodieren kann die Lautfolge gespeichert und intern repräsentiert, aber auch innerlich (subvokal) vorgesprochen und wiederholt werden. Sie geht also in die so genannte artikulatorische Schleife ein und kann damit in einem aktivierten Zustand gehalten, ja sogar stückweise abgespeichert werden. Die Fähigkeit, die Lautfolge des Gesprochenen zu behalten, ist natürlich vor allem bei unbekannten Wörtern, die sich zunächst sinnlos anhören, mit denen also keine Bedeutungen verbunden werden, notwendig. Aus diesem Grund steht die Fähigkeit zum phonologischen Rekodieren in einem engeren Zusammenhang mit der Fähigkeit, neue Wörter zu lernen.

**Prüfung durch Pseudowörter**

Am besten geprüft werden kann diese Fähigkeit mit dem Behalten von tatsächlich sinnlosen, aber aussprechbaren Wörtern, den Pseudowörtern. Zu Schulbeginn sagt die Fähigkeit, Pseudowörter zu behalten, recht gut die spätere Fähigkeit zum Worterkennen, also die

Fortschritte beim Lesenlernen, voraus. Ein Teil dieser Voraussage ist dadurch bedingt, dass von der Fähigkeit zum phonologischen Rekodieren im Gedächtnis auch die Leistungen bei Aufgaben abhängen, bei denen Manipulationen an der Lautfolge vorgenommen werden müssen und mit denen die phonologische Bewusstheit bzw. die Einsicht geprüft wird, die man in die interne Gliederung der Sprache in Phoneme hat. Das phonologische Arbeitsgedächtnis, geprüft mit der Fähigkeit zum Nachsprechen von Pseudowörtern, hängt dann im Weiteren während der gesamten Schulzeit und noch darüber hinaus mit der Lese- und Rechtschreibfähigkeit zusammen. Ein engerer Zusammenhang besteht auch mit Maßen für die Geschwindigkeit des stillen (subvokalen) Wiederholens, wie der maximalen Sprechrate für eine einfache Wortfolge (s. etwa Siegel 1994; Swanson / Howell 2001).

Wenn man allerdings nicht nur die Fähigkeit zum Worterkennen als Indikator für die künftige Leseentwicklung heranzieht, sondern auch das Leseverständnis, so ist klar, dass das Gedächtnis bzw. die Fähigkeit zur Wiedergabe von Sätzen und kurzen Texten ein noch besserer Prädiktor der Lesefähigkeit ist (vgl. von Goldammer et al. 2010). In diese Leistungen geht natürlich jeweils ein breiteres Spektrum an sprachlichen Fähigkeiten ein (Snow et al. 1998).

## 9.3 Soziale Ursachen von Lese- und Rechtschreibschwierigkeiten

**sozialer Hintergrund**

Der soziale Hintergrund der Familien hat in vielfältiger Weise Einfluss auf die Lese- und Schreibentwicklung der Kinder. Dabei sind eher allgemeine Einflussfaktoren wie der sozioökonomische Hintergrund von recht spezifischen Lebensbedingungen und den Interaktionen in der Familie zu trennen.

### 9.3.1 Der Einfluss der sozioökonomischen und familiären Verhältnisse

**Armut**

Jedes fünfte Kind in den USA wächst in Armut auf. Dass dies die Entwicklungsmöglichkeiten der Kinder einschränkt, ist klar. Allerdings ist es schwierig, die genaueren Auswirkungen eines Lebens unter begrenzten sozioökonomischen Verhältnissen und dessen Bedeutung für die Entwicklung von Kindern festzustellen. Dennoch wäre dies die Voraussetzung für Maßnahmen zur Unterstützung der

Kinder und für konkrete Interventionen. In zwei groß angelegten Längsschnittstudien wurde daher versucht, die Auswirkungen von Armut auf die Entwicklung von Kindern zu eruieren (Kasten 9.5).

Die Ergebnisse dieser Studien belegen, dass Kinder aus Familien, die in Armut leben, weniger intelligent sind sowie deutlich mehr Schwierigkeiten beim Erlernen des Lesens und Schreibens haben. Dieser Effekt ist allein auf das eingeschränkte Einkommen der Familien zurückzuführen, nicht jedoch auf den Familienstand der Mutter. Häufig hängt allerdings ein niedriges Familieneinkommen damit zusammen, dass eine allein erziehende Mutter die Kinder versorgen muss. Da das Einkommen dieser Frauen meist nicht sehr hoch ist, sind Familien mit allein erziehenden Müttern auch häufiger von Armut bedroht.

**Dauer und Ausmaß**

Ein weiterer wichtiger Einflussfaktor ist die Dauer der Armut. Es lässt sich ein eindeutiger linearer Zusammenhang zwischen der Dauer eines Lebens in Armut und der Leistung der Kinder nachweisen. Je länger die Kinder in Armut leben, desto größer ist der negative Effekt auf die kognitiven Fähigkeiten. Das Ausmaß an Armut ist ebenfalls von Bedeutung. Auch hier zeigt sich, dass der negative Einfluss der Armut auf die kognitiven Fähigkeiten der Kinder umso größer wird, je schlechter die ökonomischen Bedingungen der Familien sind. Bereits eine kleine Verbesserung des Einkommens bedeutet eine deutliche Verbesserung in den kognitiven Fähigkeiten der Kinder.

**assoziierte Faktoren**

Allerdings werden diese linearen Zusammenhänge von manchen Forschern auch in Frage gestellt. Das Hauptargument ist, dass Armut

Kasten 9.3

**Längsschnittstudien zum Einfluss von Armut auf die Entwicklung der Kinder**

Die NLSY (National Longitudinal Survey of Youth) wurde im Jahr 1979 begonnen, und erfasste detaillierte demographische Informationen von 12.000 Kindern, mit einer Überrepräsentation von benachteiligten Bevölkerungsgruppen sowie ethnischen Minderheiten. In der zweiten Längsschnittstudie IHDP (Infant Health and Development Project), wurden etwa 1.000 untergewichtige Frühgeborene (Smith et al. 1997) jedes Jahr untersucht, fünf Jahre lang.

Die Ergebnisse der beiden Stichproben sind einander ähnlich. Beide Untersuchungen belegen einen klaren Zusammenhang zwischen einem niedrigen Familieneinkommen und einem geringeren IQ, geringeren verbalen Fähigkeiten, aber auch einem schlechteren Abschneiden auf Leistungstests.

Dies war zu jedem Testzeitpunkt nachweisbar, zum ersten Mal bereits mit zwei Jahren, aber in der NLSY auch noch mit acht Jahren. Besonders deutlich zeigte sich der negative Einfluss eines niedrigen sozioökonomischen Status' auf die verbalen Fähigkeiten der Kinder.

an sich eigentlich keinen Einfluss hätte, sondern allein jene Faktoren, die mit Armut assoziiert wären. Dem ist wohl zuzustimmen – es ist recht wahrscheinlich, dass nicht Armut per se dazu führt, dass Kinder schlechter Lesen und Schreiben lernen, sondern jene Faktoren, die mit Armut zusammenhängen. Zu diesen zählen neben der Begrenztheit der zeitlichen und personellen Ressourcen die Schulbildung der Eltern, der Gebrauch von schriftlicher und gedruckter Sprache in der Familie, die Anzahl an Büchern in der Familie und die Zeit, die die Eltern mit dem Vorlesen von Geschichten verbringen. Geringes Familieneinkommen muss nicht unbedingt zu Schwierigkeiten im Lesen und Schreiben führen, die sozioökonomischen Verhältnisse in den Familien mögen dennoch ein grober Indikator sein, um Risikogruppen zu identifizieren und darauf zu achten, diesen Kindern besondere Unterstützung zukommen zu lassen.

**Schulbildung der Mutter**

Mütter mit höherer Schulbildung sind wahrscheinlich besser in der Lage, die Kinder kognitiv zu fördern. Mit höherer Schulbildung erwartet man von den Müttern einen differenzierteren sprachlichen Ausdruck und eine höhere Reflexionsfähigkeit, was sich beides positiv auf die kognitiven Fähigkeiten der Kinder auswirken sollte. Diese Annahme wurde bisher auch meist bestätigt. In den eben erwähnten beiden Studien zeigte sich zudem, dass der Einfluss der Schulbildung der Mutter auf die kognitiven Fähigkeiten der Kinder vom Einkommen der Familie unabhängig war (Smith et al. 1997). Aus diesem Befund ließe sich folgern, dass es zwei Möglichkeiten gibt, die Leistungen der Kinder zu erhöhen: einerseits eine Erhöhung des Einkommens und andererseits eine Verbesserung der Schulbildung der Mutter.

**Familiengröße und Geschwisterposition**

Es ist ein konsistentes Ergebnis bisheriger Untersuchungen, dass die Geschwisteranzahl negativ mit der Lese- und Schreibfähigkeit korreliert. Dieser Zusammenhang wird deutlich bei Familien mit drei und mehr Kindern. Je später die Kinder in der Geschwisterreihe geboren wurden, desto häufiger sind sie von Lese- und Rechtschreibschwierigkeiten betroffen. Der negative Zusammenhang zwischen Familiengröße und Lese-Rechtschreib-Schwierigkeiten bleibt sogar erhalten, wenn die Intelligenz des Kindes kontrolliert wird (Stevenson/Fredman 1990).

**spezifische Lese- und Rechtschreibprobleme**

*Einfluss sozialer Bedingungen auf das Auftreten spezifischer Lese- und Rechtschreibschwierigkeiten:* Es wurde darauf hingewiesen, dass Armut und ungünstige soziale Bedingungen sowohl zu einer allgemeinen Beeinträchtigung der kognitiven Entwicklung (insbesondere aber der sprachlichen Entwicklung) als auch zu einer Beeinträchtigung beim Erlernen des Lesens und Schreibens führen. In mehreren

Untersuchungen wurde deshalb getrennt die Situation von Kindern mit spezifischen (und zu ihrer durchschnittlichen Intelligenz diskrepanten) Lese- und Rechtschreibschwierigkeiten betrachtet. Sowohl Untersuchungen aus England (Rutter et al. 1970) als auch aus dem deutschen Sprachraum (Valtin 1970; Niemeyer 1974; Klicpera et al. 1993b) konnten auch bei diesen Kindern in der Mehrheit eine Herkunft aus schwächeren sozialen Schichten und geringere Bildungsabschlüsse der Eltern bestätigen.

**Arbeitsplatz für die Hausübungen**

*Lebensbedingungen und Interaktionen in der Familie:* Wichtiger als die soziale Schicht und das Einkommen der Familie sind die konkreten Lebensbedingungen in der Familie und die Interaktion zwischen Eltern und Kind. So wurden etwa Zusammenhänge zwischen dem Vorhandensein eines regelmäßigen Arbeitsplatzes für das Kind, der Häufigkeit von Störungen während der Hausübungen und den Leistungen der Kinder im Lesen und Rechtschreiben festgestellt (Klicpera et al. 1993b). Auch ungünstige Wohnbedingungen in den Familien stehen mit Lese- und Rechtschreibschwierigkeiten über das Familieneinkommen hinaus im Zusammenhang (Berger et al. 1975; Klicpera et al. 1993b) und erklären etwa zum Teil die besonders häufigen Lese- und Rechtschreibschwierigkeiten in manchen Großtstadtregionen (Berger et al. 1975).

**Eltern-Kind-Interaktion**

Natürlich werden bei Kindern mit Lese- und Rechtschreibschwierigkeiten alle jene fördernden Elemente der Eltern-Kind-Interaktion seltener beobachtet, für die bereits im ersten Abschnitt dieses Buches ein Zusammenhang mit der Entwicklung im Lesen und Rechtschreiben aufgezeigt wurde. Hervorzuheben ist dabei, dass viele dieser ungünstigen familiären Einflüsse bereits vor der Schule wirksam werden und die Kinder mit geringeren sozialen und kognitiven Lernvoraussetzungen in die Schule kommen. Wenn hier nicht bewusst gegengearbeitet wird, vergrößert sich der Unterschied zwischen diesen Kindern und dem Rest der Klasse noch in den ersten Schuljahren.

### 9.3.2 Häufigkeit außerschulischen Lesens

**der Matthäus-Effekt**

Obwohl das Lesen und Schreiben von den meisten Kindern erst in der Schule gelernt wird, hängen nach einer relativ kurzen Anfangsphase die weiteren Fortschritte nur zu einem geringen Teil vom schulischen Unterricht ab. Mit dem Erwerb basaler Lesefertigkeiten erlangen die Kinder die Fähigkeit, sich auch bis dahin unbekannte Bereiche des

Lesens zu erschließen. Damit können sie sich Fertigkeiten aneignen, die ihnen helfen, schriftlich mit anderen zu kommunizieren und ihre Gedanken zu Papier zu bringen. Die basalen Lesefertigkeiten, vor allem die Fähigkeit zum phonologischen Dekodieren, ermöglichen es den Kindern auch bislang unbekannte Wörter zu lesen, ohne auf die Hilfe des Lehrers oder anderer Personen angewiesen zu sein. Durch das Lesen kann jeder, auch Personen, die weit entfernt oder schon verstorben sind, zum Gesprächspartner oder Wissensvermittler der Kinder werden. Die Schrift bzw. das Lesen selbst wird zum Lehrmeister der Kinder. In diesem Sinn ist es zu verstehen, wenn Stanovich (1986) in Bezug auf die Leseentwicklung den Apostel Matthäus zitiert („Wer hat, dem wird gegeben werden …") und von einem Matthäus-Effekt in der Leseentwicklung spricht.

**Studien zum außerschulischen Lesen**

Der Grund für diesen Effekt liegt nicht so sehr in der Schule. Hier erhalten gute und schwache Leser etwa gleich viel Zeit zum Lesen. Wenn man auch annehmen kann, dass gute Leser schneller lesen und damit in der gleichen Zeit mehr Wörter lesen können, so ist doch der Unterschied nicht sehr groß. Der Grund für diesen Effekt wird in erster Linie aus den Studien über das außerschulische Leseverhalten deutlich.

Eine umfangreiche Untersuchung hat bei Schülern der fünften Klasse über 8 bis 26 Wochen jeden Tag über eine Art Tagebuch die Zeitverwendung außerhalb des Unterrichts erhoben. Danach verbringt der durchschnittliche Schüler täglich etwa 13 Minuten außerhalb des Unterrichts mit Lesen, was ihn über ein Jahr mit etwa 600.000 Wörtern in Berührung bringt. Auffallend ist die große Streuung innerhalb der Stichprobe: Eifrige Leser lesen nämlich täglich etwa 90 Minuten und kommen damit auf 4,5 Millionen Wörter pro Jahr. Die am wenigsten eifrigen und gleichzeitig auch schwächsten Leser kommen im Durchschnitt hingegen nicht einmal auf eine Minute pro Tag und damit nur auf einige tausend gelesene Wörter im Jahr. Da in dieser Untersuchung nach einiger Zeit erneut die Lesefertigkeit der Kinder erfasst wurde, konnte auch gezeigt werden, dass die in der Zwischenzeit (zwischen den beiden Testungen) mit dem Lesen verbrachte Zeit Auswirkungen auf den Zuwachs an Lesefertigkeiten hatte.

Besonders am unteren Ende, bei Kindern, die wenig Zeit mit dem Lesen verbringen, besteht ein enger Zusammenhang mit der Lesefähigkeit. Es ist deshalb wahrscheinlich, dass eine Steigerung der durchschnittlichen Lesezeit außerhalb der Schule von einer auf zehn Minuten zu einer deutlichen Verbesserung der Lesezeit und des Leseverständnisses führen würde (Walberg / Tsai 1984).

### 9.3.3 Fernsehkonsum

**kritisches Zeitlimit**

Eine Reihe an Untersuchungen belegt einen deutlichen Zusammenhang zwischen häufigem Fernsehkonsum und einer geringen Lese- und Schreibfähigkeit der Kinder (Beentjes/van der Voort 1988; Koolstra et al. 1997; Ennemoser/Schneider 2007). Dies gilt vor allem, wenn es sich um das Anschauen von „Unterhaltungsprogrammen" handelt. Allerdings ist dieser Zusammenhang weniger dem direkten negativen Einfluss des Fernsehens zuzuschreiben, sondern vielmehr der Tatsache, dass Kinder, die häufiger fernsehen, weniger Zeit zum Lesen haben („Verdrängungshypothese", vgl. Gold 2011), wobei es hier eine kritische Grenze geben dürfte, die etwa bei 30–35 Stunden pro Woche liegt (vgl. Williams et al. 1982). Wenn die Kinder mehr als diese Zeit fernsehen, dann zeigt sich ein deutlicher Abfall ihrer Leseleistungen. Ein weiterer wichtiger Einflussfaktor ist, ob es in der Familie klare Regeln bezüglich des Fernsehkonsums gibt und die Eltern konsistent auf deren Einhaltung achten (Klicpera et al. 1993b).

Kinder aus Familien mit niedrigem sozio-ökonomischen Status überschreiten eher die genannten Grenzen und sind somit als „Vielseher" zu betrachten (z. B. Hurrelmann et al. 1996), wobei sich allerdings ein hohes Maß an Fernsehkonsum gerade bei Kindern aus Familien mit relativ hohem sozioökonomischem Status stärker negativ auf die Entwicklung der Leseleistungen auszuwirken scheint (Ennemoser et al. 2003).

## 9.4 Zusammenfassung

Zusammenfassend ist in in Bezug auf mangelnde kognitive Lernvoraussetzungen als Ursache von Lese- und Rechtschreibschwierigkeiten festzuhalten, dass die seit langem geäußerte Vermutung, Schwierigkeiten beim Erlernen der Schriftsprache seien in einen Zusammenhang mit anderen Sprachentwicklungsproblemen zu stellen, für einen großen Teil der Kinder und Jugendlichen zutrifft. Probleme beim Erlernen des Lesens und Rechtschreibens stehen in einem engeren Zusammenhang mit phonologischen Verarbeitungsproblemen und zeigen sich in Problemen bei der Bildung distinkter phonologischer Repräsentationen im Gedächtnis, in gewissen Schwierigkeiten bei der Sprachwahrnehmung, in einem schwächeren phonologischen Arbeitsgedächtnis und in Problemen beim raschen Abruf der Aussprache von Wörtern.

Neben diesen Schwierigkeiten, die gewissermaßen die Kernschwierigkeiten der lese- und rechtschreibschwachen Kinder darstellen, gibt es aus Untersuchungen, die stärker an der Neurophysiologie orientiert sind, noch Hinweise auf visuell-perzeptuelle Probleme, deren Bedeutung für den Lesevorgang allerdings nicht klar ist und die möglicherweise auch nur für eine kleinere Gruppe charakteristisch sind.

Der wichtigste soziale Einflussfaktor auf den Erwerb des Lesens und Schreibens sind die sozioökonomischen Verhältnisse der Familien. Eingeschränkte soziale Bedingungen beeinträchtigen nicht nur den Erwerb des Lesens und Schreibens, sondern die gesamte kognitive und insbesondere die Sprachentwicklung der Kinder. Ein weiterer Aspekt sind die Wohnverhältnisse. Wenn die Kinder keinen ruhigen Arbeitsplatz haben, an dem sie ihre Aufgaben konzentriert erledigen können, ist ein negativer Einfluss auf die schulischen Leistungen zu erwarten. Wichtig ist hier auch die Familiengröße und die Geschwisterposition. Da im Allgemeinen die Mütter den Großteil der Erziehungsarbeit leisten, und somit auch den Kindern bei den Hausaufgaben helfen, wirkt sich die Schulbildung der Mutter auf den Erwerb des Lesens und Schreibens in besonderer Weise aus.

Als ein weiterer wichtiger sozialer Einflussfaktor haben sich die Freizeitgewohnheiten der Kinder herausgestellt. Wenn die Kinder statt zu lesen ihre Freizeit vor dem Fernseher verbringen, erhöht sich das Risiko für Lese- und Rechtschreibschwierigkeiten. Allerdings wird dies erst ab einer kritischen Grenze deutlich. Die Zeit, die die Kinder mit Lesen verbringen, ist nämlich außerordentlich wichtig für ihre schulische Entwicklung. Schon zehn Minuten Lesen täglich führen zu deutlichen Zuwächsen in der Leseentwicklung.

## 9.5 Übungsfragen

**1.** Welche Ursachen für Lese- und Rechtschreibschwierigkeiten werden derzeit diskutiert? Wie können diese in einem interaktiven Modell dargestellt und zusammengefasst werden?

**2.** Welche Teilprozesse des Lesens und Schreibens sind in welchem Ausmaß genetisch bedingt?

**3.** Wie hoch ist das Risiko für Lese- und Rechtschreibschwierigkeiten bei genetischer Belastung der Eltern für Jungen und Mädchen? Von welchen Faktoren hängt die Höhe dieses Risikos ab?

4. Wie äußert sich die genetische Belastung in der Sprachentwicklung von Kindern mit Lese- und Rechtschreibschwierigkeiten?

5. Zu welchem Schluss würde eine zusammenfassende Beurteilung der Befunde zur Hemisphärenasymmetrie bei Lese- und Rechtschreibschwierigkeiten kommen?

6. Welche Schwächen in der visuellen Wahrnehmung wurden bei legasthenen Kindern beobachtet? Welche Kritikpunkte wurden zu diesen Beobachtungen geäußert?

7. Beschreiben Sie den Zusammenhang zwischen der Sprachentwicklung und Lese-Rechtschreib-Schwierigkeiten im Vorschul- und im Schulalter!

8. Weshalb ist eine distinktere Speicherung der phonologischen Merkmale von Wörtern für das Lesen und Schreiben von Bedeutung?

9. Durch welche Aufgaben können Beeinträchtigungen des Gedächtnisses bei Kindern mit Lese- und Rechtschreibschwierigkeiten am besten geprüft werden? Begründen Sie diesen Zusammenhang.

10. Welche negativen Auswirkungen von Armut auf die Entwicklung der Kinder wurden in Längsschnittstudien (z.B. NLSY) beobachtet?

11. Welche familiären Bedingungen haben einen deutlichen Einfluss auf den Erwerb des Lesens und Schreibens?

12. Warum ist es für die Kinder so wichtig, außerhalb der Schule zu lesen?

13. Aus welchem Grund und unter welchen Bedingungen hat der Fernsehkonsum einen negativen Einfluss auf den Lese- und Schreiberwerb?

# 10 Zusammenhang mit Verhaltensauffälligkeiten

Zwischen Lese-Rechtschreibschwierigkeiten und Verhaltensauffälligkeiten besteht ein relativ enger Zusammenhang, der bereits vor etwa 60 Jahren aufgefallen ist (Gates 1941) und seither relativ kontrovers diskutiert wurde (für eine Übersicht s. Rutter 1974; Spreen 1989; Cornwall / Bawden 1992). In den frühen Untersuchungen lag der Schwerpunkt vor allem in der Betonung der emotionalen Belastungen, die mit einem Versagen im Lesen und Schreiben verbunden seien. Es liegt auch durchaus nahe zu unterstreichen, wie schwer es für Kinder ist, in der Schule ständig mit den Anforderungen im Lesen und Schreiben konfrontiert zu sein, die die Mitschüler sehr viel leichter erfüllen können. Besonders schwer ist es für die Kinder, wenn die Grenzen der eigenen Leistungsfähigkeit von den Lehrern oder Eltern als mangelnde Motivation oder Unwilligkeit interpretiert werden. Lese- und Rechtschreibschwierigkeiten wurden daher zunächst vorwiegend als Ursache von Verhaltensproblemen betrachtet. Allerdings stammten diese ersten Beobachtungen vor allem aus klinischen Stichproben.

**kausale Richtung des Zusammenhangs**

Spätere und an repräsentativen Stichproben durchgeführte Untersuchungen (Fergusson / Lynskey 1997; Maughan et al. 1996; McGee et al. 1986; Klicpera et al. 1993b) bestätigten zwar einen Zusammenhang zwischen Lese-Rechtschreibschwierigkeiten und Verhaltensauffälligkeiten, hielten sich aber in der Festlegung einer kausalen Richtung stärker zurück. Bei der Betrachtung des Zusammenhangs sind mehrere unterschiedliche Blickwinkel zu unterscheiden, die die kausale Richtung und den zeitlichen Verlauf betreffen:

- Verhaltensauffälligkeiten als Ursache von Lese- und Rechtschreibschwierigkeiten: Es besteht die Annahme, dass Schwierigkeiten im Lesen und Rechtschreiben durch Verhaltensauffälligkeiten mitverursacht sein könnten. Der Fokus liegt daher auf jenen Verhaltensauffälligkeiten, die bereits vor dem Auftreten der Lese- und Rechtschreibschwierigkeiten auftreten und an deren Entstehen beteiligt sein können. Es müssen also relativ früh manifeste Störungsbilder sein, die den Erwerb des Lesens und Schreibens bereits im Erstlesealter behindern. Anzunehmen wäre dies vor allem bei Aufmerksamkeitsdefiziten oder Hyperaktivität.

- Rückführung auf gemeinsame Prädiktoren: Im Zentrum dieser Betrachtungsweise steht die Frage, inwieweit der enge Zusammenhang zwischen Lese-Rechtschreibschwierigkeiten und Verhaltensauffälligkeiten auf dritte Faktoren zurückzuführen ist, die beiden gemeinsam sind. Anzuführen sind etwa genetische Faktoren, aber auch kontextuelle Faktoren wie der familiäre Hintergrund, die Schulbildung der Eltern oder die sozioökonomischen Verhältnisse, in denen die Kinder aufwachsen.
- Eine Interaktion in der Entwicklung von Lese-Rechtschreibschwierigkeiten und Verhaltensauffälligkeiten: Eine weitere zentrale Frage ist auch, inwieweit sich die beiden Störungsbilder interaktiv entwickeln bzw. ob es im Lauf der Entwicklung zu einem gegenseitigen Aufschaukeln, einer Verstärkung kommen kann.
- Verhaltensauffälligkeiten als Folge von Lese- und Rechtschreibschwierigkeiten: Hier handelt es sich um die Frage, welche Störungen sich bei den Kindern als Folge der Schwierigkeiten im Lesen und Schreiben entwickeln können. Nahe liegend ist etwa, dass die Kinder sich infolge der Schulschwierigkeiten aus sozialen Beziehungen zurückziehen, dass sie depressive Verstimmungen oder Störungen des Selbstwertgefühls entwickeln. Andererseits wäre es aber auch möglich, dass die Kinder, wenn sie mit den Anforderungen im Lesen und Schreiben schlecht zurechtkommen, sich ärgern und aggressiv reagieren. Im weiteren Verlauf kann es dazu kommen, dass sie die Schule, die Lehrer und das Lernen abwerten, ihre Lernmotivation verlieren und das Lernen für sich als unwichtig betrachten.

Im Folgenden wollen wir diese Betrachtungsweisen im Auge behalten und versuchen, Belege beizubringen, die für die eine oder andere Sichtweise sprechen. Um das teilweise sehr komplexe Zusammenspiel leichter verständlich zu machen, orientieren wir uns dabei am Entwicklungsverlauf von Kindern und beginnen im Vorschulalter.

## 10.1 Der Zusammenhang zwischen Verhaltensschwierigkeiten und Lese-Rechtschreibschwierigkeiten im Vorschulalter

Im Vorschul- und Schulalter sind Lernschwierigkeiten vor allem mit Hyperaktivität und Aufmerksamkeitsdefiziten verknüpft. In seinem Übersichtsartikel spricht Hinshaw (1992) unter Berücksichtigung der wichtigsten epidemiologischen und klinischen Studien von einer

Überlappung von weniger als 20% zwischen spezifischen Lernschwierigkeiten und Hyperaktivität bzw. Verhaltensstörungen.

**Merkmale aufmerksamkeitsgestörter Kinder**

Das hervorstechendste Merkmal aufmerksamkeitsgestörter Kinder ist ihre mangelnde Fähigkeit, längere Zeit bei einer Aufgabe zu verweilen. Da aber lese- und rechtschreibschwachen Kindern der Erwerb des Lesens und Schreibens besondere Mühe bereitet, ist folgerichtig, dass sie auch in ihrer Konzentration Schwierigkeiten haben, d. h. dass es für sie schwieriger ist, mit ihrer Aufmerksamkeit beim Lesen und Schreiben zu bleiben. Aus diesem engen Zusammenhang zwischen Lese-Rechtschreibschwierigkeiten und Aufmerksamkeitsdefiziten/ Hyperaktivität (Attention Deficit Hyperactivity Disorder – ADHD) ergeben sich erhebliche diagnostische Probleme. Da Aufmerksamkeitsstörungen so eng mit kognitiven und Verhaltensschwierigkeiten zusammenhängen, kann auch die Frage nur sehr schwer beantwortet werden, was als Ursache und was als Folge zu betrachten ist. Obwohl es nahe liegend erscheint, dass Lese- und Rechtschreibschwierigkeiten durch Störungen der Aufmerksamkeit und Hyperaktivität mitverursacht sein könnten, reichen die vorliegenden empirischen Befunde nicht aus, um diese Hypothese zu bestätigen (Riccio et al. 1994).

Abgesehen davon, dass viele Kinder mit ADHD keine Lese- und Schreibschwierigkeiten aufweisen (Epstein et al. 1991), zeigen Vergleiche der Fähigkeiten leseschwacher und komorbider (leseschwach und ADHD) Schüler, dass die beiden Gruppen ein ähnliches Fähigkeitsprofil aufweisen (Närhi/Ahonen 1995). Die mangelnden Teilfähigkeiten leseschwacher Kinder, etwa im Bereich des phonologischen Rekodierens oder im raschen Benennen, sind klar zu erkennen, unabhängig davon, ob die Kinder zudem Aufmerksamkeitsprobleme haben. Ähnlich argumentieren auch Shaywitz et al. (1995a), es handle sich bei Aufmerksamkeits-/Hyperaktivitätsdefizitsyndrom und Leseschwierigkeiten um unabhängige Störungsbilder, die zwar häufig gemeinsam auftreten würden, aber in ihrem Störungsprofil spezifisch wären. Linguistische Probleme, vor allem im phonologischen Rekodieren sind charakteristisch für Leseschwierigkeiten, wohingegen ADHD durch typische Schwierigkeiten im Verhalten gekennzeichnet ist.

**Verhaltensprobleme vor Schuleintritt**

Wiederholt ist berichtet worden, dass die Verhaltensprobleme der Kinder meist schon vor Schuleintritt beobachtet wurden (August/ Garfinkel 1990) und dass Probleme im Verhalten, z. B. Hyperaktivität und Zerstreutheit in der Vorschule, Lese- und Rechtschreibschwierigkeiten nicht voraussagen könnten (McGee/Share 1988).

In einer kürzlich publizierten Längsschnittstudie bei 105 Kindern aus sozial benachteiligten Familien (Velting/Whitehurst 1997) zeigte sich zwar ein klarer kausaler Weg von Hyperaktivität im Vorschulalter zu Hyperaktivität in der ersten Klasse, und von den Vorläuferfertigkeiten des Lesens und Schreibens im Vorschulalter auf die Lesefertigkeiten in der ersten Klasse, aber kein Einfluss der Hyperaktivität auf die Vorläuferfertigkeiten im Vorschulalter. Erst in der ersten Klasse wird ein signifikanter negativer Einfluss der Hyperaktivität auf das Lesen deutlich. Wenn es darauf ankommt, dass die Kinder still sitzen und sich an die Rahmenbedingungen des Unterrichts halten müssen, lässt sich ein negativer Einfluss des hyperaktiven Verhaltens auf das Lesen feststellen (Velting/Whitehurst 1997).

## 10.2 Zur Entwicklung im Schulalter: Interaktionen zwischen Verhaltensauffälligkeiten und Lese-Rechtschreibschwierigkeiten

In den ersten Schuljahren besteht ein enger, nicht kausaler Zusammenhang zwischen Leseschwierigkeiten und Verhaltensauffälligkeiten. Etwa ein Drittel der Schüler mit Schwierigkeiten im Lesen und Schreiben fällt durch dissoziales und sozial unangepasstes Verhalten auf. Aber auch umgekehrt ist etwa ein Drittel der Kinder mit dissozialem Verhalten von Lese- und Rechtschreibschwierigkeiten betroffen.

**Verhaltensprobleme und IQ**

Die Verhaltensprobleme werden zu Schuleintritt durch einen niedrigen IQ vorhergesagt, im weiteren Verlauf der Volksschule bedingen eher die Schwierigkeiten im Lesen die Verhaltensauffälligkeiten (Stanton et al. 1990). Dies gilt allerdings nur für die Volksschulzeit, später entwickeln sich die beiden Bereiche relativ unabhängig voneinander. Der enge Zusammenhang zwischen Lese-Rechtschreibschwierigkeiten und Verhaltensauffälligkeiten gilt sowohl für Mädchen als auch für Jungen und bleibt bestehen, wenn man die sozioökonomische Situation der Familie, den IQ und frühere Verhaltensschwierigkeiten der Kinder berücksichtigt (Stanton et al. 1990).

**Anstieg an Verhaltensproblemen**

Zu Schuleintritt scheint der Zusammenhang zwischen Lese-Rechtschreibschwierigkeiten und Hyperaktivität am engsten zu sein. Des Weiteren wurde in den ersten Jahren des Schulbesuchs ein relativ starker Anstieg von aggressivem und hyperaktivem Verhalten bei lese- und rechtschreibschwachen Kindern beobachtet, und zwar sowohl bei Jungen als auch bei Mädchen. Es liegt daher nahe, diesen Anstieg an Verhaltensproblemen als Folge der Schwierigkeiten im Lesen und Rechtschreiben zu interpretieren (McGee et al. 1986). Andererseits gibt es jedoch auch viele Kinder mit Leseproblemen, die nicht mit hyperaktivem oder aggressivem Verhalten auf die Schulschwierigkeiten reagieren.

Wahrscheinlich kann man davon ausgehen, dass es eine Untergruppe an Schülern gibt, die bereits mit aggressivem bzw. hyperaktivem Verhalten in die Schule kommen, sich mit den Anforderungen im Lesen und Schreiben überfordert fühlen und diese nicht bewältigen können. Sie reagieren auf diese Anforderungen mit verstärktem aggressiven oder hyperaktivem Verhalten. Dies bedeutet, dass die Störungen zwar nicht durch die schulische Situation hervorgerufen, wohl aber bereits bestehende Verhaltensstörungen durch den schulischen Kontext verstärkt werden. Diese Annahme lässt sich durch mehrere Längsschnittstudien, unter anderem auch durch die Ergebnisse unserer Wiener Längsschnittstudien bestätigen (Klicpera et al. 1993b).

In der mittleren Kindheit bleibt der starke Zusammenhang von Lese- und Rechtschreibschwierigkeiten mit Aufmerksamkeitsstörungen und Hyperaktivität erhalten. Maughan et al. (1996) wählten aus einer repräsentativen Stichprobe von 1.700 Schülern 127 leseschwache und 73 Kontrollkinder aus. Im Alter von zehn Jahren wurde die Hälfte der leseschwachen Jungen und fast 40% der leseschwachen Mädchen von den Lehrern als hyperaktiv und unaufmerksam eingeschätzt. Auch hier waren die Leseschwierigkeiten der komorbiden Kinder auf die gleichen Fähigkeitsdefizite rückführbar wie jene der Kinder mit Lese-Rechtschreibschwierigkeiten allein. Sie konnten also nicht durch die Aufmerksamkeitsprobleme erklärt werden.

Zusätzliche Effekte der Aufmerksamkeitsprobleme zeigten sich jedoch im längeren Verlauf, da die Gefahr besteht, dass bei gleichen Fähigkeiten Schüler mit größeren Aufmerksamkeitsproblemen stärker hinter den erwarteten Leistungen zurückbleiben. Dies gilt für Aufmerksamkeitsdefizite, nicht aber für Hyperaktivität. Das Verhalten dieser Schüler bedingt also dennoch, dass sie nicht die Leistungen erbringen, die aufgrund ihrer Fähigkeiten zu erwarten wären (Merrell / Tymms 2001). Daher haben Kinder mit Lese-Rechtschreibschwierigkeiten und Aufmerksamkeitsdefiziten langfristig die schlechtere Prognose als Kinder mit Lese- und Rechtschreibschwierigkeiten ohne Aufmerksamkeitsprobleme.

Neuere Studien, vor allem aus der genetischen Forschung, berichten von einer deutlichen Überlappung zwischen ADHD und Dyslexie: Die Arbeitsgruppe um Plomin (Greven et al. 2011) hat in einer groß angelegten Längsschnittuntersuchung von über 6428 Zwillingspaaren bei den 12-Jährigen nicht nur über ein hohes Ausmaß an Heritabilität der ADHD-

Symptome berichtet, nämlich annähernd 70 %, sondern konnte auch eine deutlich negative Korrelation mit den Lesefähigkeiten (.31 zwischen Dekodieren und Leseverständnis) nachweisen. Besonders bemerkenswert war die Tatsache, dass die genetische Korrelation mit den Lesefähigkeiten deutlich höher für Aufmerksamkeitsprobleme als für Hyperaktivität war. Daher muss angenommen werden, dass diese große Überlappung im Wesentlichen mit den Aufmerksamkeitsstörungen zusammenhängt. Zudem ist das Dekodieren stärker als das Leseverständnis von diesem Zusammenhang betroffen (Greven et al. 2011).

Die große Zwillingstudie in England belegt, dass ein wechselseitiger Einfluss zwischen den ADHD-Symptomen und den Lesefähigkeiten von der mittleren Kindheit ins frühe Jugendalter besteht. Der Einfluss von ADHD auf das Lesen von der mittleren Kindheit ins frühe Jugendalter ist etwas größer als jener des Lesens auf die ADHD-Symptome. Auch hier erwies sich die Unaufmerksamkeit als etwas stärkerer Prädiktor für das Lesen als Hyperaktivität und es zeigten sich unterschiedliche Einflusspfade. Während die Genetik weitgehend für den Einfluss von Aufmerksamkeitsstörungen auf das Lesen verantwortlich war, erwiesen sich sowohl die genetischen, als auch die gemeinsamen Umweltfaktoren als verantwortlich für den Einfluss der Hyperaktivität-Impulsivität auf das Lesen (Greven et al. 2012).

**Auswirkungen auf das Selbstkonzept**

*Selbstkonzept und Attribuierung der Schüler:* Es ist anzunehmen, dass das Leistungsversagen nicht nur unmittelbare Auswirkungen auf das Verhalten und Befinden der Schüler hat. Aus diesem Grund wurde in mehreren Untersuchungen der Frage nachgegangen, welche vermittelnden Aspekte für weitere negative Auswirkungen der Schwierigkeiten im Lesen und Schreiben verantwortlich sein könnten. Einen wichtigen Faktor zwischen Lese-Rechtschreibschwierigkeiten und Verhaltensschwierigkeiten dürfte das Attribuierungsverhalten der Schüler darstellen. Die wesentliche Frage ist hier, inwieweit die Schüler sich selbst als verantwortlich für ihre schwachen Leistungen erleben.

Negative Auswirkungen der Schwierigkeiten im Lesen und Rechtschreiben auf das Selbstkonzept der Schüler sind vor allem dann wahrscheinlich, wenn die Kinder sich selbst die Verantwortung für ihr Leistungsversagen zuschieben und dies als stabile Eigenschaft begreifen. In diesem Fall besteht die Gefahr, dass die Schüler nicht mehr an ihre Fähigkeiten glauben können, dass sie in den Schulstunden weniger aufmerksam sind und ihre eigenen Fähigkeiten als unterdurchschnittlich einschätzen. Diese Einschätzung bezieht sich dann nicht nur auf das Lesen und Schreiben, sondern allgemein auf ihre schulischen Fähigkeiten (Williams / McGee 1996).

In weiterer Folge ist beobachtbar, dass nicht nur sie selbst, sondern auch Mitschüler und sogar die Lehrer sich eine negative Meinung über ihre Fähigkeiten bilden. Sie sind weniger involviert in der Schule, finden sie weniger unterhaltsam und planen auch, sie eher zu verlassen (McGee et al. 1988). Frustriert über ihre täglichen Misserfolge, sind sie von der negativen Meinung der Peers und der Lehrer über ihre Fähigkeiten überzeugt. Diese negativen Annahmen setzen sich bis in die Adoleszenz fort; sie bleiben weiterhin schlechte Leser und zeigen allgemein schlechte Schulleistungen.

**depressive Stimmung**

*Lese-Rechtschreibschwierigkeiten und internalisierte Störungen:* Obwohl anzunehmen ist, dass sich die negativen Auswirkungen der Schwierigkeiten auch auf die Stimmung der Schüler niederschlagen, wurde in den bisherigen dazu vorliegenden Untersuchungen kein enger Zusammenhang zwischen Lese-Rechtschreibschwierigkeiten und Depression beobachtet (Esser/Schmidt 1993). Kinder mit Lernschwierigkeiten werden von den Mitschülern aber eher als scheu und zurückgezogen bezeichnet, sie suchen oft Hilfe bei ihren Mitschülern und werden eher zum Opfer von Aggressionen. In der Präadoleszenz kann auch ein Zusammenhang mit Ängstlichkeit beobachtet werden (McGee et al. 1988, Carroll et al. 2005).

All dies spricht dafür, dass sich die negativen Auswirkungen auf das Selbstkonzept der Schüler zwar nicht in einer sehr deutlichen negativen Stimmung zeigen, bei genauer Beobachtung jedoch deutlich wird, dass die Schüler beeinträchtigt sind. Neuere Untersuchungen, die besonders sensitive Skalen zur Erfassung von internalisierten Störungen verwendeten, konnten demnach auch eine negative Stimmung bei Schülern mit Lese- und Rechtschreibschwierigkeiten feststellen (Boetsch et al. 1996). Dies gilt vor allem für Jungen in der Präadoleszenz, also zwischen elf und zwölf Jahren (Carroll et al. 2005). Allerdings hängt dies sicher auch von der Reaktion der Lehrer und vor allem von der Reaktion der Eltern ab.

## 10.3 Langfristige Entwicklung: Lese-Rechtschreibschwierigkeiten und Verhaltensschwierigkeiten sowie delinquentes Verhalten in der Adoleszenz

**antisoziales Verhalten**

Die Verbindung zwischen Leseschwierigkeiten und Verhaltensauffälligkeiten in der Adoleszenz, vor allem antisoziales Verhalten, wurde in verschiedenen Untersuchungen nachgewiesen und stellt einen

**Die Christchurch-Studie**

Auch Fergusson und Lynskey (1997) bestätigen den Zusammenhang zwischen Leseschwierigkeiten zu Beginn der Schulzeit und Verhaltensschwierigkeiten im Alter von 16 Jahren. In ihrer bekannten Längsschnittstudie untersuchten sie 1.265 Kinder in Christchurch (Neuseeland) von Geburt an. Die Fähigkeiten der Kinder im Lesen und Schreiben wurden bei Schuleintritt und dann in jährlichen Abständen bis zum Alter von 16 Jahren untersucht. Zudem wurden Verhaltensratings von Lehrern, Eltern und den Schülern selbst erhoben.

Es zeigte sich ein höheres Ausmaß an Verhaltensauffälligkeiten bei 16-jährigen Schülern, die bereits früh durch Leseschwierigkeiten aufgefallen waren. Dieser Zusammenhang zwischen Leseschwierigkeiten und Verhaltensauffälligkeiten war bei Jungen deutlicher, und er ging mit dem Alter zurück. Auch war er auf eine Reihe an zusätzlichen und kontextuellen Nachteilen, d.h. auf soziale und familiäre Faktoren (z.B. der sozioökonomische Status der Familie, der Lebensstandard, aber auch die emotionale Responsivität der Mutter) zurückzuführen. Wurden Auffälligkeiten im Verhalten mit sechs Jahren (noch bevor die Leseschwierigkeiten aufgetreten waren) sowie der soziale Kontext berücksichtigt, dann konnte der ursprünglich festgestellte Zusammenhang zwischen Lese-Rechtschreibschwierigkeiten und Verhaltensauffälligkeiten nicht mehr nachgewiesen werden.

Kasten 10.1

relativ gesicherten Befund in der Leseforschung dar. Allerdings wird die Frage nach den Kausalitäten, d.h. ob die Leseschwierigkeiten spätere Verhaltensauffälligkeiten und Delinquenz tatsächlich verursachen, kontrovers diskutiert. Möglich wäre auch, dass dieser Zusammenhang auf eine Reihe an sozialen und familiären Faktoren zurückzuführen ist, die sowohl auf den Erwerb des Lesens und Schreibens als auch auf Verhaltensschwierigkeiten einen negativen Einfluss ausüben.

Ähnliche Ergebnisse berichten Klicpera et al. (1993b) aus den Wiener Längsschnittuntersuchungen. Auch dort konnte in einer Längsschnittuntersuchung über acht Jahre kein Zusammenhang zwischen frühen Lese-Rechtschreibschwierigkeiten und Verhaltensschwierigkeiten in der Adoleszenz nachgewiesen werden. Allerdings bestand eine hohe zeitliche Kontinuität sowohl der Leseschwierigkeiten als auch der Verhaltensauffälligkeiten; Verhaltensauffälligkeiten im Jugendalter wurden von Verhaltensauffälligkeiten in der Kindheit vorhergesagt (Abb. 10.1).

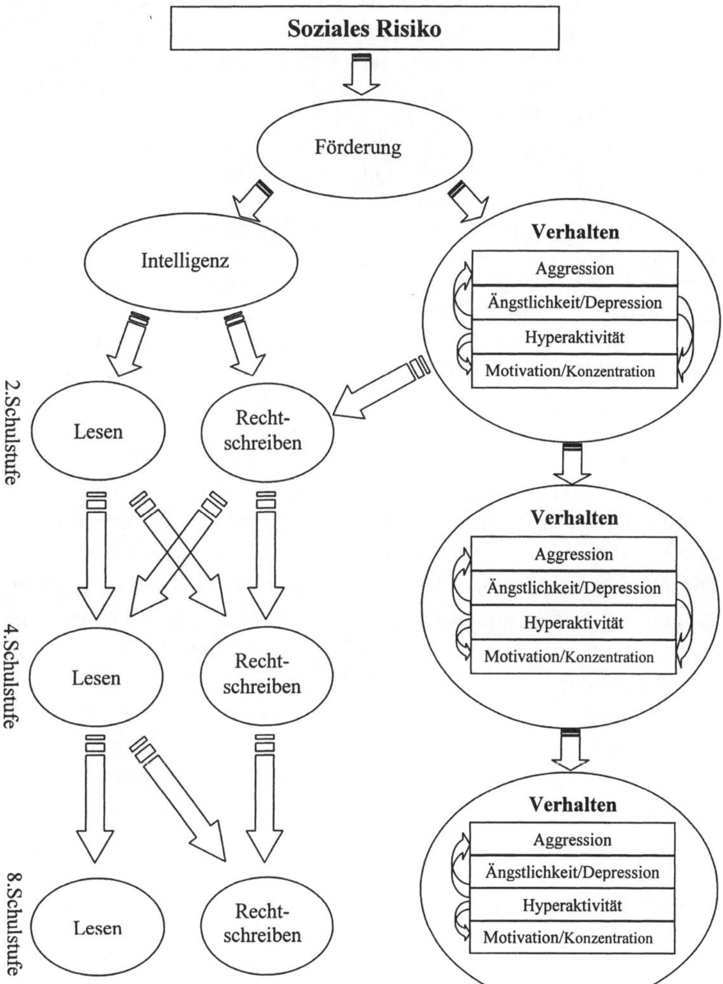


*Abb. 10.1:* Langfristige Entwicklung der Lese- und Rechtschreibleistungen und des Verhaltens in der Schule (nach Klicpera et al. 1993b)

**Dunedin-Studie**

In der bereits erwähnten Dunedin-Studie in Neuseeland (Williams/McGee 1994, 1996) wurden die Schüler mit 15 und 18 Jahren nachuntersucht. Es handelte sich dabei um eine repräsentative Stichprobe, allerdings waren eher mittlere Bevölkerungsschichten einbezogen, kaum Teilnehmer aus Familien mit besonders hohem oder besonders niedrigem Einkommen. Ein Kennzeichen der Studie sind die für eine

Längsschnittstudie besonders niedrigen Ausfallquoten, daher sind die Ergebnisse als valide zu betrachten. Bei der Analyse der Entwicklung der Gesamtgruppe konnte kein direkter kausaler Zusammenhang zwischen früher Lesefähigkeit und späterer Delinquenz nachgewiesen werden (Williams/McGee 1994).

Allerdings bestand bereits in den ersten Schuljahren die Gefahr, dass eine mangelnde Leseleistung zu aggressivem und antisozialem Verhalten führte. Die hohe Stabilität dieses frühen antisozialen Verhaltens bedingte spätere Delinquenz, nicht die Leseleistung. Mit einem methodisch anderen Vorgehen jedoch zeigte der Vergleich der Entwicklung von Gruppen guter und schwacher Leser, dass bei Jungen frühe Lese- und Rechtschreibschwierigkeiten Verhaltensstörungen mit 15 Jahren voraussagen konnten. Es scheint demnach für besondere Risikogruppen unterschiedliche Entwicklungsverläufe zu geben.

**geschlechtsspezifische Unterschiede**

Wichtig in diesem Zusammenhang ist der unterschiedliche Verlauf bei Jungen und Mädchen. Maughan et al. (1996) machen darauf aufmerksam, dass sich vor allem bei Mädchen mit größerem Rückstand im Lesen in der Adoleszenz erhöhte Raten von antisozialem Verhalten zeigen würden. Sie interpretierte diese Ergebnisse dahingehend, dass dem sozioökonomischen Hintergrund eine wichtige Rolle zukomme. Dieser Zusammenhang zwischen frühen Leseschwierigkeiten und antisozialem Verhalten sei in der Adoleszenz von der sozialen Schicht abhängig und diese kontextuellen Bedingungen hätten auf die Entwicklung der Mädchen einen stärkeren Einfluss. Allerdings muss bedacht werden, dass die geschlechtsspezifischen Unterschiede in Bezug auf die langfristigen Konsequenzen der Lese- und Rechtschreibschwierigkeiten noch nicht wirklich geklärt sind.

**Verstärkung aggressiven Verhaltens**

Auch Cornwall und Bawden (1992) betonen in ihrer Übersicht, dass die vorhandene Evidenz nicht ausreicht, um zu belegen, dass spezifische Lese- und Rechtschreibschwierigkeiten aggressives Verhalten verursachen würden, dass jedoch bereits bestehendes aggressives Verhalten durch Schwierigkeiten zusätzlich verstärkt werden kann. Allerdings ist es notwendig, kontextuelle Faktoren zu berücksichtigen. Erst dann ist es unwahrscheinlich, dass frühe Leseschwierigkeiten mit späteren Verhaltensschwierigkeiten zusammenhängen.

Kontrolliert man ADHD und soziodemographische Variablen, dann ist der Zusammenhang zwischen Lese-Rechtschreibschwierigkeiten und Delinquenz oder aggressivem Verhalten bei 15-jährigen Jugendlichen nicht gegeben (Arnold et al. 2005).

## 10.4 Langfristige Folgen: Lese-Rechtschreibschwierigkeiten und psychische Gesundheit im frühen Erwachsenenalter

**klinische Stichproben**

In älteren Studien wurde berichtet, lese- und rechtschreibschwache Schüler hätten einen schwierigeren Berufseinstieg und auch im frühen Erwachsenenalter eine höhere psychosoziale Belastung. Klein und Manuzza (1993) fanden bei einer klinischen Stichprobe von 91 Schülern mit Lese- und Rechtschreibschwierigkeiten, die sie bis ins Erwachsenenalter verfolgten, mehr Alkoholismus und eine höhere Drogenabhängigkeit. Auch Spreen (1989) beobachtete eine schlechtere emotionale Anpassung bei Schülern mit Lernschwierigkeiten im frühen Erwachsenenalter. Da diese beiden Studien an klinischen Stichproben durchgeführt wurden, ist jedoch fraglich, inwieweit sich die Ergebnisse auf die Allgemeinbevölkerung übertragen lassen. Neuere Studien, die an repräsentativen Stichproben durchgeführt wurden, sind in der Annahme negativer langfristiger Folgen für Schüler mit Lese- und Rechtschreibschwierigkeiten deutlich zurückhaltender.

**geringes Selbstvertrauen**

Boetsch et al. (1996) konnten in ihrer Querschnittsstudie depressive Symptome, ADHD, Selbstkonzept, sozioökonomischen Status und weitere psychosoziale Anpassungsmaße bei vier Gruppen von Kindern, Jugendlichen und Erwachsenen untersuchen. Die erste Gruppe bestand aus 18 leseschwachen Erwachsenen und einer ebenso großen Kontrollgruppe. Die zweite, dritte und vierte Gruppe bestand aus Kindern und Jugendlichen. In der zweiten Gruppe befanden sich 70 leseschwache und 67 normal lesende Schüler, in der dritten 26 dizygote gleichgeschlechtliche Zwillingspaare, von denen je einer leseschwach war, der andere nicht. Die vierte Gruppe bestand aus 98 leseschwachen Zwillingen, die aus einer größeren Gruppe von Zwillingspaaren zufällig ausgewählt wurden, sowie einer Kontrollgruppe von 118 nicht leseschwachen Zwillingen. Während leseschwache Erwachsene ein geringeres Selbstvertrauen in Bezug auf ihre akademische Leistungsfähigkeit hatten, zeigten sich keine Unterschiede zur normal lesenden Kontrollgruppe in Bezug auf nichtakademische Bereiche, psychosoziale Belastung, soziale Unterstützung und Zufriedenheit in der Partnerschaft, aber auch depressive Symptome und allgemeines Selbstvertrauen.

**ungünstige Lebensumstände**

Ähnliche Ergebnisse berichteten auch Williams und McGee (1996). Sie beschrieben zwei Extremgruppen von je 40 Jungen und Mädchen, die sowohl im Alter von sieben als auch von neun Jahren als leseschwach eingestuft worden waren. Im Alter von 18 Jahren zeigte sich kein Unterschied in ihrer psychischen Gesundheit zu einer Vergleichsgruppe. Allerdings unterschieden sich die beiden Gruppen in der Einschätzung der eigenen Situation. Leseschwache Schüler mit 18 Jahren beurteilten ihre Lebensumstände deutlich ungünstiger als die Vergleichsgruppe. Diese umfassten vorzeitigen Abgang von der Schule, fehlenden Schulabschluss, Arbeitslosigkeit, ein kleines Kind haben oder erwarten etc.

Auch in den wenigen Längsschnittstudien, deren Ziel vor allem die Entwicklung antisozialen Verhaltens darstellte, konnte kein klarer Zusammenhang zwischen allgemein schlechten Schulleistungen und späterem antisozialen Verhalten nachgewiesen werden (Maughan et al. 1985).

**Nischenmodell**

Die Autoren erklären sich diese im Allgemeinen doch positive Entwicklung damit, dass es den Schülern im Erwachsenenalter gelingt, eine Nische zu finden, in der die Fertigkeiten des Lesens und Schreibens keine so zentrale Bedeutung mehr haben wie in der Schule. Dies bedeutet etwa einen Beruf zu wählen, bei dem andere Fähigkeiten stärker ins Spiel gebracht werden können und der Erfolg nicht in erster Linie von Lesen und Schreiben abhängt.

## 10.5 Zusammenfassung

Zwischen Verhaltensstörungen und Lese-Rechtschreibschwierigkeiten besteht ein relativ enger Zusammenhang. In der Kindheit sind Lese- und Rechtschreibschwierigkeiten vor allem mit Hyperaktivität und Aufmerksamkeitsstörungen verbunden, im Jugendalter hingegen besteht ein engerer Zusammenhang mit antisozialem Verhalten sowie Delinquenz.

Der früheren Annahme, dass in erster Linie die Lese- und Rechtschreibschwierigkeiten die Verhaltensstörungen hervorrufen, muss aus heutiger Sicht jedoch widersprochen werden. Beobachtungen sprechen dafür, dass in den ersten Volksschuljahren die Schwierigkeiten im Lesen und Schreiben das Verhalten der Schüler negativ beeinflussen und Schüler mit Schwierigkeiten durch aggressives und störendes Verhalten auffallen. Im Allgemeinen muss man jedoch davon ausgehen, dass die Verhaltensstörungen der Kinder bereits vor Schuleintritt bestanden haben und das Versagen im Lesen und Schreiben lediglich zu einer Verstärkung dieser Probleme beigetragen hat.

In den späteren Jahren entwickeln sich die beiden Bereiche Verhalten und Lese-Rechtschreibschwierigkeiten parallel und relativ unabhängig voneinander. So wird aggressives und antisoziales Verhalten in der Adoleszenz zwar durch früheres aggressives Verhalten vorhergesagt, nicht jedoch durch die mangelnden Fertigkeiten im Lesen und Rechtschreiben.

Im späteren Verlauf, d. h. im frühen Erwachsenenalter bleiben die Schwierigkeiten im Lesen und Rechtschreiben weiterhin bestehen. Es gelingt jedoch den meisten Erwachsenen, trotz ihrer Schwierigkeiten eine angemessene berufliche Position zu erwerben und das Erwachsenenalter ohne psychosoziale Anpassungsschwierigkeiten zu meistern.

## 10.6 Übungsfragen

1. Wie kann man sich den Zusammenhang zwischen Lese-Rechtschreibschwierigkeiten und Verhaltensauffälligkeiten in theoretischen Modellen vorstellen?

2. Zu welchem Zeitpunkt ist der Zusammenhang zwischen Lese-Rechtschreibschwierigkeiten und ADHD am engsten? Wie kann dies begründet werden?

3. Welche Auswirkungen haben Lese- und Rechtschreibschwierigkeiten auf das Selbstkonzept und die Stimmung der Betroffenen?

4. Welche kontextuellen Faktoren beeinflussen den Zusammenhang zwischen Lese-Rechtschreibschwierigkeiten und Delinquenz in der Adoleszenz?

5. Weshalb ist bei lese- und rechtschreibschwachen Schülern im Erwachsenenalter eine relativ gute psychosoziale Anpassung zu beobachten? Was ist unter dem Begriff „Nischenmodell" im Erwachsenenalter zu verstehen?

# 11 Diagnostik

## 11.1 Früherkennung von Lese- und Rechtschreibschwierigkeiten im Vorschulalter

Es wird heute vielfach davon ausgegangen, dass es möglich ist, durch Früherkennung der Ursachen von Lese- bzw. Rechtschreibstörungen zumindest bei einem Teil der Kinder die Manifestation dieser Probleme in der Schule zu verhindern. Manche Beziehungen zwischen „Verursachungsfaktoren" (wie etwa der phonologischen Bewusstheit) und dem Lesen oder dem Rechtschreiben im Einzelnen sind vielschichtig und zum Teil bestehen auch in der Forschung Unklarheiten. Dennoch gehen viele Autoren davon aus, dass Kindern mit ungünstigen „Startvoraussetzungen" für das Erlernen der Schriftsprache durch eine entsprechende Förderung geholfen werden kann. Dabei ist klar, dass nicht jedes Kind mit anfänglichen Defiziten tatsächlich Lese- und Rechtschreibschwierigkeiten entwickelt. Andererseits werden in der Schule lese- und rechtschreibschwache Kinder beobachtet, deren Grundvoraussetzungen für das Lesen und Rechtschreiben an und für sich intakt sind.

**Schwierigkeit der Prädiktion**

Dies hängt mit einer grundsätzlichen Schwierigkeit der Prädiktion unter den gegebenen Bedingungen zusammen. Der Schriftspracherwerb findet ja nicht in einem „luftleeren Raum" statt, sondern spiegelt die Bemühungen und den Einfluss vieler Personen wider: Lehrern, Eltern, Direktoren, bis hin zu Klassenkameraden und Altersgenossen. Mit anderen Worten finden zwischen dem Zeitpunkt, zu dem man eine erste vorausschauende Untersuchung durchführen kann, und dem Zeitpunkt, zu dem man sehen kann, wie gut die jeweilige Voraussage zutrifft, mehrere Interventionen statt, deren Auswirkungen vorweg schwer abzuschätzen sind.

Die wichtigste dieser „Interventionen" stellt der Unterricht selbst dar. Seine Auswirkungen auf die Vorhersagbarkeit von Schwierigkeiten zeigen sich deutlich bei phonologischen Fertigkeiten. Wenn im

Unterricht systematisch Phonem-Graphem-Zuordnungen unterrichtet werden, scheint eine Vorhersage der weiteren Entwicklung durch die phonologischen Fertigkeiten im Vorschulalter im Vergleich zu einem weniger lautorientierten Unterricht weniger gut möglich zu sein (Klicpera et al. 1999; Schabmann et al. 2009).

Nachdem Bedingungen wie die Unterrichtsform jedoch selten vorauszusehen sind, und selbst wenn eine spezielle Förderung mancher dieser Vorgängerfertigkeiten im Allgemeinen nach der ersten Klasse keine besondere Bedeutung haben sollte, dürfte es doch sinnvoll sein, die Weiterentwicklung dieser Fähigkeiten zu unterstützen.

**spezifische Ursachen oder Prädiktoren**

Es ist klar, dass sich frühe Diagnostik primär an den möglichen Ursachen für die Ausbildung von Lese- und Rechtschreibschwierigkeiten orientieren muss. Diese Faktoren (z.B. verschiedene Gedächtnisfaktoren wie der schnelle Abruf aus dem Langzeitgedächtnis, phonologische Bewusstheit, Wortschatz, visuelle Aufmerksamkeitssteuerung) werden oft auch als spezifische Ursachen oder Prädiktoren bezeichnet. Daneben gibt es eine Reihe unspezifischer Prädiktoren für die Ausbildung von Störungen des Schriftspracherwerbs und von Schulleistungsproblemen im Allgemeinen, etwa ungünstige sozioökonomische Bedingungen (mit geringer vorschulischer und schulischer Förderung) oder auch individuelle Bedingungen wie ein generell geringes kognitives Leistungsniveau (für eine detaillierte Darstellung dieser Einflussfaktoren s. Klicpera/ Gasteiger-Klicpera 1998b).

### *Instrumente zur vorschulischen Diagnose von Problemen beim Schriftspracherwerb*

**Prüfung der Eingangsfertigkeiten**

*Das Bielefelder Vorschulscreening als Beispiel für ein deutschsprachiges Verfahren:* Beim Bielefelder Screening zur Früherkennung von Lese- und Rechtschreibschwierigkeiten (BISC; Jansen et al. 2002) handelt es sich um ein Verfahren, mit dem die im letzten Kapitel genannten Eingangsfertigkeiten für das Lesen bzw. das Rechtschreiben überprüft werden können. Es sind zwei Testzeitpunkte vorgesehen, nämlich zehn und vier Monate vor der Einschulung, wobei empfohlen wird, Erhebungen zu beiden Zeitpunkten durchzuführen. Es werden u.a. Aufgaben zur phonologischen Bewusstheit im weiteren Sinne (z.B. Reime und Silben) und im engeren Sinne (Aufgaben auf Phonemebene siehe Kap. 1.1) sowie Aufgaben zum schnellen Benennen vorgegeben.

Die Ergebnisse der einzelnen Aufgaben werden zu einer Punktezahl zusammengefasst, die es erlaubt, Risikokinder zu identifizieren. Das Verfahren ist relativ einfach durchzuführen und für die Kinder auch nicht übermäßig anstrengend.

**Lernvoraussetzungen**

Prüfung des Entwicklungsstands der Lernvoraussetzungen für das Lesenlernen bei Schuleintritt: Ein weiteres Verfahren, das vor allem zu Beginn des Erstleseunterrichts, aber auch schon im Vorschulalter eingesetzt werden kann, sich aber zum Großteil auf den Aspekt der phonologischen Bewusstheit beschränkt, hat die Gruppe um Einsiedler mit dem „Rundgang durch Hörhausen“ (Martschinke et al. 2002) entwickelt. Die zehn Aufgaben sind in drei größere Bereiche gegliedert. So werden ähnlich wie beim BISC die phonologische Bewusstheit im weiteren Sinn mit drei Aufgaben (Silben segmentieren, Silben zusammensetzen, Endreim erkennen) und die phonologische Bewusstheit im engeren Sinn mit vier Aufgaben (Phonemanalyse, Lautsynthese mit Umkehraufgabe, Anlaut erkennen und Endlaut erkennen) geprüft. Zusätzlich werden aber noch Vorkenntnisse im Lesen und Schreiben mit drei Aufgaben (eigenen Namen schreiben, weitere Wörter schreiben, Buchstabenkenntnis) erfasst.

Es wurde gezeigt, dass die meisten Subtests recht konsistent sind, der Test die deutlichen Verbesserungen von Anfang bis Mitte des ersten Schuljahres recht gut darstellt und die weitere Leistungsentwicklung im Lesen und Schreiben halbwegs vorhersagt. Die Korrelation der Testleistungen zu Beginn des Schuljahres mit der Lesefertigkeit am Ende der ersten Klasse beträgt 0.49, jene mit der Lesefertigkeit am Ende der zweiten Klasse 0.39. Die Vorhersage ist somit etwas besser als jene durch das BISC im Vorschulalter. Die Schüler, die bei diesem Test zu den schlechtesten 20 % gehören, sollten als Risikokinder betrachtet werden.

**Sprachdifferenzierung**

Als analoges Verfahren, das zu Beginn der ersten Klasse einsetzbar ist, wurde das Münsteraner Screening konstruiert (Müsc, Mannhaupt 2005), dessen Aufgaben dem BISC sehr ähnlich sind.

Weitere Verfahren, die auch als Gruppentest eingesetzt werden können, sind der Gruppentest zur Früherkennung von Lese- und Rechtschreibschwierigkeiten (PB-LRS; Barth/Gomm 2014) sowie TEPHOBE – Test zur Erfassung der phonologischen Bewusstheit und der Benennungsgeschwindigkeit (Mayer 2016). Letzterer kann ab Ende der Vorschule bis zur zweiten Klasse eingesetzt werden. Neben der phonologischen Bewusstheit wird die Benennungsgeschwindigkeit anhand von Objekten, Farben, Buchstaben und Ziffern (Buchstaben und Ziffern nach Schuleintritt) erhoben.

## 11.2 Diagnostik der schulischen Leistungen im Lesen und Schreiben

**Auslesediagnostik**

Die Diagnostik schulischer Leistungen hat in den letzten Jahren auch im deutschen Sprachraum einen zunehmenden Stellenwert erhalten. Auf der einen Seite dient sie der Auswahl jener Schüler, die besondere Schwierigkeiten beim Lesen- und Schreibenlernen haben und deshalb an den innerhalb der Schule angebotenen Fördermaßnahmen teilnehmen sollen. Diagnostik in diesem Sinn ist in erster Linie Auslesediagnostik – es soll also sichergestellt werden, dass alle Kinder, die eine zusätzliche Unterstützung benötigen, diese auch erhalten, aber eben nach Möglichkeit nur diese Kinder.

**Förderdiagnostik**

Dieser Aspekt der Auslesediagnostik hat sich dadurch verstärkt, dass bei Kindern mit großen Lese- und Rechtschreibschwierigkeiten in der Benotung ihrer muttersprachlichen Leistungen, aber auch der Leistungen in anderen Fächern auf diese Schwierigkeiten Rücksicht genommen werden soll. Es wird ihnen etwa bei der Fertigstellung von schriftlichen Arbeiten mehr Zeit zugestanden, und ihre mündlichen Leistungen werden stärker als ihre schriftlichen gewertet. Natürlich sollte die Diagnostik der Lese- und Schreibleistungen auch Förderdiagnostik sein, also nicht nur die Grundlage für die Entscheidung bilden, ob eine zusätzliche Förderung angezeigt ist, sondern auch dabei behilflich sein, die Ziele und das Vorgehen (also Inhalt und Methode) bei der Förderung zu bestimmen. De facto wird die Leistungsdiagnostik nicht immer diesen beiden Anliegen in gleichem Ausmaß gerecht.

**individuelles Profil der Fertigkeiten**

Auch unabhängig von der Frage nach der Indikation spezieller Fördermaßnahmen stellt sich im Rahmen des Bemühens um eine Individualisierung des Unterrichts natürlich die Frage nach dem Leistungsstand der Kinder beim Erlernen des Lesens und Schreibens und dessen Berücksichtigung bei der Planung des Unterrichts. Dies ist zunächst ein Anliegen des Lehrers, der den Schüler optimal fördern und dabei dort anknüpfen will, was er bisher erreicht hat, um ihm das zu vermitteln, was die „Zone der proximalen Entwicklung“ nahe legt.

Im Sinne einer Einbeziehung der Schüler, aber auch der Eltern als Erziehungspartner geht es darum, die Einsicht in den Entwicklungsstand der Schüler diesen und ihren Eltern mitzuteilen. Hier ist weniger wichtig, die Entwicklung des Schülers und seine Leistungen möglichst präzise mit jenen anderer Schüler seiner Altersstufe zu vergleichen, sondern zu Aussagen darüber zu kommen, was der Schüler schon sicher beherrscht, was er zwar begonnen hat, sich anzueignen, aber noch vertiefen muss und was ihm noch fehlt. Auch ein individuelles Profil der Fertigkeiten ist für den Schüler und die Eltern von Interesse sowie eine Analyse, die sich nicht nur auf das Ergebnis, das Leistungsprodukt, bezieht, sondern auf den Prozess, wie dieses Ergebnis zustande gekommen ist. Solche individuellen Lese- bzw. Schreibkonferenzen zur Besprechung des Entwicklungsstands der Schüler, die seit Jahren von progressiven Pädagogen im angloamerikanischen Raum gefordert werden, dürften auch bei uns – so ist zu hoffen – zunehmend in ihrer Bedeutung erkannt werden und in den Schulalltag einziehen.

**Sammlung von Leistungsproben**

Eine wesentliche Hilfe bei der Auseinandersetzung mit der individuellen Entwicklung von Schülern stellt die Anlage einer Sammlung von Leistungsproben der Schüler dar. Dies wird im angloamerikanischen Sprachraum als *Portfolio-Testansatz* bezeichnet und kann gut vor Augen führen, was einzelne Schüler an Fortschritten erzielt haben. In die Sammlung von Unterlagen kann der Schüler und können die Eltern durchaus miteinbezogen werden.

Hinzu gekommen ist noch ein weiteres Anliegen: Die Testung des Entwicklungsstands im Lesen und Schreiben soll auch einen Vergleich der Länder national und international und damit eine Bewertung der Leistungen der Schule ermöglichen. Hier geht es nicht mehr um eine individuelle Diagnostik, sondern um die Feststellung des Leistungsstands und eine Klärung von Unterschieden größerer Einheiten, von Klassen, Schulen, Schulsystemen. Gemeinden, Länder und Staaten sind hier eingebunden in einen Wettbewerb, bei dem keiner ins Hintertreffen geraten will (Weinert 2001).

### 11.2.1 Instrumente zur frühzeitigen Diagnose von Problemen beim Schriftspracherwerb

**diagnostische Kompetenz von Lehrkräften**

Die Früherkennung von LRS ist von großer Bedeutung, jedoch zeigen neuere Befunde, dass Lehrer (die als Erste Probleme bei den Kindern bemerken sollten) kaum in der Lage sind, Schwierigkeiten in der Aneignung der Schriftsprache zu erkennen (Schabmann/Schmidt 2009, Schmidt/Schabmann 2010). In einem klassifikatorischen und personenzentrierten Ansatz haben Schmidt und Schabmann (2010) die

Genauigkeit und prognostische Validität von Lehrereinschätzungen zum Lesen und Rechtschreiben untersucht. Die Ergebnisse zeigen, dass Lehrkräfte nur begrenzt dazu in der Lage sind, Schülerleistungen korrekt einzuschätzen. Vor allem trifft das für Schüler zu, die nur im Lesen, weniger aber im Rechtschreiben Probleme haben. Wenngleich die Einschätzung der Lehrer mit zunehmender Klassenstufe etwas akkurater wird, gibt es am Ende der Grundschulzeit eine beträchtliche Anzahl von Kindern (etwa ein Viertel), die von ihren Lehrern als „gute Leser" eingestuft werden, beim Test aber deutlich unterdurchschnittliche Leistungen erbringen. Weiter zeigen die Ergebnisse, dass anfängliche Schwierigkeiten häufig fälschlicherweise als „vorübergehend" klassifiziert werden.

Umso wichtiger ist es, dass Lehrern Instrumente in die Hand gegeben werden, mit deren Hilfe sie zuverlässig und früh jene Kinder identifizieren können, die Probleme beim Erlernen des Lesens und Rechtschreibens haben.

Im Folgenden soll der Aufbau eines am Leselehrgang orientierten Testverfahrens zur frühzeitigen Diagnostik von Schwierigkeiten beim Erlernen des Lesens und Schreibens kurz vorgestellt werden.

**am Leselehrgang orientierte Testverfahren**

Eine Überprüfung des Entwicklungsstands im Lesen und Schreiben ist bereits etwa zehn Wochen nach Beginn der ersten Klassenstufe sinnvoll oder immer dann, wenn die Schüler mit acht Buchstaben im Erstleseunterricht vertraut gemacht wurden. In einem „synthetisch" vorgehenden Unterricht werden den Kindern diese Buchstaben explizit vorgestellt, und die von den Kindern im Unterricht zu lesenden Wörter sind nur aus den „bekannten" Buchstaben aufgebaut.
Bei der Testung wird zunächst überprüft, wie viele der (vom Leselehrgang her) bekannten (Groß- und Klein)Buchstaben die Kinder auch lesen bzw. auf Ansage schreiben können. Es werden dann alle im Leseunterricht bis dahin schon gelesenen Wörter zusammengestellt und daraus 16 „bekannte" Wörter unterschiedlicher Länge (drei bis sechs Buchstaben) ausgewählt. Parallel dazu wird eine Liste von zwölf „neuen" Wörtern erstellt, die die Kinder im Unterricht noch nicht gelesen haben, die aber aus den schon bekannten Buchstaben aufgebaut und den Kindern vom Hören vertraut sind. Schließlich wird eine Liste mit acht Pseudo- oder Unsinnswörtern aus den bekannten Buchstaben gebildet. Diese Wörter sollen die Kinder in einer Einzeltestung laut vorlesen, wobei auf ihr Verhalten beim Lesen (spontanes Lesen ohne bzw. mit vorheriger Pause, Lautieren und Zusammenschleifen der Buchstaben, nur Lautieren der Buchstaben, Verweigern des Lesens) und die Korrektheit des Erlesenen geachtet wird. Etwa ein Drittel der gelesenen Wörter sollen die Kinder im Anschluss auch nach Ansage schreiben.

Die Leistung der Kinder in diesem Test gibt einen recht zuverlässigen und differenzierten Einblick in den Entwicklungsstand beim Lesen und Schreiben. Eine normierte Form liegt derzeit für die Fibeln „Funkelsteine" (Klicpera et al. 2008a), „Mia und Mo" (Klicpera et al. 2008b) vor. Der Frühe Lesefähigkeiten-Test (FLT I und II, Fischer/Gasteiger-Klicpera 2013) ist ein ähnlich konstruiertes Verfahren, das sich an den Buchstaben der „Tobi-Fibel" (2005) orientiert. Grob gesprochen können lese- und rechtschreibschwache Kinder nach etwa zehn bis zwölf Wochen Unterricht zwar etwa zwei Drittel der bekannten Wörter, aber weniger als ein Fünftel der neuen Wörter und der Pseudowörter korrekt lesen.

Ein weiteres Verfahren zur frühen Lesediagnostik in der ersten Klasse haben Diehl und Hartke (2012) entwickelt. Das IEL (Inventar zur Erfassung der Lesekompetenzen im ersten Schuljahr, Diehl/Hartke 2012) ist ein Screening zur frühen Diagnose der Leseentwicklung. Es besteht aus 60 Wörtern, die vom Schüler laut vorgelesen werden sollen. Normiert wurde das Screening für die Anzahl der richtig gelesenen Wörter zu drei Normierungszeitpunkten: etwa 2-3 Wochen vor Ende des ersten Schulhalbjahres und dann jeweils etwa im Abstand von 10 Wochen nach dem ersten Erhebungszeitpunkt.

### 11.2.2 Diagnostik des Leistungsstands im Lesen und Rechtschreiben

*Diagnose des Worterkennens bzw. der Lesesicherheit und Lesegeschwindigkeit*

**Salzburger Lese- und Rechtschreibtest II**

In den letzten Jahren wurden mehrere neue standardisierte mündliche Lesetests für die Grundschule entwickelt, bei deren Konstruktion sich die Verfasser an den aktuellen Leseprozessmodellen orientierten. Zu erwähnen ist vor allem der Leseteil des Salzburger Lese- und Rechtschreibtests (SLRT II, Moll/Landerl 2014), bei dem zwischen der Lesefertigkeit von richtigen Wörtern und von Pseudowörtern mit einem unterschiedlichen Grad an Wortähnlichkeit unterschieden wird.

**Lesetest von Dinges**

Der Test wurde in Anlehnung an den Ein-Minuten-Lesetest von Dinges (2002) erstellt. Die Aufgabe ist es, innerhalb einer Minute so viele Wörter wie möglich richtig zu lesen. Bei diesem Test wird die Leseflüssigkeit gemessen, indem die Anzahl der Wörter, die ein Kind in einer Minute lesen kann, als Maß genommen wird. Normiert ist dieser Test von der ersten bis zur sechsten Klasse, sowie – und das ist bemerkenswert – für junge Erwachsene. Die Gegenüberstellung von

Wörtern und Pseudowörtern ermöglicht es, auch das phonologische Rekodieren als wichtige Komponente der mündlichen Lesefähigkeit zu überprüfen und damit Anregungen für eine Interventionsplanung zu gewinnen. Ein ähnliches Verfahren, welches auch für Kinder mit anderer Erstsprache als Deutsch normiert ist und 2017 veröffentlicht wurde, ist der Differenzierte Lesetest – Dekodieren (DiLe-D; Paleczek et al. 2017). Dieser kann ab Ende der ersten Klasse bis zur dritten Klasse vorgegeben werden.

**Zürcher Lesetest II**

Auch der bekannte Zürcher Lesetest – II (Petermann/Daseking 2012) wurde neu überarbeitet und ist bis zur achten Klasse normiert. Der Test besteht aus vier Dimensionen: Lesegenauigkeit, Automatisierungsgrad, Gedächtnisleistung sowie Phonologische Bewusstheit und ist ebenso wie der SLRT-II als Einzeltest konzipiert.

Bei anderen mündlichen Lesetests werden die von den Kindern begangenen Lesefehler zwar registriert, eine differenzierte Analyse der Lesefehler wird aber nur selten vorgenommen. Sie könnte an sich – auch wenn es sich um Fehler beim Lesen von Wortlisten handelt – Hinweise liefern, wie diese Fehler zustande gekommen sind. Bei einer derartigen Analyse wird zwischen visuellen und phonologischen Fehlern unterschieden, also zwischen Fehlern, die in erster Linie eine hohe visuelle Ähnlichkeit zu den Zielwörtern aufweisen bzw. bei denen die Graphem-Phonem-Zuordnung nicht korrekt ist. Die doch recht aufwändige Analyse ist wohl auch deshalb in den Hintergrund getreten, weil versucht wurde, über eine unterschiedliche Zusammenstellung der Listen diesbezügliche Informationen zu erhalten.

Mit ein Grund für die geringere Beachtung der Lesefehler liegt auch darin, dass in dieser Analyse Belege für die Hypothese gesucht wurden, dass eine Raum-Lage-Labilität oder eine unzureichende Entwicklung der Serialität Ursachen für die Leseschwierigkeiten sein könnten. Diese Hypothese ist allerdings heute von den meisten Leseforschern aufgegeben worden.

Bei der Analyse von Fehlern beim Lesen von Texten wird von einigen Autoren nicht nur versucht, die Informationen aus der Buchstabenfolge zu ermitteln, die für das Lesen verwendet wurden, sondern zusätzlich auch jene aus dem Kontext. Dabei ist das Ziel, den schwachen Lesern zusätzlich zu helfen, diese Kontextinformationen noch stärker heranzuziehen. Dieser Ansatz wurde im angloamerikanischen Raum von Smith (1971) und Goodman (1976) vertreten und im deutschen Sprachraum unter anderem von Grissemann aufgegriffen. Andere – uns eingeschlossen – sind hier zurückhaltender, da sich schwache Leser sowieso schon aufgrund ihrer Schwierigkeiten bei der Verarbeitung der Informationen über die Buchstabenfolge viel stärker auf den Kontext stützen als der durchschnittliche Leser. Auch ist die Unterstützung des Ratens bzw. der bewussten Vorhersage von Wörtern aus Kontextinformationen im Deutschen kein zielführender Weg, die Fähigkeit zum Worterkennen zu erhöhen.

**Würzburger Leise Leseprobe-R**

Die Würzburger Leise Leseprobe (WLLP-R, Schneider et al. 2011) schließlich übernimmt einen Test aus dem skandinavischen Raum, in dem einem Wort das entsprechende Bild zugeordnet werden muss, und überprüft damit die Geschwindigkeit, mit der die Bedeutungserfassung von Wörtern erfolgt. Das Verfahren kann sowohl als Gruppen- als auch als Einzeltest vorgegeben werden, sollte aber die Erfassung der mündlichen Lesefähigkeit nicht ersetzen. Die Würzburger Leise Leseprobe ist ein sehr zeitökonomisches Verfahren, das sich vor allem zum Screening eignet.

Ein weiteres Screeningverfahren für die gesamte Pflichtschulzeit wurde von der Salzburger Gruppe um Heinz Wimmer neu entwickelt, das Salzburger Lese-Screening (SLS 2–9; Wimmer/Mayringer 2014). Es prüft in zeitökonomischer Weise die basalen Lesefertigkeiten und kann von der zweiten bis zur neunten Klasse eingesetzt werden. Die Kinder lesen Sätze und sollen entscheiden, ob die jeweilige Aussage falsch oder richtig ist.

**Überprüfung der Buchstabenkenntnisse**

Neben der Wortlesefähigkeit ist auch eine Überprüfung der Buchstabenkenntnisse empfehlenswert. Die mündlichen Lesetests enthalten ebenfalls eine Buchstabenliste, die vorgegeben werden kann. Um jedoch mehr als eine Orientierung vorzunehmen, ist es etwa möglich, in zufälliger Reihenfolge alle Buchstaben in Groß- und Kleinschrift in Reihen zu jeweils sieben bzw. acht Buchstaben vorzugeben, möglichst rasch benennen zu lassen und zu schauen, wie viele Buchstaben von den Kindern in einer Minute benannt werden können. Wenn die Kinder weniger als eine Minute für eine Seite benötigen, sollen sie wieder oben anfangen (Juel et al. 1986).

**Bestimmung des relativen Schwierigkeitsniveaus**

Neben den normierten Lesetests liegen aus dem angloamerikanischen Sprachraum auch Empfehlungen zur Bestimmung des relativen Schwierigkeitsniveaus von Lesetexten für einzelne Schüler vor. Damit soll das Leseverhalten eines Schülers in Bezug auf einen Text eingestuft werden. Dies ermöglicht eine Abstufung des Lesematerials für den Unterrichtsplan. Das Unterrichtsmaterial, das von den Schülern gelesen werden soll, kann dadurch besser eingeteilt und einzelnen Schülern zugeordnet werden. Es werden drei Leistungsniveaus unterschieden (Kasten 11.1).

**Prüfung der Lesegeschwindigkeit**

Als generelle Regel wird angegeben, dass auch schwach lesende Kinder nach Möglichkeit nicht Texte lesen sollten, bei denen sie mehr als 5% der Wörter falsch lesen. Neben der Fehleranzahl ist auch der Anteil der Fragen, die über einen Text korrekt beantwortet werden können, maßgebend. Dieser Anteil soll mehr als 75% betragen (Snow et al. 1998; Harris/Sipay 1985). Ein weiteres Kriterium wäre die Lesegeschwindigkeit. Das erwartete Niveau ist dabei von der Klassenstufe abhängig. Lovitt und Fantasia (1980) gingen z. B. davon aus, dass eine Rate von 45 bis 60 Wörter pro Minute für einen Schüler der dritten Klasse bei einem altersgemäßen Text in etwa ausreichend sein sollte.

Solche informellen Lesetests haben im deutschen Sprachraum bisher kaum Verbreitung erfahren, auch in Österreich nicht, wo sie über Jahre vom früheren Leiter des Buchklubs der Jugend, Bamberger, propagiert wurden. Bamberger und Kollegen (1977) sprachen von einer Buchreife eines Kindes und meinten, dass diese erreicht sei, wenn die Kinder einen Text leise mit einer Geschwindigkeit von etwa 150 Wörter pro Minute lesen und danach auch einige Fragen über den Text richtig beantworten könnten.

### *Diagnose des Leseverständnisses*

Auch für das Leseverständnis liegt eine Reihe an Gruppentests vor, mit Normierungen für einzelne Klassenstufen. Allerdings geht die Lesegeschwindigkeit in hohem Ausmaß in das Testergebnis mit ein, daher können durch diese Tests Worterkennungsschwierigkeiten nicht von reinen Leseverständnisproblemen unterschieden werden. Ein Test, der

Kasten 11.1

**Leistungsniveaus beim Textlesen**

- Ein unabhängiges Leseleistungsniveau ist erreicht, wenn das Kind einen vorgegebenen Text leicht und flüssig lesen kann, wenn es also keine Hilfe zum Erlesen einzelner Wörter braucht und den Text mit wenig Fehlern und einem guten Verständnis lesen kann.
- Das Lern- bzw. Unterrichtsniveau ist erreicht, wenn das Kind den Text ohne allzu viele Fehler und mit ausreichendem Verständnis lesen kann, aber doch eine gewisse Unterstützung und Begleitung durch einen Lehrer benötigt.
- Das Frustrationsniveau ist erreicht, wenn die Anforderungen so groß sind, dass das Kind nicht mehr flüssig lesen kann, viele Fehler macht, den Text nur teilweise versteht und nur in geringen Teilen behalten kann. Beim Lesen wird dabei Anspannung und Unbehagen bemerkbar.

versucht, sowohl die Dekodierfähigkeit als auch das Leseverständnis zu messen, ist der LGVT 6–12 (Lesegeschwindigkeits- und -verständnistest für die Klassen 6–12) der Würzburger Arbeitsgruppe um Wolfgang Schneider (Schneider et al. 2007). Die Schüler lesen leise einen Text, in dem drei Wörter in Klammer gesetzt sind. Die Aufgabe ist es, das passende Wort zu unterstreichen. Sowohl die Korrektheit der Antworten als auch die Geschwindigkeit des Lesens werden geprüft. Als einziger Test ist dieser getrennt nach Schulart bis zur elften Klassenstufe normiert. 2017 wurde eine überarbeitete Version (LGVT 5–12+) veröffentlicht. Die Neuerungen betreffen einerseits die Normierung. Normwerte liegen nun für Klassenstufe 5 bis 13 (Gymnasium, nicht Gymnasium) vor. Zudem wurde die Bearbeitungszeit von vier auf sechs Minuten verlängert. Es gibt mehr kritische Stellen und es liegen nun drei parallele Texte vor. Zusätzlich zu den bisherigen Testwerten (Leseverständnis und Lesegeschwindigkeit) wird nun auch die Lesegenauigkeit (Anteil korrekter Antworten) berücksichtigt (Schneider et al. in press). Ähnlich aufgebaut ist der Test Verlaufsdiagnostik sinnerfassendes Lesen (VSL, Walter 2013). Dieses Verfahren kann von der zweiten Grundschule bis zum ersten Halbjahr der sechsten Klasse vorgegeben werden. Es liegen 20 Parallelformen vor.

**Hamburger Lesetest**

Für die dritte und vierte Klasse Grundschule möchten wir auf den Hamburger Lesetest (HAMLET; Lehmann et al. 1997) verweisen. Er enthält ein breites Spektrum an Sach- und Erzähltexten, beruht auf dem Testmaterial der Internationalen Lesestudie (IEA) und ist daher an einer sehr großen Stichprobe normiert. Allerdings muss hier angemerkt werden, dass die Normwerte schon über 20 Jahre alt sind. Ein ähnliches Verfahren gibt es mit dem Frankfurter Leseverständnistest 5. und 6. Klasse (Souvignier et al. 2008) und LESEN für die Klassenstufen 6–7 bzw. 8–9 (Lesetestbatterie; Bäuerlein et al. 2012) für höhere Klassenstufen. Die Probanden lesen jeweils einen Sach- und einen Erzähltext und beantworten im Anschluss Multiple-Choice-Fragen dazu.

Für die ersten sechs Schulklassen liegt mit dem ELFE 1–6 (Ein Leseverständnistest für Erst- bis Sechstklässler; Lenhard/Schneider 2006) ein normierter Leseverständnistest vor, der das Leseverständnis auf Wort-, Satz- und Textebene überprüft. Besonders geeignet ist der Test für die Klassenstufen 1–4, in den höheren Klassen kann er lediglich als Screeninginstrument eingesetzt werden. Mit ELFE II (Lenhard et al. in press) wurde 2017 auch hier eine revidierte Version veröffentlicht. Änderungen betreffen die Anwendungsdauer, die bis zur siebten Klasse erweitert wurde. Die Normierung ist nicht mehr an bestimmte Erhebungszeitpunkte gekoppelt, sondern der Test kann während des ganzen Schuljahres eingesetzt werden. Die Pseudoparallelform wurde aufgegeben, jedoch liegen nun zwei Kurzversionen (Klassenstufe 1–3; 4–7) vor.

**Checklisten zur Beurteilung**

Von standardisierten Leistungstests kann jedoch nur begrenzt auf die Strategien geschlossen werden, die die Schüler anwenden, um ihr Leseverständnis zu verbessern. Auch aus einem Testergebnis ist dies kaum erkennbar. Zum Teil kann dies durch die Beobachtung der Kinder beim Lesen, zum Teil durch direktes Nachfragen nach ihren Wegen zur Lösung von Verständnisfragen ersichtlich werden. Da dies ein relativ komplexes Unterfangen darstellt, wurden zur Anleitung der Lehrer oder der beratenden Experten verschiedene Checklisten erstellt. Eine dieser Checklisten ist in Kasten 11.2 wiedergegeben.

Der Würzburger Lesestrategie-Wissenstest für die Klassen 7–12 (WLST, Schlagmüller/Schneider 2007) ermöglicht die Prüfung der metakognitiven Fähigkeiten der Schüler bei der Verarbeitung von Texten. Den Schülern werden hierbei unterschiedliche Lernszenarien vorgegeben, bei denen sie verschiedene Vorgehensweisen bewerten sollen.

### *Diagnose der motorischen Schreibfähigkeit*

**Geschwindigkeit des Abrufens**

Eine wesentliche Hürde beim Erlernen des Schreibens stellt die Ungeschicklichkeit bei der Formung der Buchstaben beim Schreiben dar. Dieser Vorgang muss flüssig und weitgehend automatisiert erfolgen, damit er keine größere Aufmerksamkeit erfordert. Zur Prüfung dieser Fertigkeiten ist es gut, einerseits die Geläufigkeit bzw. Geschwindigkeit des Abrufens der Buchstaben zu testen, etwa mit dem Auftrag, alle Buchstaben des Alphabets der Reihe nach möglichst rasch in Kleinschrift niederzuschreiben. Die Fortschritte werden alle 15 Sekunden vom Untersucher durch einen Strich notiert (Abbott/Berninger 1993).

Eine weitere öfters verwendete Aufgabe, die einen anderen Aspekt der Entwicklung der Schreibfähigkeit testet, ist, einen Absatz eineinhalb Minuten lang möglichst rasch, aber auch ohne Fehler abzuschreiben. Ein Fokus auf die Zeit (Anzahl der korrekt gebildeten Buchstaben pro Minute) ergibt ein recht gutes Maß für die Diagnose der motorischen Schreibfertigkeit (Graham et al. 1998). Im Englischen gibt es zusätzlich spezielle Testverfahren, die zu einer verlässlichen Beurteilung der Lesbarkeit der Handschrift führen (Larsen/Hammill 1989).

**Tabelle 11.1.: Übersicht über aktuelle Lese-, Leseverständnis- und Rechtschreibtests**

| Test | Ziel | Anwendung | Normierung (Jahr) | Normierungs-stichprobe | Parallel-form | Gruppen-testung |
|---|---|---|---|---|---|---|
| **Lesetests** | | | | | | |
| **DiLe-D** Differenzierter Lesetest-Dekodieren (Paleczek et al. 2017) | Erfassung von Risikokindern für Ausbildung von LRS | erste bis dritte Klasse | 2015 | 2047 Kinder mit Deutsch als Erst- und Zweitsprache | nein | nein |
| **SLS 2–9** Salzburger Lesescreening für Schulstufe 2-9 (Wimmer/Mayringer 2014) | Identifizierung von Kindern mit basalen Leseschwierigkeiten | 2.–9. Klasse | 2007/2008 | 11.900 | ja | ja |
| **WLLP-R** Würzburger Leise Leseprobe – Revision (Schneider et al. 2011) | Erfassung der Dekodiergeschwindigkeit | 1.–4. Klasse | 2009 | 2.333 | ja | ja |
| **SLRT-II** Salzburger Lese- und Rechtschreibtest (Moll/Landerl 2014) | Differenzierte Diagnose von Schwächen im Schriftspracherwerb | Ende 1.–6. Klasse, junge Erwachsene | 2006–2008 | 3.689 | ja | nein |
| **ZLT-II** Zürcher Lesetest – II (Petermann/Daseking 2015) | Identifizierung und Verlaufskontrolle von Leseschwierigkeiten | Ende der 1. bis 8. Klasse | 2010/2011 | 1.145 | nein | nein |
| **Leseverständnistests** | | | | | | |
| **ELFE II** Ein Leseverständnistest für Erst- bis Siebtklässler (Lenhard et al. 2017) | Erfassung von Lesegeschwindigkeit, -genauigkeit und -verständnis auf Wort-, Satz- und Textebene | Ende 1. bis Beginn 7. Klasse | 2015 | 5.073 | nein | ja |
| **VSL** Verlaufsdiagnostik sinnerfassenden Lesens (Walter 2013) | Screeningverfahren zur längsschnittlichen Erfassung der Lesekompetenz | 2.–6. Klasse | 2009/2010 | 3.036 Status und Veränderungsnormen | ja | ja |
| **HAMLET** Hamburger Lesetest für 3. und 4. Klasse (Lehmann et al. 2006) | Lesefertigkeit und -geschwindigkeit sowie Leseverständnis | Ende 3.–4. Klasse | 1995 | 3.474 | ja | ja |

| | | | | | | |
|---|---|---|---|---|---|---|
| **FLVT 5-6** Frankfurter Leseverständnistest für 5. und 6. Klasse (Souvignier et al. 2008) | Überprüfung des Leseverständnisses | 5.–6. Klasse | 2004/2005 | Form A: 1.239<br>Form B: 1.237 | ja | ja |
| **LGVT 5-12+** Lesegeschwindigkeits- und verständnistest für 5-13 (Schneider et al. in press) | Erfassung von Lesegenauigkeit-, -geschwindigkeit und -verständnis | 5.-13. Klasse | 2014 | 2.390 | nein | ja |
| **Lesen 6–7; Lesen 8–9** Lesetestbatterie für die Klassenstufe 6–7 bzw. 8–9 (Bäuerlein et al. 2012) | Überprüfung von basalem Lesen sowie des Textverständnisses | 6.–7. Klasse<br>8.–9. Klasse | 2009/2010 | 1.644/945 | nein | ja |
| **Rechtschreibtests** | | | | | | |
| **SLRT-II** Salzburger Lese- und Rechtschreibtest (Moll/Landerl 2014) | Differenzierte Diagnostik von Schwächen des Schriftspracherwerbs | 1. Klasse 2. Halbjahr – 4. Schulstufe | 2006–2008 | 1.–4. Schulstufe<br>1.747 | ja | ja |
| **DERET 1–2+**<br>**DERET 3–4+** Deutscher Rechtschreibtest für das 5. und 6. Schuljahr (Stock/Schneider 2008) | Überprüfung der Rechtschreibleistung | jeweils am Ende der ersten und zweiten sowie Ende der dritten und vierten Klasse | 2003/2004 | 2.500 | ja | ja |
| **DERET 5-6+** Deutscher Rechtschreibtest für das fünfte und sechste Schuljahr (Martinez Mendez et al. 2015) | Rechtschreibleistung des Lehrplans und Bildungsstandards | Mitte und Ende 5.–6. Klasse | 2010/2011 | 12.552 | ja | ja |
| **HSP 1-10** Hamburger Schreibprobe (May 2013) | Einschätzung der Rechtschreibleistung und -strategie | 1. Klasse bis Ende 10. Klasse | 2012 | | nein | ja |
| **WÜRT 1–2** Würzburger Rechtschreibtest für 1. und 2. Klasse (Trolldenier 2014) | Erfasst die Rechtschreibleistung gemäß dem Lehrplan | 1.–2. Klasse | 2006–2011 | 1.Klasse: 2.742<br>Förderschule: 297<br>2.Klasse: 2.652<br>Förderschule: 385 | nein | ja |

**Checkliste für die Beurteilung von Lesestrategien vor, während und nach dem Lesen (nach Winograd/Arrington 1999)**

| **Vor dem Lesen** | **Datum** | **Kommentar** |
|---|---|---|
| Wählt Lesestoff aus, der seinem Fertigkeitsniveau entspricht. | | |
| Wählt Lesen als Aktivität in einer freien Unterrichtsperiode. | | |
| Hat die Unterlagen bereit, wenn Lesen im Unterricht angesetzt ist. | | |
| Schaut den Text durch, bevor er/sie zu lesen anfängt. | | |
| **Während des Lesens** | **Datum** | **Kommentar** |
| Verbindet Hintergrundwissen mit den Informationen im Text. | | |
| Sagt voraus, was im Text vorkommen wird, überprüft und verändert es, wenn nötig. | | |
| Diskutiert explizite und implizite Information im Text. | | |
| Stoppt zwischendurch und versucht sich bei längeren Texten über das bereits Gelesene einen Überblick zu verschaffen. | | |
| Liest vertrauten Lesestoff recht klar, berücksichtigt dabei die Satzzeichen. | | |
| Versucht bei unbekannten Wörtern auf die Übereinstimmung der verschiedenen Hinweise (Graphem-Phonem-Korrespondenzen, Satzstruktur, Kontexthinweise) zu achten. | | |
| Liest Teile nochmals, wenn Sinn unklar bleibt. | | |
| Unterteilt mehrsilbige Wörter in kleinere Teile beim Lesen. | | |
| Lässt Wörter aus, liest weiter und kehrt wieder zurück, um Wort zu überprüfen. | | |
| Fragt andere um Hilfe, wenn etwas nicht klar ist. | | |
| Verbessert sich selbst, um Sinn des Gelesenen richtig zu stellen. | | |
| Nutzt die Merkmale des jeweiligen Informationstextes, um ihn besser zu verstehen. | | |
| Verwendet den Kontext, um die Bedeutung von neuen oder wenig vertrauten Wörtern zu bestimmen. | | |

| Nach dem Lesen | Datum | Kommentar |
|---|---|---|
| Bringt bei Wiederholung bevorzugt wichtige Informationen und Ereignisse. | | |
| Bezieht das Gelesene auf sein persönliches Wissen. | | |
| Stellt Vergleiche an. | | |
| Kategorisiert und klassifiziert auf angemessene Art und Weise. | | |
| Fasst zusammen. | | |
| Zieht aus dem Gelesenen Folgerung. | | |
| Zeigt Verständnis für den Sinn der graphischen Textgestaltung. | | |
| Nutzt Information aus dem Text, um ein Urteil zu begründen, eine Vorhersage zu bestätigen oder Teile der Geschichte bzw. wichtige Informationen zu diskutieren. | | |
| Reaktion zeigt Hinweise auf kritisches Denken und eine reflektierte Haltung gegenüber dem Gelesenen. | | |
| Beurteilt den Nutzen der Sprachgewandtheit des Autors. | | |

Kasten 11.2

### *Diagnose der Rechtschreibfähigkeit: Fähigkeit zum Rekodieren und orthographische Fertigkeiten*

**klassenstufenspezifisch**

Eine relativ große Auswahl an Tests liegt für die Überprüfung des Rechtschreibens vor. In den unteren Klassen werden die Rechtschreibleistungen fast ausschließlich durch klassenstufenspezifische Lückentextdiktate überprüft (für eine Zusammenstellung der verschiedenen Testverfahren s. den jährlich erscheinenden Testkatalog der Testzentrale des Hogrefe Verlags).

**klassenstufenübergreifend**

Eine Ausnahme stellt der Salzburger Lese- und Rechtschreibtest dar (SLRT II; Moll/Landerl 2014), der eine Kurzversion für die erste und zweite Klassenstufe und eine Langversion für die dritte und vierte Klassenstufe enthält. Damit kann der Leistungsstand der Kinder im Rechtschreiben wenigstens teilweise auch klassenstufenübergreifend bestimmt werden.

**lautgetreue und nicht lautgetreue Fehler**

Der SLRT II gibt ebenso wie viele andere Rechtschreibtests eine Anleitung zur Differenzierung zwischen verschiedenen Arten von

Rechtschreibfehlern. Er beschränkt sich aber auf die Unterscheidung zwischen lautgetreuen (orthographische Fehler) und nicht lautgetreuen Fehlern. Diese Unterscheidung ist nach derzeitigen Vorstellungen über den Rechtschreibprozess sinnvoll und dürfte zudem nicht nur reliabel durchführbar, sondern auch so allgemein anwendbar sein, dass halbwegs stabile Ergebnisse zu erwarten sind. Ein Einwand, den man vielleicht vorbringen kann, ist, dass nach den Anleitungen im SLRT II die Schreibung von harten bzw. weichen Verschlusslauten an Stellen, wo dies im Süddeutschen unterscheidbar ist, als rein orthographischer, also lautgetreuer Fehler gewertet wird (z. B. Modorad vs. Motorrad).

In anderen Rechtschreibtests wird zu einer noch weitgehenderen Differenzierung zwischen verschiedenen Fehlerarten geraten. Hier ist sicher stärkere Zurückhaltung geboten. Zum einen enthalten die meisten Rechtschreibtests zu wenig Beispiele, um eine verlässliche Aussage darüber machen zu können, inwieweit die Kinder ein bestimmtes Rechtschreibphänomen, etwa die korrekte Wiedergabe der Vokallänge bzw. -kürze, beherrschen. Aus diesem Grund werden die Fehler meist zu Klassen zusammengefasst, die auf eine gemeinsame Ursache zurückzuführen sein sollen (etwa Wahrnehmungsfehler oder Ableitungsfehler). Eine Zuordnung zu diesen Ursachen kann aber nicht eindeutig vorgenommen werden. Ein ähnlicher Fehler bei verschiedenen Wörtern muss nicht unbedingt auf die gleichen Ursachen zurückzuführen sein.

**Problemstellen in Wörtern**

Neben der Fehleranalyse gibt es verschiedene andere Versuche, Teilfertigkeiten des Rechtschreibens zu erfassen. Wir selbst haben versucht, zwischen Wörtern bzw. Problemstellen in Wörtern zu unterscheiden, bei denen die genaue Analyse der Phonemfolge der kritische Punkt ist, und anderen Schreibweisen, die wortspezifische Kenntnisse bzw. die Auflösung der Schreibweise durch Bildung von Ableitungsformen erfordern.

Einen eigenen Weg geht die Hamburger Schreib-Probe (May 2012). Die Konstruktion des Testverfahrens orientiert sich an einem theoretischen Modell der Rechtschreibentwicklung bei Kindern und differenziert unterschiedliche Rechtschreibstrategien: die alphabetische, orthographische und morphematische Strategie. Damit wird eine theoretisch fundierte qualitative Analyse der Rechtschreibfehler ermöglicht.

### *Diagnose des schriftlichen Ausdrucksvermögens*

**Set von Kriterien**

Für die Erfassung des schriftlichen Ausdrucksvermögens gibt es im Deutschen keine standardisierten Tests. Aus verschiedenen deutschen und englischen Studien können jedoch Ideen und Anregungen entnommen werden, wie geeignete Testmaterialien zusammenzustellen sind (Faigley et al. 1985; Marschik et al. 1997). Ein wichtiger Teil einer Diagnose des schriftlichen Ausdrucksvermögens besteht sicher in einer systematischeren Beurteilung von Erlebnis-, Erzähl- und Sachtexten durch die Lehrer. Ein solches Set an Kriterien für die schulische Beurteilung schriftlicher Leistungen ist bereits verschiedentlich entwickelt worden (s. etwa Kasten 11.3) und stellt sicher einen Kompromiss zwischen dem Machbaren und dem Wünschenswerten dar. Diese Beurteilungen könnten dann (gemeinsam mit einer Sammlung schriftlicher Leistungen als Teil eines Portfolios) in einem weiteren Schritt als wichtige Grundlage dienen, um den Entwicklungsstand der Schüler im Lesen und Schreiben zu besprechen. Dies könnte auch im deutschsprachigen Schulsystem für die Schüler hilfreich sein.

## 11.3 Diagnose von weiteren für das Lesen- und Schreibenlernen bedeutsamen Fähigkeiten

Die Bedeutung der phonologischen Bewusstheit wurde bereits diskutiert und deren Diagnostik im Vorschulalter und zu Schulbeginn ausführlich besprochen. Trotzdem soll hier nochmals darauf hingewiesen werden, dass auch im späteren Verlauf die Diagnose des Entwicklungsstandes der phonologischen Bewusstheit, der Benennungsgeschwindigkeit und weiterer sprachlicher Fertigkeiten und des Gedächtnisses bzw. der Lernfähigkeit weiterhin von Bedeutung sind. Allerdings ist deren Bedeutung nun eher sekundär, da den Teilfertigkeiten des Lesens und Schreibens die primäre Bedeutung zukommt.

### 11.3.1 Bestimmung der phonologischen Bewusstheit während bzw. nach Abschluss des Erstleseunterrichts

Im Deutschen weicht die Entwicklung der phonologischen Bewusstheit deutlich von jener im angloamerikanischen Sprachraum ab. Diese Abweichung betrifft einmal den Entwicklungsstand bei Schuleintritt. Hierzulande zeigen die meisten Kinder zu Schulbeginn einen relativ geringen Leistungsstand. Dies dürfte zu einem wesentlichen Teil darauf zurückzuführen sein, dass es bisher im Kindergarten weitgehend vermieden wurde, auf die eigentlichen Lernaufgaben der Schule vorzugreifen. Dazu wurde bereits die Vermittlung von Vorkenntnissen im Lesen und Schreiben gezählt.

**frühe, markante Zunahme**

Ein weiteres charakteristisches Merkmal ist die relativ frühzeitige und markante Zunahme der Fertigkeiten bei Aufgaben, die auf die phonologische Bewusstheit zurückgreifen. Dazu trägt vor allem die große Regelmäßigkeit der Graphem-Phonem-Zuordnung und deren Durchsichtigkeit bei, die es den Kindern erleichtert, die Schrift als Hinweis auf die Lautfolge zu betrachten. Hinzu kommt, dass in den Unterricht oft Übungen eingebaut werden, die das Lokalisieren von Lauten an bestimmten Positionen im Wort und den Ab- bzw. Aufbau von Wörtern aus der Lautfolge erfordern.

Dies ermöglicht eine starke Zunahme der phonologischen Bewusstheit nicht nur bei guten, sondern auch bei schwachen Lesern. In den meisten phonologischen Bewusstheitsaufgaben erreichen daher sogar die schwachen Leser bereits gegen Ende der ersten Klasse ein relativ hohes Niveau. Diagnostisch ist zu berücksichtigen, dass sich die phonologische Bewusstheit in hohem Ausmaß daran orientiert, wie die Wörter geschrieben werden. Das führt zum einen dazu, dass gute Schüler die Schreibweise von Wörtern für das ausgeben, was sie hören, und damit unter Umständen auch Fehler machen. Wesentlicher ist aber wohl, dass die schwachen Schüler diese Hilfe nicht zur Verfügung haben und damit schlechtere Ergebnisse erzielen. Um fair zu sein, ist es daher notwendig, den Schülern phonologische Bewusstheitsaufgaben vor allem in Form von Pseudowörtern vorzugeben.

**phonologische Bewusstheitstests**

Es gibt mittlerweile auch im deutschen Sprachraum eine größere Anzahl von phonologischen Bewusstheitstests, wie etwa den BAKO 1–4 (Basiskompetenzen für Lese-Rechtschreibleistungen; Stock et al. 2003), der ebenfalls aus einer größeren Zahl von Teilaufgaben besteht und für die erste bis vierte Klasse normiert ist. Die sieben Subtests erfassen Pseudowortsegmentierung, Vokalersetzung, Restwortbestimmung, Phonemvertauschung, Lautkategorisierung, Vokallängenbestimmung und Wortumkehr.

Scheerer-Neumann und Hofmann (2002) haben zwei phonologische Bewusstheitstests aus dem angloamerikanischen Sprachraum ins

**Kriterien für die Beurteilung von schriftlichen Geschichtenerzählungen bzw. Erlebnisaufsätzen (nach Winograd/Arrington 1999)**

| Einschätzung des Schreibmerkmals | 0 = nicht verwendet, kein Hinweis | 1 = schwach | 2 = geht halbwegs | 3 = gut | 4 = ausgezeichnet |
|---|---|---|---|---|---|

| **Fokus/Zielorientierung** | **Rating: 0–4** |
|---|---|
| Einführung in die Geschichte erzeugt Interesse.<br>a. Leser wird unmittelbar in die Handlung eingeführt.<br>b. Das Setting erzeugt Spannung.<br>c. Die auftretenden Personen sind mit einem Problem konfrontiert. | Kommentar: |
| Leser kann Konflikte und Folgen vorhersagen.<br>a. Die Personen können durch die Macht der Natur bedroht sein.<br>b. Ein Konflikt zwischen den Personen kann zu dem Verlust von etwas sehr Wichtigem führen.<br>c. Das Treffen einer falschen Entscheidung oder die falsche Handlung kann dazu führen, dass sich die Personen Vorwürfe machen. | |
| Der Leser kann ein mögliches Ende der Geschichte vorhersagen.<br>a. Das Setting gibt Hinweise darauf, was geschehen könnte.<br>b. Die Personen geben Hinweise darauf, was sie tun werden.<br>c. Der dargestellte Konflikt oder das Problem haben vorhersehbare Lösungen. | |
| **Inhalt/Organisation** | **Rating: 0–4** |
| Die Handlung der Geschichte steuert auf ein spannendes Ereignis oder eine wichtige Entscheidung (einen Höhepunkt) zu.<br>a. Das Geschehen führt logischerweise zum Höhepunkt.<br>b. Die Personen handeln in vorhersehbarer Weise.<br>c. Der Schreiber gibt immer Hinweise darauf, was als Nächstes geschehen wird. | Kommentar: |
| Alle Details werden dazu verwendet, den Grundkonflikt in der Geschichte nachvollziehbar zu machen.<br>a. Die Details machen die Handlung der Geschichte spannender.<br>b. Die Beschreibungen machen die Personen interessanter und glaubhafter.<br>c. Die Beschreibung des Settings macht das Geschehen glaubhafter. | |
| Nach Darstellung des Problems der Geschichte endet der Schreiber mit:<br>a. einer Moral bzw. einer Lektion, die man gelernt hat.<br>b. Die Personen geben Hinweise darauf, was sie tun werden.<br>c. Der dargestellte Konflikt oder das Problem haben vorhersehbare Lösungen. | |
| **Grammatik/Rechtschreibung/Wortverwendung** | **Rating: 0–4** |
| Fehler in den Satzzeichen und im Rechtschreiben erschweren nicht das Lesen der Geschichte. | Kommentar: |
| Es werden Wörter verwendet, die die Personen und die Handlung der Geschichte gut charakterisieren. | |
| Verwendet den Kontext, um die Bedeutung von neuen oder wenig vertrauten Wörtern zu bestimmen. | |

Kasten 11.3

Deutsche übertragen. In einer Untersuchung haben sie die Fähigkeiten von Kindern der zweiten und dritten Schulstufe in England und Deutschland verglichen sowie für eine relativ kleine Stichprobe den Zusammenhang mit Lese- und Rechtschreibfertigkeiten überprüft.

Bei dem einen der beiden Tests handelt es sich um die *Phonological Assessment Battery* (PhAB; Frederickson et al. 1995). Vorgegeben werden phonologische Bewusstheitsaufgaben (Alliterations-, Reimtest, Laute ersetzen bzw. Schüttelreime bilden), das Lesen von Pseudowörtern, die Benennungsgeschwindigkeit von Bildern sowie Zahlen und Wortflüssigkeitsaufgaben (Nennen von möglichst vielen Wörtern einer semantischen Kategorie, mit einem bestimmten Anfangsbuchstaben bzw. mit gleichem Reim).

Der zweite Test, das *Queensland University Inventory of Literacy* (QUIL; Dodd et al. 1996), umfasst eine größere Anzahl von Subtests zur Prüfung der phonologischen Bewusstheit. Getestet wird die Bewusstheit, d.h. das Erkennen, Segmentieren und Manipulieren verschiedener phonologischer Einheiten, für Silben, Reime und Phoneme. Zusätzlich werden die Rekodierungsfähigkeiten beim Lesen und Schreiben durch die Vorgabe von Pseudowörtern geprüft.

### 11.3.2 Bestimmung der Benennungsgeschwindigkeit

**Reihen geläufiger Buchstaben**

Von Denckla und Rudel (1976) wurden mehrere parallele Verfahren entwickelt, die die Benennungsgeschwindigkeit überprüfen sollen. Nach einer kurzen Einübung sollen möglichst rasch Reihen von geläufigen Buchstaben, von Zahlen, von einfachen Farbflecken und von Bildern bekannter Gegenstände, die zufällig angeordnet sind, benannt werden. Die Anordnung wurde in den meisten Verfahren zur Bestimmung der Benennungsgeschwindigkeit beibehalten. Derzeit sind keine Normen verfügbar (mit Ausnahme des TEPHOPE; vgl. Abschnitt 11.1), die Tests werden von den meisten Forschergruppen selbst zusammengestellt.

Die Benennungsgeschwindigkeit weist vor allem einen engen Zusammenhang mit der Leseflüssigkeit bzw. -geschwindigkeit auf. Zwar besteht im Englischen auch eine Verbindung mit der Lesesicherheit und dem Leseverständnis sowie der Rechtschreibfähigkeit, er ist jedoch weniger eng.

Beim Lesen (vor allem der Lesegeschwindigkeit) ist der Zusammenhang außerdem enger mit „automatisierten" Benennungsaufgaben – wie dem Benennen von Buchstaben und Zahlen. Die Benennungsgeschwindigkeit bei Bildern weist hingegen eine engere Verbindung mit dem Leseverständnis auf (Wolf et al. 2002).

Für die Diagnostik ist die Bestimmung der Benennungsgeschwindigkeit einerseits deshalb von Bedeutung, weil sie Schwierigkeiten beim Erwerb schriftsprachlicher Kompetenzen im Vorschulalter unabhängig von der phonologischen Bewusstheit voraussagen kann. Deshalb ist eine Aufgabe – das rasche Benennen von Farben – auch in das Bielefelder Screening aufgenommen worden (s. Kap. 11.1). Andererseits ist die Bestimmung der Benennungsgeschwindigkeit auch in der Schule bei der Zuordnung zu Untergruppen relevant, wenn die Untergruppen nach ihrem Fähigkeitsprofil bzw. nach den Ursachen der Störung differenziert werden sollen (s. Kap. 8.2.2). Derzeit gibt es Versuche mit einer spezifischen Förderung dieser Untergruppen, über ihre Wirksamkeit sind jedoch noch keine Aussagen möglich (Wolf et al. 2000).

### 11.3.3 Diagnostik der Intelligenz und weiterer sprachlicher Fähigkeiten

**Sprachschwierigkeiten**

Die Lese- und Schreibleistung ist vor dem Hintergrund der anderen sprachlichen Leistungen der Kinder zu betrachten. Hierzu sind in jedem Fall die Einschätzungen der sprachlichen Fähigkeiten durch die Lehrkräfte und die Eltern hilfreich. Eine detaillierte Testung kann dann notwendig sein, wenn Hinweise auf spezifische Sprachschwierigkeiten vorliegen. Sinnvoll ist etwa eine Überprüfung des aktiven und passiven Wortschatzes, aber natürlich auch der Beherrschung der Syntax und der auditiven Diskrimination.

**Potsdam-Illinios-Test**

Ein sehr gründlich konstruiertes Verfahren zur Diagnostik psycholinguistischer Fähigkeiten stellt der Potsdam-Illinois Test für Psycholinguistische Fähigkeiten von Esser und Wyschkon (P-ITPA, 2010) dar. Normiert für Kinder von 4;0 bis 11;5 Jahren erfasst der Test sprachlich-schlussfolgerndes Denken, expressiven Wortschatz, Grammatik, auditive Merkfähigkeit, phonologische Bewusstheit und bei älteren Kindern mündliches Lesen sowie Rechtschreibung von Wörtern und Pseudowörtern.

**Intelligenztestung**

Eine Intelligenztestung erscheint für die Förderung der Kinder nicht unbedingt notwendig. Allerdings wird sie in einigen Bundesländern der BRD von der Schulbehörde, aber auch von den Sozialämtern gefordert, um in den Genuss eines Nachteilsausgleichs zu gelangen bzw. um Fördermaßnahmen als Eingliederungshilfe finanziert zu bekommen (Warnke et al. 2001). In diesem Fall wird man selbstverständlich einen Intelligenztest durchführen bzw. die Durchführung veranlassen müssen, und zwar am besten einen nonverbalen Intelligenztest, da hier die Chancen für lese- und rechtschreibschwache Kinder größer sind.

### 11.3.4 Diagnose des mündlichen Sprachverständnisses (des Hörverständnisses)

**Verständnisfragen und Schlussfolgerungen**

Um die Ursachen eines geringen Leseverständnisses zu klären, dürfte es nicht nur sinnvoll sein, die Leistungen beim Leseverständnistest in Relation zu einem mündlichen Lesetest zu setzen, sondern auch das Leseverständnis dem Hörverständnis gegenüberzustellen. Der Lesetest „Knuspels Leseaufgaben" (Marx 1998) enthält einen Subtest, der eine solche differenzierte Aussage ermöglichen will. Allerdings scheint die Aussagekraft vor allem für die höheren Klassen doch eingeschränkt zu sein, da die Verständnisfragen recht einfach sind.

### 11.3.5 Diagnostik von Gedächtnisleistungen

**Nachsprechen von Pseudowörtern**

Die phonologische Rekodierung im Gedächtnis ist eine jener Leistungen, die bei Kindern beeinträchtigt sein kann, deren Lese- und Rechtschreibschwierigkeiten auf allgemeineren Problemen im phonologischen Bereich beruhen. Deshalb sollte diese Fähigkeit durch das Nachsprechen von Pseudowörtern überprüft werden. Es gibt mittlerweile Tests, die einen „Subtest" zum Nachsprechen von Pseudowörtern beinhalten (z. B. Arbeitsgedächtnis-Testbatterie; Hasselhorn et al. 2012; Sprachstanderhebungstest; Petermann 2012; BVN/NPS; Kaufmann et al. 2008). Ein Test, der das phonematische Gedächtnis überprüft – jedoch keine Pseudowörter beinhaltet – ist der PHOG (Gruner et al. 2013), der Normen ab fünf Jahren (bis zu Erwachsenen) bereitstellt.

Neben dem phonologischen Arbeitsgedächtnis ist die Fähigkeit zur Wiedergabe einer Geschichte, wie dies etwa im Heidelberger Sprachentwicklungstest (HSET; Grimm / Schöler 1991) verlangt wird, eine sinnvolle Aufgabe. Das Zahlennachsprechen vorwärts und rückwärts stellt ebenfalls sinnvolle ergänzende Aufgaben dar.

## 11.4 Diagnose des Verhaltens sowie der emotionalen und psychosozialen Anpassung

Die Diagnostik sollte sich nicht nur mit den relevanten Leistungen im Lesen und Rechtschreiben sowie den kognitiven Lernvoraussetzungen befassen, sondern auch mit der Verarbeitung der Leistungsentwicklung durch die Schüler und ihre Eltern.

### 11.4.1 Diagnose des Selbstkonzepts, der Prüfungsangst

Nach den heute dominierenden Vorstellungen über die Entwicklung des Selbstkonzepts handelt es sich dabei um ein sich im Verlauf der ersten Schuljahre zunehmend differenzierendes Konzept, bei dem in Form einer hierarchischen Gliederung der schulische und nichtschulische Bereich und weiter innerhalb des schulischen Bereichs verschiedene Teilbereiche unterschieden werden. Um zu einem besseren Verständnis für die emotionale Situation der lese- und rechtschreibschwachen Kinder zu gelangen, dürfte es sinnvoll sein, ihre eigenen Vorstellungen über ihren Leistungsstand im Lesen und Rechtschreiben differenziert kennen zu lernen.

**Fragebögen von Faber**

Zu diesem Zweck wurde für das Ende der Grundschulzeit von Faber (1991) ein Fragebogen für den Teilbereich Rechtschreiben entwickelt und in der Folge auch ein Fragebogen zur rechtschreibbezogenen Schulangst (1993). Diese Fragebögen scheinen allerdings in ihrer Einsetzbarkeit begrenzt, da sich die Fragen in erster Linie auf die schulische Situation am Ende der Grundschule beziehen.

### 11.4.2 Einschätzung des Verhaltens der Kinder durch Eltern und Lehrer

**Aufmerksamkeit, Impulsivität, motorische Unruhe**

Neben der Klärung des Verhaltens der Kinder im Gespräch mit den Eltern und Lehrern könnte es bei manchen Kindern auch sinnvoll sein, ihr Verhalten gezielter beurteilen zu lassen. Dies ist vor allem anzustreben, wenn es um die Einschätzung des Aufmerksamkeitsverhaltens und der Impulsivität sowie der motorischen Unruhe geht. Hierfür eignen sich sowohl Interviewskalen als auch Fragebögen.

**depressive Verstimmungen**

Bei einem Teil der Kinder stellt sich die Frage nach dem Ausmaß der emotionalen Belastung durch das chronische Leistungsversagen. Hier dürfte es notwendig sein, nicht nur nach den Einschätzungen der erwachsenen Bezugspersonen zu fragen, sondern auch mit den Kindern selbst zu sprechen, da depressive Verstimmungen bei den Kindern von Erwachsenen allzu leicht übersehen werden.

**leistungsbezogene Interaktionen**

Abzuklären ist auch, inwieweit die leistungsbezogenen Interaktionen durch die Lese- und Rechtschreibschwierigkeiten der Kinder bereits so sehr belastet sind, dass die Eltern in der Betreuung der Hausarbeiten und bei der zusätzlichen Förderung ihrer Kinder überfordert sind. Hierzu reicht mitunter ein Gespräch mit den betroffenen Eltern und dem Kind nicht. Man sollte versuchen, sich direkt einen Einblick in die Interaktionen der Eltern mit den Kindern in der Hausaufgaben- bzw. Lesesituation zu verschaffen, um diese Situationen besser verstehen zu können.

## 11.5 Zusammenfassung

*Zusammenfassend* ist festzuhalten, dass in einer orientierenden Testung zunächst das Leistungsniveau der Kinder bzw. Jugendlichen beim Lesen und Schreiben im Vergleich zu Gleichaltrigen festzustellen ist. Diese Testung, die vor allem den Leistungsstand im mündlichen Lesen und im Rechtschreiben erfassen sollte, kann bereits einige Hinweise für die Förderung geben.

Bei einer differenzierteren Überprüfung des Leistungsstands sind zusätzlich weitere Teilbereiche der Lese- und Schreibentwicklung zu überprüfen, aber auch Hinweise auf mutmaßliche Ursachen bzw. erschwerende Umstände für das Lesen- und Schreibenlernen in einzelnen Begabungsmängeln. Wichtig ist außerdem, abschätzen zu können, welche zusätzlichen Probleme bei der Planung von Fördermaßnahmen zu berücksichtigen sind bzw. wer die besonderen Bemühungen um eine Förderung mittragen kann (Eltern, Lehrer etc.).

## 11.6 Übungsfragen

1. Welche Verfahren eignen sich zur Diagnostik der Vorläuferfertigkeiten des Lesens und Schreibens im Vorschulalter? Welche Teilfertigkeiten werden in diesen Verfahren geprüft?

2. Wann ist eine erste frühzeitige Diagnose des Lesens und Schreibens möglich und wie kann diese erfolgen?

3. Welche Teilfertigkeiten werden durch das Lesen von Pseudowörtern geprüft?

4. Welche neuen standardisierten Lesetests sind für eine individuelle Förderdiagnostik geeignet?

5. Welcher neuere standardisierte Lesetest ist für ein Screening von Klassen geeignet?

6. Welche Differenzierung von Rechtschreibfehlern wird im SLRT II vorgenommen? Weshalb ist eine weiterreichende Fehleranalyse kritisch zu betrachten?

7. An welchen Kriterien kann sich eine Diagnose des schriftlichen Ausdrucksvermögens orientieren?

8. Welche zusätzlichen kognitiven Fähigkeiten sind für die Förderdiagnostik wichtig und aus welchen Gründen?

9. Welche Bereiche der sozial-emotionalen Anpassung sollten bei einer differenzierten Diagnose berücksichtigt werden?

# 12 Intervention und Therapie bei Lese- und Rechtschreibschwierigkeiten

**Fördermöglichkeiten**

Kinder, bei denen ein Risiko für die Entwicklung von Lese- und Rechtschreibschwierigkeiten besteht oder die bereits beim Erlernen des Lesens und Schreibens zurückgefallen sind, benötigen – so früh wie möglich – gezielte Hilfestellungen. Ein Warten vergrößert im Allgemeinen die Probleme und stellt keine angemessene Reaktion dar, da die Zeit meist gegen die Kinder arbeitet. Je länger die Schwierigkeiten bestehen, desto größer wird der Rückstand, da die Kinder in der Zwischenzeit nicht nur im Unterricht, sondern auch außerhalb der Schule Gelegenheiten zum Üben des Lesens und Rechtschreibens versäumen.

Der erste Teil dieses Kapitels versucht einen Überblick über die Möglichkeiten einer frühzeitigen Intervention zu geben, wobei zuerst auf die Möglichkeit einer vorschulischen Förderung und die Erfahrungen damit, dann auf die begleitende Förderung in den ersten Stadien des Erstleseunterrichts eingegangen wird. Studien (überwiegend aus dem angloamerikanischen Schulsystem, bei der vorschulischen Förderung aber auch aus dem deutschen und dem Schulsystem anderer Länder) haben gezeigt, dass diese frühen Interventionen die Möglichkeit haben, dem Auftreten von Leseschwierigkeiten vorzubeugen oder sie noch in der ersten Klasse Grundschule aufzufangen.

**unterschiedliche Arten von Leseschwierigkeiten**

Snowling und Hulme (2011) sprechen davon, dass es zwei grundsätzlich unterschiedliche Arten von Leseschwierigkeiten gibt, nämlich im Dekodieren oder der Worterkennung und im Leseverständnis. Jeder dieser beiden Problemschwerpunkte benötigt eine spezifische Förderung. Während Schwierigkeiten im Dekodieren auf Probleme in der phonologischen Bewusstheit und der auditiven Wahrnehmung sowie der auditiven Merkfähigkeit hinweisen, sind Schwierigkeiten im Leseverständnis mit sprachlichen Prozessen höherer Ordnung verknüpft (Wortschatz, Semantik, Wissen um die Bedeutung von Wörtern und Grammatik, d. h. Morphologie sowie Syntax). Um dieser Systematik gerecht zu werden, gehen wir im Weiteren zunächst auf intensive Interventionsstudien in den folgenden Klassen Grundschule – also nach der Anfangsphase des Erstleseunterrichts – ein und stellen einige, wohl auch für den deutschen Sprachraum relevante, vielversprechende Programme aus dem amerikanischen Raum dar. Daran anschließend erfolgt eine Beschreibung der wichtigsten deutschsprachigen Programme zur Förderung des phonologischen Rekodierens. In einem weiteren Teil werden bewährte Vorgehensweisen zur Förderung der Lesegeläufigkeit und zum Aufbau eines Sichtwortschatzes beschrieben, bevor die Ergebnisse von Interventionsstudien zur Steigerung der Lesesicherheit zusammenfassend dargestellt werden.

Im Folgenden wird auf die Förderung in weiteren Teilbereichen des Lesens und Schreibens eingegangen, zunächst auf die Förderung der motorischen Schreibfähigkeit und des Rechtschreibens, wo zwischen verschiedenen Stufen der Rechtschreibfähigkeit unterschieden wird, dann auf die Förderung des Leseverständnisses und der schriftlichen Ausdrucksfähigkeit. Anschließend werden zum Teil etwas ausführlicher die verschiedenen organisatorischen Möglichkeiten einer Förderung und Intervention bei Lese- und Schreibschwierigkeiten besprochen: einerseits die schulinterne Förderung in Form eines Kurssystems, andererseits die Einbeziehung der Eltern in die Förderung und die Einzelförderung durch ältere Tutoren und das paarweise Üben unter Gleichaltrigen.

Schließlich werden das Konzept der Behandlung von Teilleistungsschwächen und weitere alternative – allerdings oft Modeströmungen entsprechende – Behandlungskonzepte kurz dargestellt. Abschließend wird auch auf die Notwendigkeit der Therapieplanung und der Berücksichtigung der individuellen Schwächen und Stärken hingewiesen.

## 12.1 Frühe Intervention zur Vermeidung von Lese- und Rechtschreibschwierigkeiten

Zahlreiche Studien haben gezeigt, dass mit einem auf den erwähnten Eingangsfertigkeiten basierenden Training eine Erleichterung beim Erlernen des Lesens und Rechtschreibens einhergeht und der Ausbildung von Lese- und Rechtschreibschwierigkeiten vorgebeugt werden kann. Die meisten der in diesen Studien verwendeten Trainingsprogramme sind auf eine Unterstützung der phonologischen Fertigkeiten ausgerichtet (Kasten 12.1).

**Beispiele für Interventionsstudien zur Vermeidung von Lese- und Rechtschreibschwierigkeiten aus dem nicht deutschsprachigen Raum**

Beinahe „klassisch" zu nennen ist die Längsschnittuntersuchung von Bradley und Bryant (1983, 1985). Beginnend mit drei- bis vierjährigen Kindern wurden vier nach Geschlecht, Allgemeinbegabung (IQ), Alter und der Fähigkeit zur Lautkategorisierung parallelisierte Gruppen gebildet. Die erste Gruppe lernte Bilder nach gleichartigen Lauten zu kategorisieren, z. B. ***hen*** und hot nach dem gleichen Laut zu Beginn des Worts. Die zweite Gruppe lernte zusätzlich, die gemeinsamen Laute der Wörter durch Buchstaben zu repräsentieren, während die dritte Gruppe Wörter nach semantischen Aspekten kategorisierte, z. B. ***hen*** und ***dog***. Die vierte Gruppe diente als untrainierte Kontrollgruppe.

Die Kinder der zweiten Gruppe, also jene in der kombinierten Trainingsbedingung, zeigten signifikant bessere Leistungen im Lesen und Rechtschreiben als die Kinder der beiden Kontrollgruppen und signifikant bessere Leistungen im Rechtschreiben als die Kinder der ersten Gruppe. Die Überlegenheit der Kinder in der Klang-Buchstaben-Bedingung wurde in einer Follow-up-Studie nach vier Jahren bestätigt (Bradley 1988).

Eine theoretisch recht interessante und international stark beachtete Interventionsstudie stammt vom Lundberg et al. (1988). Mit 235 dänischen Kindergartenkindern wurden verschiedene Aspekte der phonologischen Bewusstheit über acht Monate mit täglichen Sitzungen von etwa 20 Minuten trainiert, beginnend mit Reimaufgaben bis hin zur Segmentierung kurzer Wörter und später komplexeren Aufgaben. Die Trainingsgruppe zeigte nach der Intervention zwar eine verbesserte phonologische Bewusstheit, aber keine Unterschiede im Lesen am Ende des Kindergartens. Am Ende der ersten Klasse jedoch erzielten diese Kinder bessere Leistungen im Rechtschreiben und am Ende der zweiten Klasse auch im Lesen.

Vor allem im Hinblick auf den Unterricht ist die Studie von Blachman et al. (1994) interessant, da hier die Intervention direkt von den Lehrern und ihren Mitarbeitern ausgeführt wurde. Zudem bestand die Stichprobe aus Kindern, die aus einem schwächeren sozialen Milieu kamen und in Schulen gingen, die ein sehr geringes Leistungsniveau aufwiesen. Kinder wurden im Jahr vor dem Beginn des Leseunterrichts hinsichtlich Phonemsegmentation, Phonembewusstheit und Buchstabenkenntnissen trainiert. Die trainierten Kinder erzielten nach zehn bis elf Stunden Instruktion signifikant bessere Ergebnisse bei Aufgaben zur Phonemsegmentation, Benennen von Buchstaben, Lesen phonetisch regulärer Wörter und Pseudowörter sowie Rechtschreiben als eine vergleichbare Kontrollgruppe.

Blachman et al. (1999) verfolgten die Entwicklung der Kinder bis zum Ende der zweiten Klasse. Dabei wurde das Förderprogramm als Lesetraining fortgeführt, in dem ganz spezifisch auf die Instruktion des alphabetischen Kodes eingegangen wurde, während die Kontrollgruppe in gleichem zeitlichen Ausmaß ein Training auf Basis eines traditionellen Lesebuchs erhielt, das allerdings lautorientiert war.

Die Trainingsgruppe erzielte auch am Ende der ersten Klasse bessere Leistungen bei Aufgaben zur Phonemsegmentierung, Buchstaben- und Buchstaben-Laut-Kenntnissen und bei drei von vier Aufgaben zur Worterkennung. Am Ende der zweiten Klasse waren die Kinder aus der Trainingsgruppe bei allen vier Messungen zur Worterkennung besser. Im

Rechtschreiben zeigte sich der Trainingseffekt allerdings nur am Ende der ersten Klasse, nicht mehr am Ende der zweiten Klasse, was die Autoren darauf zurückführen, dass beide Gruppen vom gleichen phonologisch orientierten Unterricht profitiert hatten. Allerdings zeigten sich bei den schwächsten Lesern deutliche Unterschiede, wenn man in Betracht zog, inwieweit die Kinder lautgetreue Rechtschreibfehler begingen.

Kasten 12.1

**Würzburger Trainingsprogramm**

Angeregt durch die Erfolge vor allem des Programms von Lundberg et al. (1988) aus dem skandinavischen Raum (Schweden) wurde auch für den deutschsprachigen Raum versucht, entsprechende Förderprogramme zur vorschulischen Unterstützung gefährdeter Kinder zu entwickeln. So entstand beispielsweise das Würzburger Trainingsprogramm zur Vorbereitung auf den Erwerb der Schriftsprache „Hören, Lauschen, Lernen“ von Küspert und Schneider (1999). In diesem Programm, das sich insgesamt über elf Wochen mit Einheiten zu je zehn Minuten erstreckt, wird in spielerischer Form versucht, dem Kind einen Einblick in die Struktur der Sprache zu vermitteln (Kasten 12.2). Damit versteht sich das Programm explizit als Förderhilfe zur Entwicklung der sprachlichen (phonologischen) Bewusstheit.

In einer Serie von drei Studien zum Würzburger Trainingsprogramm zur Förderung sprachlicher Bewusstheit bei Kindergartenkindern wurden die Auswirkungen dieses Programms auf die spätere Lese- und Rechtschreibfähigkeit analysiert.

- In einem ersten Schritt (Schneider et al. 1994) wurde das Programm mit einer Gruppe von unausgelesenen Kindergartenkindern durchgeführt. Dabei ergaben sich nur unmittelbare Fördereffekte, während langfristige Auswirkungen auf das Lesen und Rechtschreiben eher bescheiden ausfielen, etwa im Vergleich zu der Studie von Lundberg et al. (1988). Allerdings dürfte dieses Ergebnis zu einem Gutteil auf die mangelnde Konsistenz zurückzuführen sein, mit der in einigen Kindergärten vor allem die (letzten) Einheiten zur Phonemsynthese und Phonemanalyse durchgeführt wurden.
- In einer zweiten Untersuchung, in der dieser Faktor weitgehend ausgeschlossen werden konnte (Küspert 1997; Schneider et al. 1997a), fielen die Ergebnisse vergleichsweise wesentlich besser aus. Hier konnte für die Kinder der Trainingsgruppe ein deutlicher Vorsprung auch in den späteren Leistungen im Lesen und Rechtschreiben festgestellt werden. In einer Reanalyse (Schneider et al. 1998) konnte überdies gezeigt werden, dass auch – und besonders – Kinder mit schwachen Voraussetzungen im Bereich der phonologischen Bewusstheit

**Das Würzburger Trainingsprogramm zur Förderung sprachlicher Bewusstheit bei Kindergartenkindern – Ablauf und Inhalte (adaptiert aus Schneider et al. 1999)**

| Zeitpunkt | Trainingseinheit | Inhalte |
|---|---|---|
| 1. Woche | I: Lauschspiele Flüsterspiele | Geräusche lauschen |
| 2. Woche | II: Reimspiele | Reime nachsprechen, Reimwörter finden |
| 3. Woche | III: Satz und Wort | Zerlegen von Sätzen in Wörter, Verbinden von Wörtern, z. B. ***Schnee-Mann*** |
| 5. Woche | IV: Silben | Silbenklatschen, -tanzen, Zerlegen von Wörtern in Silben (Analyse), Zusammenfügen von Silben zu Wörtern (Synthese) |
| 7. Woche | V: Anlaute | Identifikation/Manipulation des ersten Lautes im Wort, z. B. ***R-EIS*** |
| 11. Woche | VI: Phoneme | Zerlegen von Wörtern in Laute (Analyse), Zusammenfügen von Lauten zu Wörtern (Synthese) |

Kasten 12.2

von dem Programm profitieren und ihren anfänglichen Rückstand aufholen.

- In einer dritten Studie schließlich (Roth 1999) wurde zusätzlich zum Würzburger Trainingsprogramm mit einer zweiten Versuchsgruppe ein Buchstaben-Laut-Training durchgeführt, mit einer dritten Gruppe ein kombiniertes Programm. Es stellte sich heraus, dass Risikokinder vom Würzburger Trainingsprogramm und dem kombinierten Programm nicht nur profitierten, während das Buchstaben-Laut-Training nur geringe Effekte zeigte, sondern auch, dass hinsichtlich der Effekte auf das Lesen und Rechtschreiben das kombinierte Programm am effektivsten war.

**systematische Einführung von Buchstaben**

Dies ist konsistent mit weiteren Befunden, die zum Teil auch aus dem angelsächsischen Sprachraum stammen. Im Gesamten erweisen sich Interventionsprogramme, in denen ein Training der phonologischen Bewusstheit mit einer systematischen Einführung von Buchstaben kombiniert wird, jenen Programmen, die lediglich auf die Verbesserung der phonologischen Bewusstheit allein abzielen, als überlegen.

So zeigte etwa Blumenstock (1979), dass kombinierte Übungen zur phonologischen Bewusstheit und zu Buchstaben-Laut-Beziehungen schon nach zwei Monaten zu einer erheblichen Reduktion der Lesefehler führten. Auch Muter (1998) machte deutlich, dass neben ihrem Faktor Segmentation auch Buchstabenkenntnisse wesentlich zur Prädiktion des

Lesens und des Rechtschreibens beitragen. Vor allem aber fand sie einen über die Haupteffekte von Segmentation hinausgehenden signifikanten Einfluss der Wechselwirkung (Segmentation x Buchstabenkenntnisse) auf das Lesen und Rechtschreiben. Mit anderen Worten, die Kombination von einer gut ausgebildeten phonologischen Bewusstheit und guten Buchstabenkenntnissen bringt besondere Vorteile, weshalb auf das Einüben der Buchstaben zu Schulbeginn besonders zu achten ist.

Ein anderer Aspekt, der zu berücksichtigen ist, betrifft den Entwicklungsstand der Kinder und die Art der Aufgaben, die trainiert werden sollen (Blachman 1997). Beide Aspekte hängen freilich zusammen und führen letztlich zu der Frage, in welcher Reihenfolge – abhängig vom Alter und Entwicklungsstand der Kinder – bestimmte Übungen durchgeführt werden sollen. Kinderreime und Reimspiele können helfen, sprachliche Ähnlichkeiten zu entdecken. So zeigen verschiedene Arbeiten, dass die Kenntnis von Kinderreimen mit der späteren Leistung bei Reimaufgaben korrespondiert und gleichfalls mit dem Lesen zu Schulbeginn zusammenhängt. Reim- und auch Alliterationsaufgaben reflektieren auch die Wahrnehmung von Segmenten auf Silbenebene – eine Fähigkeit, die Kindern in ihrer Entwicklung helfen könnte, auf der Ebene der Phonemanalyse weiter fortzuschreiten (Treiman 1992). Ebenso wurden für das Training von Fertigkeiten der Phonemanalyse bestimmte Aufgaben entwickelt, deren Wirksamkeit gezeigt werden konnte, z. B. solche, in denen Laute durch Bewegungen mit diversen Gegenständen repräsentiert werden sollen (Blachman et al. 1994).

## 12.2 Frühzeitige Interventionen begleitend zum Erstleseunterricht

**Reading Recovery-Programm**

Leseschwierigkeiten haben von Beginn an die Tendenz, sich zu verfestigen. Je länger sie andauern, desto schwieriger wird eine Intervention, da die Diskrepanz zwischen Kindern mit Leseschwierigkeiten und normalen bzw. guten Lesern immer größer wird. Daher sind Interventionen umso vielversprechender, je früher sie einsetzen. Ein Beispiel für ein Förderprogramm, das zum Ziel hat, Leseschwierigkeiten durch eine intensive Förderung während des ersten Schuljahres vorzubeugen, ist das „Reading Recovery"-Programm aus Neuseeland. Im Rahmen dieses Programms sollen Leseschwierigkeiten bereits in den ersten Monaten erkannt und den Kindern sehr früh vielfältige Leseerfahrungen ermöglicht werden.

Die Ergebnisse dieses Programms, das auf dem Unterricht des phonologischen Rekodierens aufbaut, zeigen, dass bei einer zusätzlichen Betreuung der schwächsten Leser von einer halben Stunde täglich (am besten in Form einer Einzelbetreuung) der Großteil der Kinder (etwa zwei Drittel) seinen Rückstand innerhalb von drei bis vier Monaten aufholen kann. Die Förderung besteht vor allem in einer zusätzlichen Übung der phonologischen Bewusstheit. Des Weiteren soll den Kindern durch das Lesen kurzer Geschichten Gelegenheit zum Üben, aber auch zum Erwerb von Lesestrategien geboten werden. Andere nach denselben Prinzipien aufgebaute Programme berichten ähnliche Ergebnisse (Clay 1993; Allington / Walmsley 1995).

Am Beginn der ersten Klasse, etwa nach einem Jahr Leseunterricht im Kindergarten, werden die schwächsten 20 % der Kinder ausgewählt. Der Leistungsstand der Kinder wird mit einer umfangreichen Batterie von Aufgaben bzw. Tests überprüft. Untersucht werden die Buchstabenkenntnis, die Konzepte der Kinder über die Funktion und die Merkmale der Schrift, die Fähigkeit, Wörter zu erkennen und zu schreiben. Auch werden die Kinder beim Lesen eines Textes genau beobachtet.

In dem Ansatz von Clay (1993) ist die Nutzung aller Informationen vorgesehen, die dem Leser zur Verfügung stehen, also sowohl syntaktische als auch semantische Hinweise aus dem Satzkontext, Hinweise aus den begleitenden Bildern auf den Inhalt des Satzes, aber auch Informationen aus den Wörtern; dies können vertraute Wortteile, aber auch Kenntnisse über Graphem-Phonem-Korrespondenzen sein. Zudem betonen Clay und Cazden (1990), dass sich die Lehrer am jeweiligen Entwicklungsstand der Kinder orientieren sollen. Außerdem sollen sie die Entwicklung durch Hinweise und Gespräche weiterführen, indem sie dem Kind helfen, sich mit den verfügbaren Konzepten über die Sprache-Schrift-Beziehung, aber auch über den Aufbau und die Funktion verschiedener Texte auseinander zu setzen. Es ist daher notwendig, dass die Lehrer zur Durchführung der Förderung eine längere Einschulung erhalten.

Die Evaluation des „Reading Recovery"-Programms in den USA weist dieses als recht erfolgreich aus. Manche Evaluationsstudien zu diesem Programm sind jedoch irreführend, da nur die Effekte bei jenen Schülern berücksichtigt wurden, die das Programm erfolgreich durchlaufen hatten (Elbaum et al. 2000, s. u.). Aus Neuseeland liegen Berichte vor, die dem Programm eine geringere Effektivität bestätigen. Der Grund wird darin gesehen, dass in Neuseeland das Lesenler-

**Eine typische Fördereinheit umfasst die folgenden sieben Aktivitäten (nach Snow et al. 1998):**

- Lesen von zwei bis drei bekannten kleinen Büchern.
- Unabhängiges Lesen des am vorigen Tag neu gelesenen Buches, wobei der Lehrer das Verhalten beobachtet und die von den Kindern begangenen Fehler genau notiert und daraus Schlussfolgerungen auf den Entwicklungsstand und die besonderen Bedürfnisse ableitet.
- Übungen im Buchstaben- und Worterkennen mit Plastikbuchstaben auf einer Magnettafel.
- Schreiben einer Geschichte, die sich das Kind ausgedacht hat. Dabei wird insbesondere auf das Heraushören von Lauten in den Wörtern geachtet.
- Zusammensetzen der richtigen Reihenfolge einer Geschichte, die in kleinere Teile zerschnitten wurde.
- Einführen eines neuen kleinen Buches
- Lesen des neuen kleinen Buches

Kasten 12.3

nen über das Lesen von Geschichten schon im regulären Leseunterricht die übliche Praxis sei. Die Kinder würden eher einen Unterricht in der Zuordnung von Graphemen und Phonemen benötigen. In den USA wäre das Vorgehen im Erstleseunterricht hingegen in den Schulen sehr unterschiedlich (Chapman et al. 2001).

Durch verschiedene Modifikationen wurde versucht, die Effektivität des Programms zu erhöhen. Man erweiterte beispielweise den direkten Unterricht der Graphem-Phonem-Verbindungen (Iversen/Tunmer 1993) und konnte dadurch tatsächlich die Wirksamkeit deutlich verbessern. In einer neueren Metaanalyse weist Hattie (2009) für das Programm Reading recovery eine Effektstärke von d=0.50 aus.

**Empfehlungen des National Reading Panel**

Eine Forschergruppe um Snowling und Hulme (Carroll et al. 2011) hat in einer Interventionsstudie versucht, die Empfehlungen des National Reading Panel (Langenberg et al. 2000) umzusetzen und schwache Schüler in den ersten Phasen der Leseentwicklung zu unterstützen. Wesentliche Interventionsprinzipien sind ein vorhergehendes Screening der Fähigkeiten der Schüler, begleitende Überprüfungen der Leistungen und gezieltes Monitoring der Fortschritte.

Im Rahmen dieser Interventionsstudie wurden zwei unterschiedliche Konzepte umgesetzt. In dem einen Konzept liegt der Schwerpunkt auf der Förderung des phonologischen Rekodierens und mündlichen Lesens (Förderung der Buchstaben-Laut-Zuordnung, des Sichtworterkennens und Rechtschreibens), in dem anderen auf der Förderung der mündlichen Sprache (Förderung von Wortschatz, Grammatik und

Erzählfertigkeiten). Entsprechend wurden zwei Gruppen von Kindern ausgewählt, denen parallel diese beiden Aspekte vermittelt wurden.

**Phonology with Reading**

Das Konzept des „Phonology with Reading Programme" (Carroll et al. 2011) baut auf dem "Reading Recovery Programme" (Clay 1993) auf. Die Aktivitäten bestehen im Erlernen von Buchstaben, Übungen zur phonologischen Bewusstheit, individuellem Lesen sowie gemeinsamem Lesen in Gruppen und schließlich im Erlernen von Sichtwörtern. Wiederholtes Lesen von bekannten Büchern und Lesen von neuen Texten ergänzen einander.

Das Programm läuft über 20 Wochen mit täglichen Sitzungen. Diese dauern jeweils 50 Minuten, davon werden 30 Minuten in Kleingruppen gearbeitet und 20 Minuten arbeitet jeder für sich. Es ist sehr systematisch aufgebaut mit klaren Vorgaben dazu, welche Aktivitäten etwa im Rahmen einer Sitzung über welche Zeitspanne durchgeführt werden sollen. Wesentlich ist auch, dass die Fähigkeiten der Schüler sehr genau beobachtet werden, da eine zentrale Komponente des Konzepts darin besteht, dass jedes Kind auf seinem Lernniveau lesen kann (siehe Kasten 12.4).

**Förderung der mündlichen Sprachfähigkeiten**

Das zweite Programm zur Förderung der mündlichen Sprachfähigkeiten wurde parallel durchgeführt. Im Mittelpunkt stand dabei die Förderung von Fähigkeiten zum Zuhören, die Schulung des Hörverständnisses, des Wortschatzes, die Bildung von Inferenzen sowie das Üben von unabhängigem Sprechen.

Mit Hilfe eines randomisierten kontrollierten Untersuchungsdesigns, bei dem diese beiden unterschiedlichen Interventionsformen parallel nebeneinander durchgeführt wurden, konnte nachgewiesen

Kasten 12.4

Um dies jedem Schüler zu ermöglichen und sicherzustellen, dass jeder die Texte erhält, die seinem Lernniveau entsprechen, ist es nötig, dass die Lehrkräfte die Kinder beim Lesen genau beobachten und dokumentieren, wie viele Wörter korrekt gelesen werden und bei wie vielen Wörtern ein Fehler gemacht wird. Das Erheben der Prozentzahl an richtig gelesenen Wörtern ermöglicht die Unterscheidung von drei Leseniveaus.

- Ein „Leichtes Niveau" bedeutet, dass ein Schüler unabhängig ein Buch liest, bei dem er 95 % der Wörter oder mehr korrekt liest. In diesem Fall – wenn er mehr als 95 % der Wörter korrekt liest, ist der Text leicht, dann kann er ein höheres Schwierigkeitsniveau wählen.
- Wenn Kinder zwischen 90 und 94 % der Wörter korrekt lesen, ist dies das Lernniveau, auf dem sie arbeiten können.
- Wenn Kinder hingegen beim Lesen eines Textes weniger als 90 % der Wörter korrekt lesen, ist dieser Text zu schwierig. Sie sollten dann einen Text wählen, der auf einem niedrigeren Schwierigkeitsniveau situiert ist.

werden, dass das Programm zur Förderung der mündlichen Sprachfähigkeiten tatsächlich mit einer Verbesserung von Wortschatz und Grammatik einherging. Währenddessen führte die Unterstützung von phonologischen und grundlegenden Lesefertigkeiten zu einer Verbesserung im Dekodieren (Carroll et al. 2011). Diese beiden Programme machen deutlich, dass es schon sehr früh in der Leseentwicklung von Kindern möglich ist, passgenaue Interventionen zu entwickeln, die spezifisch auf die Bedürfnisse der Kinder zugeschnitten sind. Sie sollen ihnen helfen, die nächsten Stufen der Leseentwicklung zu erreichen. Abhängig sind sie dabei vom Fähigkeitsprofil und den Schwierigkeiten, die die Kinder aufwiesen – ob sie eher Schwierigkeiten im Dekodieren oder eher Schwierigkeiten im Leseverständnis haben.

**kombiniertes Präventionsprogramm**

Neben dem „Reading Recovery"-Programm sind eine Reihe weiterer Programme erwähnenswert, die auf eine Intervention in der ersten Klassenstufe setzen. So hat Torgesen (1998; Torgesen et al. 1999) ein Programm vorgestellt und evaluiert, das das Risiko für sich anbahnende Lese- und Rechtschreibschwierigkeiten deutlich reduzieren soll, indem die Kinder ein systematisches Training der phonologischen Bewusstheit bzw. der Konzepte, die bei der Phonemidentifikation erforderlich sind, erhalten. Nach Torgesen (1998) lehnt sich dieses Präventionsprogramm eng an das Programm „Auditory Discrimination in Depth" (ADD) von Lindamood und Lindamood (1975) an.

Für die Evaluationsstudie wurden im ersten Jahr des Schulbesuchs, dem amerikanischen Kindergarten, aufgrund der Kenntnis der Buchstabennamen und der phonologischen Bewusstheit die schwächsten Schüler ausgewählt und einer von drei Gruppen zugeteilt:

- Gruppe A erhielt eine Förderung der phonologischen Bewusstheit (nach Lindamood / Lindamood 1975) und in der Graphem-Phonem-Zuordnung (synthetic phonics).
- Gruppe B wurde in diesen Bereichen weniger explizit gefördert.
- Gruppe C erhielt nur ein wenig zusätzliche Unterstützung zum Klassenunterricht.
- Diese Gruppen wurden mit einer nicht geförderten Kontrollgruppe verglichen.

Die Kinder der drei Interventionsgruppen erhielten jede Woche zusätzlich zum Klassenunterricht viermal 20 Minuten lang eine Einzelförderung, zwei Sitzungen wurden von einem voll ausgebildeten Lehrer und zwei von Lehrerassistenten gehalten. Letztere wiederholten im Wesentlichen das, was die Lehrer in den Stunden zuvor durchgenommen hatten. Insgesamt erhielten die Kinder somit über die zweieinhalb Jahre 88 Stunden Einzelförderung.

Die Teilnahme an den speziellen Fördermaßnahmen führte dazu, dass signifikant mehr Kinder vom Kindergarten in die erste und dann in die zweite Schulstufe aufsteigen konnten. Diese Kinder lernten wesentlich mehr Wörter zu lesen und konnten auch einen signifikant größeren Teil der Pseudowörter richtig erlesen. Weiterhin zeigte sich, dass sich die Kinder, die an dem Training nach Lindamood und Lindamood teilgenommen hatten, in der phonologischen Bewusstheit wesentlich verbesserten. Die Verbesserungen in der Gruppe verliefen jedoch unterschiedlich. Etwa ein Viertel der Kinder verblieb weiterhin etwa eine Standardabweichung unter dem durchschnittlichen Leistungsstand der zweiten Klassenstufe (Torgesen 1998).

**Einzelförderung**

Ein weiteres bekanntes Förderprogramm für Risikokinder wurde von Vellutino et al. (1996) entwickelt. Jene Schüler, die Mitte der ersten Klasse im Lesen zu den schwächsten 15 % gehörten, erhielten über 15 Wochen täglich etwa eine halbe Stunde Einzelförderung durch einen Grundschullehrer, der für diese Aufgabe besonders ausgebildet worden war. Insgesamt erhielten die Kinder somit etwa 70 bis 80 Stunden Förderung.

Es zeigte sich eine deutliche Überlegenheit der Einzelförderung sowohl im Rahmen des Projekts als auch in der Schule. Zwei Drittel der einzeln geförderten Kinder konnten bereits nach einem Semester ihre Leistungen im Worterkennen und Lesen soweit verbessern, dass sie im Durchschnittsbereich lagen. Allerdings las auch die Hälfte der in einer Kleingruppe geförderten Kinder durchschnittlich. Trotzdem war insgesamt die Verbesserung der im Projekt geförderten Kinder jener der in einer Gruppe geförderten Kinder überlegen.

**unterschiedliche Fortschritte**

Diese umfangreiche Interventionsstudie (Vellutino et al. 1996) hat jedoch gezeigt, dass auch bei einer früh beginnenden Förderung, die der Vertiefung des Unterrichtsstoffes dient, die Fortschritte der schwachen Kinder sehr unterschiedlich sind. Ein Teil der Kinder kann selbst dann nur geringe Fortschritte erzielen. Von einer frühen Förderung profitieren vor allem Schüler, die relativ geringe Schwächen in phonologischen Fertigkeiten aufweisen und wegen zu geringer familiärer Unterstützung zurückbleiben. Diese mangelnde familiäre Unterstützung kann durch Übung im Lesen und Schreiben, aber auch eine Vertiefung der Voraussetzungen, vor allem der phonologischen Bewusstheit, kompensiert werden.

Da dies etwa zwei Drittel der anfangs schwachen Schüler betrifft, sollte man Kinder, die auf diese Zusatzförderung ansprechen, nicht im engeren Sinn als leseschwach bezeichnen. Schüler mit größeren Defiziten in phonologischen Fertigkeiten, die mit dieser Form der Förderung die Anfangsphase des Schriftspracherwerbs nicht schaffen, müssen über einen längeren Zeitraum gefördert werden (Vellutino et al. 1996).

### *Intensive Förderung der Lesefähigkeit bei Kindern mit bestehenden großen Schwierigkeiten am Ende der ersten Phase des Erstleseunterrichts*

**Förderung der Phonem-identifikation**

Einer der wohl eindruckvollsten Erfolge einer Intervention bei Kindern mit schweren Leseschwierigkeiten wird von Torgesen (1998) berichtet. Eingesetzt wurde das ADD-Programm (Lindamood / Lindamood 1975) sowie ein umfangreiches Programm zum Erlernen der Graphem-Phonem-Zuordnungen. Individuell wurde darauf geachtet, vorhandene Lücken in den Kenntnissen der Graphem-Phonem-Zuordnungen, aber auch in der Kenntnis häufig vorkommender Wörter etc. zu beseitigen. Die Förderung erfolgte sehr intensiv, die Kinder wurden acht Wochen lang täglich zwei Stunden gefördert, insgesamt also 80 Stunden. Weitere acht Wochen wurden sie eine Stunde wöchentlich im Rahmen des speziellen Unterrichts, den sie als Kinder mit speziellen Lernschwierigkeiten in Gruppen erhielten, durch einen Projektlehrer betreut.

Durch diese intensive Förderung konnte bei beiden Programmvarianten (ADD sowie „phonics"-Förderprogramm) erreicht werden, dass die 40 geförderten Kinder nahezu den Anschluss an die altersgemäßen Leistungen schafften und auch in der Folge – wie eine Nachuntersuchung nach einem Jahr zeigte – keinen Rückfall erlitten. Diese Fortschritte waren besonders ausgeprägt in der Fähigkeit, unbekannte Wörter sowie Pseudowörter zu lesen, zeigten sich aber auch in der Lesegeschwindigkeit und dem Leseverständnis. Wenn man die Entwicklung der Fähigkeit, Pseudowörter zu lesen, sowie jene im Worterkennen über die gesamte Schulzeit extrapoliert, so zeigt sich das Aufholen der geförderten Kinder besonders eindrucksvoll (Abb. 12.1).

**Computer-unterstützung**

Auch in einer weiteren bekannten Förderstudie aus den USA wurde auf das Training der Fähigkeit zum Identifizieren und Zuordnen der Laute gesetzt. Dabei wurde das ADD-Programm von Lindamood und Lindamood weiterentwickelt und durch Leseübungen mit Computerunterstützung ergänzt (Wise et al. 1998).

*Abb. 12.1:* Entwicklung der Leseleistung nach einer speziellen Förderung bei leseschwachen Schülern (nach Torgesen 1998)

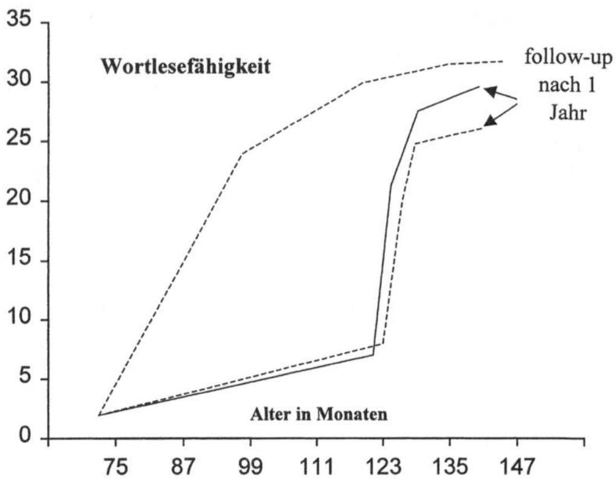


Den Kindern wurde zunächst vermittelt, wie sich die Mundbewegungen und das Schwingen der Stimmbänder bei verschiedenen Lauten anfühlten. Sie lernten, diese Empfindungen nicht nur Lauten und Buchstaben, sondern auch neuen bezeichnenderen Ausdrücken und Bildern zuzuordnen sowie die Ähnlichkeiten und Unterschiede zwischen den verschiedenen Lauten zu analysieren. Sie sollten merken, dass die Lippen ein knallendes „popp"-Geräusch bei /b/ und /p/ machen und sollten die Bezeichnungen „leise und laute Lippenknaller" Bildern über diesen Vorgang zuordnen. Sie sollten spüren, wie Stimmbänder vibrieren. Sobald die Kinder zu 80 % sicher mit den Konsonantenkonzepten und drei Vokalen, /i/, /o/, /u/, umgehen konnten, übten sie in kleineren Gruppen die Analyse und Zuordnung der Zeichen für Folgen von zwei bzw. drei Phonemen. In einer Weiterentwicklung wurden diese Übungen auch mit Computerprogrammen für künstliche Sprachproduktion durchgeführt.

Im Weiteren wurden während der Hälfte der zur Verfügung stehenden Zeit die Übungen an den Computerprogrammen zur phonologischen Analyse weitergeführt bzw. später durch Programme zum Üben lautgetreuen Rechtschreibens ergänzt. Die andere Hälfte der Zeit wurde das Lesen von Texten geübt, wobei die Kinder Unterstützung für das Dekodieren und Lesen von Wörtern anfordern konnten. Ein Sprachprogramm gliederte die angezeigten Wörter in Teile (bei mehrsilbigen Wörtern fand eine Gliederung in Silben, bei einsilbigen Wörtern eine Gliederung in „onset" und „rime" statt), sprach diese Teile einzeln aus und lautete sie dann zusammen. Ein Teil dieser Übungen fand allein – nur mit dem Computer, ein Teil mit einem Trainer statt, der die Kinder zusätzlich zur Selbstkorrektur anhielt.

Dieses Programm zur phonologischen Analyse wurde verglichen mit einem Programm zum Training des Leseverständnisses, das sich an dem Vorgehen von Palincsar und Brown (1984, s. Kap. 12.9) orientierte und in einem zweiten Teil ebenfalls das Lesen von Texten am

Computer mit Hilfen beim Erlesen unbekannter Wörter umfasste.

An dieser Förderung nahmen insgesamt etwa 200 leseschwache Schüler am Ende der Grundschule teil. Im Vergleich zu den im Leseverständnis geförderten Schülern machten die phonologisch geförderten Kinder deutlich mehr Fortschritte vor allem in der phonologischen Bewusstheit, beim Lesen von Pseudowörtern sowie bei den Wörtern, die in den geübten Texten vorkamen, und bei anderen ähnlich aufgebauten Wörtern. Keine wesentlichen Fortschritte wurden in der Lesegeschwindigkeit und beim Leseverständnis erzielt.

**Wirksamkeit der Förderung**

Bei der Analyse der Ergebnisse des zuletzt beschriebenen Untersuchungsansatzes stellt sich die Frage nach der speziellen Wirksamkeit einer Förderung im phonologischen Dekodieren. Im englischen Sprachraum wurden die Befunde zu dieser Frage von der Gruppe um Lovett am Kinderspital in Toronto in einer Übersicht zusammenfassend dargestellt (Lovett 1999). Die frühen Versuche um eine spezielle Förderung der phonologischen Dekodierfähigkeit bei Kindern mit speziellen Leseschwierigkeiten zeigten, dass sich die Kinder zwar die spezielle Schreibweise sowie die Aussprache einer recht großen Anzahl von Wörtern merken konnten. Sie konnten diese Kenntnisse jedoch nur in geringem Ausmaß auf das Lesen anderer Wörter übertragen. Lovett meinte, dies würde an zu geringen Fortschritten im Bereich der phonologischen Bewusstheit liegen, wozu sie auch Schwierigkeiten bei der Identifizierung und Zuordnung der Phoneme zu visuellen Zeichen rechnete.

**PHAB/DI**

Aus diesem Grund entwickelte die Gruppe ein Programm, das sie „Phonological Analysis and Blending/Direct Instruction“ (PHAB/DI; Phonologische Analyse und Zusammenlauten/Direkter Unterricht) nannten. Dabei wird in kleinen Schritten mit viel Übungsgelegenheiten und laufender Überprüfung der Fortschritte zunächst die Analyse von Wörtern in Phoneme und dann das Zusammenschleifen unterrichtet. Weiterhin werden den Kindern die Graphem-Phonem-Korrespondenzen in systematischer Weise beigebracht. Der Schwerpunkt liegt auf der Vermittlung der Korrespondenzen auf der Ebene der kleinsten Einheiten, allerdings wird auch Gebrauch von der Silbenteilung in Beginn und Auslaut (rime) und von der Arbeit mit Reimen gemacht.

**WIST**

Ein zweites Interventionsprogramm, das Wort-Identifikationsstrategien-Trainingsprogramm (WIST), setzt stärker auf der Wortebene an und vermittelt den Kindern vier explizite Dekodierstrategien, damit sie ihre bereits vorhandenen Kenntnisse über Wörter erfolgreich beim Erlesen unbekannter Wörter einsetzen können: Wortidentifizierung durch Benutzen von Analogien, Variieren der Aussprache von

Vokalen, „Suche den Teil den du kennst“ und „Herausschälen“ des Wortkerns bei zusammengesetzten und mehrsilbigen Wörtern.

Damit die Kinder diese Strategien anwenden können, werden ihnen zuerst Schlüsselwörter beigebracht, die die häufigsten Buchstabenverbindungen bzw. orthographischen Muster mit einer konsistenten Aussprache im Englischen enthalten. Diese Muster werden als Ganzes zu lesen gelernt und dann an die Wand geheftet, nach Vokalen bzw. Auslauten geordnet. Zusätzlich wird den Kindern die Aussprache von Vokalen und Vokalverbindungen beigebracht und sie werden mit den häufigsten Affixen (Vor- und Nachsilben) vertraut gemacht. Im weiteren Unterricht wird die Anwendung der Strategien eingeübt, die Kinder erhalten Rückmeldung dazu, und die Erfahrungen werden diskutiert (Kasten 12.5).

Die Fortschritte der leseschwachen Kinder nach etwa 35 Stunden Training mit diesen beiden Förderprogrammen wurden mit den Ergebnissen eines unspezifischen Programms zur Förderung der Anpassung in der Klasse verglichen. Es zeigte sich, dass mit dem ersten der

Kasten 12.5

**Die vier Strategien des Wort-Identifikationsstrategien-Trainingsprogramms (WIST)**

*Wortidentifizierung durch Benutzen von Analogien:*

Die Kinder sollen ein unbekanntes Wort mit jenen Wörtern vergleichen, die sie schon lesen können. Besonders wichtig ist die Beachtung des Wortauslauts. Dabei können sich die Kinder an der systematischen Anordnung von Beispielen an den Wänden orientieren.

*Variieren der Aussprache von Vokalen:*

Den Kindern werden systematisch die verschiedenen Aussprachemöglichkeiten von Vokalen vermittelt. Bei unbekannten Wörtern sollen sie diese Aussprachemöglichkeiten durchprobieren, bis sie auf eine Aussprachemöglichkeit für das Wort stoßen, die ihnen vertraut vorkommt und die Sinn macht.

*„Suche den Teil den du kennst" („seek the part you know", SPY):*

Bei längeren Wörtern sollen die Kinder das Wort gliedern und darauf achten, ob sie die Aussprache für einen Teil des Wortes nicht schon kennen.

*„Herausschälen" des Wortkerns (peeling off) bei zusammengesetzten und mehrsilbigen Wörtern:*

Hier sollen die Kinder systematisch Vorsilben und Nachsilben weglassen und das zusammengesetzte Wort auf das Stammmorphem reduzieren, dieses mit Hilfe der anderen Strategien zu lesen versuchen und die Wortteile dann miteinander verbinden.

beiden Programme (PHAB / DI) vor allem im Bereich der phonologischen Fertigkeiten große Fortschritte erreicht werden konnten. Die Kinder erzielten deutliche Leistungssteigerungen bei der Phonemanalyse und -synthese, in der Kenntnis der Graphem-Phonem-Zuordnungen, aber auch beim Lesen von (in den Graphem-Phonem-Zuordnungen) regelmäßigen Wörtern und von Pseudowörtern. Kinder, die in Worterkennungsstrategien unterrichtet wurden, erzielten gleichfalls deutliche Fortschritte. Diese bezogen sich jedoch stärker auf das Lesen von Wörtern mit besonderer Schreibweise bzw. Aussprache.

## 12.3 Förderung des Worterkennens und mündlichen Lesens

**Übungen am Computer**

Neben den eben angeführten strukturierten Programmen zur Leseförderung wurden im angloamerikanischen Sprachraum von Roth und Beck (1987) verschiedene Förderspiele entwickelt, die schwachen Lesern das Erlangen von Geläufigkeit in der Wortanalyse erlauben sollen. Bei einem dieser Spiele (Construct-A-Word, CAW) sollen die Kinder am Computer mit vorgegebenem Anfangs- und Endbuchstaben möglichst viele richtige Wörter bilden. Der Computer gibt bei Fehlern nicht nur eine entsprechende Rückmeldung, sondern auch die Aussprache dieser Wörter an. Das Computerprogramm bietet Hilfestellung, wenn den Kindern kein Wort einfällt, indem akustisch die Wörter genannt werden und die Kinder dann die entsprechenden Vokale einfügen müssen.

Da die Kinder durch wiederholtes Üben ihre Leistungen steigern und ihren Leistungsstand laufend rückgemeldet bekommen, besteht ein gewisser Anreiz zum Üben. Roth und Beck (1987) konnten zeigen, dass leseschwache Kinder der vierten Schulstufe durch Übungen mit diesem und einem verwandten Programm (Hint and Hunt), bei dem es ebenfalls um das Einfügen der korrekten Vokalzeichen ging, im Lauf von 20 Wochen ihre Leseleistungen deutlich steigern konnten.

Olson und Wise (1992) verwendeten zum Üben des Lesens einen Computer, der bei Wörtern, bei denen die Kinder anzeigten, dass sie sich nicht sicher waren, Hilfen zur Aussprache gab. Wenn die Art der Hilfe variiert wurde, stellte sich heraus, dass eine silbenweise Gliederung der Wörter (in der Aussprache und durch Hervorhebung im Text) durch den Computer für die weiteren Fortschritte deutlich günstiger war als die ungegliederte Aussprache der ganzen Wörter. Am günstigsten erwies sich die weitere Aufgliederung der Silben in Silbenanfang und „rime“, allerdings nur, wenn die Kinder schon ein gewisses Ausmaß an Lesefertigkeit erworben hatten bzw. wenn sie in der Trainingsphase genügend Unterstützung durch einen Lehrer erhielten.

Auch Levy (1999, 2001) plädiert für eine Gliederung der Wörter beim Erlernen des Lesens und bei der ersten Bildung von internen Repräsentationen. Sie konnte zeigen, dass die blockweise Vorgabe von einsilbigen Wörtern, die jeweils den gleichen reimenden Auslaut (rime) haben, zu einer deutlich rascheren Einprägung der Aussprache der Wörter führt und in geringerem Ausmaß auch das Generalisieren auf das Lesen neuer Wörter und das langfristige Behalten unterstützt. Leseschwache Kinder benötigen wohl sehr viel Unterstützung, um auf Analogien und Regelmäßigkeiten in der Orthographie aufmerksam zu werden. Sie brauchen zudem die Unterstützung der Silbengliederung im auditiv-sprachlichen Bereich, um sich diese besser einprägen und merken zu können (Levy 2001).

## 12.4 Deutschsprachige Programme zum Erlernen der Graphem-Phonem-Korrespondenzen

Die folgenden deutschsprachigen Förderprogramme legen einen Schwerpunkt auf die systematische Vermittlung und Festigung der Graphem-Phonem-Korrespondenzen und auf die Wortanalyse.

### 12.4.1 Das Förderprogramm von Reuter-Liehr

**Betonung der Silbengliederung**

Ein wesentliches Kennzeichen des Förderprogramms von Reuter-Liehr (2001) sind bestimmte durchgehende Prinzipien, die den Kindern den Erwerb des Lesens und Schreibens erleichtern sollen. Manche dieser Prinzipien sind von anderen Programmen übernommen worden bzw. werden mit anderen geteilt.

Ein charakteristisches Merkmal ist die starke *Betonung des silbenweisen Sprechens* bzw. Mitsprechens beim Schreiben und das Einüben des silbenweisen Lesens. Dieses silbenweise Sprechen soll intensiv eingeübt werden, um auch eine Angleichung des Sprechens an die Rechtschreibung bzw. die Hochsprache zu erreichen. Hier sind Vorstufen der Übung vor dem eigentlichen Lesen und Schreiben vorgesehen, in denen bestimmte Bewegungen des ganzen Körpers (Arm- und Schreitbewegungen) beim silbenweisen Gliedern angenommen werden sollen.

Ein weiterer wesentlicher Orientierungspunkt ist die *Analyse der Schreibweise von Wörtern* nach ihrer Lauttreue. Diese sowie die Schwierigkeiten bei der phonologischen Analyse werden als wesentliche Grundlage für den Aufbau des Förderprogramms nach zunehmender Schwierigkeit vorausgesetzt. Insbesondere wird angenommen, dass es sechs Phonemstufen gibt, bei denen die Zuordnung der Phoneme und Grapheme immer schwerer zu durchschauen ist.

- In der Phonemstufe 1 werden die Kinder nur mit den nicht lautgleichen Vokalzeichen (also etwa nicht mit ***ä***), Diphthongen und Umlautzeichen sowie mit den Konsonantenzeichen für Dauerkonsonanten bekannt gemacht, und entsprechendes Wortmaterial wird geübt. Es werden dabei schon mehrsilbige Wörter geübt, wobei das silbengliedernde Sprechen bewusst eingehalten wird und auch die Doppelkonsonanten in einen aus- und anlautenden Teil gegliedert werden (***sch*** und ***ch*** als Ausnahme, bei der das Graphem am Silbenende und -anfang wiederholt wird).
- In der Phonemstufe 2 werden auch Dauerkonsonanten, ***h***, ***z***, ***j***, ***ch***, eingeführt, die nach Ansicht der Autorin schwieriger in der akustomotorischen Erfassung sind, da sie leichter mit anderen Konsonanten verwechselt und wie das h in der Umgangssprache nicht immer realisiert werden. Zudem werden hier auch schon harte und weiche Stoppkonsonanten eingeführt, wenigstens an intervokalischen Stellen, an denen also eine Differenzierung möglich ist.
- Die Phonemstufe 3 bringt erstmals Konsonantenhäufungen innerhalb einer Silbe, wobei am Silbenanfang beide und am Silbenende wenigstens der erste dauerhaft aussprechbar sein muss.
- In der Phonemstufe 4 werden die Konsonantenhäufungen weiter ergänzt durch Einführung jener Verbindungen, in denen ein Verschlusslaut an erster Stelle steht. Hier muss eventuell wieder auf die Buchstabenhandzeichen zurückgegriffen werden, da die Differenzierung der weichen und harten Verschlusslaute manchen Kindern besonders schwer fällt.

  In einer Fortführung wird in der Phonemstufe 4a das qu eingeführt.

  Die Phonemstufe 4b bringt als Ergänzung die Konsonantenhäufungen ***st*** und ***sp*** sowie dreigliedrige Verbindungen ***str***, ***spl*** und ***spr***.
- Die Phonemstufe 5 bringt als Besonderheit nur das ***ie*** als Schreibung des /i:/. Nach Reuter-Liehr (2001) sollten von jetzt an andere Schreibungen des /i:/ wie ***Maschine*** und ***Tiger*** vermieden werden, um die Kinder nicht zu verwirren.
- Phonemstufe 6 schließlich führt die Schreibung ***ß*** ein, wobei die Unterscheidung des scharfen und des weichen ***s*** besonderer Übung bedarf.

Wesentlicher Teil des Förderprogramms ist auch die Unterstützung des Behaltens der Buchstaben-Laut-Zuordnung durch das Lernen und den Einsatz von Handzeichen für alle Buchstaben bzw. Phoneme. Im ganzen Programm gibt es eine enge Koppelung von Lese- und Rechtschreibübungen.

### 12.4.2 Lesen lernen durch lautgetreue Leseübungen

**lautgetreue Leseübungen**

Findeisen et al. (2000) haben eine Reihe an Übungen zum Erlernen des Lesen und Schreibens gesammelt. Die Materialien zum lautgetreuen Lesen und Schreiben sowie die verschiedenen Übungsformen sollen Kinder bei der Aneignung der ersten Schritte beim Lesen und Schreiben unterstützen. Es wurden auch Übungen zusammengestellt, die helfen sollen, in das Lesen hineinzukommen. Dabei wird angeraten, synthetisch von kleineren zu größeren Einheiten vorzugehen – vom Lautieren, Zusammenschleifen der Laute zum Lesen von Silben und Wörtern. Die Kinder sollen zudem lernen, Laute zu identifizieren und zwischen verschiedenen Lauten zu differenzieren. Dabei werden ein Sprechtraining, das Achten auf eine sorgsame Aussprache und auf den Ort bzw. die Art der Bildung der Laute und entsprechende Übungen empfohlen.

### 12.4.3 Kieler Leseaufbau

Der Kieler Leseaufbau (Dummer-Smoch / Hackethal 1993a) ist ein Programm, das Kindern, die auch in den höheren Klassen noch Mühe beim Erlernen der basalen Leseprozesse haben, systematisch aufgebaute Übungen anbietet. Das Erlernen der Graphem-Phonem-Korrespondenzen soll durch Lautgebärden erleichtert werden. Zudem ist das Lesematerial sorgfältig nach Schwierigkeitsgrad abgestuft. Neben Übungsmaterialien in Form von Lese- und Übungsheften werden auch Spiele, Karteikarten und Lernsoftware angeboten.

## 12.5 Förderung eines Sichtwortschatzes und der Lesegeschwindigkeit

Neben dem schrittweisen Erlesen aufgrund des Wissens um Graphem-Phonem-Zuordnungen besteht ein wichtiger Teil der Leseförderung auch im Deutschen in der Aneignung eines Sichtwortschatzes und der Erhöhung der Leseflüssigkeit. Die Leseflüssigkeit, definiert als Lesegeschwindigkeit und Lesegenauigkeit (Chard et al. 2002), ist vor allem für Kinder mit Leseschwierigkeiten von Bedeutung, da diese meist sehr angestrengt und mühevoll lesen. Die Kinder kleben an den Wörtern, kommen nicht voran und können das Lesen nicht genießen. Wenn der Schwerpunkt der Aufmerksamkeit auf dem Dekodieren von Buchstaben und Wörtern liegt, ist ein Verständnis des Gelesenen unmöglich.

**kurzzeitige Präsentation der Worte**

*Übungen mit kurzfristiger Präsentation:* Beim Erwerb eines Sichtwortschatzes ist die rasche Informationsaufnahme von besonderer Bedeutung. Diese kann sowohl mit Hilfsmitteln (etwa der kurzfristigen Präsentation auf dem Computerbildschirm) als auch mit so genannten Blitzkarten, die nur kurz gezeigt werden, gefördert werden. Übungen mit Blitzkarten werden oft als Vorbereitung zum Lesen einer Geschichte verwendet. Etwa ein Zehntel der Wörter wird vorher geübt, und zwar jene, die den Kindern beim lautem Lesen Mühe bereiten. Ziel dieses Vortrainings ist es, die Worterkennungsgeschwindigkeit so weit zu steigern, dass die Kinder die Wörter innerhalb einer Sekunde laut vorlesen können. Durch diese Übungen wird nicht nur die Lesegeschwindigkeit sowie die Lesesicherheit gesteigert, sie führen auch zu einer Verbesserung des Leseverständnisses (Tan/ Nicholson 1997).

Bei diesen Übungen geht es nicht nur um die Erhöhung der Wahrnehmungsgeschwindigkeit, sondern auch um die Veränderung der Wahrnehmungsstrategien. Die Schüler sollen von einem rein sequenziellen Zugang wegkommen. Um dies zu erreichen, gaben van den Bosch et al. (1995) leseschwachen Kindern der oberen Klassen Grundschule einsilbige Pseudowörter unterschiedlicher Länge entweder nur für sehr kurze oder für längere Zeit vor. Sie konnten zeigen, dass sich bei kurzfristiger Vorgabe die Geschwindigkeit, mit der die Kinder die Wörter lesen konnten, deutlich erhöhte, ohne dass die Genauigkeit darunter litt.

Weiterhin konnten sie beobachten, dass diese Steigerung der Lesegeschwindigkeit nicht von der Länge der Wörter abhängig war. Dies interpretierten sie als Beweis dafür, dass die Kinder von einer rein sequenziellen Verarbeitung der Buchstabenfolge abgekommen waren. Zudem stellten sie fest, dass eine Steigerung der Lesegeschwindigkeit nur dann eintrat, wenn die Expositionszeit der Wörter verkürzt wurde. Die Aufforderung an die Kinder, die Pseudowörter möglichst rasch zu lesen, reichte nicht aus. Bei dieser Aufforderung kam es über mehrmalige Vorgaben nur zu einer recht geringen Abnahme der Lesezeit. Lediglich der Zeitdruck bewirkte eine deutliche Erhöhung der Geschwindigkeit, mit der die Buchstabenfolge benannt wurde.

**wiederholtes Lesen**

*Übungen mit Wortlisten vs. wiederholtes Lesen von Texten:* Es ist umstritten, inwieweit das wiederholte Lesen von Texten Vorteile gegenüber dem wiederholten Lesen einzelner Wörter in Listen oder bei Einzelpräsentation auf einem Computerbildschirm hat. Fleisher et al. (1979) konnten zeigen, dass sich die durch wiederholtes Lesen von einzeln dargebotenen Wörtern erreichte höhere Lesegeschwindigkeit sehr wohl in der Lesegeschwindigkeit und der Lesesicherheit beim Lesen eines Textes mit den geübten Wörtern widerspiegelt. Allerdings zeigten sich keine Auswirkungen auf das Leseverständnis. Dieses negative Ergebnis konnte von Levy et al. (1997; ebenso wie in der oben berichteten Studie von Tan / Nicholson 1997) nicht repliziert werden. Vielmehr zeigten sich dort sehr wohl Verbesserungen im Leseverständnis, wenn die Texte einerseits nicht zu schwer, aber doch andererseits lang genug waren. Eine Steigerung der Lesegeschwindigkeit hat also unter günstigen Bedingungen Auswirkungen auf das Leseverständnis, allerdings nicht selbstverständlich und automatisch.

Diese Untersuchung (Levy et al. 1997) hat jedenfalls ebenso wie andere (Lemoine et al. 1993) darauf hingewiesen, dass die Effekte wiederholter Übungen auf eine Steigerung der Lesegeschwindigkeit bei schwachen Lesern nur dann über eine Woche stabil bleiben, wenn eine größere Zahl von Wiederholungen erfolgt (wenigstens 15). Eine gewisse Generalisierung erfolgt ebenfalls nur bei einer höheren Anzahl an wiederholten Darbietungen.

Eine größere Zahl an Untersuchungen hat auf eine Überlegenheit des wiederholten Lesens von Texten gegenüber dem Lesen einzelner Wörter hingewiesen. Das dafürsprechende Argument lautet, dass das Lesen von Wörtern im Kontext zu einer Integration der Teilfertigkeiten führe, die für das Lesen erforderlich seien. Eine Entscheidung darüber, ob man tatsächlich von einer Überlegenheit des wiederholten Textlesens sprechen kann, scheint heute nur begrenzt möglich. Es dürfte allerdings eine Übungsform sein, für die die Schüler leichter motivierbar sind.

Als Kriterium, wie häufig Listen von Wörtern bzw. ein Text gelesen werden sollen, um eine ausreichende Steigerung der Lesegeläufigkeit zu erreichen, wird oft die Geschwindigkeit herangezogen, die beim Lesen eines Wortes erreicht werden soll, bzw. die Anzahl der pro Minute gelesenen Wörter. Die einzelnen Untersuchungen unterscheiden sich hier. Beim Lesen einzelner Wörter soll die Lesezeit weniger als eine Sekunde betragen (etwa Fleisher et al. 1979; dies entspricht dem in der Leseerziehung häufiger erwähnten Kriterium dafür, ob ein Wort als Teil des Sichtwortschatzes betrachtet wird). Beim Lesen eines Textes werden 85 Wörter pro Minute angestrebt (z. B. Samuels 1979). Während beim Lesen von einzelnen Wörtern – wie erwähnt – eine große Zahl von Wiederholungen empfohlen wird, wurden beim wiederholten Lesen von Texten die angestrebten Ziele in den veröffentlichten Studien (z. B. Samuels 1979) schon nach sieben wiederholten Lesungen erreicht. Bei jeder neuen Geschichte wird ein Teil der erzielten Verbesserung in der Lesegeschwindigkeit mitgenommen. Damit reduziert sich auch die erforderliche Anzahl an wiederholten Lesungen.

**Mithören als Unterstützung**

Carol Chomsky (1978), die als eine der Ersten das wiederholte Lesen vorgeschlagen hat, meinte, man könne damit anfangen, den Schülern, die sich zwar die basalen Lesefertigkeiten der Graphem-Phonem-Zuordnung und des Zusammenlautens angeeignet hätten, aber noch große Mühe mit dem Lesen hätten und sehr langsam, mühsam und stockend lesen würden, Geschichten vorzusprechen, die diese lesend mithören könnten. Dieses Mitlesen ist als Übungsform wiederholt mit anderen Übungsformen verglichen worden und wurde sehr unterschiedlich beurteilt. Manche fanden es gleich effektiv wie das wiederholte eigenständige Lesen (etwa Rasinski 1990). Bei dieser Übungsform kann natürlich nicht geprüft werden, ob die Kinder tatsächlich mitlesen oder nur das nachsprechen, was ihnen vorgesagt wird, ohne selbst zu versuchen, die Wörter zu erlesen.

Reitsma (1988), in dessen Untersuchung das Mitlesen nicht gut abschneidet, kommt etwa zu dem Schluss, dass nur jene Leseübungen effektiv seien, bei denen die Kinder selbst ein Erlesen über das Lautieren der Buchstaben und das Zusammenschleifen versuchten. Dieser Versuch könne nicht durch das Nachsprechen ersetzt werden, bei dem eine nicht weiter analysierte Buchstabengruppe einem nicht näher analysierten Wort oder Wortteil zugeordnet werde. Auf der anderen Seite wird durch das Mitlesen eine Aneignung der entsprechenden Prosodie bzw. Sprachmelodie erleichtert, und dies ist zweifellos für das Leseverständnis von Bedeutung. So nimmt etwa Schreiber (1980) an, dass das Erreichen der richtigen Prosodie, also der Satzbetonung, der nötigen Hervorhebungen und Pausen, die Integration der semantischen Relationen im Satz und damit das Verständnis erleichtert.

Eine Vermutung, die in Bezug auf die Steigerung der Lesegeschwindigkeit formuliert worden ist, besagt, dass durch wiederholtes Lesen die Aufnahme von Informationen aus den gelesenen Wörtern geringer wird. Diese Vermutung kann etwa von der Theorie von Goodman

(1976) abgeleitet werden, dass die Sinnorientierung als „top-down"-Prozess die „bottom-up"-Prozesse entlastet und zum Teil überflüssig macht. Um dies zu prüfen, wurde von der Gruppe von Levy beim wiederholten Lesen gleichzeitig die Aufgabe gestellt, sinnstörende, aber auch nicht störende Rechtschreibfehler anzustreichen. Es zeigte sich, dass sich die Kinder beim wiederholten Lesen im Entdecken von (jeweils anderen) Rechtschreibfehlern verbesserten (Levy 1999, 102). Es muss sich also die Worterkennungsgeschwindigkeit erhöht und nicht bloß das Worterkennen aufgrund eines geringeren Erkundens der visuellen Informationen verbessert haben.

Eine weitere plausible Erklärung dafür, wie die Erhöhung der Worterkennungsgeschwindigkeit erreicht wurde, liegt darin, dass die Kinder lernen, kleinere Einheiten, etwa Silben bzw. deren Bestandteile (wie der Silbenbeginn und reimende Auslaut), als Einheiten zu erkennen, und dass diese Ökonomisierung die Geschwindigkeit erhöht. Um dies zu überprüfen, wurden Wörter mit reimendem Auslautteil geblockt bzw. durcheinander vorgegeben und sollten möglichst rasch benannt werden. Nach dieser Übung wurde geprüft, inwieweit Wörter mit gleichem bzw. verschiedenem reimenden Auslautteil gelesen werden können. Es zeigte sich kein Unterschied zwischen diesen beiden Wortarten, was die Folgerung nahe legt, dass die Steigerung der Worterkennungs- bzw. Wortlesegeschwindigkeit nur die Wörter als Ganzes betrifft und sich nicht auf die wiederholt vorkommenden Wortteile bezieht (Levy 1999, 97f).

**Verbesserungen sind wortspezifisch**

Die Experimente der Gruppe um Levy (1999) demonstrierten aber auch, dass beim wiederholten Lesen von Texten Verbesserungen auf verschiedenen Ebenen stattfinden. Dazu wurde die Art der Wiederholung bei den zu lesenden Texten insoweit verändert, als entweder ein möglichst großer Teil der Wörter oder der Sinn bzw. der Inhalt der Texte unverändert gelassen wurde. Bei gut lesenden Kindern wurde die zweite Geschichte schneller und genauer gelesen, wenn der Sinn der gleiche war, es sich also nur um andere Wörter (Paraphrasen) handelte. Schwache Leser profitierten hingegen sowohl von einer Wiederholung des Sinns als auch von einer Wiederholung der Wörter. Die Art und das Ausmaß des Gewinns beim wiederholten Lesen hängt also offensichtlich davon ab, auf welche Informationen die Leser ihre Aufmerksamkeit richten. Schwache Leser müssen sich stärker auf das Dekodieren der Wörter konzentrieren und profitieren deshalb von der Wiederholung. Bei guten Lesern ist das Worterkennen schon automatisiert. Sie richten ihre Aufmerksamkeit auf das Erfassen der Bedeutung des Gelesenen (Levy 1999, 105f).

**Training der Lesegeschwindigkeit nach Mercer et al. (2000)**

Mercer et al. (2000) berichteten von einem fünfminütigen täglichen Training, bei dem etwa 50 Schüler der sechsten Schulstufe wiederholt Listen mit häufig vorkommenden Wortteilen (Silben und Konsonant-Vokal-Kombinationen), häufigen Phrasen und kürzere Texte lesen sollten, bis sie eine Seite in einer Minute lesen konnten, ohne allzu viele Fehler zu machen. Erreichten sie das Ziel nicht, wurde die Übung der gleichen Texte am nächsten Tag fortgesetzt. Das Training wurde in Einzelsitzungen mit einem Lehrerassistenten durchgeführt, der eine Einschulung in das Training erhalten hatte.

Während der ein bis drei Jahre, die das Training andauerte, konnte eine beträchtliche Steigerung der Lesegeschwindigkeit erreicht werden. Die Schüler konnten den Rückstand zu den Leistungen ihrer Altersgruppe deutlich verringern. Schüler, die ein Jahr lang teilnahmen, holten in dieser Zeit zwei Jahre auf. Bei längerer Teilnahme war dieses Aufholen zwar nicht mehr so ausgeprägt, absolut jedoch war der Zuwachs an Lesefähigkeit natürlich am größten.

Kasten 12.6

*Zusammenfassend* sieht Levy (2001) etwa gleich große Fortschritte, ob jetzt das rasche Erkennen und Benennen von Wörtern isoliert oder im Rahmen des wiederholten Lesens geübt wird. Bei Kindern, die noch große Schwierigkeiten beim Lesen haben, betont sie allerdings die Vorteile eines isolierten Übens des Benennens von Wörtern, da dies spielerischer gemacht werden kann und für die Kinder weniger anstrengend ist als das Lesen eines ganzen Textes.

Interventionen zur Förderung mündlichen Lesens erscheinen deshalb besonders bedeutsam, da die Schüler dazu ermutigt werden, selbsttätig leise zu lesen. Eine Voraussetzung dafür ist ein Gewinn in Flüssigkeit und Verständnis. Eine hohe Genauigkeit allein ist nicht ausreichend, um einen Text zu verstehen. Erst wenn die Lesegeschwindigkeit ausreichend ist, ist die Kontrolle des Verständnisses möglich und die Schüler fragen auch nach, wenn sie ein Wort nicht verstehen.

**Interventionen Leseflüssigkeit**

Chard und Kollegen (2002) haben in einer Metaanalyse die Merkmale von Interventionen identifiziert, die die Leseflüssigkeit bei Schülern mit spezifischen Lernschwierigkeiten besonders fördern. Effektive Interventionen sind dadurch gekennzeichnet, dass die Schüler ein explizites Modell für flüssiges Lesen erhalten. Außerdem bekommen sie Gelegenheiten zum wiederholten Lesen eines bekannten Textes sowohl unabhängig als auch mit korrektivem Feedback. Darüber hinaus lesen sie Texte, die ihrem Schwierigkeitsniveau entsprechen.

Wiederholtes Lesen führt zu Verbesserungen in der Lesegeschwindigkeit, in der Lesegenauigkeit und im Leseverständnis. Wenn Texte mehr als einmal gelesen werden, werden die Leseprozesse insgesamt rascher (siehe dazu auch Kasten 12.6). Texte sollten zumindest dreimal gelesen werden, um eine deutliche Zunahme in der Leseflüssigkeit zu erreichen (mittlere Effektstärke von d=.68).

Wiederholtes Lesen mit einem Modell (der Lehrer liest laut vor, das Kind liest nach) ist erfolgreicher als alleine lesen, insbesondere für Kinder, die sehr langsam lesen. Auch Lesen mit einem PC oder mit einer CD als Modell ist effektiver als alleine lesen, aber nicht so erfolgreich wie wenn die Schüler eine Lehrperson als Modell haben. Neben der Leseflüssigkeit wurde durch dieses Vorgehen auch das Leseverständnis gefördert, da das laute Vorlesen den Kindern erlaubte, auch auf das Verständnis des Inhalts zu achten.

Ähnliche Ergebnisse wurden erzielt, wenn ein Mitschüler als Partner und Modell beim Lesen fungierte. Insgesamt waren die Ergebnisse bei Paaren unterschiedlicher Jahrgänge höher als bei Peers, die gleich alt waren. Die Verteilung der Rollen in dem Paar hatte deutliche Effekte. Wenn es in dem Paar reziproke Tutor-Tutee-Rollen gab, waren die Effekte nur gering.

Auch die Art des Feedbacks war von Bedeutung. Wenn der Lehrer dem Schüler das korrekte Wort sagte, nachdem das Wort falsch gelesen wurde, führte dies zu einer deutlichen Zunahme der Lesegeschwindigkeit und einer Abnahme der Lesefehler.

**angemessenes Schwierigkeitsniveau**

Ein weiterer kritischer Punkt ist der Schwierigkeitsgrad der gelesenen Texte. Schüler sollen Texte lesen, deren Schwierigkeit ihrem Leistungsniveau angemessen ist. Um dies zu gewährleisten, müssen klare und anerkannte Leistungskriterien entwickelt werden. Erst, wenn diese erreicht werden, kann die Schwierigkeit eines Textes erhöht werden. Zu diesen Kriterien gehörten die Schnelligkeit des Lesens, die Anzahl an Fehlern, die ein Kind macht und die Fähigkeit, Fragen über den Inhalt korrekt zu beantworten.

Über die Kriterien für wiederholtes Lesen gehen die Vorstellungen auseinander. Einerseits wurde die Grenze von 90 Wörtern pro Minute thematisiert, andererseits wurde ein Set an Kriterien vorgeschlagen:

- mehr als 75 Wörter pro Minute lesen,
- weniger als 4,5 Fehler pro Minute machen und
- mehr als 87% der Verständnisfragen korrekt beantworten.

Wenn diese drei Kriterien zuträfen, könne man die Schwierigkeit des Textes erhöhen.

Insgesamt ist es wesentlich, darauf zu achten, dass Schüler mit Texten konfrontiert werden, die ihrem Leistungsstand entsprechen, da dies einen positiven Effekt auf ihre Leseflüssigkeit hat (Chard et al. 2002).

## 12.6 Überblick über die Wirksamkeit von Fördermaßnahmen bei Leseschwierigkeiten

**evidenzbasierte Programme**

Inzwischen liegen im angloamerikanischen Sprachraum eine Reihe von evidenzbasierten Programmen für Kinder und Erwachsene mit Dyslexie vor, denen gemeinsam ist, dass sie theoretisch fundiert und sehr systematisch aufgebaut sind. Sie bieten einen klar strukturierten Aufbau mit vorgegebenen Lektionen auf unterschiedlichen Schwierigkeitsniveaus und sind empirisch mehrfach bei unterschiedlichen Stichproben mit Kindern geprüft. Sie sind sequentiell organisiert und bauen auf explizite Instruktion. Meist ist zu Beginn ein differenziertes Assessment der Fähigkeiten der schwachen Schüler erforderlich. Das Niveau des Programms wird anschließend den Fähigkeiten der Schüler entsprechend adaptiert. Die abgestuften Schwierigkeitsniveaus ermöglichen es auch sehr schwachen Schülern, Fortschritte zu erzielen und wirken dadurch motivierend.

Inhaltlich ist vielen der erfolgreichen Programme ein breites Vorgehen gemeinsam. Elemente der einzelnen Programme sind: Förderung der phonologischen Bewusstheit, Training in Buchstaben-Laut-Zuordnungen („Phonics"), Training von Leseflüssigkeit, Wortschatz, Leseverständnis, Rechtschreiben, Handschreiben und freiem Schreiben (für eine genauere Beschreibung der einzelnen Programme siehe Mather/Wendling 2012). Meist wird auch ein Lehrertraining als Einschulung in die Programme empfohlen.

Im Rahmen eines umfangreichen Effektivitätsvergleichs von Maßnahmen für Kinder mit speziellen Lernschwierigkeiten wurde von Swanson (1999a) eine Metaanalyse der Förderprogramme zur Verbesserung der Leseleistungen vorgenommen.

**Ausmaß der erreichten Verbesserungen**

Basierend auf einer umfangreichen Recherche in pädagogischen und psychologischen Literaturdatenbanken, einer größeren Anzahl an Zeitschriften und eines Rundschreibens an alle Schulämter in den USA wurden alle Interventionen mit einem annähernd experimentellen Design ausgeforscht, deren Ergebnisberichte in Englisch publiziert worden waren. Von den insgesamt 913 datengestützten Berichten erfüllten 92 die Auswahlkriterien: Sie bezogen sich auf Interventionen bei Kindern mit normaler Intelligenz, umfassten eine Kontrollgruppe, berichteten über eine zusätzliche Fördermaßnahme außerhalb des regulären Klassenunterrichts, waren detailliert genug, um Effektgrößen zu berechnen, und erfassten die Leseleistung (entweder das Worterkennen oder das Leseverständnis) als Ergebnis der Intervention. 54 dieser Studien bezogen sich auf das Worterkennen, mit einer durchschnittlichen gewichteten Effektstärke von d = 0.57.

Obwohl eine größere Anzahl von Förderbedingungen kontrolliert wurden, ließ sich nur für wenige ein deutlicher Einfluss sichern (was teilweise daran lag, dass es zu einer Konfundierung mit anderen Einflüssen kam). Deutlich größer war der Effekt der Förderung bei jüngeren (unter zwölf Jahren) im Vergleich zu älteren Schülern (d = 0.73 vs. 0.44). Auch das Untersuchungsdesign war von Bedeutung. Die Effekte waren eher größer, wenn die Intervention in der Trainingsgruppe von einer anderen Person durchgeführt wurde als die Behandlung der Kontrollgruppe. Auch bei kleineren Stichproben ließen sich größere Effekte nachweisen.

**Verbesserungen in der Einzelförderung**

Eine weitere Metaanalyse zur Effektivität von Förderprogrammen im Lesen wurde von Elbaum et al. (2000) vorgelegt. Allerdings bezog sie sich nur auf Programme mit einer 1:1-Förderung für Schüler der Grundschule. Gefördert wurden vor allem Schüler der ersten Schulstufe, die wegen ihrer beträchtlichen Anfangsschwierigkeiten ein Risiko für anhaltende Leseschwierigkeiten aufwiesen.

Es wurden insgesamt 32 Untersuchungen mit 45 Stichproben gefunden (18 Untersuchungen bezogen sich ausschließlich auf Schüler der ersten Schulstufe). Die durchschnittliche gewichtete Effektgröße war mit 0.41 eher gering. Wenn man sich allerdings auf Studien beschränkt, deren Ziel in der Steigerung des Worterkennens bzw. der mündlichen Lesefähigkeit bestand, so liegen die Effektgrößen etwas höher (d = 0.41–54). Die Effekte waren auch größer in der ersten (d = 0.46) als in der zweiten und dritten Schulstufe (d = 0.37) oder der vierten bis sechsten (d = 0.06).

Weiterhin konnte gezeigt werden, dass die wenigen Studien mit Collegestudenten den höchsten Wirkungsgrad hatten (d = 1.65), gefolgt von Studien mit paraprofessionellen Kräften (Personen, die für diese Aufgabe angestellt, aber keine regulären Lehrer waren; d = 0.68, allerdings gab es hier nur eine Studie). Lehrer (d = 0.36) unterschieden sich nicht wesentlich von Freiwilligen aus der Gemeinde, die eine Einführung und ein Training erhalten hatten (d = 0.26).

Besondere Aufmerksamkeit wurde dem Vergleich der „Reading Recovery"-Programme und anderer Interventionsprogramme für Risikoschüler der ersten Schulstufe gewidmet. Elbaum et al. (2000) heben hervor, dass in diesen Programmen bei etwa 30 % der Kinder die Förderung nicht erfolgreich beendet werden konnte und dass sich natürlich die Effektstärken dieser beiden Gruppen deutlich unterschieden (bei erfolgreich abschließenden Kindern d = 0.71, bei nicht erfolgreich abschließenden d = 0.0). In Studien, in denen die Effekte nicht getrennt berichtet wurden und auch der Anteil der beiden Gruppen nicht angegeben war, war der Effekt der Förderung zwar trotzdem recht hoch (d = 0.62). Allerdings sind die Schüler, die die Förderung nicht erfolgreich abschließen, bei der Schlusstestung oft nur zu einem geringeren Anteil vertreten.

Ein weiteres Problem, auf das Elbaum et al. (2000) aufmerksam machen, ist die mangelnde Zuverlässigkeit der Beurteilungsinstrumente, die zur Bestimmung des Erfolgs in den „Reading Recovery"-Programmen herangezogen werden. Da durch diese Instrumente Fortschritte und Leistungen im oberen Bereich höher gewertet werden, wird der Erfolg etwas überzeichnet. „Reading Recovery"-Programme haben nicht nur einen besonderen Schwerpunkt in der Förderung, sondern werden nahezu ausschließlich von Lehrern durchgeführt. Aus diesem Grund versuchten Elbaum et al. (2000), die Wirksamkeit dieser von Lehrern vorgegebenen Programme mit anderen von Lehrern vorgegebenen Programmen für die erste Klassenstufe zu vergleichen. Dabei schnitten die „Reading Recovery"-Programme zwar besser ab als andere (d = 0.47 vs. 0.28), der Unterschied war jedoch nicht signifikant.

Torgesen (2005) kommt in seiner Metaanalyse zu dem Schluss, dass es mit Hilfe einer intensiven Intervention möglich ist, nahezu allen Kindern die Grundfertigkeiten des Lesens beizubringen. Allerdings müssen die Rahmenbedingungen stimmen, d. h. die Kinder müssen eine qualitativ hochwertige Einzelförderung oder Förderung in Kleingruppen (höchstens vier Kinder) von durchschnittlich 60 bis 80 Stunden innerhalb kurzer Zeit erhalten. Im Rahmen seines eigenen Programms wurden die Kinder acht Wochen lang einzeln täglich zweimal 50 Minuten gefördert. Nur durch eine derart intensive Intervention wäre es möglich, signifikante Verbesserungen zu erzielen. Bezüglich der Bereiche, in denen Verbesserungen erzielt wurden, gab es deutliche Unterschiede. Während im phonologischen Rekodieren sowie in der Lesegenauigkeit und im Leseverständnis deutliche Fortschritte der Kinder nachgewiesen werden konnten, gelang es in Bezug auf die Lesegeschwindigkeit nicht, die Lücke zu anderen Kindern zu schließen.

**Phonics-Unterricht**

In einer Metaanalyse haben Galuschka und Kollegen (2014) alle verfügbaren randomisierten kontrollierten Interventionsstudien für Kinder mit Leseschwierigkeiten zusammengefasst (insgesamt 22

Studien, 49 Vergleiche). Bei den Leseförderprogrammen konnte allein der Phonics- Unterricht seine Effektivität auf die Leseflüssigkeit nachweisen. Im Mittelpunkt dieses Unterrichts steht

- die Übung von Buchstaben-Laut-Beziehungen bzw. von Phonem-Graphem-Korrespondenzen,
- die Gliederung von Wörtern in kleinere Einheiten, in Onset und Rime, d.h. Anlaut und den restlichen Teil eines Wortes (Silben und Morpheme),
- die Übung von häufigen Konsonantenclustern und
- das wiederholte Lesen von Wortteilen.

Die Effekte waren eher größer bei längerer Dauer der Intervention (mehr als zwölf Wochen) und bei Kindern, die weniger große Schwierigkeiten hatten – allerdings waren diese Unterschiede nicht statistisch signifikant. Zudem zeigte sich ein positiver Einfluss auf den Erfolg der Intervention, wenn der Studienautor die Intervention selbst durchführte. Aber auch hier war der Unterschied zwischen Lehrern oder Studierenden als Durchführenden nicht signifikant. Ebenso konnte kein Effekt von Schreib- oder Rechtschreibübungen auf die Lesefähigkeiten nachgewiesen werden.

Zwei Punkte sind hier noch erwähnenswert: Obwohl ein Training der phonologischen Bewusstheit im Vorschulalter präventiv hilfreich sein kann, um Leseschwierigkeiten vorzubeugen, kann dieser Ansatz bei Schulkindern nicht als wirksam bezeichnet werden. Lediglich die Integration von Übungen zur phonologischen Bewusstheit mit dem Training von Buchstaben-Laut-Beziehungen und der Übung des Dekodierens, wie dies im Phonics-Unterricht der Fall ist, ist für Schüler mit LRS hilfreich. Ein Effekt des Tragens von Farblinsen auf die Lesefähigkeit (Irlen-Linsen) konnte ebenfalls nicht nachgewiesen werden.

Auch auf das Rechtschreiben konnte ein geringer positiver Effekt des Phonics-Unterrichts nachgewiesen werden. In Bezug auf das Rechtschreiben zeigten sich zudem ähnliche Effekte wie beim Lesen: Eher größere Erfolge bei länger andauernder Intervention und bei Kindern, die nicht so große Schwierigkeiten hatten. Allerdings erwiesen sich hier Studierende in der Durchführung der Förderung als deutlich erfolgreicher als Lehrpersonen oder Sonderpädagogen (Galuschka et al. 2014, siehe auch Schulte-Körne/Galuschka 2015).

## 12.7 Förderung der Fertigkeit im Schreiben von Buchstaben

**motorische Schreibfähigkeit**

Einem Teil der Kinder bereitet das Schreiben der Buchstaben besondere Mühe. Damit diese Kinder die Freude am Schreiben nicht gänzlich verlieren, ist es angezeigt, ihnen das Schreiben zu erleichtern. Eine Erhöhung der Geläufigkeit muss zum Hauptziel der Förderung gemacht werden.

Untersuchungen der verschiedenen Fördermethoden konnten jene als besonders wirksam identifizieren, bei denen den Kindern zunächst Buchstaben als Modellbeispiele vorgegeben wurden, bei denen die Reihenfolge der anzufertigenden Schriftzüge (nonverbal) durch Zahlen und die Schreibrichtung durch Pfeile gekennzeichnet war. Nach genauer Betrachtung dieser Modelle sollten die Kinder die Schreibweise der Buchstaben aus dem Gedächtnis reproduzieren. Dies wurde in zwei bis drei Durchgängen für alle Buchstaben geübt. Insgesamt wurden die Schüler in dem evaluierten Förderprogramm 20 Minuten zweimal pro Woche zwölf Wochen lang gefördert (Berninger et al. 1997). Das Buchstabentraining stellte jedoch nur die erste Hälfte der Förderung dar. In der zweiten Hälfte wurde das Sammeln von Ideen für kurze Geschichten und das Schreiben dieser Geschichten praktiziert.

Das Üben erwies sich nicht nur für eine Erhöhung der Schreibgeschwindigkeit bei einzelnen Buchstaben als wirksam, sondern auch beim Schreiben von Geschichten. Wie andere Untersuchungen aus diesen beiden Gruppen zeigen, lässt sich durch diese Form der Intervention das Schreiben bei Kindern mit Schreibschwierigkeiten auch längerfristig verbessern (Berninger et al. 1997).

## 12.8 Förderung des Rechtschreibens

**Übungsformen**

Beim Üben des Rechtschreibens sind einige Grundprinzipien zu beachten (Klicpera / Gasteiger-Klicpera 1998b), die nicht immer leicht zu vereinbaren sind. So gilt es einerseits, bestimmte Rechtschreibmerkmale zu üben, andererseits soll aber auch ein Grundwortschatz aufgebaut und durch das Wissen um das Schreiben bestimmter Wörter eine basale Rechtschreibsicherheit erworben werden.

- Wesentlich sind hier geeignete Übungsformen, die selbstständige Korrekturen ermöglichen (etwa das Lesen/Verdecken/Schreiben/Kontrollieren). Vor allem aber sollte auf die Verteilung der Übungen über die Zeit mit häufigeren Wiederholungen und die Integration des Übens in einen motivierenden Kontext geachtet werden.

- Eine weitere Übungsform, die seit langem praktiziert wird und die auch empirisch untersucht wurde, ist das Kopieren von vorgeschriebenen Wörtern unter gleichzeitigem Mitsprechen und nochmaligem Vorlesen nach dem Schreiben. Von den in einer Untersuchung von van Daal und van der Leij (1992) vorgegebenen Übungsbedingungen am Computer (bloßes Lesen, Kopieren und Lesen plus Schreiben aus dem Gedächtnis) erwies sich das Kopieren, bei dem die Buchstaben gleichzeitig nachgesprochen wurden, als am effektivsten.
- Bei Kindern, die große Mühe mit dem Einprägen der Schreibweise häufigerer Wörter haben, kann versucht werden, dies durch zusätzliche motorisch-kinästhetische Hinweise (lautes Lesen der Wörter bei gleichzeitigem Nachfahren ihrer Buchstaben in vergrößerter Form; Bradley 1981) zu unterstützen.
- Einige besondere Übungen können den Kindern Fortschritte erleichtern, etwa die Kombination von Rechtschreibübungen mit dem Üben gewisser Routinen zur Wortgliederung, etwa dem silbenweisen Sprechen. Dieses erleichtert nicht nur das Schreiben mehrsilbiger Wörter, sondern unterstützt auch das Erfassen und die Wiedergabe der Vokallänge und der damit verbundenen Längen- und Kürzungskennzeichnungen (Tacke et al. 1993).
- In anderen sinnvollen Übungsprogrammen üben die Schüler zunächst einfachere lautgetreu geschriebene Wörter. Die Komplexität der zu schreibenden Lautfolgen wird kontrolliert allmählich gesteigert (Dummer-Smoch/Hackethal 1993b; Reuter-Liehr 2001).

### 12.8.1 Deutschsprachige Förderprogramme für das Rechtschreiben

Im deutschen Sprachraum gibt es relativ wenige Programme zur Leseförderung, aber eine recht große Anzahl von Programmen zur Rechtschreibförderung, von denen beispielhaft einige angeführt werden sollen. Die ersten beiden Programme sind primär für die Förderung von Kindern gedacht, die noch große Schwierigkeiten beim Erlernen des lautgetreuen Schreibens und der Phonem-Graphem-Zuordnungen haben, also Kinder mit größeren Entwicklungsrückständen in den ersten Grundschulklassen. Bei großen Schwierigkeiten dürften diese Programme aber auch noch für Schüler der höheren Schulstufen bzw. für Jugendliche in Frage kommen. Danach sind einige Programme angeführt, die ein Beherrschen der wesentlichen Bereiche des lautgetreuen Schreibens schon voraussetzen.

### *Förderprogramm von Reuter-Liehr*

Eine Besonderheit des Förderprogramms von Reuter-Liehr (2001) ist – wie bereits erwähnt – die Betonung des silbenweisen Mitsprechens beim Schreiben und der systematische Aufbau der Rechtschreibübungen nach ihrer Lauttreue bzw. nach Stufen (Phonemstufe 1–6), in denen die Zuordnung von Phonemen und Graphemen immer schwieriger vermittelt werden kann (s. Kap. 12.4.1).

### *Kieler Rechtschreibaufbau*

**für höhere Klassenstufen**

Der Kieler Rechtschreibaufbau (Dummer-Smoch/Hackethal 1993b) ist ein Programm, das Kindern, die in den höheren Klassen noch Mühe beim Erlernen der basalen Rechtschreibprozesse haben, systematisch aufgebaute Übungen anbietet. Das Behalten der Phonem-Graphem-Korrespondenzen soll durch Lautgebärden und die Orientierung an der Aussprache durch silbenweises Mitsprechen erleichtert werden. Zudem ist das Übungsmaterial nach dem Schwierigkeitsgrad abgestuft, in dem man es phonologisch durchgliedern kann. Neben Übungsheften werden Spiele, Karteikarten und Lernsoftware angeboten. Als Übungsform werden Partnerübungen besonders betont.

### *Förderprogramm von Kossow*

Das Förderprogramm von Kossow (1977, 1991) umfasst eine große Spanne in der Ausbildung der Rechtschreibfähigkeiten: von Kindern, die noch Schwierigkeiten bei der Analyse einfacherer Phonemfolgen und bei der Differenzierung einer größeren Anzahl von Lauten haben, bis zu Schülern, die lernen sollen, die Morphemgliederung zusammengesetzter Wörter und wichtige Rechtschreibregeln zu beachten. Ausgangspunkt für die Schwerpunkte des Förderprogramms ist eine Analyse der Rechtschreibfehler. Wenn diese Analyse zeigt, dass bestimmte Laute / Buchstaben verwechselt werden, wird die Differenzierung dieser Laute vorgezogen. Auch wenn ein Kind insgesamt häufige Buchstabenverwechslungen vornimmt und wenig lautgetreu schreibt, werden „Übergangsübungen" vor den eigentlichen Lese- und Rechtschreibübungen vorgeschlagen (Kossow 1977, 48f).

**Kennzeichnen besonderer Lautmerkmale**

Beim Aufbau der Lese- und Rechtschreibübungen wird, wie in den meisten späteren Programmen, zunächst mit einfach strukturierten (ohne Konsonantenverbindungen), dann mit komplizierter strukturierten lautgetreuen Wörtern begonnen. Erst danach wird zu Wörtern mit „Andersschreibungen" übergegangen. Wichtig ist, dass versucht wird, mit besonderen Symbolen Oppositionen im Lautbestand herauszuarbeiten bzw. besondere Merkmale der Laute zu kennzeichnen, etwa die Kürze bzw. Länge der Vokale (Selbstlaute). Neben diesen Symbolen arbeitet Kossow (1977) auch systematisch mit Handzeichen, die auf die Lautbildung hinweisen sollen.

Die Veröffentlichung von 1977 enthält viele verschiedene Anleitungen zum Üben. Auch eine große Zahl an Spielen wird wiedergegeben, da nach Kossow zu Förderbeginn bei vielen Kindern eine große Abneigung gegenüber dem Lesen und Schreiben vorliegt. Mit Hilfe des Spiels muss zuerst das Interesse der Kinder gewonnen werden.

Eine erste von Kossow (1977) durchgeführte Evaluation zeigte, dass bei einer intensiven Förderung in eigenen schulischen Einheiten durchaus ein Aufholen auch größerer Rückstände möglich ist.

### 12.8.2 Beispiele für Förderprogramme, in denen das regelgeleitete, orthographisch korrekte Rechtschreiben vermittelt werden soll

*Förderung rechtschreibschwacher älterer Schulkinder von Scheerer-Neumann*

**regelgeleitetes Training**

Von Scheerer-Neumann (1988) wurde die Evaluation eines umfassenden Trainingsansatzes für Schüler der fünften Schulstufe vorgelegt. Das wichtigste Anliegen stellte die Förderung eines regelgeleiteten Vorgehens unter dem Einsatz von Hilfestellungen (so genannte Algorithmen) und unter Selbstkontrolle dar. Zudem wurden einzelne Wörter, deren Schreibweise nicht ableitbar ist, als Lernwörter vermittelt. Die Beschreibung des Trainingsansatzes ist detailliert genug, um aus den Angaben nicht nur die Grundzüge des Trainings, sondern auch Einzelheiten zu entnehmen. Das Training bezog sich auf die folgenden Bereiche:

- Groß- und Kleinschreibung: Hier sollte überprüft werden, ob das Vorsetzen eines Artikels sinnvoll erscheint, ob es sich also um ein (groß zu schreibendes) Hauptwort handelt oder die Verbindung mit einem persönlichen Fürwort, ***ich***, ***du***, ***er/sie/es*** etc., Sinn macht, es sich also um ein Tunwort handelt.

- Einprägen einzelner Wörter, wobei auch ein allgemeiner Einpräge-Algorithmus vorgestellt wird.
- Klärung der Schreibweise von Verschlusslauten, deren Aussprache der Auslautverhärtung unterliegen könnte und die dann anders gesprochen würden, als dies (bei einer kontextunabhängigen Phonem-Graphem-Zuordnung) korrekt ist. Hier sollte eine Erweiterung durch ***-e*** bzw. ***-en*** vorgenommen werden, um die Veränderung bzw. Konstanz der Aussprache zu prüfen.
- Klärung der Schreibweise von ***St-***, ***Sp-*** am Wortanfang sowie von ***Kw-***/***Qu-***.
- Klärung der Schreibweisen von ***ä***/***e*** bzw. ***äu***/***eu*** bei Wörtern, bei denen die korrekte Schreibweise ableitbar oder nicht ableitbar ist.
- Klärung der Schreibweise von ***v***/***f*** vor allem bei häufig vorkommenden Vorsilben wie ***vor-***, ***von-***, ***fort-***, aber auch bei einzelnen Lernwörtern, bei denen keine allgemeinere Regel vorhanden ist.
- Schreibweise von Konsonantenverdoppelungen.
- Umgang mit dem Wörterbuch.

Für das Training waren 32 Sitzungen über ein Schuljahr hinweg angesetzt. Der Stoff erwies sich jedoch als zu umfangreich bzw. es mussten aus Termingründen Stunden ausfallen, so dass nur die ersten sechs Komponenten realisiert und in einer Evaluationsstudie überprüft werden konnten. Es zeigte sich allerdings, dass das Training (zweimal pro Woche für etwa 45 Minuten über etwa ein halbes Jahr, in einer Gruppengröße von drei bis vier Kindern) zu einer deutlichen Reduktion der Fehler in den trainierten Bereichen führte. Die Anzahl der Groß-/Kleinschreibungsfehler etwa nahm um mehr als die Hälfte ab. Die Fehler reduzierten sich auch in den anderen Bereichen in deutlich größerem Ausmaß als bei einer nicht geförderten Kontrollgruppe. Eine Verbesserung trat natürlich bei jenen Wörtern, deren Schreibweise direkt besprochen und geübt wurde, häufiger auf als bei nicht geübten Wörtern mit den gleichen Rechtschreibmerkmalen. Diese Verbesserungen waren deutlich größer als bei Rechtschreibmerkmalen, deren Wiedergabe nicht extra geübt wurde.

Es konnte also der Nachweis erbracht werden, dass die Verbesserung nicht nur die unmittelbar geübten Wörter betraf, sondern auch auf andere Wörter mit den gleichen Rechtschreibmerkmalen generalisierte. Diese Generalisierung erfolgte jedoch nur teilweise, was wohl auch daran lag, dass die Schüler nur zum Teil merkten, ob bei einem zu schreibenden Wort eine gelernte Rechtschreibregel anwendbar war oder nicht.

### *Marburger Rechtschreibtraining von Schulte-Körne und Mathwig*

**einfache Orthographieregeln**

Das Marburger Rechtschreibtraining von Schulte-Körne und Mathwig (2001) hat zum Ziel, jenen Kindern zu helfen, die die einfachen Phonem-Graphem-Zuordnungen beherrschen, jedoch Mühe beim Behalten und der Anwendung der Orthographieregeln haben. Es werden daher zunächst sehr einfache Regeln als Gedächtnisstützen vermittelt, und den Kindern wird beigebracht, auf jene Wort- bzw. Sprachmerkmale zu achten, die in der Rechtschreibung gekennzeichnet werden. Das Programm wurde als Gruppentraining konzipiert, wobei die Trainingsmaterialien durch Spiele aufzulockern und zu ergänzen sind. Die Übungsmaterialien sind in zwölf Abschnitte gegliedert, in jedem Abschnitt wird ein unterschiedlicher, im Schwierigkeitsgrad ansteigender Bereich geübt.

Verschiedene Organisationsformen des Trainings wurden evaluiert: ein Gruppentraining in der Ambulanz einer Kinder- und Jugendpsychiatrischen Klinik (Schulte-Körne et al. 2001) und ein Training, das zu Hause von den Eltern durchgeführt wurde (Schulte-Körne et al. 1998a). In beiden Formen erwies sich das Training als effektiv.

### *Materialien zur Förderung orthographischer Kompetenzen von Faber*

**spezielle Lernbereiche**

Auch die von Faber (2001) zusammengestellten Materialien dienen dem Zweck, mit Kindern problematische Schreibweisen zu üben, wobei hier im Unterschied zum Marburger Trainingsprogramm kleinteiliger gearbeitet wird, also relativ spezielle Lernbereiche herausgegriffen werden.

Es ergeben sich jedoch Schwierigkeiten bei der gezielten Vorgabe der Übungsmaterialien, da zuerst durch eine Testung nachgewiesen werden sollte, dass die Kinder genau in diesem Bereich Probleme haben. Im Übrigen arbeiten auch diese Materialien stark mit dem Explizitmachen von „Regeln", die allerdings nur als grobe Verallgemeinerungen bezeichnet werden können, wobei durchaus auch Ausnahmen möglich sind. Ein weiterer wesentlicher Punkt ist die Vorgabe von so genannten visualisierten Lösungsalgorithmen und darauf aufbauenden Selbstinstruktionen. Evaluationen gibt es bisher nur in Form von Einzelfallstudien ohne Kontrollgruppe.

## 12.9 Förderung des Leseverständnisses

Schwierigkeiten im Leseverständnis haben in den letzten Jahren im deutschen Sprachraum immer mehr Beachtung gefunden. Es sind eine Reihe an speziellen Maßnahmen erarbeitet worden, die Kindern mit Problemen in diesem Bereich helfen können. Sie beziehen sich auf jene Aspekte, die die Leseverständnisschwierigkeiten verursachen können.

**Erweiterung des Wortschatzes**

Ein erstes Anliegen wäre etwa die Erweiterung des Wortschatzes durch expliziten Unterricht (McKeown/Curtis 1987). Auch wenn es in der Förderung nie gelingen kann, den Rückstand, den leseschwache Kinder in ihrem Wortschatz aufweisen, ganz auszugleichen, so kann doch das Wortwissen erweitert und vertieft werden. Vor allem aber ist es wichtig, die Kinder dazu anzuregen, auf die unterschiedliche Verwendung von Wörtern außerhalb des Unterrichts zu achten und damit selbst zu einer Erweiterung ihres Wortschatzes beizutragen.

**syntaktische Analyse**

Einen weiteren Bereich stellt die syntaktische Analyse dar. Die Kinder sollen lernen, einfache Sätze zu komplexeren Satzgefügen zusammenzustellen bzw. umgekehrt solche Sätze in Einzelaussagen aufzugliedern.

**aktive Textbearbeitungsstrategien**

Vor allem sollen durch die Förderung aktive Textbearbeitungsstrategien angeregt werden. Die Kinder sollen lernen, ihr Verständnis eines Textes zu überprüfen und Fragen an den Text zu stellen. Hier erscheint das Arbeiten in kleinen Gruppen günstig, in denen der Pädagoge zunächst an kurzen Textabschnitten ein bestimmtes Vorgehen demonstriert, das dann von den Kindern weitergeführt und übernommen wird. Der Pädagoge gibt dabei ständig Rückmeldung und hilft den Kindern, ihr Vorgehen zu verbessern und zu erweitern (Palincsar/ Brown 1984).

**SAIL-Programm**

Ein Programm, das im englischen Sprachraum speziell auf die Förderung schwächerer Schüler der ersten bis sechsten Schulstufe abzielt, ist das Programm „Students Achieving Indepent Learning“ (SAIL; Allington 1983). Wie bei vielen anderen handelt es sich bei diesem Programm um ein strategiebasiertes Programm, wobei die Methode in erster Linie in einer direkten Instruktion besteht. Die vermittelten Strategien sind

- Vorhersage aufgrund von bestimmten Hinweisen im Text, wie die Geschichte weitergehen wird, sowie Evaluation dieser Erwartungen,
- Frage zum Text formulieren,
- Inhalte visualisieren,
- periodische Zusammenfassungen,

- routinemäßiges Herausarbeiten der wesentlichen Teile bzw. des „Textkerns"
- Einsatz verschiedener Problemlösestrategien bei Unsicherheiten und Missverständnissen,
- Aktivierung von Hintergrundwissen.

**lautes Denken** Im Vordergrund dieses Programms steht die bewusste und interessierte Auseinandersetzung mit dem Text. Zumeist beginnt eine SAIL-Stunde damit, dass der Lehrer einen Text vorliest, wobei er den Schülern durch „lautes Denken" demonstriert, wie etwa der Text mit dem eigenen Wissen korrespondiert oder persönlichen Interessen entspricht. Der Lehrer macht Voraussagen, vermerkt Konsistenzen oder Inkonsistenzen zwischen Textstruktur, Inhalt und Erwartungen. Erst dann lädt er die Schüler ein, verschiedene dieser Strategien selber am Text auszuprobieren. Dabei kommt wiederum dem „lauten Denken" eine wesentliche Rolle zu, indem es gleichsam als Katalysator für die weitere Auseinandersetzung mit dem Text dient.

Im deutschen Sprachraum sind in den letzten Jahren zwei Programme zur Förderung des Leseverständnisses entwickelt und evaluiert worden, deren Ziel vor allem in der Vermittlung von Lesestrategien besteht. Im Rahmen des Programms „Wir werden Textdetektive" (Gold 2007; Gold et al. 2004) wird Schülern der Sekundarstufe I deklaratives Wissen über Lesestrategien (d. h. Behaltens- und Verstehensstrategien) vermittelt und die Anwendung dieser Strategien wird mit ihnen geübt. Das didaktische Vorgehen wird detailliert vorgegeben. Dies ermöglicht den Lehrpersonen die Übernahme der klaren Struktur, behindert aber die flexible Anpassung des Trainings an die spezifischen Bedürfnisse einzelner Klassen. Zusätzlich dient die erste Einheit dem Aufbau von Leistungsmotivation, indem eine möglichst realistische Einschätzung der eigenen Lernfortschritte eingeübt wird.

Die breit angelegte Evaluation des Programms zeigte Effekte auf das Wissen der Schüler um Lesestrategien, jedoch konnte kein Transfer auf das Leseverständnis der Schüler nachgewiesen werden (Gold et al. 2004).

Das zweite Programm „Leseförderung nach Kompetenzstufen" (Fischer 2008) hat die implizite Vermittlung von Lesestrategien zum Ziel. Ausgehend vom Konzept der „balanced comprehension instruction" (Duke/Pearson 2002) werden die Kinder mit Lesesituationen konfrontiert, in denen der Aufbau von Lesestrategien über implizite Vermittlung erfolgt. Für die Kinder der fünften Klassen wurden Leseniveaus festgelegt und Texte mit unterschiedlichem Schwierigkeitsgrad konzipiert, die die Schüler bearbeiten sollten. Die Art der Aufgabenstellung regt die Schüler zur Anwendung von bestimmten Lesestrategien an. Dabei handelt es sich um ein leistungsdifferenziertes Programm, das im Unterricht flexibel einsetzbar ist. Eine Evaluationsstudie zeigte bei den geförderten Schülern nach 10 Unterrichtsstunden eine deutliche Verbesserung um eine Leseverständnisstufe in einem standardisierten Test (Hamlet 3–4) (Fischer 2008).

**Komponenten von Kurzzeitinterventionen**

Die Förderung des Leseverständnisses ist bei Jugendlichen besonders wichtig, da es um das achte Jahr der Instruktion, d. h. zwischen dem sechsten und zehnten Schuljahr, ein Plateau in der Leseentwicklung gibt (Scammacca et al. 2007). Erfolgreiche Kurzzeitinterventionen mit Jugendlichen haben vor allem zwei zentrale Komponenten: Erstens die Verwendung des Advance Organizer und zweitens eine explizite Übung. Für ein besseres Verständnis ist eine Anreicherung von Inhalten nötig. Zentrale Konzepte müssen hervorgehoben werden, damit die Fakten zusammenhängen und Beziehungen zwischen den Konzepten sichtbar werden.

Explizite Übung meint, dass es bei der Vermittlung von Lernstrategien nötig ist, sie mit den Schülern intensiv zu üben, sonst wenden sie sie nicht an. Swanson und Deshler (2003) schlagen ein Vorgehen in vier Schritten vor:

- Verbale Praxis, bei der die Schüler über die Zielsetzung jeden Schritts diskutieren und jeden Schritt anwenden können.
- Kontrollierte Praxis und Feedback: Strategien auf nicht zu schwierige Materialien anwenden, damit sie den Umgang erlernen und praktizieren.
- Fortgeschrittene Praxis und Feedback: Strategien auf Materialien anwenden, die ihrer aktuellen Schulstufe entsprechen.
- Generalisierung: die Strategie auf eine breite Palette von neuen Materialien und Bedingungen anwenden.

Damit die Schüler die Strategien schrittweise anwenden lernen, ist es zudem nötig, spezielle Unterrichtsmittel zu konzipieren (Swanson/Deshler 2003).

**Effektivität**

Eine Metaanalyse der bisherigen Versuche zur Förderung des Leseverständnisses (Swanson 1999a, b), die gleichzeitig mit der Metaanalyse von Studien zur Förderung des Worterkennens durchgeführt wurde und 58 Studien identifizieren und einbeziehen konnte, ergab eine mittlere gewichtete Effektstärke von $d = 0.72$. Die Effekte waren also etwas größer als bei der Förderung des Worterkennens, was auf mehrere Faktoren zurückzuführen ist. Die Studien zur Förderung des

Leseverständnisses waren häufiger rein experimentelle Untersuchungen; es wurden meist spezielle Fördermethoden evaluiert und nicht ein umfassendes Programm. Auch die Zielgruppe waren etwas ältere Schüler (im Durchschnitt elfeinhalb gegen zehn Jahre). Die Ziele der Förderung bezogen sich in den Verständnisstudien mehr auf die Vermittlung von Strategien unter starker Einbeziehung der Eigeninitiative der Schüler und weniger auf das Einüben bestimmter Techniken durch direkten Unterricht.

**erfolgreiche Interventionen bei Lernschwierigkeiten**

In ihrer Metaanalyse von 81 Interventionsstudien zur Förderung des Leseverständnisses bei Schülern mit Lernschwierigkeiten weisen Souvignier und Antoniou (2007) darauf hin, dass jene Interventionen, die sich als besonders effektiv erwiesen haben, durch vier Merkmale gekennzeichnet sind:

- Zusammenfassen üben,
- Hauptideen von Texten identifizieren,
- Selbstüberwachung, d.h. selbstreflexives Lernen und schließlich
- die explizite Vermittlung als Unterrichtsmethode.

Wichtig ist aber auch, dass die Effekte der Studien durch die Rahmenbedingungen beeinflusst werden. So sind die Effekte von ökologisch valideren Settings grundsätzlich niedriger als jene von kontrollierten Studien, in denen die Förderung nur über einen kurzen Zeitraum, dafür aber sehr gut kontrolliert, erfolgt. Generell zeigt die Förderung höhere Effekte, wenn sie in einem sonderpädagogischen Setting stattfindet als in einer heterogen zusammengesetzten Klasse. Auch wenn die Dauer eher kürzer ist (weniger als zwölf Trainingssitzungen), aber dafür mit hoher Intensität erfolgt und wenn eine kleinere Gruppe an Schüler gefördert wird sowie bei Schülern mit spezifischen Leseschwierigkeiten sind die Effekte deutlicher. Schließlich hat die Art des Messverfahrens einen Einfluss auf die Effektstärke der Förderung. Werden die Effekte mit standardisierten Testverfahren geprüft, so sind sie meist geringer, weil anzunehmen ist, dass eine geringere inhaltliche Nähe zu den geübten Texten besteht.

Zusammengenommen könnte dies bedeuten, dass die Effekte von Fragetrainings bei der Förderung des Leseverständnisses insgesamt überschätzt werden, da diese Methode eher in gut kontrollierten Studien eingesetzt wird und daher auch besser nachgewiesen ist. Allerdings verfügen wir über Evidenz für diese Verfahren aus so unterschiedlichen Studien, dass man davon ausgehen kann, dass dies in jedem Fall ein sinnvolles Vorgehen darstellt.

Zusammenfassend bleibt als wesentlicher Punkt, dass in den letzten Jahren insgesamt ein Trend zu komplexeren Strategieprogrammen zu verzeichnen ist, deren Implementierung auch anspruchsvoller ist (Souvignier/Antoniou 2007).

## 12.10 Förderung des schriftlichen Ausdrucks

**Textstrukturwissen**

Auch hier gilt, dass diese Probleme in der derzeitigen Förderpraxis kaum Beachtung finden. Jedoch wäre eine stärkere Berücksichtigung in den höheren Klassen Grundschule sowie in der Sekundarschule unbedingt nötig. Neben einigen bereits bei der Förderung des Leseverständnisses beschriebenen Ansätzen geht es hier stärker um die Förderung des Textstrukturwissens, also des Wissens darum, wie ein Text einer bestimmten Gattung (Geschichten, argumentative Texte) aufzubauen ist. Außerdem sollte das vorausschauende Planen beim Schreiben von Texten (etwa durch das Generieren von Ideen für einen Text; Bereiter / Scardamalia 1987) ebenso geübt werden wie die Überarbeitung und die Überprüfung der Verständlichkeit. Auch hier hilft die Anregung eines inneren Dialogs über den Text den Kindern, ihren schriftlichen Ausdruck zu verbessern.

In den letzten Jahren wurden insbesondere in der Förderung der Schreibfähigkeit bei lernbehinderten Kindern Erfahrungen gesammelt. So wurde gezeigt, dass die Schüler den erwarteten Aufbau einer Geschichte besser beachten können, wenn man diesen durch Fragen aufschlüsselt, die sich die Schüler selbst über die Geschichte stellen sollen, z.B. Was möchte die Hauptfigur der Geschichte erreichen? Ähnlich lässt sich das Schreiben eines Essays bzw. eines Themenaufsatzes durch Vorgabe eines Schemas für den Aufbau (Frage, Grundannahme, unterstützende Evidenz, Folgerung) und eines konkreten Vorgehens beim Sammeln von Ideen verbessern (Graham et al. 1991; Harris / Graham 1996).

Um Schüler allmählich auf den für die Überarbeitung wichtigen inneren Dialog einzustimmen, hat sich die Übernahme der Rolle eines Editors beim Lesen eines Textes eines Mitschülers bewährt. Dies ist in den höheren Klassenstufen auch für lernschwache Schüler möglich, und mit dem Erlernen und Einüben des Hinweisens auf Unklarheiten verbessern sich mit der Zeit auch die eigenen Überarbeitungsversuche (Graham et al. 1991).

## 12.11 Erweiterung der Einsicht seitens der Kinder (= Scaffolding) als wesentlicher didaktischer Ansatz im Förderunterricht

Bei der Förderung des Leseverständnisses geht es vor allem darum, dass die Kinder selbst Einsicht in den Prozess gewinnen, der zu einem besseren Leseverständnis führt, und ihre Kenntnisse über den Aufbau bzw. die Struktur von Texten erweitern. Die Aufgabe besteht darin, dass die Kinder ihre Konzepte vertiefen, ohne überfordert zu werden. Daher muss am Wissen der Kinder angeknüpft und dieses mit ihnen schrittweise erweitert werden. Dieser Vorgang wird als „Scaffolding" bezeichnet.

Neben dem Leseverständnis ist ein solches Vorgehen auch beim Worterkennen nötig, da die Kinder auch hier Einsicht in den Aufbau der Schrift und die für das Lesen erforderlichen Strategien entwickeln müssen.

## 12.12 Organisatorische Alternativen in der Durchführung der Förderung

### 12.12.1 Förderung im schulischen Kontext: Differenzierung im Lese- und Rechtschreibunterricht

**individuellere Unterrichtsgestaltung**

Da bei Schuleintritt zwischen den Kindern große Unterschiede in den Lernvoraussetzungen bestehen, und die Kinder auch sehr heterogen in ihren Fortschritten beim Erlernen des Lesens und Schreibens sind, erscheint es als eine wichtige Anforderung an den Erstleseunterricht, diesen so differenziert wie möglich zu gestalten. Dies bedeutet, dass der Lehrer die Aufgabenstellungen und Anforderungen nach Möglichkeit den Fortschritten bzw. dem Entwicklungsstand der Kinder anpasst.

So kann etwa die Lehrerin versuchen, die Lernvoraussetzungen in der phonologischen Bewusstheit zu vertiefen und zu festigen, wenn sie merkt, dass manche Schüler hier noch größere Schwierigkeiten haben. Übungen in diesem Bereich können auch mit der ganzen Klasse durchgeführt werden; für manche Kinder wird dies ein Wiederholen von Bekanntem sein, für andere Neuland. Auch ein Zusammenfassen von Kindern, die hier noch Schwierigkeiten haben, zu einer Gruppe in manchen Unterrichtsstunden, Üben in der Kleingruppe ebenso wie paarweises Üben sind hier möglich. Des Weiteren ist es notwendig, die Geschwindigkeit der Einführung neuer Buchstaben im Erstleseunterricht an den Fortschritten der ganzen Klasse zu orientieren und dabei besonders die schwächeren Schüler im Auge zu behalten.

Die innere Differenzierung kann sowohl an den Aufgabenstellungen im lehrergeleiteten Unterricht ansetzen als auch in den freier bzw. offener gestalteten Unterrichtsphasen, wobei natürlich verschiedene Formen der Planung möglich sind. Auch die Einführung kooperativer Lernformen oder die gemeinsame Bearbeitung von Aufgaben in Partnerarbeit stellt eine Möglichkeit zur individuelleren Unterrichtsgestaltung dar. Schließlich ist ein Ausgleich der Anforderungen zu einem gewissen Teil auch über die Hausübungen möglich, die ebenfalls individualisiert werden können. Bei einer Einteilung der Klasse in Arbeitsgruppen ist jedoch besonders darauf zu achten, nach welchen Kriterien die Gruppeneinteilung erfolgt. Bei einer frühen Aufteilung des Leseunterrichts in Leistungsgruppen besteht die Gefahr, dass sich die Unterschiede zwischen den Kindern verfestigen und es nicht zu einer Angleichung, sondern zu einer Ausweitung der Leistungsunterschiede kommt.

### 12.12.2 Probleme bei der Auswahl und der Durchführung schulischer Fördermaßnahmen

Die innere Differenzierung im Unterricht wird jedoch bei einem Teil der Kinder nicht ausreichen. Kinder mit Schwierigkeiten beim Erlernen des Lesens benötigen möglichst frühzeitig, d. h. etwa ab den ersten drei Monaten Unterricht, wenn sich die Schwierigkeiten abzuzeichnen beginnen, besondere Hilfen. Um diese Hilfen anfordern und einsetzen zu können, müssen die Lehrer jedoch überprüfen und entscheiden, wer von den Schülern eine besondere Förderung benötigt. Um diese Entscheidung rechtzeitig und angemessen treffen zu können, ist daher eine sehr frühe Diagnostik notwendig.

**objektive Kriterien**

Obwohl dies schwer realisierbar erscheint, wäre eigentlich ein Screening ganzer Klassen wünschenswert. Es besteht die Gefahr, dass Lehrer aus Zeitmangel oder aufgrund organisatorischer Schwierigkeiten nur jene Kinder testen lassen oder selbst testen, bei denen sie bereits annehmen, dass sie eine Förderung benötigen. Wenn die Quote der Kinder, die getestet werden, mit den Kindern übereinstimmt oder wenig größer ist als jene der Kinder, bei denen bereits feststeht, dass eine Förderung notwendig ist, ist eine Testung eigentlich sinnlos. Auf diese Weise ist es nicht möglich, auch Risikokinder als förderbedürftig zu identifizieren, d. h. Kinder, bei de-

**Eine Untersuchung zum Legasthenikerförderkurs**

*Systematische Verzerrungen in der Auswahl der Kinder:* Im Rahmen unserer ersten Untersuchungsserie zur Organisation, Gestaltung und Effektivität der Legasthenikerförderkurse in Wien Mitte der 80er Jahre haben wir diese Verzerrungen näher analysiert (Klicpera et al. 1993a).

- Zum einen wurden Jungen weitaus häufiger den Förderkursen zugewiesen, als dies ihrem Leistungsstand im Lesen und Rechtschreiben entsprach, während Mädchen bei gleichem Leistungsstand seltener zugewiesen wurden – ein Ergebnis, das inzwischen auch in anderen Untersuchungen bestätigt wurde.
- Weiterhin konnten wir zeigen, dass linkshändige Schüler bei gleichem Leistungsstand im Lesen und Rechtschreiben öfter den Förderkursen zugewiesen wurden als rechtshändige; auch Schüler, von denen die Lehrer annahmen, dass sie beim Lesen und Schreiben häufiger Orientierungsfehler begingen (ein Urteil, das kaum Validität besaß und mit der Häufigkeit solcher Fehler bei Tests nicht übereinstimmte), wurden eher in die Förderkurse überwiesen.
- Nicht berücksichtigt wurde seitens der Lehrer auch der Leistungsstand der Klasse. Unabhängig davon wurde aus jeder Klasse eine ähnlich große Anzahl von Schülern den Förderkursen zugewiesen. Dabei befanden sich natürlich in Klassen mit einem hohen Leistungsstand nur wenige Schüler mit gravierenden Lese- und Rechtschreibschwierigkeiten, während in Klassen mit einem geringen Leistungsstand sich viele lese- und rechtschreibschwache Schüler befanden. Die Lehrer schienen daher die Förderkurse als eine Gelegenheit zu begreifen, die schwächsten Schüler in ihrer Klasse zu fördern, und nutzten dies auch dann, wenn ihre Klasse bis dahin gute Fortschritte gemacht hatte. Teilweise lag dies natürlich auch daran, dass die Lehrer zwar ein Gefühl für die Leistungsunterschiede in ihrer Klasse hatten. Aber den „objektiven" Leistungsstand ihrer Klasse konnten sie im Vergleich zu anderen Klassen bzw. dazu, welcher Leistungsstand im Allgemeinen von Schülern einer bestimmten Klassenstufe zu erwarten war, nicht sehr gut einschätzen.

Kasten 12.7

nen nur ein gewisser Verdacht auf Schwierigkeiten vorliegt. Wenn sich die Auswahl der Kinder für Fördermaßnahmen nicht an objektiven Kriterien, sondern an den Einschätzungen der Lehrer orientiert, besteht außerdem die Gefahr, dass verbreitete Vorurteile darauf Einfluss nehmen (Kasten 12.7).

All diese Fehler in der Zuteilung zu Förderkursen führten dazu, dass in der zweiten Schulstufe nur die Hälfte der Kinder, deren Leistungen im Lesen oder Rechtschreiben in Schulleistungstests unter einem Prozentrang von 15 lagen, die also sehr schwach waren, an der schulinternen Fördermaßnahme teilnahm. Umgekehrt nahmen aber auch viele Kinder an den Förderkursen teil, die nicht besonders schwach im

Lesen und Rechtschreiben waren und nicht zu den 15 % schwächsten aller untersuchten Klassen gehörten.

**Zeitplanung**

Neben der Auswahl der Kinder waren weitere organisatorische Aspekte der Förderkurse zu kritisieren. Fast ein Drittel der Unterrichtszeit fiel aus organisatorischen Gründen aus, und zwar vor allem deshalb, weil die Kinder erst einmal Zeit benötigten, bis sie zu dem Raum gelangten, in dem der Förderkurs stattfand, und bis sie ihre Arbeitsmaterialien bereitgestellt hatten.

Bei der Planung einer besonderen Förderung für Kinder mit Lese- und Rechtschreibschwierigkeiten sollte daher einmal auf die Auswahl der Schüler geachtet werden und zum anderen auf die organisatorische Gestaltung, damit die Zeit, die dafür vorgesehen ist, tatsächlich für die Förderung der Schüler verwendet werden kann.

### 12.12.3 Einbeziehung der Eltern

Viele der beschriebenen Fördermaßnahmen können auch – bei entsprechender Anleitung und Begleitung – von den Eltern durchgeführt werden. Da in der Schule für eine individuelle Zuwendung zu wenig Zeit bleibt und die Kinder kaum selbstständig lesen (Klicpera et al. 1993b; Tizard et al. 1988), müssen die Eltern helfend einspringen. Doch gerade bei Kindern mit Lese- und Rechtschreibschwierigkeiten sind die Eltern für diese zusätzliche Betreuung meist weder qualifiziert noch distanziert genug. Da diese Kinder das Lesen und Schreiben als sehr anstrengend und schwierig erleben, besteht die Gefahr, dass die Eltern zusätzlich Druck auf die Kinder ausüben, so dass diese die Freude am Lesen gänzlich verlieren (Gasteiger-Klicpera et al. 2001).

Eine kontinuierliche Beratung und Betreuung der Eltern ist daher notwendig. Diese sollte sich einerseits auf das konkrete Vorgehen beim Üben des Lesens und Schreibens beziehen, andererseits aber auch die Interaktion zwischen Eltern und Kindern während der Hausübungen thematisieren. Keinesfalls sollten die Hausübungen für Eltern und Kinder zu einer emotionalen Belastung werden. Wichtig ist vor allem, dass die Eltern gemeinsam mit den Kindern lesen und sich von ihnen vorlesen lassen. Hier können alle Vorgehensweisen, die in Kapitel 5 beschrieben wurden, zum Einsatz kommen.

### 12.12.4 Einzelförderung durch Tutoren

Ein Grundproblem in der Förderung des Lesens und Rechtschreibens besteht darin, dass eine effektive Förderung des Lesens eine Einzelbetreuung erfordert. Wenn dies allerdings durch ausgebildete Lehrer erfolgen soll, ist dies nicht leistbar. Innerhalb des Schulsystems können den Kindern nicht genügend Lehrkräfte zur Seite gestellt werden, aber auch außerhalb der Schule ist eine Einzelförderung nur dann möglich, wenn man auf nicht- oder halbprofessionelle Kräfte zurückgreift. Solche Hilfen können Eltern anderer Schüler sein oder aber Schüler höherer Klassen. Diese Tutoren benötigen freilich eine besondere Unterstützung, um sinnvoll und effektiv tätig zu sein. In den USA wurde etwa eine Reihe an Stundenbildern ausgearbeitet, die es ermöglichen, den Kindern während der Förderung eine Vielfalt an Aktivitäten zu bieten. Die Tutoren erhalten zudem eine Supervision für ihre Tätigkeit (z.B. Vadasy et al. 1997; siehe auch Kap. 4.6 und Kasten 12.8).

**Beispiel einer Förderung durch Tutoren**

Von einer sehr sinnvollen Form der Einzelförderung berichtete Juel (1996). Sie gewann eine Gruppe von Universitätsstudenten als Tutoren, die den Studienplatz vor allem wegen ihrer sportlichen Fähigkeiten bekommen hatten, überwiegend der afroamerikanischen Minderheit angehörten, aus sozial sehr benachteiligten Verhältnissen stammten und selbst als Schüler große Schwierigkeiten beim Erlernen des Lesens und Schreibens gehabt hatten. Sie führten diese Förderung im Rahmen einer Lehrveranstaltung an der Universität durch, und es bestand die Hoffnung, dass sie selbst ebenfalls von dieser Unterstützung profitieren würden. Die 30 Schüler, die in die Förderung einbezogen wurden, waren die schwächsten Leser der ersten Klassenstufe. Sie kamen aus einer Schule einer sozial sehr schwachen Gegend und viele von ihnen hatten laut Schulreifetest die erste Klasse mit sehr geringen Lernvoraussetzungen begonnen.

Das Tutoring-Programm lief über zwei Schuljahre, wobei wöchentlich zwei etwa 45-minütige Sitzungen in der Unterrichtszeit (in allen Stunden außer Rechnen und dem Großteil des Leseunterrichts) vorgesehen waren und die Tutoren jeweils nur einen Schüler betreuten. Es gab einen eigenen Raum in der Schule für die Förderung, der auch entsprechend ausgestattet war (etwa mit den Büchern zur Förderung, mit Schreibzentren für verschiedene Themen). Nach Möglichkeit wurden alle Sitzungen aufgezeichnet bzw. mit Video aufgenommen, um über die nähere Gestaltung Auskunft geben zu können. In den Sitzungen sollte die Zeit für insgesamt sieben unterschiedliche Aktivitäten genutzt werden:

*Lesen von Kinderliteratur:*
Es stand eine größere Sammlung an Büchern bekannter Kinderbuchautoren und aller Arten von Literatur zur Auswahl.

Meist sollten die Tutoren den Kindern daraus vorlesen, um deren Wortschatz zu erweitern, sie mit Geschichten vertraut zu machen und zum Lesen zu motivieren. Die Tutoren sollten nach Möglichkeit Kinderbücher wählen, die leichter dekodierbar waren, diese Bücher auch mehrmals lesen und die Kinder dabei schrittweise einbeziehen, so dass sie mit der Zeit das Lesen selbst übernahmen.

*Selbstständiges Schreiben:*
Die Kinder wurden ermutigt, sowohl ein Geschichtenbuch als auch zu verschiedenen Themen (etwa zum Thema „Transport") zu schreiben. Dafür gab es in dem Raum sowohl eine Vielfalt an Geschichten- als auch an Themenbüchern für Kinder dieser Altersstufe und ausreichend Schreibmaterial (auch attraktives Schreibmaterial wie etwa Blöcke in der Form eines Zuges oder leere Bücher mit verschiedenen Abbildungen auf dem Umschlag). Die Kinder wurden auch zum Schreiben von Nachrichten und Mitteilungen ermutigt, wobei ihnen die Tutoren halfen, die Wörter richtig zu schreiben.

*„Mein Buch":*
Hier sollte ein sich langsam entwickelndes Buch zusammengestellt werden, in das sowohl die im Klassenunterricht als auch die aus den Tutorenstunden bekannten und häufig vorkommenden Wörter eingetragen wurden. Es wurde sehr langsam vorgegangen, indem teilweise am Anfang auf einer Seite nur ein Wort, aber dies in verschiedenen Anordnungen eingetragen wurde.

*„Mein Tagebuch":*
Die Kinder wurden von ihren Tutoren ermutigt, ihnen täglich ein spezielles, wichtiges Wort zu sagen, das sie lernen wollten. Dieses Wort schrieb der Tutor in das Tagebuch, es wurde von dem Schüler kopiert und er sollte dann ein Bild dazu zeichnen, während sie über das Wort redeten. Das Kind diktierte dann eine Phrase, einen kurzen Satz oder eine Geschichte mit dem Wort. Im Lauf der Zeit wurden diese Seiten häufiger wieder aufgeschlagen und gelesen. Es gab natürlich eine Menge an Erweiterungen im Umgang mit dem Tagebuch, in das sowohl das Kind als auch der Tutor über Erlebnisse und Dinge, die sie interessierten, schreiben konnten.

*Alphabetbuch:*
Da viele Kinder in der Beherrschung des Alphabets noch nicht sicher waren, gab es für die Kinder ein mit Hilfe des Computers gedrucktes Buch. In diesem war für jeden Buchstaben eine Seite vorgesehen, auf der neben dem Buchstaben ein Schlüsselwort und ein Schlüsselbild dargestellt war, z. B. für den Buchstaben M das Wort Mond und das Bild eines Mondes. Im Lauf der Zeit hatten die Kinder Gelegenheit, auf diese Seiten noch andere Wörter, die mit dem Buchstaben begannen, zu schreiben.

*Hören, wie Wörter lauten:*
Aktivitäten zur Entwicklung der phonologischen Bewusstheit nahmen einen größeren Stellenwert ein, wobei es sowohl Bücher mit reimenden Wörtern gab als auch Aktivitäten mit entsprechenden Spielen bzw. Übungen durchgeführt wurden.

*Buchstaben-Laut-Aktivitäten:*
Um die Kenntnis der Buchstaben-Laut-Zuordnungen zu erhöhen, wurden verschiedene Übungen bzw. Spiele vorgeschlagen. Es wurde mit dem Setzkasten ebenso gearbeitet wie mit Materialien, die eine Gliederung der Wörter in kleinere Einheiten oder Buchstabengruppen mit einer

regelmäßigen Lautzuordnung ermöglichten.

Die Zusammenstellung der Übungen zu den einzelnen Stunden wurde weitgehend den Tutoren überlassen, allerdings besuchten sie begleitend ein Seminar, in dem über die Gestaltung der Stunden gesprochen und Erfahrungen ausgetauscht bzw. reflektiert wurden. Die Tutoren verpflichteten sich darüber hinaus, ein Tagebuch zu führen, in dem sie alle Aktivitäten in den Stunden vermerkten, aber auch über ihr eigenes Leben und das Leben der Schüler reflektierten. Dieses Tagebuch wurde jede Woche abgegeben, und die Leiterin der Lehrveranstaltung, die auch das Programm leitete, gab dazu Rückmeldungen. Des Weiteren sollten die Tutoren jede Woche wenigstens vier Stunden lang Bücher eigener Wahl lesen.

Es war von Anfang an klar, dass die Schüler eine sehr persönliche, sie ermutigende Unterstützung benötigten, und die Studenten waren – schon wegen ihrer eigenen Vorgeschichte – gern bereit, diese Form der Unterstützung zu geben. Aus den Videoaufzeichnungen, aber auch aus informellen Beobachtungen wurde deutlich, dass dies in allen Fällen auch realisiert wurde. Die Schüler freuten sich sehr auf die Stunden mit den Tutoren und die Studenten brachten immer wieder die gemeinsamen Erfahrungen und den gemeinsamen Hintergrund ein, um den Schülern zu zeigen, dass sie es schon schaffen würden. Sie konnten die Fortschritte der Kinder auch wahrnehmen und deren Bedeutung aus eigener Erfahrung wertschätzen.

Insgesamt machten die Schüler bis zum Ende der ersten Klasse beträchtliche Fortschritte. Sie erzielten einen durchschnittlichen Prozentrang von 41 im Leseverständnis und waren damit zwar noch etwas unter den Erwartungswerten für durchschnittliche Schüler, hatten aber die nicht geförderten Kinder, die anfangs deutlich bessere Lernvoraussetzungen aufgewiesen hatten, überholt (mittlerer Prozentrang von 16). Dennoch war klar, dass ein Teil der Schüler eine weitere Förderung in der zweiten Klasse benötigen würde, und dies war auch möglich. Wenn nun die weitere Entwicklung jener, die auch in der zweiten Klasse gefördert worden waren, mit den in dieser Klassenstufe nicht geförderten Schülern verglichen wurde, so zeigte sich, dass alle geförderten Kinder im zweiten Jahr entweder ihren bereits hohen Leistungsstand halten oder ihn – wenn er noch nicht so hoch war – weiter steigern konnten. Dagegen fielen die nicht geförderten Kinder entweder noch weiter zurück oder konnten den ursprünglich guten Leistungsstand nicht halten. Für die Schüler aus sozial benachteiligten Verhältnissen erwies sich also eine länger anhaltende individuelle Förderung über das normale schulische Angebot hinaus als absolute Notwendigkeit, um die erwarteten schulischen Fortschritte zu erzielen.

Bei der Auswertung der Untersuchungsergebnisse fiel auf, dass es in der geförderten Gruppe eine große Bandbreite an Fortschritten gab. Die Annahme lag nahe, diese Unterschiede auf die Gestaltung der Förderstunden zurückzuführen. Deshalb wurde die Gruppe in Schüler unterteilt, die überdurchschnittliche und unterdurchschnittliche Fortschritte gemacht hatten, und die Gestaltung der Förderstunden, die ja fortlaufend dokumentiert worden waren, wurde verglichen. Es zeigte sich, dass vier Arten von Aktivitäten zwischen den Gruppen differenzierten: das Ausmaß an Wiederholungen im Lesen derselben Wörter bzw. Wortgruppen, das Ausmaß an direktem Unterricht über die Graphem-Phonem-Zuordnungen in Wörtern, die

Häufigkeit behutsamer Weiterent-wicklung von Einsicht (= scaffolding) durch den Tutor beim Bemühen um das Erlesen bzw. Schreiben von Wörtern und schließlich die Häufigkeit des Vormachens durch den Tutor beim Erlesen und Schreiben unbekannter Wörter.

Neben den Fortschritten der Schüler sollen auch die positiven Auswirkungen dieses Programms auf die Tutoren hervorgehoben werden, die in den zwei Jahren sowohl ihr eigenes Leistungs- und Studierverhalten sowie ihre Selbstsicherheit verbessert als auch große Fortschritte in ihrem passiven Wortschatz sowie im Leseverständnis gemacht hatten.

Kasten 12.8

*Variante: Paarweises Üben des Lesens und Rechtschreibens*

Neben der Einführung von Tutoren zum Üben des Lesens und Schreibens wurden im angloamerikanischen Bereich auch umfangreichere Erfahrungen mit dem paarweise Üben des Lesens und Rechtschreibens gesammelt. Hier übernimmt nicht einer ständig die Rolle des Tutors, sondern es ist ein Wechsel in dieser Rolle vorgesehen. Auch hier benötigen die Kinder eine Vorbereitung auf die Aufgabe, die ständige Aufsicht, Ermutigung und Rückmeldung der Lehrer, damit sich nicht unbemerkt ein fehlerhaftes Verhalten einschleicht.

## 12.13 Behandlung von Teilleistungsschwächen

**Teilleistungskonzept**

Unserer Überzeugung nach ist der Kern der Legastheniebehandlung eine Vertiefung, Ergänzung und Ausweitung des Erstlese- und Schreibunterrichts. Wir stehen Bemühungen recht zurückhaltend gegenüber, die der Arbeit an der Schrift eine Behandlung anderer, als grundlegend angesehener, Teilleistungsschwächen vorschieben wollen. Die einzige Ausnahme, die wir hier machen, sind Übungen zur Erhöhung der Sensibilität für die phonologischen Merkmale der Sprache, wenn die Kinder anhaltende Schwierigkeiten bei der Graphem-Phonem-Rekodierung haben. Es sind unserer Meinung nach gerade die vielfältigen ergänzenden Übungen, die geplagten Eltern, aber auch Lehrern das Blaue vom Himmel versprechen, aber zumeist kaum Evidenz dafür vorlegen, dass die angepriesenen Maßnahmen zu Fortschritten bei den Kindern führen.

**Behandlung von Schwierigkeiten der Raum-Lage-Labilität, bei der Steuerung der Blickbewegungen etc.:** Traditionell wird im Rahmen der Legasthenikerbehandlung ein relativ großer Teil der Bemühungen darauf gerichtet, Wahrnehmungsstörungen bzw. visuomotorische Probleme zu behandeln – aber auch andere Schwierigkeiten, die zwar nicht unmittelbar den Lese- und Schreibprozess betreffen, von denen aber angenommen wird, dass sie ursächlich an den Lese- und Rechtschreibschwierigkeiten beteiligt sein könnten. Wir haben uns bereits im Kapitel über die Ursachen von Lese- und Rechtschreibschwierigkeiten kritisch mit diesen Annahmen auseinander gesetzt. Die bisher vorliegende Evidenz, dass diese Behandlungsformen zu einer deutlichen Verbesserung der Schwierigkeiten im Lesen und Schreiben beitragen, ist äußerst gering.

In einer eigenen Evaluation der Legasthenikerbetreuung in Wien, bei der die Unterrichtsaktivitäten in den Förderkursen beobachtet wurden, konnten wir zeigen, dass in Förderkursen, in denen die Kinder größere Fortschritte erzielten, mehr Zeit für das Üben des Lesens und Rechtschreibens und weniger Zeit für andere Übungen aufgewendet wurde (Klicpera et al. 1993a). Diese Übungen an Teilleistungen, wie etwa Übungen zur Verbesserung der Raum-Lage-Labilität, haben weder etwas mit dem Lesen und Rechtschreiben zu tun, noch verfolgen sie das Ziel, die Motivation der Kinder zu fördern und spielerisch zum Lesen anzuregen. In Kursen, in denen kurz- und längerfristig keine bzw. wenig Fortschritte erzielt wurden, war es genau umgekehrt – hier wurde relativ viel Zeit für solche Übungen angesetzt.

Generell dürfte Skepsis in Bezug auf Fördermaßnahmen angebracht sein, die nicht direkt an der Vermittlung von Lese- und Schreibfertigkeiten bzw. am Üben des Lesens und Schreibens ansetzen, sondern andere Teilleistungsfunktionen fördern wollen, die dem Lesen und Schreiben zugrunde liegen sollen. Für visuomotorische Übungen wurde der mangelnde Erfolg bereits von Scheerer-Neumann (1979) betont.

**Weitere, an mutmaßlichen Ursachen ansetzende Fördermaßnahmen:** Die Annahme von übergreifenden Funktionsdefiziten wirft natürlich die Frage auf, ob diese Defizite durch bestimmte Maßnahmen überwunden werden können. Gerade bei den visuellen Wahrnehmungsdefiziten sind dazu jeweils spezielle Maßnahmen vorgeschlagen worden. Sie betreffen

- das zeitweise Verdecken eines Auges, um die Ausbildung eines stabilen Referenzauges zu fördern,
- die Anpassung von durchsichtigen Folien an die individuellen Vorlieben und im Weiteren von gefärbten Gläsern, um zu einer Einschränkung der Kontraste zu gelangen,
- die Einschränkung der parafovealen Sicht während der Beschäftigung mit Tätigkeiten, die die Unterscheidung von visuellen Details erfordern.

Viele dieser Maßnahmen sind in ihren Auswirkungen wenig erprobt (Evans 1997), daher scheint größere Zurückhaltung geboten.

Noch mehr Skepsis ist angebracht bei Therapieangeboten, die als Modeerscheinung im pädagogisch-therapeutischen Bereich auftauchen und mit abenteuerlichen Versprechungen locken. Meist können ihre Vertreter weder einen überzeugenden Beleg für ihr theoretisches Konzept beibringen, noch können sie eine fundierte Diagnostik durchführen oder die Wirksamkeit der Intervention belegen. Dies gilt etwa für kinesiologische Übungsverfahren, für Verfahren zur Schulung der akustischen Ordnungsschwelle, das neurolinguistische Programmieren, die Davis-Methode (Zangerle 2000). Kontrollierte Untersuchungen – soweit solche überhaupt vorliegen – deuten darauf hin, dass diese Fördermethoden weder ihre eigenen Ziele erreichen, noch zu einer Verbesserung der Schüler im Lesen und Rechtschreiben beitragen (z.B. Klicpera / Gasteiger-Klicpera 1996). Auch Landerl und ihr Team (Huemer et al. 2016) kommen in ihrer Überblicksarbeit zu deutschsprachigen Programmen zu dem Schluss, dass die Programme zur Förderung von sogenannten „Teilleistungsschwächen" keine Effekte auf das Lesen zeigen, ebenso wie Computerprogramme, die vorgeben, die Lesefähigkeiten von Kindern zu fördern.

**Überblick zu den deutschsprachigen LRS-Programmen**

Die deutschsprachigen LRS-Förderprogramme haben Ise und Kollegen (2012) zusammengefasst. In die Metaanalyse gingen 28 Evaluationsstudien und 45 Vergleiche zwischen Experimental- und Kontrollgruppe ein. Es wurden nur Studien einbezogen, deren Teilnehmer einen PR unter 50 im Lesen und/oder Rechtschreiben aufwiesen.

Die Ergebnisse zeigen, dass LRS-Programme zu einer deutlichen Verbesserung der Rechtschreibleistung führten. Deutlich geringer waren die Effekte auf die Leseleistung. Auch wurde deutlich, dass symptomspezifische Förderansätze wirkungsvoller sind als Funktions- oder Wahrnehmungstrainings. Schließlich erwies sich ein Training in phonologischer Bewusstheit zusätzlich zum Erstleseunterricht als nicht wirksam.

Im Hinblick auf die Rahmenbedingungen war die Wirksamkeit von LRS-Förderprogrammen durch Dauer und Umfang der Förderung beeinflusst. Eine längere und intensivere Förderung hatte einen größeren Effekt. Kein Unterschied zeigte sich jedoch je nachdem, ob die Förderung in einem Einzel- oder Gruppensetting stattfand. Zudem war die Frage, wer die Intervention durchführte, von Bedeutung für den Effekt der Förderung. Führten Lehrkräfte die Intervention durch, zeigte sich ein Erfolg im Lesen und Schreiben. Führte der Interventionsleiter die Förderung durch, war zudem ein Erfolg im Rechtschreiben nachweisbar. Auch erreichten Lehrkräfte

bessere Effekte als eine computerbasierte Förderung und die Effektstärken der Studien, in denen Verstärker (Token) eingesetzt wurden, waren deutlich größer.
Auch hier erwies sich das verwendete Maß als entscheidender Faktor. Wenn in den Studien Rohwerte angegeben wurden, waren die Effekte größer als bei standardisierten Werten. Dies erklären die Autoren zum einen damit, dass die Rohwerte zum Teil deshalb berichtet wurden, weil es sich um selbst konstruierte Instrumente handelte, die näher an den geförderten Fähigkeiten waren und diese besser abbildeten. Zum anderen differenzieren Rohwerte häufig im unteren Bereich besser, wohingegen normierte Verfahren häufig nicht ausreichend im unteren Bereich unterscheiden. Dadurch können Verbesserungen von Leistungen schwacher Schüler auch deutlicher dargestellt werden (Ise et al. 2012).
Insgesamt muss an dieser Analyse kritisch gesehen werden, dass auch Studien einbezogen wurden, in denen Schüler gefördert wurden, deren Lese- und/oder Rechtschreibleistungen unter einem PR von 50 % lagen. Dies stellt jedoch eigentlich nicht die Zielgruppe der Schüler mit LRS dar. Die Aussagekraft für Schüler mit LRS, die eigentlich zu den untersten 15 % an Schülern zählen, ist daher kaum gegeben. Da jedoch die Anzahl an publizierten Studien insgesamt gering ist, konnten die Autoren nicht ein so stark einschränkendes Kriterium anwenden (Ise et al. 2012).

Kasten 12.9

## 12.14 Therapieplanung und Berücksichtigung der Stärken und Schwächen jedes Schülers

Jede Therapie erfordert ein individuelles Eingehen auf die Schwierigkeiten der Kinder, eine Planung, die sowohl die Stärken als auch die Schwächen berücksichtigt. Dies bedeutet in erster Linie eine genaue Analyse der Ausgangslage im Leistungsbereich sowie eine Registrierung der Fortschritte, um darauf das Vorgehen in der Leistungsförderung aufzubauen. Es müssen aber sicher auch die Motivationslage und das Selbstkonzept der Schüler sowie die Sichtweise der Eltern einbezogen werden.

Vor allem wenn man mit älteren Schülern arbeitet, wie dies Betz und Breuninger (1998) in ihrem „Standardprogramm" vor Augen haben, ist es wichtig, mit den Eltern gemeinsam zu erarbeiten, wie sie ihr lese- und rechtschreibschwaches Kind von dem Gefühl, ein Versager zu sein, und von dem Widerwillen gegen das Lesen und Schreiben entlasten und immer wieder motivieren können. Aus heutiger Sicht ist maches an den Erklärungsangeboten für die Eltern falsch und irreführend. Das Vorgehen, nämlich eine Arbeit mit den Eltern, begleitend zu den Bemühungen um eine Förderung der Kinder, halten wir aber für richtig und sinnvoll.

## 12.15 Zusammenfassung

Heute wird zu Recht besonderer Nachdruck auf möglichst frühe Interventionen bei Kindern mit drohenden Lese- und Rechtschreibschwierigkeiten gelegt. Die bisherigen Erfahrungen zeigen auch, dass es recht erfolgreich ist, bereits vor dem Schulbeginn jene Schüler zu identifizieren, die wegen eines Rückstand in der phonologischen Bewusstheit Probleme beim Erlernen des Lesens und Rechtschreibens haben könnten. Es ist wohl günstiger, diese Kinder bereits im Kindergarten zu fördern als zu warten, bis die Kinder in die erste Klasse kommen, um dann parallel zum Leseunterricht jene Entwicklungsschritte nachzuholen, die der Rest der Klasse schon gemeistert hat. Hier besteht insbesondere eine Chance für jene Kinder, die aus unterschiedlichen Gründen Probleme haben, sich der Struktur der Sprache bewusst zu werden (sei es, dass in der Familie Schwierigkeiten beim Lesen und Rechtschreiben bereits häufiger aufgetreten sind oder dass die Kinder wegen Sprachentwicklungsproblemen aufgefallen sind).

Eine weitere Möglichkeit einer frühzeitigen Intervention ergibt sich während des Erstleseunterrichts. Ein großer Teil der Kinder, denen bereits die ersten Schritte beim Lesenlernen Schwierigkeiten bereiten, behält diese Schwierigkeiten auch längerfristig bei. Mit einer frühzeitigen Intervention dürfte man nach den bisherigen Erfahrungen – überwiegend aus dem englischsprachigen Raum – eher die Chance haben, einen anfänglichen Entwicklungsrückstand auszugleichen und die Kinder an den Rest der Klasse heranzuführen.

Bei Kindern, die auf solche frühen Interventionen nicht ausreichend ansprechen, muss man ein intensiveres Training zur Identifikation der Phoneme und zur Förderung des phonologischen Rekodierens ansetzen, wobei auch die Förderung der Gliederung der Wörter in größere Teile, wie etwa Silben, sinnvoll sein kann. Im englischen Sprachraum wurde gezeigt, dass hierbei auch das Üben mit Hilfe von Sprachrückmeldung durch den Computer eine sinnvolle Ergänzung sein kann. Allerdings braucht es dazu eine regelmäßige Begleitung durch Lehrkräfte bzw. Psychologen, damit die Schüler die dann zur Verfügung stehenden Hilfen auch entsprechend einsetzen. Die wichtigsten deutschsprachigen Programme wurden zum Üben des phonologischen Rekodierens bzw. des lautgetreuen Lesens entwickelt.

Einen wesentlichen, im deutschen Sprachraum bisher eher vernachlässigten Bereich stellen die Übungen zur Erhöhung der Lesegeschwindigkeit dar. Diesbezüglich wurden mit verschiedenen Übungsmöglichkeiten Erfahrungen erzielt. Was die Förderung des Leseverständnisses und des schriftlichen Ausdrucks betrifft, muss betont werden, dass in diesen, im Deutschen zumeist vernachlässigten Bereichen durch spezielle Fördermaßnahmen recht eindrucksvolle Fortschritte erzielt werden können. Zur Rechtschreibförderung gibt es im deutschsprachigen Raum hingegen eine ganze Reihe von Programmen. Sie sind unterschiedlich gut evaluiert und haben sich zum Teil auch als effizient erwiesen.

Die – zumindest in Österreich – nach wie vor dominierende kursmäßige Förderung in kleinen Gruppen außerhalb des Unterrichts hat, wie deutlich gemacht werden sollte, eine Reihe an Nachteilen. Eine Alternative stellt die Betreuung der Kinder durch Tutoren dar, wobei auch positive Erfahrungen mit erwachsenen Freiwilligen gemacht wurden.

## 12.16 Übungsfragen

1. Was legen die bisherigen Erfahrungen mit der Förderung der phonologischen Bewusstheit im Vorschulalter nahe und wie müsste eine solche Förderung aussehen?

2. Charakterisieren Sie kurz die wesentlichen Merkmale und den Inhalt des „Reading Recovery"-Programms im angloamerikanischen Sprachraum.

3. Welche Möglichkeiten gibt es zur intensiven Förderung der Phonemidentifikation bei sehr schwachen Lesern?

4. Welche alternativen Förderschwerpunkte gibt es beim Training des Worterkennens?

5. Nennen Sie einige deutschsprachige Programme zur Förderung des phonologischen Rekodierens!

6. Wie sollte man bei Bemühungen um eine Erhöhung der Lesegeschwindigkeit vorgehen?

7. Welche Effekte erzielen Programme zur Förderung des Worterkennens und von welchen Faktoren hängt das Ausmaß an Effektivität ab?

8. Welche Übungsformen im Rechtschreibunterricht sind zu empfehlen?

9. Stellen Sie die wesentlichen Komponenten des Therapieprogramms von Carroll et al. (2011) dar!

10. In welchen Bereichen der Rechtschreibung versuchen regelgeleitete Trainingsprogramme Hilfen anzubieten?

11. Welche Bereiche stehen bei der Förderung des Leseverständnisses im Vordergrund?

12. Welche Probleme bestehen bei der Auswahl zu schulischen Fördermaßnahmen und welche Lösungsmöglichkeiten sehen Sie dafür?

13. Was ist bei der Einbeziehung der Eltern in Fördermaßnahmen zu beachten?

14. Welche Rolle können Tutoren bei der Förderung des Lesens und Schreibens spielen?

# Schlusswort

In den letzten 20 Jahren hat die wissenschaftliche Auseinandersetzung mit der Entwicklung des Lesens und Schreibens sowie mit Lese- und Rechtschreibschwierigkeiten einen rasanten Aufschwung erlebt. Dieser Aufschwung ging vom englischsprachigen Raum aus und ist dort immer noch um vieles stärker ausgeprägt als im deutschen Sprachraum. Allerdings gibt es mittlerweile auch im deutschen Sprachraum mehrere Forschergruppen, von denen laufend neue Einsichten in Teilaspekte des Lesens und Schreibens gewonnen werden.

In der Wissenschaft sind mehrere Disziplinen mit diesem Themenbereich befasst: Sprach- und Kommunikationswissenschaftler ebenso wie Psychologen, Pädagogen und Mediziner. Daher erschien es uns notwendig, in dem vorliegenden Buch die Modelle und Ergebnisse der verschiedenen Disziplinen darzustellen, zu integrieren und für die Praxis der Intervention bei Kindern mit Lese- und Schreibschwierigkeiten fruchtbar zu machen.

Dabei gehen wir von einem recht weiten Verständnis von Lese- und Rechtschreibschwierigkeiten aus. Wie in diesem Begriff angedeutet, sprechen wir nicht nur von Schwierigkeiten im Worterkennen, also dem Lesen im engeren Sinn, und im Rechtschreiben als seinem Gegenstück, sondern haben auch Schwierigkeiten beim Leseverständnis und schriftlichen Ausdruck ebenso einbezogen wie Schreibschwierigkeiten im engeren, wörtlichen Sinn, nämlich bei der motorischen Ausführung des Schreibakts. In all diesen Bereichen haben sich neue Entwicklungen ereignet, die wir in diesem Buch darstellen wollten.

In den letzten Jahren wurden verschiedene psychologische Modelle über den Prozess des Worterkennens, des verständnisvollen Lesens und des Schreibens entwickelt und daraus Vorstellungen abgeleitet, wie sich das Lesen bei Kindern ohne bzw. mit Schwierigkeiten entwickelt. Wir haben zunächst versucht, einen Überblick über die wichtigsten Entwicklungslinien beim Erlernen des Lesens und Schreibens zu geben. Dies betrifft einerseits das phonologische Rekodieren und den Aufbau bzw. in weiterer Folge den direkten Abruf von Informationen aus einem speziellen schriftsprachlichen Lexikon sowie schließlich die Formung kleinerer Einheiten auf Subwortebene. Aufbauend auf den bereits vor einiger Zeit vorgestellten Modellen von Ehri und Frith haben wir dann diese Tendenzen in einem umfassenderen Modell integriert.

Die Kenntnis dieser Modelle erlaubt ein besseres Verständnis für den Lernvorgang und eine bewusstere Planung des Lese- und Schreibunterrichts, aber auch der Intervention bei Schwierigkeiten des Lesens und Schreibens.

Hervorzuheben ist, dass im Regelfall die Entwicklung des Worterkennens, des Rechtschreibens, aber auch der beiden anderen Dimensionen in mehreren Linien und auf mehreren Ebenen parallel vor sich geht und dass es einen ständigen Austausch zwischen diesen Entwicklungen gibt.

Wesentlicher Bestandteil der neueren Modelle ist die Annahme, dass wichtige Entwicklungslinien beim Erlernen des Lesens und Schreibens auf einer bewussteren Erfassung der Strukturen der Sprache beruhen. Die phonologische Bewusstheit bildet sich im Zusammenhang mit der Entwicklung des phonologischen Rekodierens beim Lesen und Schreiben und in gewisser Weise auf diesem aufbauend heraus.

Wir wollten zunächst die Erkenntnisse der Forschung über die normale Entwicklung und ihren Endzustand beim reifen Leser darstellen. Dabei sollte unterstrichen werden, dass es unterschiedliche Zugangs- bzw. Lernwege beim Erwerb des Lesens und Schreibens gibt und dass diese Lernwege zu einem beträchtlichen Teil durch den Unterricht angestoßen und gefördert werden. Obwohl im Deutschen die Entwicklung des phonologischen Rekodierens bzw. des sequenziellen Erlesens aufgrund von Buchstaben-Laut- bzw. von Graphem-Phonem-Zuordnungen sehr erleichtert wird, kann auch hier die Entwicklung – ähnlich wie dies im Englischen häufiger und für längere Zeit der Fall ist – durch einen Unterricht, der das phonologische Rekodieren nicht besonders betont, gestört werden. Die Kinder begeben sich auf einen Nebenweg, da sie sich stärker als sonst auf das „ganzheitliche" bzw. direkte Worterkennen stützen. Allerdings verlassen sie diesen Nebenweg meist nach einiger Zeit wieder.

Bei Schülern mit Lese- und Rechtschreibschwierigkeiten lassen sich von Anfang an Schwächen in mehreren Entwicklungslinien, die zum reifen und selbstständigen Lesen und Schreiben hinführen sollen, feststellen. Neben Schwierigkeiten beim Behalten bereits gelesener Wörter und damit beim Einspeichern und Abrufen von Wörtern im schriftsprachlichen Lexikon ist vor allem das phonologische Rekodieren beeinträchtigt. Dies zeigt sich in besonders großen Anfangsschwierigkeiten beim Lesen von unbekannten Wörtern, während bekannte Wörter deutlich besser gelesen werden können. Diese Schwierigkeiten bessern sich im Lauf der Zeit, es bleiben jedoch vor allem in der Geläufigkeit, mit der wenig vertraute Wörter gelesen werden können, deutliche Probleme bestehen.

Neben der Geläufigkeit des Lesens sind bei der Mehrzahl der Kinder, die Mühe bei der Aneignung der Schriftsprache haben, auch große Schwierigkeiten beim Erlernen des Rechtschreibens bis in die höheren Klassen festzustellen. Auch wenn ihre Schreibweise lautgetreu und damit verstehbar wird, so sind doch die vielen Verstöße gegen die orthographischen Konventionen auffallend. Ein Teil der Kinder hat neben diesen Schwierigkeiten in den Grundfertigkeiten des Worterkennens bzw. mündlichen Lesens und Rechtschreibens auch Probleme beim Leseverständnis und beim freien Schreiben, d.h. bei der Aufgabe, sich schriftlich auszudrücken.

Die Schwierigkeiten der Kinder im schriftsprachlichen Bereich sind sehr heterogen. Nicht nur Abstufungen im Schweregrad sind zu beobachten, unterschiedlich ist auch die Ausprägung der Schwierigkeiten in den einzelnen Teilbereichen. Es ist zu vermuten, dass diese Heterogenität auch damit zusammenhängt, dass an der Entstehung der Schwierigkeiten eine Vielzahl an Faktoren beteiligt ist. Auch hier hat unser Verständnis durch die Untersuchungen der letzten beiden Jahrzehnte große Fortschritte gemacht.

Wir sehen heute, dass es sich bei der Entstehung von Lese- und Rechtschreibschwierigkeiten um einen Prozess handelt, in den sowohl die individuellen Lernvoraussetzungen als auch die Umgebung und die Förderung, die die Kinder in der Schule bzw. zu Hause erhalten, eingehen. Dabei ist von einer wechselseitigen Einflussnahme auszugehen. Besonders eindrucksvoll erscheinen aus heutiger Sicht die Fortschritte im Verständnis für die biologischen Grundlagen der Lese- und Schreibschwierigkeiten.

Der Beitrag der Vererbung für das Auftreten der Lernprobleme ist in den letzten Jahren deutlich sichtbarer geworden. Es besteht die Hoffnung, dass es in fernerer Zukunft möglich sein wird, das Risiko für Lese- und Rechtschreibschwierigkeiten mit einem objektiven genetischen Test zu bestimmen. Bisherige Untersuchungen weisen darauf hin, dass ein größerer Teil dieser Risikokinder früh auffällig wird. Hier ergeben sich Chancen für eine gezielte Prävention von Lese- und Rechtschreibschwierigkeiten.

Auch an die weiteren Untersuchungen der neurophysiologischen Grundlagen des Worterkennens bei leseschwachen Kindern knüpfen sich Hoffnungen. Die Messung der hirnphysiologischen Aktivitäten während des Lesens bzw. speziellerer Aufgaben könnte es in Zukunft erlauben, die Funktionsweise verschiedener Teilprozesse beim Lesen und Schreiben differenzierter zu beurteilen und damit auch einen Beitrag für die Planung und die Beurteilung der Fortschritte in der Förderung zu leisten.

Eine Vielzahl an diagnostischen Methoden wurde inzwischen entwickelt, die eine differenzierte Darstellung des Entwicklungsstands im Lesen und Schreiben und damit eine rationale Planung der Interventionsmaßnahmen ermöglichen sollte. Die breitere Anwendung dieser diagnostischen Methoden sollte im Weiteren zu Fortschritten in der Individualisierung der Förderung führen.

In dem Gesamtgebiet der Legasthenieforschung ist die Intervention bei Lese- und Schreibschwierigkeiten immer noch ein relativ vernachlässigter Bereich. Jedoch haben sich auch hier wesentliche Fortschritte ergeben, die in Richtungen gehen, die bisher eher vernachlässigt wurden. Ein besonderer Akzent wurde auf die Frühförderung und die Prävention von Lese- und Schreibschwierigkeiten in der Vorschulzeit bzw. in den ersten Phasen des Erstleseunterrichts gesetzt. Bei frühzeitiger Förderung besteht die Chance, die Lernvoraussetzungen eines größeren Teils der schwächeren Schüler so weit zu verbessern, dass sie die ersten Schritte des Lesen- und Schreibenlernens meistern können.

Man muss die Kinder in den Anfangsphasen unterstützen und darf nicht zulassen, dass sie beim Lesen ernsthaft zurückbleiben. Wenn Kinder einmal zurückgeblieben sind, dann müssen wesentlich größere Anstrengungen unternommen werden, um ihnen das phonologische Rekodieren zu erleichtern, aber auch um ihre Lesegeschwindigkeit zu steigern. Es ist auch klarer geworden, dass dies kein leichter Weg ist, sondern intensiver Formen von Unterstützung braucht, damit die Kinder Fortschritte beim Lesenlernen machen.

Viele Kinder benötigen aber auch eine zusätzliche Unterstützung und besondere Förderung beim Leseverständnis und beim schriftlichen Ausdruck. In diesem Bereich haben die Untersuchungen zur Evaluation von Fördermaßnahmen besonders große Effekte von Förderbemühungen festgestellt.

Um merkbare Fortschritte zu erzielen, ist bei einem Teil der Kinder eine Einzelbetreuung unbedingt nötig. Um dies zu ermöglichen, brauchen wir andere Organisationsformen als die schulische Förderung im Kurssystem. Vor allem der Einsatz von Tutoren, aber auch die Kooperation unter den Schülern könnte hier zusätzliche Ressourcen erschließen.

Insgesamt hoffen wir, dass wir den Lesern dieses Buches Mut gemacht haben, sich mit den großen Fortschritten der letzten beiden Jahrzehnte im Verständnis der Schwierigkeiten lese- und schreibschwacher Kinder auseinander zu setzen. Hier lassen sich viele neue Wege entdecken, wie Kindern beim Lesen- und Schreibenlernen besser geholfen werden kann – und daher mag sich die Anstrengung lohnen.

# Glossar

**Agraphie:** große Schwierigkeiten bis zur Unfähigkeit des Schreibens und/oder Rechtschreibens aufgrund einer Hirnschädigung.

**Alexie:** große Schwierigkeiten bis zur Unfähigkeit des Lesens aufgrund einer Hirnschädigung.

**Algorithmen:** Folge von Arbeitsschritten, die – hintereinander ausgeführt – eine Aufgabe lösen.

**Alliteration:** Stabreim.

**Alphabetische Phase:** Phase des Lesenlernens, in der die Kinder den Buchstaben die zugehörigen Laute zuordnen und dadurch Wörter sequenziell erlesen können, aber in der sie über wenig wortspezifisches Wissen verfügen und größere Einheiten auf der Subwortebene kaum zum Lesen verwenden.

**Aphasie:** Sprachschwierigkeiten aufgrund einer Schädigung des Gehirns.

**Benennungsgeschwindigkeit:** Geschwindigkeit, mit der Reihen von Zahlen, Farben, Gegenständen und Buchstaben benannt werden können.

**Bottom-up-Prozess:** Prozess der Wahrnehmungsverarbeitung von den unteren Ebenen der Wahrnehmung nach oben zu höheren geistigen Prozessen.

**Chorlesen:** gemeinsames lautes Lesen eines Textes durch eine Gruppe von Schülern.

**Corpus callosum:** Brücke, Hauptfaserverbindung zwischen linker und rechter Hemisphäre (Gehirnhälfte).

**Doppelte-Defizit-Hypothese:** Hypothese, dass im Wesentlichen zwei voneinander unabhängige Schwierigkeiten bzw. Defizite für die Lese- und Rechtschreibschwierigkeiten verantwortlich sind: Defizite in der phonologischen Bewusstheit und in der Benennungsgeschwindigkeit.

**Dual-route cascaded model:** Beispiel einer Zwei-Wege-Theorie.

**Dual-route-theory:** Zwei-Wege-Theorie. Hier wird angenommen, dass beim Worterkennen zwei Zugänge parallel verwendet werden: ein direkter Zugang, bei dem die Buchstaben- bzw. Graphemfolge direkt einen entsprechenden Eintrag im inneren orthographischen Lexikon aktiviert und über diesen die Aussprache des Wortes zugänglich wird, und ein indirekter Zugang, bei dem der Graphemfolge über Graphem-Phonem-Zuordnungsregeln Phoneme zugeordnet werden, die eine Aussprache des Wortes und das Wiedererkennen ermöglichen.

**Echolesen:** Ein Lehrer bzw. ein kompetenter Leser lesen ein Stück vor, und das Kind spricht den Text nach.

**Epidemiologie:** Bestimmung der Häufigkeit einer Störung in der Normalbevölkerung bzw. in der entsprechenden Altersgruppe.

**Evozierte Potenziale:** die über viele Einzelreaktionen gemittelte durchschnittliche Reaktion des Oberflächenhirnstrombildes auf Reize oder gestellte Aufgaben.

**Familienliteralität:** Bezug zu und Stellenwert der Schriftsprache und schriftlicher Medien in einer Familie.

**Flexion:** Beugung eines Wortes (etwa Bildung von Zeiten).

**Ganzheitlicher Erstleseunterricht:** Erstleseunterricht, bei dem es zu einem größeren Teil den Kindern selbst überlassen bleibt, die Regelmäßigkeit der Zuordnung zwischen Graphemen und Phonemen zu entdecken und zu üben, und bei dem diese Zuordnungen in erster Linie für größere Einheiten vorgestellt werden, d. h. auf der Wort bzw. Satzebene.

**Grapheme:** Buchstaben oder Buchstabengruppen, denen ein Phonem zugeordnet ist.

**Graphem-Phonem-Korrespondenzen:** Buchstaben-Laut-Zuordnungen.

**Graphem-Phonem-Korrespondenzregeln:** Regeln der Buchstaben-Laut-Zuordnungen.

**Heredität:** Erblichkeit, zumeist berechnet über die Differenz in der Konkordanz (dem gemeinsamen Auftreten) einer Störung bei ein- und zweieiigen Zwillingen.

**Hörverständnis:** mündliches Sprachverständnis, Verständnis für gehörte (vorgelesene und erzählte) Texte.

**Hyperlexie:** unerwartet gute Lesefähigkeit in Diskrepanz zu den sonstigen Leistungen.

**Inferenzen:** Informationen, die nicht explizit in einem Text vorhanden sind, werden erschlossen.

**Invented spelling:** selbst erfundenes Rechtschreiben.

**Intelligenzdiskrepante Lese- (und Rechtschreib-) Schwierigkeiten:** Bezeichnung jener Lese- bzw. Rechtschreibschwierigkeiten, die mit einer wenigstens durchschnittlichen Intelligenz verbunden sind und bei denen die Intelligenz daher deutlich höher als die Lese- und Rechtschreibfähigkeit ist (s. a. Legasthenie).

**Komorbidität:** gemeinsames Auftreten verschiedener psychischer oder Entwicklungsstörungen.

**Konnektionistische Modelle:** Netzwerkmodelle.

**Korrelation:** Koppelung zwischen zwei Merkmalen. Die Korrelation schwankt zwischen minus und plus 1, wobei Null keinen Zusammenhang und höhere positive Werte einen positiven, negative Werte einen negativen Zusammenhang bezeichnen.

**Lautgebärden:** Gebärden (zumeist der Hände), die auf Merkmale der Buchstaben bzw. der den Buchstaben zugeordneten Laute aufmerksam machen sollen.

**Legasthenie:** wörtlich übersetzt Leseschwäche. Im Englischen wird dafür der Begriff Dyslexie eingesetzt; oft im Sinne einer zur Intelligenz diskrepanten bzw. spezifischen Leseschwierigkeit verwendet, in dem vorliegenden Buch aber als Oberbegriff für die verschiedenen Formen von Lese- und Rechtschreibschwierigkeiten.

**Lexikalische Prozesse:** alle Prozesse, an denen der innere Wortspeicher, das innere Lexikon beteiligt ist.

**Logographische Phase:** nach dem Entwicklungsmodell von Frith eine erste Phase der Leseentwicklung, in der die Kinder zum Erkennen der Wörter nur Teile der Wortmerkmale und nicht systematisch die Buchstabenfolge benutzen. Mit dem Namen soll die Ähnlichkeit zu Schriftsystemen betont werden, die Wortzeichen, so genannte „Logogramme", wie etwa die Hieroglyphen, verwenden.

**Magnetresonanztomographie:** bildgebendes Verfahren zur Darstellung der Hirnstruktur, bei dem schichtweise Aufnahmen des Gehirns ohne Verwendung von Röntgenstrahlen gemacht werden können, indem Veränderungen im Magnetfeld durch verschieden dichte Substanzen registriert werden. In der funktionellen Magnetresonanztomographie werden zusätzlich auch die kurzfristigen Auswirkungen mentaler Aktivitäten auf die Stoffwechselvorgänge im Gehirn festgehalten.

**Magnozelluläres System:** Das visuelle System gliedert sich im Zwischenhirn in ein magno- und ein parvozelluläres System (nach der im Mikroskop sichtbaren Größe der Zellen dieser Subsysteme, die sich bereits im Auge und dann auch im primären Sehzentrum im Gehirn nachweisen lassen). Das magnozelluläre System ist dabei primär für eine erste Verarbeitung rasch wechselnder visueller Reize verantwortlich. Auch im akustischen System wurde ein magno- bzw. parvozelluläres System identifiziert, dessen Funktionen aber noch wenig klar sind.

**Mentales Lexikon:** innerer bzw. geistiger Wortspeicher.

**Metaanalyse:** Zusammenfassung der Ergebnisse verschiedener Untersuchungen, indem etwa für Interventionen Effektstärken berechnet werden, deren Größe durch die Berechnung von Schwankungsmaßen (Varianzen) der Vergleichsgruppen und Angabe der Größe der Mittelwertsunterschiede zwischen der Interventions- und der Vergleichsgruppe vereinheitlicht wird.

**Metalinguistische Bewusstheit:** Fähigkeit zur bewussten Reflexion der Merkmale der Sprache und zur Ausführung von Aufgaben, die sich aus dieser Fähigkeit ergeben.

**Metakognitive Bewusstheit:** Fähigkeit zur bewussten Reflexion der Eigenschaften des Denkens und zur Ausführung von Aufgaben, die sich daraus ableiten.

**Modell der zwei Zugänge:** s. Dual-route-theory.

**Morpheme:** Bezeichnung für die minimalen grammatischen Einheiten, aus denen die Ausdrücke einer Sprache zusammengesetzt sind.

**Netzwerkmodelle:** Theorien des einfachen Zugangsweges, konnektionistische Modelle.

**Oberflächendysgraphie:** eine Rechtschreibstörung, bei der die Lautfolge von Wörtern auf eine an sich zulässige, aber orthographisch inkorrekte Art wiedergegeben wird.

**Oberflächendyslexie:** Lesestörung, bei der die Wörter zwar lautgetreu, aber orthographisch inkorrekt gelesen werden (Wörter werden also anders ausgesprochen als dies beim jeweiligen Wort üblich ist; im Deutschen ist dies primär beim Lesen von Lehnwörtern möglich).

**Onset:** alle Grapheme einer Silbe vor dem ersten Vokal.

**Orthographische Phase:** nach dem Leseentwicklungsmodell von Frith stellt diese Phase das reifste Entwicklungsstadium dar. Es können alle Regelmäßigkeiten in der Orthographie, also etwa in der Morphemgliederung, aber auch jene, die durch andere häufiger vorkommende Buchstabengruppen vorgegeben werden, ausgenutzt werden.

**Orthographische Repräsentation:** korrekte Rechtschreibspeicherung eines Wortes im internen Lexikon.

**Phonemanalyse:** Lautanalyse.

**Phonematische Bewusstheit:** s. phonologische Bewusstheit.

**Phonemdifferenzierung:** Unterscheidung der Phoneme bzw. Laute in einem Wort.

**Phoneme:** Laute mit bedeutungsunterscheidender Funktion.

**Phonem-Graphem-Korrespondenzen:** Laut-Buchstaben-Zuordnungen.

**Phonemsegmentierung:** Gliederung einer Phonemfolge in die einzelnen Phoneme.

**Phonologie:** Lautlehre bzw. Lehre von den Phonemen.

**Phonologische Bewusstheit:** Fähigkeit, einzelne Segmente der Sprache zu erkennen und die Wörter in kleinstmögliche Einheiten, die Phoneme, zu gliedern bzw. aus diesen Teilen zusammenzusetzen, einzelne Phoneme auszutauschen etc.

**Phonologische Dysgraphie:** Rechtschreibschwäche, die auf Probleme bei der Phonemanalyse und der Phonem-Graphem-Zuordnung zurückzuführen ist.

**Phonologische Dyslexie:** Leseschwäche, die auf Probleme bei der Graphem-Phonem-Zuordnung bzw. beim Verbinden (Zusammenschleifen) der Phoneme zurückzuführen ist.

**Phonologisches Rekodieren:** Umwandeln und Aufrechterhalten von Informationen in einer Folge von Phonemen, die z. B. beim Lesen, aber auch beim Behalten von Informationen im Arbeitsgedächtnis erforderlich ist.

**Phonologische Sensitivität:** Der Begriff der phonologischen Sensitivität wird in einem weiteren Sinn für die Sensibilität für die Merkmale der bedeutungsbezogenen Lautunterscheidung von Wörtern verwendet.

**Phonematische Bewusstheit:** Mit dem Begriff der phonematischen Bewusstheit wurde von Morais et al. (1987) eine fortgeschrittene Entwicklungsstufe in der Ausbildung der phonologischen Bewusstheit bezeichnet, in der die Kinder nur jene Merkmale zur Unterscheidung von Wörtern heranziehen, die eine systematische Unterscheidung von Phonemen im linguistischen Sinn ermöglichen.

**Planum temporale:** sekundäre auditive Hirnregion, Teil des Temporal- bzw. Schläfenlappens.

**Prädiktion:** Vorhersage.

**Probabilistische Aktivierungsmatrix:** Aktivierung nach Wahrscheinlichkeit.

**Propositionsanalyse:** Analyse der Aussagen eines Textes in Einzelaussagen und Kennzeichnung der Zuordnungen der Einzelaussagen.

**Prosodie:** Satzbetonung bzw. –melodie.

**Pseudowörter:** bedeutungslose, aussprechbare Buchstabenfolgen (z. B. liralu).

**Reziprokes Unterrichten:** gegenseitiges Stellen von Verständnisfragen zu einem Text durch die Schüler selbst.

**Rime:** Vokal einer Silbe mit den nachfolgenden Konsonanten, reimender Anteil der Silbe.

**Sakkaden:** rasche Augenbewegungen von einer Fixation zur nächsten.

**Semantik:** Bedeutungslehre.

**Sichtwortschatz:** Wörter, die nicht buchstabenweise erlesen, sondern rasch (in weniger als einer Sekunde) erkannt werden.

**Spracherfahrungsansatz:** Ansatz im Erstleseunterricht, der besonders auf die Eigenaktivitäten der Schüler setzt und die Ableitung des Lesens und Schreibens aus den schon vorhandenen Sprachkompetenzen der Schüler betont.

**Stadienmodelle:** Modelle, die versuchen, die Entwicklung von Lese- und Rechtschreibschwierigkeiten als eine Abfolge verschiedener Stadien zu beschreiben.

**Syntax:** Satzlehre, Lehre von der Verbindung von Wörtern zu Sätzen.

**Synthetischer Erstleseunterricht:** Methode des Erstleseunterrichts, die durch eine systematische Vermittlung der Phonem-Graphem-Korrespondenzen gekennzeichnet ist.

**Teilleistungsmodell:** Modell, nach dem die Lese- und Rechtschreibstörung durch Probleme in basalen Teilleistungen bedingt ist (z. B. in Form einer Raum-Lage-Labilität) und eine erfolgreiche Therapie bzw. Förderung dieser Teilleistungen das Erlernen des Lesens und Schreibens wesentlich erleichtert.

**Tiefendyslexie:** Lesestörung, bei der es auch zu einer größeren Anzahl semantischer Fehler kommt.

**Top-down-Prozess:** Prozess der Wahrnehmungsverarbeitung von oben nach unten, wobei die Identifikation höherer Einheiten bei der Wahrnehmung hierarchisch nachgeordneter Einheiten behilflich ist.

**Tutoring-Programm:** Programm der Unterstützung in einem paarweisen Unterricht.

**Tutor / Tutee:** Helfer und Schützling in einem angeleiteten paarweisen Unterricht.

**Unsinnswörter:** Pseudowörter, bedeutungslose, aussprechbare Buchstabenfolgen (z. B. liralu).

**Wortspezifisches Wissen:** Wissen um die spezielle Schreibweise von Wörtern.

**Wortüberlegenheitseffekt:** leichteres Lesen von Wörtern als von Pseudowörtern.

**Zwei-Wege-Theorie:** Dual-route-theory; Annahme, dass ein direkter und indirekter Zugriff gleichzeitig möglich ist.

# Literatur

Aaron, P. G., Joshi, M., Williams, K. A. (1999): Not All Reading Disabilities Are Alike. Journal of Learning Disabilities 32, 120–137

Abbott, R. D., Berninger, V. W. (1993): Structural Equation Modeling of Relationships among Developmental Skills and Writing Skills in Primary- and Intermediate-Grade Writers. Journal of Educational Psychology 85, 478–508

Alexander, P. A., Jetton, T. L. (1996): The Role of Importance and Interest in the Processing of Text. Educational Psychology Review 10, 129–154

Alexander, P. A., Kulikowich, J. M., Schulze, S. K. (1994): How Subject-Matter Knowledge Affects Recall and Interest. American Educational Research Journal 31, 313–337

Allington, R. L. (1983): The Reading Instruction Provided Readers of Differing Ability. Elementary School Journal 83, 548–559

Allington,R. L., Walmsley, S. A. (Hrsg.) (1995): No Quick Fix: Redesigning Literacy Programs in America's Elementary Schools. Teachers College Press, New York

Anderson, R. C., Nagy, W. E. (1991): Word Meanings. In: Barr et al. (Hrsg.), 690–724.

Anderson, R. C., Wilson, P. T., Fielding, L. G. (1988): Growth in Reading and How Children Spend Their Time Outside of School. Reading Research Quarterly 23, 285–303

APA (American Psychiatric Association) (2013): DSM 5. American Psychiatric Association, Washington, DC

Applebee, A. (1978): The Childs Concept of Story. University of Chicago Press, Chicago

Arnold, E. M., Goldston, D. B., Walsh, A. K., Reboussin, B. A., Daniel, S. S., Hickman, E., Wood, F. B. (2005): Severity of Emotional and Behavioral Problems among Poor and Typical Readers. Journal of Abnormal Child Psychology 33(2), 205–217

Assink, E. M. H. (1987): Algorithms in Spelling Instruction: the Orthography of Dutch verbs. Journal of Educational Psychology 79, 228–235

Astington, J. W. (1991): Narrative and the Childs Theory of Mind. In: Britton, B., Pellegrini, A. (Hrsg.): Narrative Thought and Narrative Language. Erlbaum, Hillsdale/NJ, 151–171

Au, K. H. (1992): Ownership, Literacy Achievement, and Students of Diverse Cultural Backgrounds. In: Guthrie, J. T., Wigfield, A. (Hrsg.): Reading Engagement: Motivating Readers through Integrated Instruction. International Reading Association, Newark/DE, 168–182

August, G. J., Garfinkel, B. D. (1990): Comorbidity of ADHD and Reading Disability among Clinicreferred Children. Journal of Abnormal Child Psychology 18, 29–45

Backman, J., Mamen, M., Ferguson, H. (1984): Reading Level Design: Conceptual and Methodological Issues in Reading Research. Psychological Bulletin 96, 560–568

Bamberger, R., Binder, L., Vanecek, E. (1977): Zehnjährige als Buchleser: Untersuchung zum Leseverhalten, zur Leseleistung und zu den Leseinteressen. Jugend und Volk, Wien

Baron, J., Hodge, J. (1978): Using Spelling-Sound Correspondences without Trying to Learn Them. Visible Language 12, 55–70

Barr, R., Kamil, M. L., Mosenthal, P., Pearson, P. D. (Hrsg.) (1991): Handbook of Research on Reading. Vol. II. Longman, New York.

Barry, C. (1994): Spelling Routes (or Roots or Rutes). In: Brown, G. D. A., Ellis, N. C. (Hrsg.), 27–49

Barry, C., Seymour, P. H. K. (1988): Lexical Priming and Sound-to-spelling Contingency Effects in Nonword Spelling. Quarterly Journal of Experimental Psychology 40A, 5–40
Barth, K., Gomm, B. (2012): Gruppentest zur Früherkennung von Lese- und Rechtschreibschwierigkeiten. Phonologische Bewusstheit bei Kindergartenkindern und Schulanfängern (PB-LRS) – Arbeitsheft. Ernst Reinhardt, München/Basel
Barth, K., Gomm, B. (2014): Gruppentest zur Früherkennung von Lese- und Rechtschreibschwierigkeiten. Phonologische Bewusstheit bei Kindergartenkindern und Schulanfängern (PB-LRS) – Manual. 3., aktual. Aufl. Ernst Reinhardt, München/Basel
Bäuerlein, K., Lenhard, W., Schneider, W. (2012): LESEN 6-7 Lesetestbatterie für die Klassenstufe 6-7. Hogrefe, Göttingen
Bäuerlein, K., Lenhard, W., Schneider, W. (2012): LESEN 8-9 Lesetestbatterie für die Klassenstufe 8-9. Hogrefe, Göttingen
Beentjes, J. W. J., van der Voort, T. H. A. (1988): Television's Impact on Children's Reading Skills: a Review of Research. Reading Research Quarterly 23, 389–413
Benton, S. L., Corkill, A. J., Sharp, J. M., Downey, R. G., Khramtsova (1995): Knowledge, Interest, and Narrative Writing. Journal of Educational Psychology 87, 66–79
Bereiter, C., Scardamalia, M. (1987): The Psychology of Written Composition. Erlbaum, Hillsdale/NJ
Berger, M., Yule, W., Rutter, M. (1975): Attainment and Adjustment in Two Geographical Areas II: the Prevalence of Specific Reading Retardation. British Journal of Psychiatry 126, 510–519
Berninger, V., Nielsen, K. H., Abbot, R. D., Wijsman, E., Raskind, W. (2008): Gender Differences in Serverity of Writing and Reading Disabilities. Journal of School Psychology 46, 151–172
Berninger, V., Vaughan, K. B., Abbott, R. D., Abbott, S. P., Woodruff Rogan, L., Brooks, A., Reed, E. (1997): Treatment of Handwriting Problems in Beginning Writers: Transfer from Handwriting to Composition. Journal of Educational Psychology 89, 652–666
Berninger, V., Vaughan, K. B., Abbott, R. D., Brooks, A., Abbott, S. P., Rogan, L. W. (1998): Early Intervention for Spelling Problems: Teaching Functional Spelling Units of Varying Size with a Multiple-Connections Framework. Journal of Educational Psychology 90, 587–605
Betz, D., Breuninger, H. (1998): Teufelskreis Lernstörungen. 5. Aufl. Psychologie Verlags Union, Weinheim
Bilger, F., Jäckle, R., v. Rosenbladt, B., Strauß, A. (2012): Studiendesign, Durchführung und Methodik der leo. – Level-One Studie. In: Grotlüschen, A., Riekmann, W. (Hrsg.): Funktionaler Analphabetismus in Deutschland. Ergebnisse der ersten leo. – Level-One Studie. Waxmann, Münster
Birkel, P. (2007a): WRT 3+ Weingartener Grundwortschatz. Rechtschreib-Test für dritte und vierte Klassen. Hogrefe, Göttingen
Birkel, P. (2007b): WRT 4+ Weingartener Grundwortschatz. Rechtschreib-Test für vierte und fünfte Klassen. Hogrefe, Göttingen
Birkel, P. (1995): Weingartener Grundwortschatz Rechtschreib-Test für erste und zweite Klassen (WRT 1+). Hogrefe, Göttingen
Birkel, P. (1994): Weingartener Grundwortschatz Rechtschreib-Test für zweite und dritte Klassen (WRT 2+). Hogrefe, Göttingen
Bishop, D. V. M. (1982): Comprehension of Spoken, Written and Signed Sentences in Childhood Language Disorders. Journal of Child Psychology and Psychiatry 23, 1–20
Blachman, B. A. (1997): Early Intervention and Phonological Awareness: a Cautionary Tale. In: Blachman, B. A. (Hrsg.): Foundations of Reading Acquisition and Dyslexia. Erlbaum, Hillsdale/NJ, 409–430
Blachman, B. A., Ball, E. W., Black, R., Tangel, D. (1994): Kindergarten Teachers Develop Phoneme Awareness in Low-Income, Inner-City Classrooms: Does It Make a Difference? Reading and Writing 6, 1–18

Blachman, B. A., Tangel, D. M., Ball, E., Black, R., McGraw, C. K. (1999): Developing Phonological Awareness and Word Recognition Skills: a Two-Year Intervention with Low-Income, Inner-City Children. Reading and Writing 11, 239–273

Blumenstock, L. (1997): Handbuch der Leseübungen. Vorschläge und Materialien zur Gestaltung des Erstleseunterrichts mit Schwerpunkt im sprachlich-akustischen Bereich. 6. Aufl. Beltz, Weinheim

Blumenstock, L. (1979): Prophylaxe der Lese-Rechtschreibschwäche. Beltz, Weinheim

Boetsch, E. A., Green, P. A., Pennington, B. F. (1996): Psychosocial Correlates of Dyslexia across the Lifespan. Development and Psychopathology 8, 539–562

Booth, J. R., Hall, W. S. (1994): Role of the Cognitive Internal State Lexicon in Reading Comprehension. Journal of Educational Psychology 86, 413–422

Bourdin, B., Fayol, M. (1994): Is Written Language Production More Difficult than Oral Language Production: a Working-Memory Approach. International Journal of Psychology 29(5), 591–620

Bradley, L. (1988): Making Connections in Learning to Read and spell. Applied Cognitive Psychology 2, 3–18

Bradley, L. (1981): The Organization of Motor Patterns for Spelling: an Effective Remedial Strategy for Backward Readers. Developmental Medicine and Child Neurology 23, 342–346

Bradley, L., Bryant, P. (1985). Children's reading problems: Psychology and education. Oxford UK: Blackwell

Bradley, L., Bryant, P. (1983). Categorizing sounds and learning to read: A causal connection. Nature 301, 419–421

Bradley, L., Bryant, P. (1979): Independence of Reading and Dpelling in Backward and Normal Readers. Developmental Medicine and Child Neurology 21, 504–514

Brady, S. A., Shankweiler, D. P. (Hrsg.) (1991): Phonological Processes in Literacy: a Tribute to I. Y. Liberman. Erlbaum, Hillsdale/NJ

Breadmore, H., Carroll, J. M. (2016): Morphological Spelling in spite of Phonological Deficits: Evidence from Children with Dyslexia and Otits Media. Applied Psycholinguisitcs, 37(6), 1439-1460

Breit, S., Bruneforth, M., Schreiner, C. (Hrsg.) (2016): Standardüberprüfung 2015. Deutsch, 4. Schulstufe, Bundesergebnisbericht. Salzburg

Bridge, C. A., Compton-Hall, M., Cantrell, S. C. (1997): Classroom Writing Practices Revisited: the Effects of Statewide Reform on Writing Instruction. Elementary School Journal 98, 151–170

Britto, P. R., Brooks-Gunn, J. (2001a): Beyond Shared Book Reading: Dimensions of Home Literacy and Low-Income African American Preschoolers' Skills. In: Britto, P. R., Brooks-Gunn, J. (Hrsg.), 73–89

Britto, P. R., Brooks-Gunn, J. (Hrsg.) (2001b): The Role of Family Literacy Environments in Promoting Young Children's Emerging Literacy Skills. Jossey-Bass, San Francisco

Brooks, L. (1977): Visual Pattern in Fluent Word Identification. In: Reber, A. S., Scarborough, D. L. (Hrsg.): Toward a Psychology of Reading. Erlbaum, Hillsdale/NJ, 143–181

Brown, G. D. A., Ellis, N. C. (Hrsg.) (1994): Handbook of Spelling: Theory, Process, and Intervention. Wiley, Chichester/UK

Brown, G. D. A., Loosemore, R. P. (1994): Computational Approaches to Normal and Impaired Spelling. In: Brown, G. D. A., Ellis, N. C. (Hrsg.), 319–335

Bryant, P. E., Goswami, U. (1986): Strength and Weaknesses of the Reading Level Design: a Comment on Backman, Mamen, and Ferguson. Psychological Bulletin 100, 101–103

Bryant, P. E., Nunes, T., Bindman, M. (1997): Children's Understanding of the Connection between Grammar and Spelling. In: Blachman, B. A. (Hrsg.): Foundations of Reading Acquisition and Dyslexia. Erlbaum, Hillsdale/NJ, 219–240

Bulheller, S., Häcker, H. (2001): Rechtschreibtest RST Neue Rechtschreibung. Swets und Zeitlinger, Frankfurt

Bundesministerium für Unterricht Kunst und Kultur (2013): Handreichung zum schulischen Umgang mit Lese-Rechtschreibschwierigkeiten (in Vorbereitung)

Bus, A. G., van Ijzendoorn, M. H. (1995): Mothers Reading to Their Three-Year-Olds: the Role of Mother-Child Attachment Security in Becoming Literate. Reading Research Quarterly 40, 998–1015

Bus, A. G., van Ijzendoorn, M. H. (1999): Phonological Awareness and Early Reading: a Meta-analysis of Experimental Training Studies. Journal of Educational Psychology 91(3), 403–414

Byrne, B., Wadsworth, S., Boehme, K. Talk, A. C., Coventry, W. L. , Olson, R., Samuelsson, S., Corley, R. (2013): Multivariate Genetic Analysis of Learning and Early Reading Development. Scientific Studies of Reading 17, 224–242

Campbell, R. (1985): When Children Write Nonwords to Dictation. Journal of Experimental Child Psychology 40, 133–151

Carr, T. H., Pollatsek, A. (1985): Recognizing Printed Words: a Look at Current Models. In: Besner, D., Waller, T. G., MacKinnon, G. E. (Hrsg.): Reading Research: Advances in Theory and Practice. Vol. 5. Academic Press, Orlando/FL, 1–82

Carr, T. H., Posner, M. I. (1995): The Impact of Learning to Read on the Functional Anatomy of Language Processing. In: Gelder, B. de, Morais, J. (Hrsg.): Speech and Reading: a Comparative Approach. Taylor and Francis, Hove, 267–301

Carrion-Castillo, A., Franke, B., Fisher, S. E. (2013): Molecular Genetics of Dyslexia: an Overview. Dyslexia 19(4), 214–240

Carroll, J. M., Bowyer-Crane, C., Duff, F. J., Hulme, C., Snowling, M. J. (2011): Developing Language and Literacy. Chichester, West Sussex: Wiley

Carroll, J. M., Maughan, B. Goodman, R., Meltzer, H. (2005): Literacy Difficulties and Psychiatric Disorders: Evidence for Comorbidity. Journal of Child Psychology and Psychiatry 46, 524–532

Castles, A., Coltheart, M. (1993): Varieties of Developmental Dyslexia. Cognition 47, 149–180

Castles, A., Datta, H., Gayan, J., Olson, R. (1999): Varieties of Developmental Reading Disorder: Genetic and Environmental Influences. Journal of Experimental Child Psychology 72, 73–94

Castro-Caldas, A., Miranda, P. C., Carmo, I., Reis, A., Leote, F., Ribeiro C. S., Ducla-Soares, E. (1999): Influence of Learning to Read and Write on the Morphology of the Corpus Callosum. European Journal of Neurology 6, 23–28

Castro-Caldas, A., Petersson, K. M., Reis, A., Stone-Elander, S., Ingvar, M. (1998): The Illiterate Brain: Learning to Read and Write during Childhood Influences the Functional Organization of the Adult Brain. Brain 121, 1053–1063

Cataldo, M. G., Oakhill, J. (2000): Why Are Poor Comprehenders Inefficient Searchers? An Investigation into the Effects of Text Representation and Spatial Memory on the Ability to Locate Information in Text. Journal of Educational Psychology 92, 791–799

Chambliss, P. L. (1995): Text Cues and Strategies Successful Readers Use to Construct the Gist of Lengthy Written Arguments. Reading Research Quarterly 30, 778–807

Chapman, J. W., Tunmer, W. E., Prochnow, J. E. (2001): Does Success in the Reading Recovery Program Depend on Developing Proficiency in Phonological-Processing Skills? A Longitudinal Study in a Whole Language Instructional Context. Scientific Studies of Reading 5, 141–176

Chard, D. J., Vaughn, S., Tyler, B.-J. (2002): A Synthesis of Research on Effective Interventions for Building Reading Fluency with Elementary Students with Learning Disabilities. Journal of Learning Disabilities 35(5), 386–406

Chomsky, C. (1978): When You Still Can't Read in Third Grade: After Decoding, What? In: Samuels, J. S. (Hrsg.): What Research Has to Say about Reading Instruction. International Reading Association, Newark/DE

Christman, U., Groeben, N. (1999): Psychologie des Lesens. In B. Franzmann, G. Jäger (Hrsg.), Handbuch Lesen. Saur, München, 145–223

Clarke, L. K. (1988): Invented Versus Traditional Spelling in First Graders' Writing: Effects on Learning to Spell and Read. Research in the Teaching of English 22, 281–309

Clay, M. M. (1993): Reading Recovery. Heinemann, Auckland/New Zealand

Clay, M. M., Cazden, C. B. (1990): A Vygotskyan Interpretation of Reading Recovery: In: Moll, L. (Hrsg.): Vygotsky and Education: Instructional Implications and Applications of Sociohistorical Psychology. Cambridge University Press, Cambridge/UK, 206–222

Cluff, M., Luce, P. (1990): Similarity Neighborhoods of Spoken Two-Syllable Words: Retroactive Effects on Multiple Activation. Journal of Experimental Psychology: Human Perception and Performance 16, 551–563

Collins, A., Brown, J. S., Larkin, K. M. (1980): Inference in Text Understanding. In: Spiro, R. J., Bruce, B. C., Brewer, W. F. (Hrsg.): Theoretical Issues in Reading Comprehension: Perspectives from Cognitive Psychology, Linguistics, Artificial Intelligence, and Education. Erlbaum, Hillsdale/NJ, 385–407

Coltheart, M. (2005): Modeling Reading: The Dual-Route Approach. In: Snowling, M. J., Hulme, C. (Hrsg.): The Science of Reading. Blackwell, Malden, 6–23

Cornwall, A., Bawden, H. N. (1992): Reading Disabilities and Aggression: a Critical Review. Journal of Learning Disabilities 25, 281–288

Corriveau, K., Pasquini, E., Goswami, U. (2007): Basic Auditory Processing Skills and Specific Language Impairment: a New Look at an Old Hypothesis. Journal of Speech, Language and Hearing Research 50(3), 647–666

Cunningham, A. E., Stanovich, K. E. (1997): Early Reading Acquisition and Its Relation to Reading Experience and Ability 10 Years Later. Developmental Psychology 33, 934–945

Davey, R., Macready, G. B. (1985): Prerequisite Relations among Inference Tasks for Good and Poor Readers. Journal of Educational Psychology 77, 539–552

DeBeni, R., Palladino, P., Pazzaglia, F., Cornoldi, C. (1998): Increases in Intrusion Errors and Working Memory Deficit of Poor Comprehenders. Quarterly Journal of Experimental Psychology 51A, 305–320

DeFries, J. C., Alarcon, M., Olson, R. K. (1997): Genetic Etiologies of Reading and Spelling Deficits: Developmental Differences. In: Hulme, C., Snowling, M. J. (Hrsg.), 20–37

Dearing, E., McCartney, K., Weiss, H.B., Kreider, H., Simpkins, S. (2004): The Promotive Effects of Family Educational Involvement for Low-income Childrens's Literacy. Journal of School Psychology, 42(6), 445-460

Dehn, M. (1984): Wie Kinder Schriftsprache erlernen – Ergebnisse aus einer Längsschnittuntersuchung. In: Naegele, I., Valtin, R. (Hrsg.): Rechtschreibunterricht in den Klassen 1–6. Arbeitskreis Grundschule, Frankfurt, 28–37

Derwing, B. L. (1992): Orthographic Aspects of Linguistic Competence. In: Downing, P., Lima, S. D., Noonan, M. (Hrsg.): The linguistics of literacy. John Benjamins, Amsterdam/Philadelphia, 193–211

Diehl, K., Hartke, B. (2012): IEL-1, Inventar zur Erfassung der Lesekompetenz im 1. Schuljahr. Ein curriculumbasiertes Verfahren zur Abbildung des Lernfortschritts. Hogrefe, Göttingen

Dilling, H., Mombour, W., Schmidt, M. H. (Hrsg.) (2004/2005): Internationale Klassifikation psychischer Störungen – ICD 10, Kapitel V (F). Klinisch-diagnostische Leitlinien. Huber, Bern

Dilling, H., Mombour, W., Schmidt, M. H., Schulte-Markwort, E. (Hrsg.) (1994): Internationale Klassifikation psychischer Störungen – ICD 10, Kapitel V (F). Forschungskriterien. Huber, Bern

Dinges, E. (2002): Systematische Beurteilung und Förderung schulischer Leistungen. Persen, Horneburg

Dodd, B., Holm, A., Oerlemans, M., McCormick, M. (1996): Queensland University Inventory of Literacy (QUIL). The University of Queensland, Department of Speech Pathology and Audiology. St. Lucia

Dodd, B., Russell, T., Oerlemans, M. (1993): Does a Past History of Speech Disorder Predict Literacy Difficulties? In: Joshi, R. M., Leong, C. K. (Hrsg.): Reading Disabilities: Diagnosis and Component Processes. Kluwer, Dordrecht, 199–212

Drake, D. A., Ehri, L. C. (1984): Spelling Acquisition: Effects of Pronouncing Words on Memory for Their Spellings. Cognition and Instruction 1, 297–320

Duffy, G. D., Roehler, L. R., Meloth, M. S., Vavrus, L. G., Book, C., Putnam, J., Wesselman, R. (1986): The Relationship Between Explicit Verbal Explanations during Reading Skill Instruction and Student Awareness and Achievement: a Study of Reading Teacher Effects. Reading Research Quarterly 21, 237–252

Duffy, G. D., Roehler, L. R., Sivian, E., Rackliffe, G., Book, C., Meloth, M. S., Vavrus, L. G., Wesselman, R., Putnam, J., Bassiri, T. (1987): Effects of Explaining the Reasoning Associated with Using Reading Strategies. Reading Research Quarterly 21, 237–252

Duke, N. K., Pearson, P. (2002): Effective Practices for Developing Reading Comprehension. In: Farstrup, A. E., Samuels, S. (Hrsg.): What Research Has to Say About Reading Instruction. International Reading Association, Newark, 205–242

Duke, N. K., Pearson, P., Strachan, S. L., Billmann, A. K. (2011): Essential Elements of Fostering and Teaching Reading Comprehension. In Samuel, S. J., Farstrup, A. E. (Hrsg.): What Research Has to Say about Reading Instruction. International Reading Association, Newark, 51–93

Dumke, D. (1979): Einsatz von Rechtschreibregeln in der Grundschule. In: Plickat, H., Wieczerkowski, W. (Hrsg.): Lernerfolg und Trainingsformen im Rechtschreibunterricht. Klinkhardt, Bad Heilbrunn

Dummer-Smoch, L., Hackethal, R. (1993a): Handbuch zum Kieler Leseaufbau. 3. Aufl. Veris, Kiel

Dummer-Smoch, L., Hackethal, R. (1993b): Handbuch zum Kieler Rechtschreibaufbau. 2. Aufl. Veris, Kiel

Durkin, D. (1979): What Classroom Observations Reveal about Reading Comprehension Instruction. Reading Research Quarterly 14, 481–533

Durgunoglu, A. Y., Oney, B. (1999): A Cross-Linguistic Comparison of Phonological Awareness and Word Recognition. Reading and Writing 11, 281–299

Ebner, E. M., Thaler, V. (2001): LRT – Ein Verfahren zur Förderung der Lesegeschwindigkeit. Unveröffentlichte Diplomarbeit an der Naturwissenschaftlichen Fakultät der Universität Salzburg

Eckert, M., Leonard, C. (2000): Structural Imaging in Dyslexia: the Planum Temporale. Mental Retardation and Developmental Disabilities Research Reviews 6, 198–206

Eckert, M., Lombardino, L., Leonard, C. (2001): Tipping the Environmental Playground: Who Is at Risk for Reading Failure. Child Development 72, 988–1001

Ehri, L. C. (1999): Phases of Development in Learning to Read Words. In: Oakhill, J., Beard, R. (Hrsg.): Reading Development and the Teaching of Reading: a Psychological Perspective. Blackwell, Malden/MA, 79–108

Ehri, L. C. (1984): How Orthography Alters Spoken Language Competencies in Children Learning to Read and Spell. In: Downing, J., Valtin, R. (Hrsg.): Language Awareness and Learning to Read. Springer, New York, 119–147

Ehri, L. C., Gibbs, A. L., Underwood, T. L. (1988): Influence of Errors on Learning the Spellings of English Words. Contemporary Educational Psychology 13, 236–253

Ehri, L. C., Nunes, S. R., Stahl, S. A., Willows, D. M. (2001): Systematic Phonics Instruction Helps Students Learn to Read: Evidence from the National Reading Panel's Meta-Analysis. Review of Educational Research 71, 393–447

Einsiedler, W., Frank, A., Kirschhock, E. M., Martschinke, S., Treinies, G. (2002): Der Einfluss verschiedener Unterrichtsmethoden auf die phonologische Bewusstheit sowie auf die Lese- und Rechtschreibleistungen im 1. Schuljahr. Psychologie in Erziehung und Unterricht 49, 194–209

Eklund, K., Torppa, M., Aro, M., Leppänen, P., Lyytinen, H. (2015): Literacy Skill Development of Children with Familial Risk for Dyslexia Through Grades 2,3, and 8. Journal of Educational Psychology 107(1), 126–140

Elbaum, B., Vaughan, S., Hughes, M. T., Moody, S. W. (2000): How Effective are One-to-One Tutoring Programs in Reading for Elementary Students at Risk for Reading Failure? A Meta-Analysis of the Intervention Research. Journal of Educational Psychology 92, 605–619

Elbro, C. (1998): When Reading Is „Readn" or Somethn. Distinctiveness of Phonological Representations of Lexical Items in Normal and Disabled Readers. Scandinavian Journal of Psychology 39, 149–153

Elbro, C. (1996): Early Linguistic Abilities and Reading Development: a Review and a Hypothesis. Reading and Writing 8, 453–485

Elbro, C., Borstrom, I., Petersen, D. K. (1998): Predicting Dyslexia from Kindergarten: the Importance of Distinctness of Phonological Representations of Lexical Items. Reading Research Quarterly 33, 36–60

Elliott, J. A., Hewison, J. (1994): Comprehension and Interest in Home Reading. British Journal of Educational Psychology 64, 203–220

Ennemoser, M., Marx, P., Weber, J., Schneider, W. (2012): Spezifische Vorläuferfertigkeiten der Lesegeschwindigkeit, des Leseverständnisses und des Rechtschreibens. Zeitschrift für Entwicklungspsychologie und Pädagogische Psychologie 44, 53–67

Ennemoser, M., Schneider, W. (2007): Relations of Television Viewing and Reading: Findings from a 4-Year Longitudinal Study. Journal of Educational Psychology 99, 349–368

Ennemoser, M., Marx, P., Weber, J., Schneider, W. (2012): Spezifische Vorläuferfertigkeiten der Lesegeschwindigkeit, des Leseverständnisses und des Rechtschreibens. Zeitschrift für Entwicklungspsychologie und Pädagogische Psychologie 44, 53–67

Ennemoser, M., Schiffer, K., Reinsch, C., Schneider, W. (2003): Fernsehkonsum und die Entwicklung von Sprach- und Lesekompetenzen im frühen Grundschulalter: Eine empirische Überprüfung der SÖS-Mainstreaming-Hypothese. Zeitschrift für Entwicklungspsychologie und Pädagogische Psychologie 35, 12–26

Epstein, M. A., Shaywitz, S. E., Shaywitz, B. A., Woolston, J. L. (1991): The Boundaries of Attention Deficit Disorder. Journal of Learning Disabilities 31, 78–86

Esser, G. (1991): Was wird aus Kindern mit Teilleistungsstörungen? Enke, Stuttgart

Esser, G., Schmidt, M. H. (1993): Die langfristige Entwicklung von Kindern mit Lese-Rechtschreibschwäche. Zeitschrift für klinische Psychologie 22, 100–116

Evans, B. J. W. (1997): Assessment of Visual Problems in Reading. In: Beech, J. R., Singleton, C. (Hrsg.): The psychological assessment of reading. Routledge, London, 102–123

Everatt, J. (2001): Materialien zur Förderung orthographischer Kompetenzen. Julius Brumby, Goslar

Everatt, J. (Hrsg.) (1999): Reading and Dyslexia. Visual and Attentional Processes. Routledge, London

Everatt, J. (1993): Eine Kurzskala zur Erfassung von Leistungsangst vor schulischen Rechtschreibsituationen: LARs. Empirische Pädagogik 7, 253–284

Everatt, J., McCorquodale, B., Smith, J., Culverwell, F., Wilks, A., Evans, D., Kay, M., Baker, D. (1999): Associations between Reading Ability and Visual Processes. In: Everatt, J. (Hrsg.), 1–39

Faber, G. (2001): Materialien zur Förderung orthographischer Kompetenzen. Julius Brumby, Goslar

Faber, G. (1993): Eine Kurzskala zur Erfassung von Leistungsangst vor schulischen Rechtschreibsituationen: LARs. Empirische Pädagogik 7, 253–284

Faber, G. (1991): Entwicklung und Erprobung eines Fragebogens zum rechtschreibbezogenen Selbstkonzept von Grundschülern. Empirische Pädagogik 5, 317–347

Faigley, L., Cherry, R. D., Jolliffe, D. A., Skinner, A. M. (1985): Assessing Writers' Knowledge and Processes of Composing. Ablex, Norwood/NJ

Farrington-Flint, L. (2015): Uncovering Strategy Profiles in Young Children´s Reading & Spelling. Learning and Individual Differences 42, 64–69

Farmer, M. E., Klein, R. M. (1995): The Evidence for a Temporal Processing Deficit Linked to Dyslexia: a Review. Psychonomic Bulletin and Review 2, 460–493

Feilke, H., Augst, G. (1989): Zur Ontogenese der Schreibkompetenz. In: Antos, G., Krings, H. P. (Hrsg.): Textproduktion. Ein interdisziplinärer Forschungsüberblick. Konzepte der Sprach- und Literaturwissenschaft 48. Niemeyer, Tübingen, 297–327

Ferdinand, W. (1967): Anfangsmethode und Sitzenbleiberhäufigkeit. Neue Deutsche Schule 4, 368–369

Ferdinand, W. (1970): Über die Erfolge des ganzheitlichen und synthetischen Lese-(Schreib)unterrichts in der Grundschule. Neue Deutsche Schule, Essen

Fergusson, D. M., Horwood, L. J., Caspi, A., Moffitt, T. E., Silva, P. A. (1996): The (Artefactual) Remission of Reading Disability: Psychometric Lessons in the Study of Stability and Change in Behavioral Development. Developmental Psychology 32, 132–140

Fergusson, D. M., Lynskey, M. T. (1997): Early Reading Difficulties and Later Conduct Problems. Journal of Child Psychology and Psychiatry 38, 899–907

Findeisen, U., Melenk, G., Schillo, H. (2000): Lesen lernen durch lauttreue Leseübungen. 4. Auflage. Winkler, Bochum

Fischbach, A., Schuchardt, K., Brandenburger, J., Kleczewski, J., Balke-Melcher, C., Schmidt, C., Büttner, G., Grube, D., Mähler, C., Hasselhorn, M. (2013): Prävalenz von Lernschwächen und Lernstörungen: Zur Bedeutung der Diagnosekriterien. Lernen und Lernstörung 2, 65–76

Fischer, B., Biscaldi, M. (1999): Saccadic Eye Movements in Dyslexia. In: Everatt (Hrsg.), 91–121

Fischer, B., F. W., Shankweiler, D., Liberman, I. Y. (1985): Spelling Proficiency and Sensitivity to Word Structure. Journal of Memory and Language 24, 423–441

Fischer, U. (2008): Leseförderung nach Kompetenzstufen. Auer, Donauwörth

Fischer, U., Gasteiger-Klipera, B. (2013): Der Frühe-Lesefähigkeiten-Test (FLT I und II). Ein Einzeltest für die differenzierte Diagnose der frühen Lesefähigkeiten. Mit Vorshclägen für die Förderung. Universitätsverlag Rhein-Ruhr, Duisburg

Fisher, S. E., Marlow, A. J., Lamb, J., Maestrini, E., Williams, D. F., Richardson, A. J., Weeks, D. E., Stein, J. F., Monaco, A. P. (1999): A Quantitative-Trait Locus on Chromosom 6p Influences Different Aspects of Developmental Dyslexia. American Journal of Human Genetics 64, 146–156

Fleisher, L. S., Jenkins, J. R., Pany, D. (1979): Effects on Poor Readers' Comprehension of Training in Rapid Decoding. Reading Research Quarterly 15, 30–48

Foorman, B. R., Torgesen, J. (2001): Critical Elements of Classrooom and Small-Group Instruction Promote Reading Success in All Children. Learning Disabilities Research and Practice, 16, 203–212

Fowler, A. E. (1991): How Early Phonological Development Might Set the Stage for Phoneme Awareness. In: Brady, S. A., Shankweiler, D. P. (1991), 97–117

Frauenfelder, U., Baayen, R. H., Hellwig, F. M., Schreuder, R. (1993): Neighborhood Density and Frequency Scores across Languages and Modalities. Journal of Memory and Language 32, 781–804

Frederikson, N., Frith, U., Reason, R. (1995): Phonological Assessment Battery (PhAB). NFER-Nelson, London

Fricke, S., Schäfer, B. (2011): Test für Phonologische Bewusstheitsfähigkeiten (TPB). Schulz-Kirchner, Idstein

Frith, U. (1979): Reading By Eye and Writing By Ear. In: Kolers, P. A., Wrolstad, M., Bouma, H. (Hrsg.): Processing of Visible Language. Vol. 1. Plenum Press, New York, 379–390

Frith, U. (1985): Beneath the Surface of Developmental Dyslexia. In: Patterson, K. E., Marshall, J. C., Coltheart, M. (Hrsg.): Surface Dyslexia: Neuropsychological and Cognitive Studies of Phonological Reading. Erlbaum, London, 301–330

Frith, U. (1980): Unexpected Spelling Problems. In: Frith, U. (Hrsg.): Cognitive Processes in Spelling. Academic Press, London, 495–515

Fusaro, J. A. (1993): A Meta-Analysis of the Effect of Sentence-Combining on Reading Comprehension. Reading Improvement 30, 228–231

Galaburda, A. M. (1991): Anatomy of Dyslexia: Argument Against Phrenology. In: Duane, D. D., Gray, D. B. (Hrsg.): The Reading Brain. York Press, Parkton/MD, 119–131

Gallagher, A. M., Frith, U., Snowling, M. J. (2000): Precursors of Literacy-Delay among Children at Genetic Risk of Dyslexia. Journal of Child Psychology and Psychiatry 41, 203–213

Galuschka, K., Ise, E., Krick, K., Schulte-Körne, G. (2014): Effectiveness of Treatment Approaches for Children and Adolescents with Reading Disabilities: A Meta-Analysis of Randomized Controlled Trials. PloS ONE 9(2),

Garner, R., Alexander, P., Slater, W. Hare, V. C., Smith, T., Reis, R. (1986): Children's Knowledge of Structural Properties of Expository Text. Journal of Educational Psychology 78, 411–416

Garner, R., Reis, R. (1981): Monitoring and Resolving Comprehension Obstacles: An Investigation of Spontaneous Lookbacks among Uppergrade Good and Poor Comprehenders. Reading Research Quarterly 16, 569–582

Gasteiger-Klicpera, Klicpera, C., Schabmann, A. (2001): Wahrnehmung der Schwierigkeiten lese- und rechtschreibschwacher Kinder durch die Eltern – Pygmalion im Wohnzimmer? Praxis der Kinderpsychologie und Kinderpsychiatrie 50, 622–639

Gasteiger-Klicpera, Knapp, W., Kucharz, D. (2011): Die wissenschaftliche Begleitforschung durch die Pädagogische Hochschule Weingarten. In: Baden-Württemberg Stiftung (Hrsg.). Sag′ mal was – Sprachförderung für Vorschulkinder. Francke, Tübingen, 57, 94–101

Gates, A. I. (1941): The Role of Personal Maladjustment in Reading Disability. Journal of Genetic Psychology 59, 77–83

Gathercole, S. E., Baddeley, A. D. (1990): The Role of Phonological Memory in Vocabulary Acquisition: a Study of Young Children Learning New Names. British Journal of Psychology 81, 439–454

Gathercole, S. E., Baddeley, A. D. (1989): Evaluation of the Role of Phonological STM in the Development of Vocabulary in Children: a Longitudinal Study. Journal of Memory and Language 28, 200–213

Geiger, G., Lettvin, J. Y. (1999): How Dyslexics See and Learn to Read Well. In: Everatt, J. (Hrsg.), 64–90

Georgiou, G. K., Parrila, R., Kirby, J. R., Stephanson, K. (2008): Rapid Naming Components and Their Relationship with Phonological Awareness, Orthographic Knowledge, Speed of Processing, and Different Reading Outcomes. Scientific Studies of Reading 12, 325–350 Gilger, J. W., Pennington, B. F., DeFries, J. C. (1991): Risk for Reading Disability as Function of Parental History in Three Family Studies. Reading and Writing 3, 205–217

Gilger, J. W., Hanebuth, E., Smith, S. D., Pennington, B. F. (1996): Differential Risk for Developmental Reading Disorders in the Offspring of Compensated Versus Noncompensated Parents. Read Writ 8(5), 407–417

Glushko, R. J. (1979): The Organisation and Activation of Orthographic Knowledge in Reading Aloud. Journal of Experimental Psychology: Human Perception and Performance 5, 674–691

Gold, A. (2011): Lernschwierigkeiten: Ursachen, Diagnostik, Intervention. Kohlhammer, Stuttgart

Gold, A. (2007): Lesen kann man lernen. Lesestrategien für das 5. und 6. Schuljahr. Vandenhoeck & Ruprecht, Göttingen

Gold, A., Mokhlesgerami, J., Rühl, K., Schreblowski, S., Souvignier, E. (2004): Wir werden Textdetektive. Lehrermanual. Vandenhoeck & Ruprecht, Göttingen

Goldman, S. R., Rakestraw, Jr., J. A. (2000): Structural Aspects of Constructing Meaning From Text. In: Kamil et al. (Hrsg.), 311–335

Goodman, K. S. (1976): Reading: a Psycholinguistic Guessing Game. In: Singer, H., Ruddell, R. (Hrsg.): Theoretical Models and Processes of Reading. 2. Aufl. International Reading Association, Newark/DE

Goswami, U. (2015): Sensory Theories of Developmental Dyslexia: Three Challenges for Research. Nature Reviews Neuroscience 16(1), 43–54

Goswami, U. (2011): A Temporal Sampling Framework for Development Dyslexia. Trends in Cognitive Sciences 15(1), 3–10

Goswami, U. (2001): Rhymes Are Important: a Comment on Savage. Journal of Research in Reading, 24, 19–29

Goswami, U. (2000): Phonological and Lexical Processes. In: Kamil et al. (Hrsg.), 251–267

Goswami, U. (1999): Causal Connections in Beginning Reading: the Importance of Rime. Journal of Research in Reading 22, 217–240

Goswami, U. (1993): Toward an Interactive Analogy Model of Reading Development: Decoding Vowel Graphemes in Beginning Reading. Journal of Experimental Child Psychology 56, 443–475

Goswami, U. (1988a): Children's Use of Analogy in Learning to Spell. British Journal of Developmental Psychology 6, 21–33

Goswami, U. (1988b): Orthographic Analogies and Reading Development. Quarterly Journal of Experimental Psychology 40A, 239–268

Goswami, U., Bryant, P (1990): Phonological Skills and Learning to Read. Erlbaum, Hillsdale/NJ

Gough, P. B., Hillinger, M. L. (1980): Learning to Read: an Unnatural Act. Bulletin of the Orton Society 30, 179–196

Gough, P. B., Tummer, W. (1986): Decoding Reading and Reading Disability. Remedial and Special Education 7, 6–10

Gough, P. B., Wren, S. (1998): The Decomposition of Decoding. In: Hulme, C., Joshi, R. M. (Hrsg.), 19–32

Goulandris, N. K., McIntyre, A., Snowling, M. J. (1998): Fixed Reference Eye and Reading Disability: Is There a Connection? In: Hulme, C., Joshi, R. M. (1998), 303–315

Graesser, A. C., Golding, J. M., Long, D. L. (1991): Narrative Representation and Comprehension. In: Barr, R. et al. (1991), 171–205

Graham, S. (2000): Should the Natural Learning Approach Replace Spelling Instruction? Journal of Educational Psychology 92, 235–247

Graham, S. (1990): The Role of Production Factors in Learning Disabled Students' Compositions. Journal of Educational Psychology 82, 781–791

Graham, S., Harris, K. R. (2011). Writing Difficulties. In A. McGrill-Franzen, R. L. Allington (Hrsg.) Handbook of Reading Disability Research. Routledge, New York, 232–241

Graham, S., Harris, K. R., Chorzempa, B. F. (2002): Contribution of Spelling Instruction to the Spelling, Writing, and Reading of Poor Spellers. Journal of Educational Psychology 94, 669–686

Graham, S., Harris, K. R., MacArthur, C. A., Schwartz, S. (1991): Writing and Writing Instruction for Students with Learning Disabilities: Review of a Research Program. Learning Disability Quarterly 14, 89–114

Graham, S., Gerson, D., Astruc, L. (2010): Amplitude Envelope Perception, Phonology and Prosodic Sensitivity in Children with Developmental Dyslexia. Reading and Writing 23, 995–1019

Graham, S., Weintraub, N., Berninger, V., Schafer, W. (1998): Development of Handwriting Speed and Legibility in Grades 1–9. Journal of Educational Research 92, 42–52

Graves, M. (1984): The Roles of Instruction in Fostering Vocabulary Development. Paper Presented at the Meeting of the American Educational Research Association, New Orleans

Greven, C. U., Harlaar, N., Dale, P. S., Plomin, R. (2011): Genetic Overlap between ADHD Symptoms and Reading Is Largely Driven by Inattentiveness Rather Than Hyperactivity-Impulsivity. Canadian Academy of Child and Adolescent Psychiatry 20(1), 6–14

Greven, C. U., Rijsdijk, F. V., Asherson, P., Plomin, R. (2012): A Longitudinal Twin Study on the Association between ADHD Symptoms and Reading. The Journal of Child Psychology and Psychiatry 53 (3), 234–242

Griffiths, Y. M., Snowling, M. J. (2002): Predictors of Exception Word and Nonword Reading in Dyslexic Children: the Severity Hypothesis. Journal of Educational Psychology 94, 34–43

Grigorenko, E. L., Wood, F. B., Meyer, M. S., Hart, L. A., Speed, W. C., Shuster, A., Pauls, D. L. (1997): Susceptibility Loci for Distinct Components of Developmental Dyslexia on Chromosome 6 and 15. American Journal of Human Genetics 60, 27–39

Grigorenko, E. L., Wood, F. B., Meyer, M. S., Pauls, D. L. (2000): Chromosome 6p Influences on Different Dyslexia-Related Cognitive Processes: Further Confirmation. American Journal of Human Genetics 66, 715–723

Grimm, H., Schöler, H. (1991): Heidelberger Sprachentwicklungstest (HSET). 2. verbesserte Auflage. Brauschweig: Westermann

Grimm, T. (2011): Genetik der Legasthenie. Sprache Stimme Gehör 35, 52–59

Grotlüschen, A., Riekmann, W., Buddeberg, K. (2012): Hauptergebnisse der leo. – Level-One Studie. In: Grotlüschen, A., Riekmann, W. (Hrsg.): Funktionaler Analphabetismus in Deutschland. Ergebnisse der ersten leo.– Level-One Studie. Waxmann, Münster

Grund, M., Haug, G., Naumann, C. L. (2004): Diagnostischer Rechtschreibtest für 5. Klassen (DRT 5). Beltz, Göttingen

Grund, M., Haug, G., Naumann, C. L. (2003): Diagnostischer Rechtschreibtest für 4. Klassen (DRT 4). Beltz, Göttingen

Gruner, E., Zeller, M., Fleck, C. (2013): Phonematischer Gedächtnistest. Hogrefe, Göttingen

Günther, K. B. (1986): Ein Stufenmodell der Entwicklung kindlicher Lese- und Schreibstrategien. In: Brügelmann, H. (Hrsg.): ABC und Schriftsprache. Libelle, Konstanz

Guthrie, J. T., McGough, K., Bennett, L., Rice, M. E. (1996): Concept-Oriented Reading Instruction: an Integrated Curriculum to Develop Motivation and Strategies for Reading. In: Baker, L., Afflerbach, P., Reinking, D. (Hrsg.): Developing Engaged Readers in School and Home Communities. Erlbaum, Hillsdale/NJ, 165–190

Guthrie, J. T., McRae, A., Coddington, C. S., Klauda, S. L., Wigfield, A., Barbosa, P. (2009): Impacts of Comprehensive Reading Instruction on Diverse Outcomes of Low- and High-Achieving Readers. Journal of learning Disabilities 42(3), 195–214

Guthrie, J. T., McRae, A., Klauda, S. L. (2007): Contributions of concept-oriented reading instruction to knowledge about interventions for motivation in reading. Educational Psychologist 42(4), 237–250

Guthrie, J. T., Wigfield, A. (2000): How Motivation Fits into a Science of Reading. In: Kamil et al. (Hrsg.), 403–422

Haffner, J., Zerahn-Hartung, C., Pfüller, U., Parzer, P., Strehlow, U., Resch, F. (1998): Auswirkungen und Bedeutung spezifischer Rechtschreibprobleme bei jungen Erwachsenen – empirische Befunde in einer epidemiologischen Stichprobe. Zeitschrift für Kinder- und Jugendpsychiatrie 26, 124–135

Hämäläinen, J. A., Salminen, H. K., Leppänen P. H. T. (2016): Basic Auditory Processing Deficits in Dyslexia: Systematic Review of the Behavioral and Event-Related Potential/Field Evidence. Journal of Learning Disabilities 46(5), 413–427

Hari, R., Renvall, H., Tanskanen, T. (2011): Left Mini-Neglect in Dylexic Adults. Brain 124, 1373–1380

Harlaar, N., Spinath, F. M. Dale, P. S., Plomin, R. (2005): Genetic Influences on Early Word Recognition Abilities and Disabilities: A Study of 7-year-old Twins. Journal of Child Psychology and Psychiatry, 46(4), 373-384

Harm, M. W., Seidenberg, M. S. (1999): Phonology, Reading Acquisition, and Dyslexia: Insights from Connectionist Models. Psychological Review 106, 491–528

Harris, A. J., Sipay, E. R. (1985): How to Increase Reading Ability: a Guide to Developmental and Remedial Methods, 8. Aufl. Longman, New York

Harris, K. R., Graham, S. (1996): Making the Writing Process Work: Strategies for Composition and Selfregulation. Bookline, Cambridge/MA

Hart, B., Risley, T. R. (1995): Meaningful Differences in the Everyday Experience of Young American Children. Brookes, Baltimore

Hasselhorn, M., Schneider, W., Marx, H. (Hrsg.) (2000): Diagnostik von Lese-Rechtschreibschwierigkeiten. Hogrefe, Göttingen

Hasselhorn, M., Schuhmann-Hengsteler, R., Gronauer, J., Grube, D., Mähler, C., Schmid, I., Seit-Stein, K., Zoelche, C. (2012): Arbeitsgedächtnistestbatterie für Kinder von 5 bis 12 Jahren. Hogrefe, Göttingen

Hattie, J. (2009): Visible Learning: a Synthesis of over 800 Meta-Analysis Relating to Achievement. Routledge, Oxon

Hayes, J. R. (2012): Modeling and Remodeling Writing. Written Communication 29(3), 369–388

Hayes, J. R., Chenoweth, N. A. (2006): Is Working Memory Involved in the Transcribing and Editing of Texts? Written Communication 23(2), 135–149

Hayes, J. R., Flower, L. S. (1980): Identifying the Organization of Writing Processes. In: Gregg, L. W., Sternberg, E. R. (Hrsg.): Cognitive Processes in Writing. Erlbaum, Hillsdale/NJ

Heath, S. M., Hogben, J. H., Clark, C. D. (1999): Auditory Temporal Processing in Disabled Readers with and without Oral Language Delay. Journal of Child Psychology and Psychiatry 40, 637–647

Hellendoorn, J., Ruijssenaars, W. (2000): Personal Experiences and Adjustment of Dutch Adults with Dyslexia. Remedial and Special Education 21, 227–239

Heller, D. (1977): Über den Zusammenhang zwischen Lesen und Rechtschreiben. Psychologie in Erziehung und Unterricht 24, 205–212

Helmke, A., Schrader, F. W., Lehneis-Klepper, G. (1991): Zur Rolle des Elternverhaltens für die Schulleistungsentwicklung ihrer Kinder. Zeitschrift für Entwicklungspsychologie und Pädagogische Psychologie 23, 1–22

Henderson, L. (1982): Orthography and Word Recognition in Reading. Academic Press, London

Hennes, A.-K., Osipov, I., Schmidt, B. M., Colley, C., Schabmann, A. (2016): The Role of Morpheme Clusters in Reading Processes at the End of Primary School. Twenty-Third Annual Meeting Society for the Scientific Study of Reading, Porto, Portugal July 13–16, 2016

Heuser, O. (1991): Der Erstleseunterricht in Geschichte, Theorie und Praxis. Ratingen

Hinshaw, S. P. (1992): Externalizing Behavior Problems and Academic Underachievement in Childhood and Adolescence: Causal Relationships and Underlying Mechanisms. Psychological Bulletin 111, 127–155

Hinshelwood, J. (1900): Letter-, Word- and Mind-Blindness. Lewis, London
Hoien, T., Lundberg, I., Stanovich, K. E., Bjaalid, I. (1995): Components of Phonological Awareness. Reading and Writing 7, 171–188
Holzinger, F. (1964): Leistungserhebung auf der vierten Schulstufe. Leykam, Graz
Hooper, S. R., Swartz, C., Montgomery, J., Reed, M. S., Brown, T. T., Wasileski, T., Levine, M. D. (1993): Prevalence of Writing Problems across Middle School Samples. School Psychology Review 22, 610–622
Hoover, W. A., Gough, P. B. (1990): The Simple View of Reading. Reading and Writing 2, 127–160
Huemer, S. M., Pointner, A., & Landerl, K. (2016): Evidenzbasierte LRS-Förderung. Wien: BMB. In: www.lsr-t.gv.at/sites/lsr.tsn.at/files/upload_schulpsychologie/evidenzbas_LRS.pdf, 8.1.2017)
Hulme, C., Joshi, R. M. (Hrsg.) (1998): Reading and Spelling: Development and Disorders. Erlbaum, Hillsdale/NJ
Hulme, C., Snowling, M. J. (Hrsg.) (1997): Dyslexia. Biology, Cognition, and Intervention. Whurr, London
Hulme, C., Snowling, M. J. (2009): Developmental Disorders of Language Learning and Cognition. Wiley-Blackwell, Oxford/UK
Hurrelmann, B., Hammer, M., Stelberg, K. (1996): Familienmitglied Fernsehen. Fernsehgebrauch und Probleme der Fernseherziehung in verschiedenen Familienformen. Leske & Budrich, Opladen
Hurry, J. (1999): Children's Reading Levels. Journal of Child Psychology and Psychiatry 40, 143–150
Hutzler, F., Kronbichler, M., Jacobs, A. M., Wimmer, H. (2006): Perhaps Correlational but not Causal: No effect of Dyslexic Readers' Magnocellular System on their Eye Movements During Reading. Neuropsychologia 44, 637-648
Hynd, G. W., Hall, J., Novey, E. S., Eliopulos, D., Black, K., Gonzalez, J. J., Edmonds, J. E., Riccio, C., Cohen, M. (1995): Dyslexia and Corpus Callosum Morphology. Archives of Neurology 52, 32–38
Hynd, G. W., Semrud-Clikeman, M. (1989): Dyslexia and Brain Morphology. Psychological Bulletin 106, 447–482

Idol, L. (1987): Group Story Mapping: a Comprehension Strategy for Both Skilled and Unskilled Readers. Journal of Learning Disabilities 20, 196–205
Ise, E., Engel, R. R., Schulte-Körne, G. (2012): Was hilft bei der Lese-Rechtschreibstörung? Ergebnisse einer Metaanalyse zur Wirksamkeit deutschsprachiger Förderansätze. Kindheit und Entwicklung 21(2), 122–136
Iversen, S., Tunmer, W. E. (1993): Phonological Processing Skills and the Reading Recovery Program. Journal of Educational Psychology 85, 112–126

Jackson, N. E., Coltheart, M. (2001): Routes to Reading Success and Failure. Psychology Press, New York
Jansen, H., Mannhaupt, G., Marx, H., Skowronek, H. (2002): Bielefelder Screening zur Früherkennung von Lese- und Rechtschreibschwierigkeiten (BISC). Hogrefe, Göttingen
Johnston, T. C., Kirby, J. R. (2006). The Contribution of Naming Speed to the Simple View of Reading. Reading and Writing 19 (4), 339–361
Joseph, J., Noble, K., Eden, G. (2001): The Neurobiological Basis of Reading. Journal of Learning Disabilities 34, 566–579
Juel, C. (1996): What Makes Literacy Tutoring Effective? Reading Research Quarterly 31, 268–289
Juel, C. (1994): Learning to Read and Write in One Elementary School. Springer, New York

Juel, C., Griffith, P. L., Gough, P. B. (1986): Acquisition of literacy: A longitudinal study of children in first and second grade. Journal of Educational Psychology 78, 243–255

Juel, C., Roper-Schneider, D. (1985): The Influence of Basal Readers on First Grade Reading. Reading Research Quarterly 20, 134–152

Kail, R., Hall, L. K., Caskey, B. J. (1999): Processing Speed, Exposure to Print, and Naming Speed. Applied Psycholinguistics 20, 303–314

Kamil, M. L., Mosenthal, P. B., Pearson, P. D., Barr, R. (Hrsg.) (2000): Handbook of Reading Research. Vol. III. Erlbaum, Hillsdale/NJ

Kaufmann, L., Landerl, K., Mazzoldi, M., Moeller, K., Pastore, N., Saladin, M. (2008): BVN/NPS, Erickson, Trento, 5–11

Kay, J., Hanley, R. (1994): Peripheral Disorders of Spelling: the Role of the Graphemic Buffer. In: Brown, G. D. A. Ellis, N. C. (Hrsg.), 295–315

Kinneavy, J. L. (1971): A Theory of Discourse. Prentice Hall, Englewood Cliffs/NJ

Kintsch, W. (1995): Information Accretion and Reduction in Text Processing: Inferences. Discourse Processes 16, 193–202

Kintsch, W. (1980): Learning from Text, Levels of Comprehension, or: Why Anyone Would Read a Story Anyway. Poetics 9, 87–89

Kintsch, W. (1974): The Representation of Meaning in Memory. Erlbaum, Hillsdale/NJ

Kirby, J. R., Georgiou, G. K., Martinussen, R., Parilla, R. (2010): Naming Speed and Reading: from Prediction to Instruction. Reading Research Quaterly 45(3), 341–362

Kirby, J. R., Parrila, R., Pfeiffer, S. L. (2003): Naming Speed and Phonological Awareness as Predictors of Reading Development. Journal of Educational Psychology 80, 437–447

Klauer, K. J. (1993): Induktives Denken beeinflußt das Rechtschreibenlernen. Zeitschrift für Entwicklungspsychologie und Pädagogische Psychologie 25, 353–365

Klein, R. G., Manuzza, S. (1993): A 15-Year Follow-Up of 91 Children with Pure Reading Disorders. Paper Presented at the Society for Research in Child and Adolescent Psychopathology Annual Meeting, February 17–21, Santa Fe/New Mexico

Klein, R. M., McMullen, P. A. (Hrsg.) (1999): Converging Methods for Understanding Reading and Dyslexia. MIT Press, Cambridge/MA

Klicpera, C., Gasteiger-Klicpera, B. (1994): Die langfristige Entwicklung der mündlichen Lesefertigkeit bei guten und schwachen Lesern. Zeitschrift für Entwicklungspsychologie und Pädagogische Psychologie 26, 278–290

Klicpera, C., Gasteiger-Klicpera, B. (2001): Macht Intelligenz einen Unterschied? Rechtschreiben und phonologische Fertigkeiten bei diskrepanten und nichtdiskrepanten Lese/Rechtschreibschwierigkeiten. Zeitschrift für Kinder- und Jugendpsychiatrie und Psychotherapie 29, 37–49

Klicpera, C., Gasteiger-Klicpera, B. (2000): Sind Rechtschreibschwierigkeiten Folge einer phonologischen Störung? Die Entwicklung des orthographischen Wissens und der phonologischen Rekodierungsfähigkeit bei Schülern der 2. bis 4. Klasse Grundschule. Zeitschrift für Entwicklungspsychologie und Pädagogische Psychologie 32, 134–142

Klicpera, C., Gasteiger-Klicpera, B. (1999): Förderung lese- und rechtschreibschwacher Schüler in der Volksschule. Forschungsbericht. Abteilung für angewandte und klinische Psychologie, Wien 22, 57–64

Klicpera, C., Gasteiger-Klicpera, B. (1998a): Die ersten Stadien der Entwicklung von Lese- und Rechtschreibschwierigkeiten. Heilpädagogische Forschung 24, 163–175

Klicpera, C., Gasteiger-Klicpera, B. (1998b): Psychologie der Lese- und Schreibschwierigkeiten – Entwicklung, Ursachen, Förderung. 2. Aufl. Beltz und Psychologie Verlags Union, Weinheim

Klicpera, C., Gasteiger-Klicpera, B. (1996): Auswirkungen einer Schulung des zentralen Hörvermögens nach edu-kinesiologischen Konzepten auf Kinder mit Lese- und Rechtschreibschwierigkeiten. Heilpädagogische Forschung

Klicpera, C., Gasteiger-Klicpera, B. (1995): Psychologie der Lese- und Schreibschwierigkeiten. Entwicklung, Ursachen und Förderung. Psychologie Verlags Union, Weinheim

Klicpera, C., Gasteiger-Klicpera, B., Hütter, E. (1993a): Die Praxis der Legasthenikerförderung in zwei Wiener Schulbezirken. In: Bundesministerium für Unterricht und Kunst (Hrsg.): Was macht die Förderung effektiv? Kontroverse (?) Konzepte zur Legasthenikerbetreuung. Ketterl, Wien, 41–147

Klicpera, C., Gasteiger-Klicpera, B., Schabmann, A. (2001): Zur Effektivität spezieller Fördermaßnahmen für Kinder mit Lese- und Rechtschreibschwierigkeiten: II. Fortschritte der Kinder während eines Schuljahres. Erziehung und Unterricht 151, 89–101

Klicpera, C., Gasteiger-Klicpera, B., Schabmann, A. (1999): Orthographic knowledge and phonological recoding in spelling . European Child and Adolescent Psychiatry 8, Suppl. 2, 190

Klicpera, C., Gasteiger-Klicpera, B., Schabmann, A. (1994a): Wieweit unterscheiden sich durchschnittliche Leser mit Rechtschreibschwierigkeiten von Kindern mit Lese- und Rechtschreibschwierigkeiten? Verlauf, Art der Rechtschreibfehler und Lernvoraussetzungen. Zeitschrift für Kinder- und Jugendpsychiatrie 22, 87–96

Klicpera, C., Gasteiger-Klicpera, B., Schabmann, A. (1993b): Lesen und Schreiben – Entwicklung und Schwierigkeiten: Die Wiener Längsschnittuntersuchungen über die Entwicklung, den Verlauf und die Ursachen von Lese- und Schreibschwierigkeiten in der Pflichtschulzeit. Huber, Bern

Klicpera, C., Graeven, M., Graeven, G., Schabmann, A. (1994b): Die Schwierigkeiten sprachentwicklungsgestörter Kinder beim Erlernen des Lesens und Schreibens: Ein Vergleich von sprachentwicklungsgestörten Kindern mit guten und schwachen Lesern aus der Volksschule und lernbehinderten Kindern aus der Allgemeinen Sonderschule. Der Sprachheilpädagoge 26(4), 1–23

Klicpera, C., Graeven, M., Schabmann, A. (2000): Lesen- und Schreibenlernen in der Volksschule: Fortschritte in den ersten beiden Volksschulklassen, Prädiktion der Fortschritte im Kindergarten und deren Abhängigkeit von der Gestaltung des Unterrichts und der Unterstützung in der Familie. Wien: Abteilung für angewandte und klinische Psychologie

Klicpera, C., Graeven, M., Schabmann, A. (1993c): Die Entwicklung der Lese- und Rechtschreibfähigkeit bei sprachentwicklungsgestörten, leseschwachen und durchschnittlichen Schülern von der 1. zur 4. Klasse. Sprache – Stimme – Gehör 17, 139–146

Klicpera, C., Graeven, M., Schabmann, A. Gasteiger-Klicpera, B. (1993d): Wieweit haben sprachlich gestörte Kinder spezielle Probleme beim Lesen und Schreiben? Ein Vergleich mit guten und schwachen Lesern in der Grundschule sowie lernbehinderten Kindern. Die Sprachheilarbeit 38, 231–244

Klicpera, C., Humer, R., Gasteiger-Klicpera, B., Schabmann, A. (2008a): Der Wiener Früherkennungstest WFT. Funkelsteine. Dorner, Wien

Klicpera, C., Humer, R., Gasteiger-Klicpera, B., Schabmann, A. (2008b): Der Wiener Früherkennungstest WFT. Mia und Mo. Dorner, Wien

Klicpera, C., Schabmann, A. (1993): Do German-speaking children have a chance to overcome reading and spelling difficulties? European Journal of Psychology of Education 3, 307–323

Klicpera, C., Wolff, P. H., Drake, C. (1981): Bimanual coordination in adolescent boys with reading retardation. Developmental Medicine and Child Neurology 23, 617–625

Koolstra, C.M., van der Voort, T. H. A., van der Kamp, L. J. T. (1997): Television´s impact on children´s reading comprehension and decoding skills: A 3 year panel study. Reading Research Quarterly 32, 128-152

Kossow, H. J. (1991): Leitfaden zur Bekämpfung der Lese-Rechtschreibschwäche. Übungsbuch und Kommentare. 2.Aufl. Deutscher Verlag der Wissenschaften, Berlin

Kossow, H. J. (1977): Zur Therapie der Lese-Rechtschreibschwäche: Aufbau und Erprobung eines theoretisch begründeten Therapieprogramms. Deutscher Verlag der Wissenschaften, Berlin

Kreiner, D. S. (1992): Reaction Time Measures of Spelling: Testing a Two-Strategy Model of Skilled Spelling. Journal of Experimental Psychology: Learning, Memory, and Cognition 18, 765–776

Kroll, B. M. (1981): Developmental Relationships between Speaking and Writing. In: Kroll, B. M., Vann, R. J. (Hrsg.): Exploring Speaking-Writing Relationships: Connections and Contrasts. National Council of Teachers of English, Urbana/Il

Kujala, T., Myllyviita, K., Tervaniemi, M., Alho, K., Lallio, J., Näätänen, R. (2000): Basic Auditory Dysfunction in Dyslexia as Demonstrated by Brain Activity Measurements. Psychophysiology 37, 262–266

Küspert, P. (1997): Phonologische Bewußtheit und Schriftspracherwerb. Lang, Frankfurt

Küspert, P., Schneider, W. (1998): Würzburger Leise Leseprobe (WLLP). Ein Gruppenlesetest für die Grundschule. Hogrefe, Göttingen

Küspert, P., Schneider, W. (1999): Hören, lauschen, lernen. Sprachspiele für Kinder im Vorschulalter. Würzburger Trainingsprogramm zur Vorbereitung auf den Erwerb der Schriftsprache. Vandenhoeck und Ruprecht, Göttingen

Landerl, K. (2001): Lesegeschwindigkeitstest (National und International). In: Haider, G., Lang, B. (Hrsg.): PISA Plus 2000. Nationaler Bericht. Deskriptive Ergebnisse des österreichischen Zusatzprojekts im OECD/PISA-Programm 2000. Studien Verlag, Innsbruck, 119–130

Landerl, K., Moser, E. (1997): Salzburger Lese- und Rechtschreibtest. Verfahren zur Differentialdiagnostik von Störungen des Lesens und Schreibens für die 1. bis 4. Schulstufe. Huber, Bern

Landerl, K., Ramus, F., Moll, K., Lyytinen, H., Leppänen, P. H., Lohvansuu, K., O'Donovan, M., Williams, J., Bartling, J., Bruder, J., Kunze, S., Neuhoff, N., Tóth, D., Honbolygó, F., Csépe, V., Bogliotti, C., Iannuzzi, S., Chaix, Y., Démonet, J. F., Longeras, E., Valdois, S., Chabernaud, C.Delteil-Pinton, F., Billard, C., George, F., Ziegler, J. C., Comte-Gervais, I., Soares-Boucaud, I., Gérard, C. L., Blomert, L., Vaessen, A., Gerretsen, P., Ekkebus, M., Brandeis, D., Maurer, U., Schulz, E., van der Mark, S., Müller-Myhsok, B., Schulte-Körne, G. (2012): Predictors of developmental dyslexia in European orthographies with varying complexity. Journal of Child Psychology and Psychiatry. 2012 Dec 10. doi: 10.1111/jcpp.12029 [Epub ahead of print]

Landerl, K., Reiter, C. (2002): Lesegeschwindigkeit als Indikator für basale Lesefertigkeiten. In C. Wallner-Paschon & G. Haider (Hrsg.), PISA PLUS

Landerl, K., Wimmer, H. (2008): Development of word reading fluency and spelling in a consistent orthography: An 8-year follow-up. Journal of Educational Psychology 100, 150–161

Langenberg, N. L., Correro, G., Ehri, L., Ferguson, G., Garza, N., Kamil, M. L., Marrett, C. B., Samuels, S. J., Shanahan, T., Shaywitz, S. E., Trabasso, T., Williams, J., Willows, D., Yatvin, J. (2000): Teaching Children to Read: an Evidence-Based Assessment of the Scientific Research Literature on Reading and Its Implications for Reading Instruction. National Institute of Child Health and Development, Washington

Langer, J. A. (1986): Children Reading and Writing: Structures and Strategies. Ablex, Norwood/NJ

Larsen, S. C., Hammill, D. D. (1989): Test of Legible Handwriting. Pro-Ed, Austin/TX

Lehmann, R. H., Peek, R. (1996): Wie gut können Deutsche lesen und rechnen? Universitas 51 (10), 975–989

Lehmann, R. H., Peek, R., Poerschke, J. (1997): Hamburger Lesetest für 3. und 4. Klassen (HAMLET 3–4). Hogrefe, Göttingen

Lehr, S. (1988): The Child's Developing Sense of Theme as a Response to Literature. Reading Research Quarterly 23, 337–357

Lemoine, H. E., Levy, B. A., Hutchinson, A. (1993): Increasing the Naming Speed of Poor Readers: Representations Formed across Repetitions. Journal of Experimental Child Psychology 55,297–328

Lenhard, W., Lenhard, A., Schneider, W. (2017 in press): ELFE II. Ein Leseverständnistest für Erst- bis Siebtklässler, Hogrefe, Göttingen.

Lenhard, W., Schneider, W. (2006): Ein Leseverständnistest für Erst- bis Sechstklässler (ELFE 1–6). Beltz, Weinheim

Lennox, C., Siegel, L. S. (1998): Phonological and Orthographic Processes in Good and Poor Spellers. In: Hulme, C., Joshi, R. M. (Hrsg.), 395–404

Leonard, C. M. (2001): Imaging Brain Structure in Children: Differentiating Language Disability and Reading Disability. Learning Disability Quarterly 24, 158–176

Levy, B. A. (2001): Moving the bottom: Improving reading fluency. In: Wolf, M. (Hrsg.): Dyslexia, fluency and the brain. York Press, Parkton, 357–379

Levy, B. A. (1999): Whole Words, Segments, and Meaning: Approaches to Reading Education. In: Klein, R. M., McMullen, P. A. (Hrsg.), 77–110

Levy, B. A., Abello, B., Lysynchuk, L. (1997): Transfer from Word Training to Reading in Context: Gains in Reading Fluency and Comprehension. Learning Disability Quarterly 20, 173–188

Lewis, C., Hitch, G. J., Walker, P. (1994): The Prevalence of Specific Arithmetic Difficulties and Specific Reading Difficulties in 9- to 10-year Old Boys and Girls. Journal of Child Psychology and Psychiatry 35, 283–292

Liberman, I. Y., Shankweiler, D., Orlando, C., Harris, K. S., Berti, F. B. (1971): Letter Confusion and Reversals of Sequence in the Beginning Reader: Implications for Orton's Theory of Developmental Dyslexia. Cortex 7, 127–142

Liederman, J., Kantrotwitz, L., Flannery, K. (2005): Male Vulnerability to Reading Disability Is Likely to Be a Myth: A Call for New Data. Journal of Learning Disabilities 38, 109–129

Lindamood, C., Lindamood, P. (1975): Auditory Discrimination in Depth. Science Research Associates Division, MacMillan/McGraw-Hill, Columbus/OH

Lindsay, G., Evans, A., Jones, B. (1985): Paired Reading Versus Relaxed Reading: a Comparison. British Journal of Educational Psychology 55, 304–309

Livingstone, M., Rosen, G. D., Drislane, F. W., Galaburda, A. M. (1991): Physiological and Anatomical Evidence for a Magnocellular Defect in Developmental Dyslexia. Proceedings of the National Academy of Sciences of the United States of America 88, 7943–7947

Lobier, M., Valdois, S. (2015): Visual Attention Deficits in Developmental Dyslexia Cannot Ascribed Solely to Poor Reading Experience. Nature Reviews Neuroscience 16(4), 225–225

Locke, J. L., Hodgson, J., Macaruso, P., Roberts, J., Lambrecht-Smith, S., Guttentag, C. (1997): The Development of Developmental Dyslexia. In: Hulme, C., Snowling, M. J. (Hrsg.), 72–96

Loidl, A., Schmidt, B. M., Schabmann, A. (2012): Do 2nd and 4th Year German Speaking Students Use Syllable-Structures in Decoding?. Poster Presented at the Nineteenth Annual Meeting Society for the Scientific Study of Reading, Montreal, Kanada, 11.–14. Juli 2012

Lovegrove, W., Williams, M. C. (1993): Visual Temporal Processing Deficits in Specific Reading Disability. In: Willows, D. M., Kruk, R. S., Corcos, E. (Hrsg.): Visual Processes in Reading and Reading Disabilities. Erlbaum, Hillsdale/NJ, 311–329

Lovett, M. W. (1999): Defining and Remediating the Core Deficits of Developmental Dyslexia: Lessons from Remedial Outcome Research with Reading Disabled Children. In: Klein, R. M., McMullen, P. A. (Hrsg.), 111–132

Lovitt, T. C., Fantasia, K. (1980): Two Approaches to Reading Program Evaluation: a Standardized Test and Direct Assessment. Learning Disability Quarterly 3, 77–87

Lundberg, I., Frost, J., Petersen, O. (1988): Effects of an Extensive Program for Stimulating Phonological awareness in Preschool Children. Reading Research Quarterly 23, 263–284

Manis, F. R., Bailey, C. E. (2008): Exploring Heterogenity in Developmental Dyslexia: a Longitudinal Investigation. In Reid, G., Fawcett, A. J., Siegel, L. S., Manis, F. (Hrsg.): The Sage Handbook of Dylexia. Sage Publications, London, 149–173

Manis, F. R., McBride-Chang, C., Seidenberg, M. S., Keating, P., Doi, L. M., Munson, B., Petersen, A. (1997): Are Speech Perception Deficits Associated with Developmental Dyslexia? Journal of Experimental Child Psychology 66, 211–235

Manis, F. R., Seidenberg, M. S., Doi, L. M., McBride-Chang, C., Peterson, A. (1996): On the Bases of Two Subtypes of Developmental Dyslexia. Cognition 58, 157–195

Mannhaupt, G. (2005): Münsteraner Screening MÜSC. vpm, Hamburg

Marschik, M. (1993): Poesietherapie. Therapie durch Schreiben? Turia und Kant, Wien

Marschik, M., Schabmann, A., Klicpera, C. (unter der Mitarbeit von P. Brandtner-Christodoulides) (1997): Schreiben – vermitteln und verstehen. Eine Einführung in die schriftliche Ausdrucksfähigkeit von Jugendlichen. Hölder-Pichler-Tempsky, Wien

Marsh, G., Friedman, M., Desberg, P., Saterdahl, K. (1981): Comparison of Reading and Spelling Strategies in Normal and Reading Disabled Children. In: Friedman, M. P., Das, J. P., O'Connor, N. (Hrsg.): Intelligence and Learning. Plenum Press, New York

Marsh, G., Friedman, M., Welch, V., Desberg, P. (1980): The Development of Strategies in Spelling. In: Frith, U. (Hrsg.): Cognitive Processes in Spelling. Academic Press, London, 339–353

Marslen-Wilson, W. (1987): Functional Parallelism in Spoken Word Recognition. Cognition 25, 71–102

Martschinke, S., Kirschhock, E. M., Frank, A. (2002): Diagnose und Förderung im Schriftspracherwerb. Bd. 1. Der Rundgang durch Hörhausen. Erhebungsverfahren zur phonologischen Bewusstheit. 2. Aufl. Auer, Donauwörth

Marx, H., Jungmann, T. (2000): Abhängigkeit der Entwicklung des Leseverstehens von Hörverstehen und grundlegenden Lesefertigkeiten im Grundschulalter: Eine Prüfung des Simple View of Reading- Ansatzes. Zeitschrift für Entwicklungspsychologie und Pädagogische Psychologie 32, 81–93

Marx, H., Schneider, W. (2000): Entwicklung eines Tests zur phonologischen Bewußtheit im Grundschulalter. In: Hasselhorn et al. (Hrsg.), 91–114

Marx, H., Weber, J. M., Schneider, W. (2001): Legasthenie versus allgemeine Lese- und Rechtschreibschwäche – ein Vergleich der Leistungen in der phonologischen und visuellen Informationsverarbeitung. Zeitschrift für Pädagogische Psychologie 15, 85–98

Mather, N., Wendling, B. J. (Hrsg.) (2012): Essentials of Dyslexia. Assessment and Intervention. Wiley, Hoboken/New Jersey

Maughan, B., Hagell, A. (1996): Poor Readers in Adulthood: Psychosocial Functioning. Developmentand Psychopathology 8, 457–476

Maughan, B., Gray, G., Rutter, M. (1985): Reading Retardation and Antisocial Behavior: a Follow-Up into Employment. Journal of Child Psychology and Psychiatry 26, 741–758

Maughan, B., Hagell, A., Rutter, M., Yule, W. (1994): Poor Readers in Secondary School. Reading and Writing 6, 125–150

Maughan, B., Pickles, A., Hagell, A., Rutter, M., Yule, W. (1996): Reading Problems and Antisocial Behaviour: Developmental Trends in Comorbidity. Journal of Child Psychology and Psychiatry 37, 405–418

May, P. (2012): Hamburger Schreib-Probe 1–10. Hogrefe, Göttingen

Mayer, A. (2016): Test zur Erfassung der phonologischen Bewusstheit und der Benennungsgeschwindigkeit (TEPHOBE). Manual. 3. überarb. Aufl. Ernst Reinhardt, München/Basel

Mayringer, H., Wimmer, H., Landerl, K. (1998): Die Vorhersage früher Lese- und Rechtschreibschwierigkeiten: Phonologische Schwächen als Prädiktoren. Zeitschrift für Entwicklungspsychologie und Pädagogische Psychologie 30, 57–69

McArthur, G. M., Hogben, J. H., Edwards, V. T., Heath, S. M., Mengler, E. D. (2000): On the ‚Specifics' of Specific Reading Disability and Specific Language Impairment. Journal of Child Psychology and Psychiatry 41, 869–874

McBride-Chang, C., Manis, F. R. (1996): Structural Invariance in the Associations of Naming Speed.Phonological Awareness, and Verbal Reasoning in Good and Poor Readers: a Test of the Double Deficit Hypothesis. Reading and Writing: an Interdisciplinary Journal 8, 323–339

McClelland, J. L., Elman, J. (1986): The Trace Model of Speech Perception. Cognitive Psychology 18, 1–86

McClelland, J. L., Rumelhart, D. E. (1981): An Interactive Activation Model of Context Effects in Letter Perception: Part 1. An Account of Basic Findings. Psychological Review 88, 375–407

McCutchen, D., Abbott, R. D., Green, L. B., Beretvas, S. N., Cox, S., Potter, N. S., Quiroga, T., Gray, A. L. (2002): Beginning Literacy: Links among Teacher Knowledge, Teacher Practice, and Student Learning. Journal of Learning Disabilities 35, 69–86

McGee, R., Share, D. L. (1988): Attention Deficit Disorder – Hyperactivity: Which Comes First and Should Be Treated? Journal of the American Academy of Child and Adolescent Psychiatry 27, 318–325

McGee, R., Share, D. L., Moffitt, T. E., Williams, S. M., Silva, P. A. (1988): Reading Disability, Behavior Problems and Juvenile Delinquency. In: Saklofske, D. H., Eysenck, S. G. B. (Hrsg.): Individual Differences in Children and Adolescents: International Perspectives. Hodder and Stoughton, London, 158–172

McGee, R., Williams, S., Share, D. L., Anderson, J., Silva, P. A. (1986): The Relationship between Specific Reading Retardation, General Reading Backwardness and Behavioural Problems in a Large Sample of Dunedin Boys: A Longitudinal Study from Five to Eleven Years. Journal of Child Psychology and Psychiatry 27, 597–610

McKeown, M. G., Curtis, M. E. (Hrsg.) (1987): The Nature of Vocabulary Acquisition. Erlbaum, Hillsdale/NJ

McKoon, G., Ratcliff, R. (1992): Inference during Reading. Psychological Review 3, 440–466

McLeod, P, Shallice, T., Plaut, D. C. (2000): Attractor Dynamics in Word Recognition: Converging Evidence from Errors by Normal Subjects, Dyslexic Patients and a Connectionist Model. Cognition 74, 91–113

Medland, C., Walter, H., Woodhouse, J. M. (2010): Eye Movements and Poor Reading: Does Developmental Eye Movement Test Measure Cause of Effect? Ophthalmic Physiol. Opt. 30, 740–747

Meis, R. (1970): Diagnostischer Rechtschreibtest für 4. und 5. Klassen (DRT 4–5). Beltz, Weinheim

Mercer, C. D, Campbell, K. U., Miller, M. D., Mercer, K. D., Lane, H. B. (2000): Effects of a Reading Fluency Intervention for Middle Schoolers with Specific Learning Disabilities. Learning Disabilities Research and Practice 15, 179–189

Merrell, C., Tymms, P. B. (2001): Inattention, Hyperactivity and Impulsiveness: Their Impact on Academic Achievement and Progress. British Journal of Educational Psychology 71, 43–56

Meyer, B. J. F. (1985): Prose Analysis: Purposes, Procedures, and Problems. In: Britton, B. K., Black, J. B. (Hrsg.): Understanding Expository Text. Erlbaum, Hillsdale/NJ, 11–64

Meyer, B. J. F., Brandt, D. M., Bluth, G. J. (1980): Use of Author's Textual Schema: Key for Ninth Graders' Reading Comprehension. Reading Research Quarterly 16, 72–103

Mokhtari, K., Reichard, C. A. (2002): Assessing Students' Metacognitive Awareness of Reading Strategies. Journal of Educational Psychology 94, 249–259

Moll, K., Fussenegger, B., Willbuger, E., Landerl, K. (2009): RAN Is Not a Measure of Orthographic Processing. Evidence from the Asymmetric German Orthography. Scientific Studies of Reading 13(1), 1–25

Moll, K., Kunze, S., Neuhoff, N., Bruder, J., Schulte-Körne, G. (2014): Specific Learning Disorder: Prevalance and Gender Differences. PloS ONE 9(7)

Moll, K., Landerl, K. (2009): Double Dissociation between Reading and Spelling Deficits. Scientific Studies of Reading, 13(5), 359-382

Moll, K., Landerl, K. (2014): SLRT-II Lese- und Rechtschreibtest. Hogrefe, Göttingen

Moll, K., Ramus, F., Bartling, J., Bruder, J., Kunze, S., Neuhoff, N., Streiftau, S., Lyytinen, H., Leppänen, P. H. T., Lohvansuu, K., Toth, D., Honbolygo, F., Csepe, V., Bogliotti, C., Iannuzzi, S., Demonet, J.-F., Longeras, E., Valdois, S., George, F., Soares-Boucaud, I., Le Heuzey, M.-F., Billard, C., O'Donovan, M., Hill, G., Williams, J., Brandeis, D. (2014): Cognitive Mechanisms Underlying Reading and Spelling Development in Five European Orthographies. Learning and Instruction 29, 65–77

Mommers, M. J. C. (1987): An Investigation into the Relation between Word Recognition Skills, Reading Comprehension and Spelling Skills in the First Two Years of Primary School. Journal of Research in Reading 10, 122–143

Mommers, M. J. C., Boland, T. (1989): Die Entwicklung der Dekodierfähigkeit, des Leseverständnisses und der Rechtschreibung bei Grundschülern: eine Längsschnittstudie. Zeitschrift für Pädagogische Psychologie 3, 17–25

Morais, J., Alegria, J., Content, A. (1987): The Relationship between Segmental Analysis and Alphabetic Literacy: an Interactive View. Cahiers de Psychologie Cognitive 7, 415–439

Morgan, R., Lyon, E. (1979): "Paired Reading" – a Preliminary Report on a Technique for Parental Tuition of Reading-Retarded Children. Journal of Child Psychology and Psychiatry 20, 151–160

Morton, J. (1969): Interaction of Information in Word Recognition. Psychological Review 76, 165–178

Müller, H. (1964): Methoden des Erstleseunterrichts und ihre Ergebnisse. A. Hain, Frank-furt/M.

Müller, H., Müller, R. (1965): Rechtschreibung und Fehleranalyse. Schule und Psychologie 12, 161–173

Müller, R. (2004a): Diagnostischer Rechtschreibtest für 1. Klassen DRT 1. Beltz, Göttingen

Müller, R. (2004b): Diagnostischer Rechtschreibtest für 2. Klassen DRT 2. Beltz, Göttingen

Müller, R. (2004c): Diagnostischer Rechtschreibtest für 3. Klassen DRT 3. Beltz, Göttingen

Muter, V. (1998): Phonological Awareness: Its Nature and Its Influence over Early Literacy Development. In: Hulme, C., Joshi, R. M. (Hrsg.), 113–125

Närhi, V., Ahonen, T. (1995): Reading Disability with and without Attention Deficits Hyperactivity Disorder: Do Attentional Problems Make a Difference? Developmental Neuropsychology 11, 337–349

Nation, K., Hulme, C. (1998): The Role of Analogy in Early Spelling Development. In: Hulme, C., Joshi, R. M. (Hrsg.), 433–446

Nation, K., Snowling, M. J. (1998a): Semantic Processing and the Development of Word Recognition Skills: Evidence from Children with Reading Comprehension Difficulties. Journal of Memory and Language 39, 85–101

Nation, K., Snowling, M. J. (1998b): Individual Differences in Contextual Facilitation: Evidence from Dyslexia and Poor Reading Comprehension. Child Development 69, 996–1011

Nation, K., Snowling, M. J. (1997): Assessing Reading Difficulties: the Validity and Utility of Current Measures of Reading Skill. British Journal of Educational Psychology 67, 359–370

Naumann, C. L. (1989): Gesprochenes Deutsch und Orthographie: Linguistische und didaktische

Studien zur Rolle der gesprochenen Sprache in System und Erwerb der Rechtschreibung. Lang, Frankfurt/Bern/New York

Nicolson, R. I. & Fawcett, A. J. (1990): Automaticity: a New Framework for Dyslexia Research?. Cognition 35(2), 159–182

Niemeyer, W. (1974): Legasthenie und Milieu. Schroedel, Hannover

Nittrouer, S. (1999): Do Temporal Processing Deficits Cause Phonological Processing Problems? Journal of Speech, Language and Hearing Research 42, 925–942

Nolan, K. F., Caramazza, A. (1983): An Analysis of Writing in a Case of Deep Dyslexia. Brain and Language 20, 305–328

Notarnicola, A., Angelelli, P., Judica, A., Zoccolotti, P. (2012): Development of Spelling Skills in a Shallow Orthography: the Case of Italian Language. Reading and Writing 25(5), 1171–1194

Oakhill, J. (1984): Inferential and Memory Skills in Children's Comprehension of Stories. British Journal of Educational Psychology 54, 31–39

Oakhill, J. (1982): Constructive Processes in Skilled and Less-Skilled Comprehenders' Memory for Sentences. British Journal of Psychology 73, 13–20

Oakhill, J., Garnham, A. (1988): Becoming a Skilled Reader. Blackwell, Oxford

OECD Statistics Canada (2000): Literacy in the Information Age. Final Report of the International Adult Literacy Survey. Paris

Olson, A. C., Caramazza A. (1994): Representation and Connectionist Models: the NETspell Experience. In: Brown, G. D. A., Ellis, N. C. (Hrsg.), 337–363

Olson, R. K., Wise, B. W. (1992): Reading on the Computer with Orthographic and Speech Feedback: an Overview of the Colorado Remediation project. Reading and Writing 4, 107–144

Olson, R. K., Datta, H., Gayan, J., DeFries, J. C. (1999): A Behavioural-Genetic Analysis of Reading Disabilities and Component Processes. In: Klein, R. M., McMullen, P. A. (Hrsg.), 133–152

Olson, R. K., Rack, J. P., Conners, F. A., DeFries, J. C., Fulker, D. W. (1991): Genetic Etiology of Individual Differences in Reading Disability. In: Feagans, L. V., Short, E. J., Meltzer, L. J. (Hrsg.): Subtypes of Learning Disabilities. Erlbaum, Hillsdale/NJ, 113–135

Orton, S. T. (1937): Reading, Writing and Speech Problems in Children. Norton, New York

Osipov, I., Breuer-Küppers, P., Hennes, A.-K., Bader, E., Schmidt, B. M., Schabmann, A. (2016): Prosodic Sensitivity in Children at the End of Elementary School and Its Impact on Reading Fluency. Twenty-Third Annual Meeting Society for the Scientific Study of Reading, Porto, Portugal July 13–16

Paleczek, L., Seifert, S., Obendrauf, T., Schwab, S., Gasteiger-Klicpera, B. (2017 in press): Differenzierter Lesetest – Dekodieren DiLe-D. Hogrefe, Göttingen

Palincsar, A. S., Brown, A. L. (1984): Reciprocal Teaching of Comprehension-Fostering and Monitoring Activities. Cognition and Instruction 1, 117–175

Paratore, J. R. (2011): Parents and Reading: What Teachers Should Know about Ways to Support Productive Home – School. What Research Has to Say about Reading Instruction, 406

Paris, S. G., Lipson, M. Y., Wixson, K. (1983): Becoming a Strategic Reader. Contemporary Educational Psychology 8, 293–316

Patterson, K. E., Shewell, C. (1987): Speak and Spell: Dissociations and Word Class Effects. In: Coltheart, M., Sartori, G., Job, R. (Hrsg.): The Cognitive Neuropsychology of Language. Erlbaum, London, 273–294

Paulesu, E., Frith, U., Snowling, M. J., Gallagher, A., Morton, J., Frackowiak, R. S. J., Frith, C. D. (1996): Is Developmental Dyslexia a Disconnection Syndrome? Evidence from PET Scanning. Brain 119, 143–157

Pennington, B. F., Gilger, J., Olson, R. K., DeFries, I. C. (1992): The External Validity of Age- versus IQ-Discrepancy Definitions of Reading Disability: Lessons from a Twin Study. Journal of Learning Disabilities 25, 562–573

Pepper, K., Lovegrove, W. (1999): The Effects of Different Types of Text Presentation on Children with a Specific Reading Disability. In: Everatt, J. (1999), 40–63

Perfetti, C. A. (1985): Reading Ability. Oxford University Press, New York

Perfetti, C. A. (1989): There Are Generalized Abilities and One of Them Is Reading. In L. B. Resnick (Hrsg.): Knowing, Learning, and Instruction: Essays in Honor of Robert Glaser. Erlbaum, Hillsdale, NJ, 307–335

Perfetti, C. A., Hart, L. (2002): The Lexical Quality Hypothesis Precursors of Functional Literacy 11, 67–86

Perfetti, C. A., Landi, N., Oakhill, J. (2011): The Acquisition of Reading Comprehension Skill. In: Snowling, M. J., Hulme, C. (Hrsg.): The Science of Reading: a Handbook. Blackwell, Victoria, 227–247

Perfetti, C. A., Stafura, J. (2014): Word Knowledge in a Theory of Reading Comprehension. Scientific Studies of Reading 18, 22–27

Perry, C., Ziegler, J. C., Zorzi, M. (2010): Beyond Single Syllables: Large-Scale Modelling of Reading Aloud with the Connectionist Dual Process (CDP++) Model. Cognitive Psychology 61, 106–151

Perry, C., Ziegler, J. C., Zorzi, M. (2007): Nested Incremental Modeling in the Development of Computational Theories: The CDP+ Model of Reading Aloud. Psychological Review 114, 273–315

Petermann, F. (2012): SET 5–10 Sprachstandserhebungstest für Kinder im Alter zwischen 5 und 10 Jahren. Hogrefe, Göttingen

Petermann, F., Daseking, M. (2012): Zürcher Lesetest – II Weiterentwicklung des Zürcher Lesetests (ZLT) von Maria Linder und Hans Grissemann. 2., überarb. Aufl. Hans Huber, Bern.

Petersen, S. E., Fox, P. T., Posner, M. I., Mintun, M., Raichle, M. E. (1989): Positron Emission Tomographic Studies of the Processing of Single Words. Journal of Cognitive Neuroscience 1, 153–170

Petersen, S. E., Fox, P. T., Snyder, A. Z., Raichle, M. E. (1990): Activation of Extrastriate and Frontal Cortical Areas by Visual Words and Word-Like Stimuli. Science 249, 1041–1044

Peterson, R. L., Pennington, B. F., Olson, R. K. (2013): Subtypes of Developmental Dyslexia: Testing the Predictions of the Dual-Route and Connectionist Frameworks. Cognition 126, 20–38

Pickering, M. J., Traxler, M. J. (1998): Plausibility and Recovery from Garden Paths. An Eyetracking Study. Journal of Experimental Psychology: Learning, Memory, and Cognition 24, 940–961

Piirainen, I. T. (1981): Handbuch der deutschen Rechtschreibung. Kamp, Bochum

Plaut, D. C., McClelland, J. L., Seidenberg, M. S. (1995): Reading Exception Words and Pseudowords: Are Two Routes Really Necessary? In: Levy, J. P., Bairaktaris, D., Bullinaria, J., Cairns, P. (Hrsg.): Proceedings of the Second Neural Computation and Psychology Workshop. University College London Press, London

Plaut, D. C., McClelland, J. L., Seidenberg, M. S., Patterson, K. E. (1996): Understanding Normal and Impaired Word Reading. Computational Principles in Quasi-Regular Domains. Psychological Review 103, 56–115

Pressley, M. (2000): What Should Comprehension Instruction Be the Instruction of? In: Kamil et al. (Hrsg.), 545–561

Pressley, M., Afflerbach, P. (1995): Verbal Protocols of Reading: the Nature of Constructively Responsive Reading. Erlbaum, Hillsdale/NJ

Pressley, M., Goodchild, F., Fleet, J., Zajchowski R., Evans, E. D. (1989): The Challenges of Classroom Strategy Instruction. Review of Educational Research 59, 1–41

Protopapas, A., Fakou, A., Drakopoulou, S., Skaloumbakas, C., Mouzaki, A. (2013): What Do Spelling Errors Tell Us? Classification and Analysis of Errors Made by Greek Schoolchildren with and without Dyslexia. Reading and Writing 26(5), 615–646

Pugh, K. R., Mencl, W. E., Jenner, A. R., Katz, L., Frost, S. J., Lee, J. R., Shaywitz, S. E., Shaywitz, B. A. (2000): Functional Neuroimaging Studies of Reading and Reading Disability (Developmental Dyslexia). Mental Retardation and Developmental Disabilities Research Reviews 6, 207–213

Pugh, K. R., Shaywitz, B. A., Shaywitz, S. E., Constable, R. T., Skudlarski, P., Fulbright, R. K., Bronen, R. A., Shankweiler, D. P., Katz, L., Fletcher, J. M., Gore, J. C. (1996): Cerebral Organization of Component Processes in Reading. Brain 119, 1221–1238

Pugh, K. R., Shaywitz, B. A., Shaywitz, S. E., Shankweiler, D. P., Katz, L., Fletcher, J. M., Skudlarski, P., Fulbright, R. K., Constable, R. T., Bronen, R. A., Lacadie, C., Gore, J. C. (1997): Predicting Reading Performance from Neuroimaging Profiles: the Cerebral Basis of Phonological Effects in Printed Word Identification. Journal of Experimental Psychology: Human Perception and Performance 23, 299–318

Purcell-Gates, V. (2001): Emergent Literacy Is Emerging Knowledge Of Written, Not Oral, Language. In: Britto, P. R., Brooks-Gunn, J. (2001b), 7–22

Raitano, N. A., Pennington, B. F., Tunick, R. A., Boada, R., Shriberg, L. D. (2004): Pre-Literacy Skills of Subgroups of Children with Speech Sound Disorders. Journal of Child Psychology and Psychiatry 45, 821–835

Rasinski, T. V. (1990): Effects of Repeated Reading and Listening-while-Reading on Reading Fluency. Journal of Educational Research 83, 147–150

Reitsma, P. (1988): Reading Practice for Beginners: Effects of Guided Reading, Reading-while-Listening, and Independent Reading with Computer-Based Speech Feedback. Reading Research Quarterly 23, 219–235

Reuter-Liehr, C. (2001): Lautgetreue Rechtschreibförderung. Winkler, Bochum

Reynolds, C. A., Hewitt, J. K., Erickson, M. T., Silberg, J. L., Rutter, M., Simonoff, E., Meyer, J., Eaves, L. J. (1996): The Genetics of Children's Oral Reading performance. Journal of Child Psychology and Psychiatry 37, 425–434

Riccio, C. A., Gonzalez, J. J., Hynd, G. W. (1994): Attention-Deficit Hyperactivity Disorder (ADHD) and Learning Disabilities. Learning Disability Quarterly 17, 311–321

Richards, T. L. (2001): Functional Magnetic Resonance Imaging and Spectroscopic Imaging of the Brain: Application of fMRI and fMRS to Reading Disabilities and Education. Learning Disability Quarterly 24, 189–203

Richgels, D. J. (2001): Invented Spelling, Phonemic Awareness, and Reading and Writing Instruction. In: Neuman, S. B., Dickinson, D. K. (Hrsg.): Handbook of Early Literacy Research. Guilford Press, New York/London, 142–155

Richlan, F., Kronbichler, M., Wimmer, H. (2009): Functional Abnormalities in the Dyslexic Brain: a Quantitative Meta-Analysis of Neuroimaging Studies. Hum Brain Mapp. 30(10), 3299–308

Richter, S. (1996): Unterschiede in den Schulleistungen von Mädchen und Jungen. Geschlechtsspezifische Aspekte des Schriftspracherwerbs und ihre Berücksichtigung im Unterricht. Roderer, Regensburg

Rodgers, B. (1984): The Trend of Reading Standards Re-assessed. Educational Research 26, 153–166

Rodriguez, C., van der Boer, M., Jiménez, J. E., de Jong, P. F. (2015): Developmental Changes in the Relations between RAN, Phonological Awareness, and Reading in Spanish Children. Scientific Studies of Reading 19(4), 273–288

Roeltgen, D. P., Rothi, L. O., Heilman, K. M. (1986): Linguistic Semantic Agraphia: Dissociation of the Lexical Spelling System from Semantics. Brain and Language 27, 257–280

Roth, E. (1999): Prävention von Lese- und Rechtschreibschwierigkeiten: Evaluation einer vorschulischen Förderung der phonologischen Bewußtheit und der Buchstabenkenntnis. Lang, Frankfurt/M.

Roth, S. F., Beck, I. L. (1987): Theoretical and Instructional Implications of the Assessment of Two Microcomputer Word Recognition Programs. Reading Research Quarterly 22, 197–218

Rumsey, J. M. (1996): Neuroimaging in Developmental Dyslexia: a Review and Conceptualization. In: Lyon, G. R., Rumsey, J. M. (Hrsg.): Neuroimaging: a Window to the Neurological Foundations of Learning and Behavior in Children. Brookes, Baltimore, 57–77

Rumsey, J. M., Horwitz, B., Donohue, B. C., Nace, K., Maisog, J. M., Andreason, P. (1997): Phonological and Orthographic Components of Word Recognition. A PET-rCBF study. Brain 120, 739–759

Rutter, M. (1974): Emotional Disorder and Educational Underachievement. Archives of Disease in Childhood 49, 249–256

Rutter, M., Tizard, J., Whitmore, K. (1970): Education, Health and Behaviour. Longmans, London

Samuels, S. J. (1979): The Method of Repeated Readings. The Reading Teacher 32, 403–408

Sauter, K., Heller, J., Landerl, K. (2012): Sprachrhythmus und Schriftspracherwerb. Lernen und Lernstörungen 1(4), 225–239

Savage, R. (2001): A Re-evaluation of the Evidence for Orthographic Analogies: a Reply to Goswami (1999). Journal of Research in Reading 24, 1–18

Scammacca, N., Roberts, G., Vaughn, S., Edmons, M., Wexler, J., Reutebuch, C. K., Torgesen, J. K. (2007): Interventions of Adolescent Struggling Readers: a Meta-Analysis with Implications for Practice. Portsmouth, RMC Research Corporation, Center on Instruction

Scarborough, H. S. (1998): Early Identification of Children at Risk for Reading Disabilities: Phonological Awareness and Some Other Promissing Predictors. In: Shapiro, B. K., Accardo, P. J., Capute, A. J. (Hrsg.): Specific Reading Disability: a View of the Spectrum. York Press, Timonium/MD, 75–117

Scarborough, H. S. (1997): A Comparision of Predictor Strenghts in 62 Research Samples. Paper Presented at the Fourth Annual Meeting of the Society for the Scientific Study of Reading, Chicago

Scarborough, H. S. (1991): Antecedents to Reading Disability: Preschool Language Development and Literacy Experiences of Children from Dyslexic Families. Reading and Writing 3, 219–233

Scarborough, H. S. (1990): Very Early Language Deficits in Dyslexic Children. Child Development 61, 1728–1743

Scardamalia, M., Bereiter, C. (1983): The Development of Evaluative, Diagnostic and Remedial Capabilities in Childrens′ Composing. In: Martlew, M. (Hrsg.): The Psychology of Written Language: Developmental and Educational Perspectives. Wiley, New York, 67–95

Scerri, T. S, Schulte-Körne, G. (2010): Genetics of Developmental Dyslexia. European Child and Adolescence Psychiatry 19, 179–197

Schabmann, A. (2001): Frühes Lesen und Rechtschreiben bei ganzheitlichem oder synthetischem Erstleseunterricht. Habilitationsschrift eingereicht an der Human- und Sozialwissenschaftlichen Fakultät der Universität Wien

Schabmann, A., Klicpera, Ch. (2004): Die Rolle des Erstleseunterrichts beim Erwerb des Lesens und Rechtschreibens – Befunde der Wiener Längsschnittuntersuchung II. 6. Wissenschaftliche Tagung der Österreichischen Gesellschaft für Psychologie. Innsbruck: 26.-28. Februar 2004

Schabmann, A., Klingebiel, K. (2010): Entwicklung von Lesekompetenz. In. Spiel, C., Schober, B., Wagner, P., Reimann, R. (Hrsg.). Bildungspsychologie, Hogrefe, Göttingen, 106–110

Schabmann, A., Landerl, K., Bruneforth, M., Schmidt, B. M. (2012): Lesekompetenz, Leseunterricht und Leseförderung im österreichischen Schulsystem. Analysen zur pädagogischen Förderung der Lesekompetenz. In: Herzog-Punzenberger, B. (Hrsg.): Nationaler Bildungsbericht Österreich 2012

Schabmann, A., Schmidt, B. M. (2015): Den Einstieg testen – Können Lese- Rechtschreibleistungen durch eine frühe Simulation des Leseunterrichts vorhergesagt werden? Heilpädagogische Forschung 41(2), 100–115

Schabmann, A., Schmidt, B. M. (2012): Förderung bei Leseschwierigkeiten – Was muss bei der Auswahl von Fördermaßnahmen beachtet werden. Schulverwaltung 1(2), 45–47

Schabmann, A., Schmidt, B. M. (2009): Sind Lehrer gute Lese-Rechtschreibdiagnostiker? Der Einfluss von problematischem Schülerverhalten auf die Einschätzung der Lesekompetenz durch Lehrkräfte. Heilpädagogische Forschung XXXV (3), 133–145

Schabmann, A., Schmidt, B. M., Halit, G., Muazzez, I. (2016): Auditory Processing and Beat Perception Skills of Turkish and German Poor and Good Adult Readers. Twenty-Third Annual Meeting Society for the Scientific Study of Reading, Porto, Portugal July 13–16

Schabmann, A., Schmidt, B. M., Klicpera, C., Gasteiger-Klicpera, B., Klingebiel, K. (2009): Does Systematic Reading Instruction Impede Prediction of Reading a Shallow Orthography? Psychological Science Quaterly 51(2), 315–338

Scheerer-Neumann, G. (1993): Interventions in Developmental Reading and Spelling Disorders. In: Grimm, H., Skowronek, H. (Hrsg.): Language Acquisition Problems and Reading Disorders: Aspects of Diagnosis and Intervention. de Gruyter, Berlin, 319–352

Scheerer-Neumann, G. (1988): Rechtschreibtraining mit rechtschreibschwachen Hauptschülern auf kognitionspsychologischer Grundlage: Eine empirische Untersuchung. Westdeutscher Verlag, Opladen

Scheerer-Neumann, G. (1979): Intervention bei Lese-Rechtschreibschwäche. Kamp, Bochum

Scheerer-Neumann, G., Hofmann, C. D. (2002): Phonologische Bewusstheit im Grundschulalter: Die Entwicklung von Testverfahren und sprachvergleichende Befunde. In: Schulte-Körne, G. (Hrsg.), 131–148

Schlagmüller, M., Schneider, W. (2007): Würzburger Lesestrategie-Wissenstest für die Klassen 7–12 (WLST 7–12). Hogrefe, Göttingen

Schmidt, B. M., Breuer-Küppers, P., Göntgen, S., Schabmann, A. (2016): Prosodische Sensitivität und Phonologische Bewusstheit bei schwachen und durchschnittlichen erwachsenen deutschen Lesern. Heilpädagogische Forschung 42(1), 24–32

Schmidt, B. M., Schabmann, A. (2010). „Es ist vorübergehend!“ Lehrereinschätzungen über mögliche Lese-Rechtschreibprobleme – eine klassifikatorische Analyse. Heilpädagogische Forschung XXXVI (3), 105–115

Schneider, W. (1980): Bedingungsanalyse des Rechtschreibens. Huber, Bern

Schneider, W., Blanke, I., Faust, V., Küspert, P. (2011): Würzburger Leise Leseprobe – Revision (WLLP-R). Hogrefe, Göttingen

Schneider, W., Näslund, J. C. (1993): The Impact of Early Metalinguistic Competences and Memory Capacity on Reading and Spelling in Elementary School: Results of the Munich Longitudinal Study on the Genesis of Individual Competences (LOGIC). European Journal of the Psychology of Education 8, 273–287

Schneider, W., Reimers, P., Roth, E., Visé, M., Marx, H. (1997a): Short- and Long-Term Effects of Training Phonological Awareness in Kindergarten: Evidence from Two German Studies. Journal of Experimental Child Psychology 66, 311–340

Schneider, W., Roth, E., Küspert, P. (1999): Frühe Prävention von Lese-Rechtschreibproblemen: Das Würzburger Trainingsprogramm zur Förderung sprachlicher Bewußtheit bei Kindergartenkindern. Kindheit und Entwicklung 8, 147–152

Schneider, W., Roth, E., Küspert, P., Ennemoser, M. (1998): Kurz- und langfristige Effekte eines Trainings der sprachlichen (phonologischen) Bewußtheit bei unterschiedlichen Leistungsgruppen: Befunde einer Sekundäranalyse. Zeitschrift für Entwicklungspsychologie und Pädagogische Psychologie 30, 26–39

Schneider, W., Schlagmüller, M., Ennemoser, M. (2017 in press): LGVT 6–12+. Lesegeschwindigkeits- und -verständnistest für die Klassen 6–12. Hogrefe, Göttingen

Schneider, W., Schlagmüller, M., Ennemoser, M. (2007): LGVT 6–12. Lesegeschwindigkeits- und –verständnistest für die Klassen 6–12. Hogrefe, Göttingen

Schneider, W., Stefanek, J., Dotzler, H. (1997b): Erwerb des Lesens und des Rechtschreibens: Ergebnisse aus dem SCHOLASTIK-Projekt. In: Weinert, E., Helmke, A. (Hrsg.): Entwicklung im Grundschulalter. Psychologie Verlags Union, Weinheim, 113–129

Schneider, W., Visé, M., Reimers, P., Blaesser, B. (1994): Auswirkungen eines Trainings der sprachlichen Bewußtheit auf den Schriftspracherwerb in der Schule. Zeitschrift für Pädagogische Psychologie 8, 177–188

Schoonen, R., Hulstijn, J., Bossers, B. (1998): Language-Dependent and Language-Independent Knowledge in Native and Foreign Language Reading Comprehension. An Empirical Study among Dutch Students in Grades 6, 8 and 10. Language learning 48, 71–106

Schonhaut, S., Satz, P. (1983): Prognosis for Children with Learning Disabilities: a Review of Follow-Up Studies. In: Rutter, M. (Hrsg.): Developmental neuropsychiatry. Guilford Press, New York, 542–563

Schreiber, P. A. (1980): On the Acquisition of Reading Fluency. Journal of Reading Behavior 12, 177–186

Schründer-Lenzen, A. (2004): Schriftspracherwerb und Unterricht. Leske & Budrich, Opladen

Schubenz, S. (1966): Soll am Beginn des Rechtschreib- (und Lese-) Unterrichts die Synthese oder die Analyse der Texteinheiten betont werden? Schule und Psychologie 13, 39–45

Schulte-Körne, G., Deimel, W., Müller, K., Gutenbrunner, C., Remschmidt, H. (1996): Familial Aggregation of Spelling Diability. Journal of Child Psychology and Psychiatry 37(7), 817–822

Schulte-Körne, G. (Hrsg.) (2002): Legasthenie: Zum aktuellen Stand der Ursachenforschung, der diagnostischen Methoden und der Förderkonzepte. Winkler, Bochum

Schulte-Körne, G. (2007): Genetik der Lese- und Rechtschreib-Störung. Monatsschrift Kinderheilkunde 155, 328–336.

Schulte-Körne, G., Deimel, W., Hülsmann, J., Seidler, T., Remschmidt, H. (2001): Das Marburger Rechtschreib- Training – Ergebnisse einer Kurzzeit-Intervention. Zeitschrift für Kinder- und Jugendpsychiatrie und Psychotherapie 29, 7–15

Schulte-Körne, G., Deimel, W., Müller, K., Gutenbrunner, C., Remschmidt, H. (1996): Familial Aggregation of Spelling Disability. Journal of Child Psychology and Psychiatry 37, 817–822

Schulte-Körne, G., Deimel, W., Remschmidt, H. (1998a): Das Marburger Eltern-Kind-Rechtschreib-Training nach zwei Jahren. Zeitschrift für Kinder- und Jugendpsychiatrie und Psychotherapie 26, 167–173

Schulte-Körne, G., Deimel, W., Remschmidt, H. (1997): Can Self-Report Data on Deficits in Reading and Spelling Predict Spelling Disability as Defined by Psychometric Tests? Reading and Writing: an Interdisciplinary Journal 9, 55–63

Schulte-Körne, G., Galuschka, K. (2015): Diagnostik und Behandlung von Kindern und Jugendlichen mit Lese- und/oder Rechtschreibstörung. Evidenz- und konsensbasierte Leitlinie AWMF-Registernummer. In: www.kjp.med.uni-muenchen.de/download/leitlinie_lrs_kjp_langfassung.pdf, 30.1.2017

Schulte-Körne, G., Grimm, T., Nöthen, M. H., Müller-Myhsok, B., Cichon, S., Vogt, I. R., Propping, P., Remschmidt, H. (1998b): Evidence for Linkage of Spelling Disability to Chromosome 15. American Journal of Human Genetics 63, 279–282

Schulte-Körne, G., Mathwig, F. (2001): Das Marburger Rechtschreibtraining. Ein regelgeleitetes Förderprogramm für rechtschreibschwache Kinder. Winkler, Bochum

Schulte-Körne, G., Remschmidt, H., Hebebrand, J. (1993): Zur Genetik der Lese-Rechtschreibschwäche. Zeitschrift für Kinder- und Jugendpsychiatrie 21, 242–252
Schulte-Körne, G., Warnke, A., Remschmidt, H. (2006): Zur Genetik der Lese-Rechtschreibschwäche. Zeitschrift für Kinder- und Jugendpsychiatrie und Psychotherapie 34, 435–444
Schwantner, U., Toferer, B., Schreiner, C. (Hrsg.) (2013): PISA 2012. Internationaler Vergleich von Schülerleistungen. Erste Ergebnisse. Mathematik, Lesen, Naturwissenschaften. Leykam, Graz
Seidenberg, M. S., McClelland, J. (1989): A Distributed, Developmental Model of Word Recognition. Psychological Review 94, 523–568
Seifert, S., Kulmhofer, A., Paleczek, L., Schwab, S., Gasteiger-Klicpera, B. (2016): Suggestions for Vocabulary Focused Reading Lessons for Mainstream Classrooms Adressing both L1 and L2 Learners. Early Childhood Educational Journal, 1–13
Seifert, S., Schwab, S., Gasteiger-Klicpera, B. (2015): Effects of a Whole-Class Reading Program Designed for Different Reading Levels and the Learning Needs of L1 and L2 Children, Reading & Writing Quarterly
Senechal, M., LeFevre, J. (2001): Storybook Reading and Parent Teaching: Links to Language and Literacy Development. In: Britto, P. R., Brooks-Gunn, J. (Hrsg.), 39–52
Senechal, M., Young, L. (2008): The Effect of Family Literacy Interventions on Children's Acquisition of Reading from Kindergarten to Grad 3: A Meta-analytic Review. Review of Educational Research, 78(4), 880-907
Seymour, P. H. K., Aro, M., Erskine, J. M. (2003): Foundation Literacy Acquisition in European Orthographies. British Journal of Psychology 94, 143–174
Shallice, T., Warrington, E. K. (1980): Single and Multiple Component Central Dyslexic Syndromes. In: Coltheart, M., Patterson, K., Marshall, J. C. (Hrsg.): Deep Dyslexia. Routledge and Kegan Paul, London, 119–145
Shankweiler, D., Liberman, I. Y. (1972): Misreading: A Search for Causes. In: Kavanagh, J. F., Mattingly, I. G. (Hrsg.): Language by Ear and by Eye: the Relationship between Speech and Reading. MIT Press, Cambridge/MA, 293–317
Shapiro, B. K., Palmer, F. B., Antell, S., Bilder, S., Ross, A., Capute, A. J. (1990): Precursors of Reading Delay: Neurodevelopmental Milestones. Pediatrics 85, 416–420
Share, D. L. (1995): Phonological Recoding and Self-Teaching: Sine qua non of Reading Acquisition. Cognition 55(2), 151–218
Share, D. L., McGee, R., McKenzie, D., Williams, S., Silva, P. A. (1987): Further Evidence Relating to the Distinction between Specific Reading Retardation and General Reading Backwardness. British Journal of Developmental Psychology 5, 35–44
Share, D. L., McGee, R., Silva, P. A. (1989): IQ and reading progress: A test of the capacity notion of IQ. Journal of the American Academy of Child and Adolescent Psychiatry 28, 97–100
Share, D. L., Silva, P. A. (1987): Language Deficits and Specific Reading Retardation: Cause or Effect? British Journal of Disorders of Communication 22, 219–226
Shaywitz, B. A., Fletcher, J. M., Holahan, J. M., Shneider, A. E., Marchione, K. E., Stuebing, K. K., Francis, D. J., Shankweiler, D., Katz, L., Liberman, I. Y., Shaywitz, S. E. (1995a): Interrelationships between Reading Disability and Attention-Deficit/Hyperactivity Disorder. Child Neuropsychology 1, 170–186
Shaywitz, B. A., Shaywitz, S. E., Pugh, K. R., Constable, R. T., Skudlarski, P., Fulbright, R. K., Bronen, R. A., Fletcher, J. M., Shankweiler, D., Katz, L., Gore, J. (1995b): Sex Differences in the Functional Organization of the Brain for Language. Nature 373, 607–609
Shaywitz S.E., Shaywitz, B. A., Fletcher, J. M., Escobar, M. D. (1990): Prevalence of Reading Disability in Boys and Girls: Results of the Connecticut Longitudinal Study. Journal of the American Medical Association 264, 998–1002

Shaywitz S.E., Shaywitz, B. A., Pugh, K. R., Fulbright, R. K., Constable, R. T., Mencl, W. E., Shankweiler, D., Liberman, A. M., Skudlarski, P., Fletcher, J. M., Katz, L., Marchione, K. E., Lacadie, C., Gatenby, C., Gore, J. C. (1998): Functional Disruption in the Organization of the Brain for Reading in Dyslexia. Proceedings of the National Academy of Sciences of the United States of America 95, 2636–2641

Siegel, L. S. (1994a): The Modularity of Reading and Spelling: Evidence from Hyperlexia. In: Brown, G. D. A., Ellis, N. C. (Hrsg.), 227–248

Siegel, L. S. (1994b): Working Memory and Reading: a Life-Span Perspective. International Journal of Behavioral Development 17, 109–124

Silva, P. A., McGee, R., Williams, S. (1985): Some Characteristics of 9-Year-Old Boys with General Reading Backwardness or Specific Reading Retardation. Journal of Child Psychology and Psychiatry 26, 407–421

Simon, D. P. (1976): Spelling: a Task Analysis. Instructional Science 5, 277–302

Simon, D. P., Simon, H. A. (1973): Alternative Uses of Phonemic Information in Spelling. Review of Educational Research 43, 115–137

Slavin, R. E., Lake, C., Chamber, B., Cheung, A., Davis, S. (2009): Effective Reading Programs for the Elementary Grades. a Best-Evidence Synthesis. Review of Educational Research 79(4), 1391–1466

Sloboda, J. A. (1980): Visual Imagery and Individual Differences in Spelling. In Frith, U. (Hrsg.): Cognitive Processes in Spelling. Academic Press, London, 231–248

Smith, F. (1971): Understanding Reading. Holt, Rinehart & Winston, New York

Smith, J. R., Brooks-Gunn, J., Klebanov, P. K. (1997): Consequences of Living in Poverty for Young Children´s Cognitive and Verbal Ability and Early School Achievement. In: Duncan, G. J., Brooks- Gunn, J. (Hrsg.): Consequences of Growing Up Poor. Russell Sage Foundation, New York, 132– 189

Snow, C. E., Barnes, W. S., Chandler, J., Goodman, I. F., Hemphill, L. (1991): Unfulfilled Expectations: Home and School Influences on Literacy. Harvard University Press, Cambridge/MA

Snow, C. E., Burns, M. S., Griffin, P. (Hrsg.) (1998): Preventing Reading Difficulties in Young Children. National Academy Press, Washington/DC

Snowling, M. J., Hulme, C. (2011). Evidence-Based Interventions for Reading and Language Difficulties: Creating a Virtuous Circle. British Journal of Educational Psychology 81, 1–23

Snowling, M. J., Juel, C. (2006): Teaching Children to Read: What Do We Know about How to Do It? In: Snowling, M. J., Hulme, C. (Hrsg.): The Science of Reading. Malden, Blackwell

Snowling, M. J., Melbey-Leverag, M. (2016). Oral Language Deficits in Familial Dyslexia: A Meta-Analysis and Review. Psychological Bulletin 142(5), 498-545

Souvignier, E., Antoniou, F. (2007): Förderung des Leseverständnisses bei Schülerinnen und Schülern mit Lernschwierigkeiten – eine Metaanalyse. VHN 76, 46–62

Souvignier, E., Trenk-Hinterberger, I., Adam-Schwebe, S., Gold, A. (2008): Frankfurter Leseverständnistest für 5. und 6. Klassen (FLVT 5–6). Hogrefe, Göttingen

Spivey, N. N., King, J. R. (1989): Readers as Writers Composing from Sources. Reading Research Quarterly 24, 7–26

Spörer, N., Koch, H., Schünemann, N., Völlinger, V. A. (2016): Das Lesetraining mit Käpt´n Carlo für 4. und 5. Klassen. Hogrefe, Göttingen

Spörer, N., Schünemann, N. (2014): Improvements of Self-Regulation Procedures for Fifth Graders´ Reading Competence: Analyzing Effects on Reading Comprehension, Reading Strategy Performance, and Motication for Reading. Learning and Instruction 33, 147–157

Spreen, O. (1989): The Relationship between Learning Disability, Emotional Disorders, and Neuropsychology: Some Results and Observations. Journal of Clinical and Experimental Neuropsychology 11, 117–140

Stahl, S. A., Fairbanks, M. M. (1986): The Effects of Vocabulary Instruction: a Model-Based Meta-Analysis. Review of Educational Research 56, 72–110

Stahl, S. A., Heubach, M. C., Cramond, B. (1997): Fluency-Oriented Reading Instruction. Reading Research Report No. 79. National Reading Research Center, Athens/GA

Stanovich, K. E. (1994): Does dyslexia exist? Journal of Child Psychology and Psychiatry 35, 579–595

Stanovich, K. E. (1993): Does Reading Make You Smarter? Literacy and the Development of Verbal Intelligence. In: Reese, H. (Hrsg.): Advances in Child Development and Behavior. Vol. 24. Academic Press, Orlando/FL, 133–180

Stanovich, K. E. (1986): Matthew Effect in Reading: Some Consequences of Individual Differences in the Acquisition of Literacy. Reading Research Quarterly 21, 360–407

Stanovich, K. E., Siegel, L. S., Gottardo, A. (1997a): Converging Evidence for Phonological and Surface Subtypes of Reading Disability. Journal of Educational Psychology 89, 114–127

Stanovich, K. E., Siegel, L. S., Gottardo, A., Chiappe, P., Sidhu, R. (1997b): Subtypes of Developmental Dyslexia: Differences in Phonological and Orthographic Coding. In: Blachman, B. (Hrsg.): Foundations of Reading Acquisition and Dyslexia. Erlbaum, Hillsdale/NJ, 115–141

Stanovich, K. E., West, R. F. (1989): Exposure to Print and Orthographic Processing. Reading Researc Quarterly 24, 402–433

Stanovich, K. E., West, R. F., Cunningham, A. E. (1991): Beyond Phonological Processes: Print Exposure and Orthographic Processing. In: Brady, S. A., Shankweiler, D. P. (Hrsg.), 219–235

Stanton, W. R., Feehan, M., McGee, R., Silva, P. A. (1990): The Relative Value of Reading Ability and IQ as Predictors of Teacher-Reported Behavior Problems. Journal of Learning Disabilities 23, 514–517

Stedman, L. C., Kaestle, C. F. (1987): Literacy and Reading Performance in the United States, from 1880 to the Present. Reading Research Quarterly 22, 8–46

Stein, J., Fowler, S. (1982): Diagnosis of Dyslexia by Means of a New Indicator of Eye Dominance. British Journal of Ophtalmology 66, 332–336

Stein, N. L., Policastro, M. (1984): The Concept of a Story: a Comparison between Childrens' and Teachers' Viewpoints. In: Mandl, H., Stein, N. L., Trabasso, T. (Hrsg.): Learning and Comprehension of Text. Erlbaum, Hillsdale/NJ, 113–155

Stein, N. L., Walsh, V. (1997): To See but Not to Read: the Magnocellular Theory of Dyslexia. Trend Neuroscience 20, 147–152

Stevenson, J., Fredman, G. (1990): The Social Environmental Correlates of Reading Ability. Journal of Child Psychology and Psychiatry 31, 681–698

Stevenson, J., Graham, P., Fredman, G., McLoughlin, V. (1987): A Twin Study of Genetic Influences on Reading and Spelling Ability and Disability. Journal of Child Psychology and Psychiatry 28, 229–247

Stock, C., Schneider, W. (2008a): Deutscher Rechtschreibtest für das erste und zweite Schuljahr DERET 1–2+. Hogrefe, Göttingen

Stock, C., Schneider, W. (2008b): Deutscher Rechtschreibtest für das dritte und vierte Schuljahr DERET 3–4+. Hogrefe, Göttingen

Storch, S. A., Whitehurst, G. J. (2001): The Role of Family and Home in the Literacy Development of Children from Low-Income Backgrounds. In: Britto, P. R., Brooks-Gunn, J. (Hrsg.), 53–71

Stothard, S. E., Hulme, C. (1992): Reading Comprehension Difficulties in Children: the Role of Language Comprehension and Working Memory Skills. Reading and Writing 4, 245–256

Strehlow, U., Kluge, R., Möller, H., Haffner, J. (1992): Der langfristige Verlauf der Legasthenie über die Schulzeit hinaus: Katamnesen aus einer Kinderpsychiatrischen Ambulanz. Zeitschrift für Kinder- und Jugendpsychiatrie 20, 254–265

Studdert-Kennedy, M., Mody, M. (1995): Auditory-Temporal Perception and Language Comprehension in the Reading-Impaired: a Critical Review of the Evidence. Psychonomic Bulletin and Review 2, 508–514

Suchan, B., Wallner-Paschon, C., Bergmüller, S. Schreiner, C. (2012): PIRLS & TIMSS 2011. Erste Ergebnisse. Leykam, Graz

Swanborn, M. S. L., de Glopper, K. (2002): Impact of Reading Purpose on Incidental Word Learning from Context. Language Learning 52(1), 95–117

Swanson, H. L. (Hrsg.) (1999a): Interventions for Students with Learning Disabilities. Guilford Press, New York/London

Swanson, H. L. (1999b): Reading Research for Students with LD: a Meta-Analysis of Intervention Outcomes. Journal of Learning Disabilities 32, 504–532

Swanson, H. L., Deshler, D. (2003): Instructing Adolescents with Learning Disabilities: Converting a Meta-Analysis to Practice. Journal of Learning Disabilities 36, 124–135

Swanson, H. L., Howell, M. (2001): Working Memory, Short-Term Memory, and Speech Rate as Predictors of Children's Reading Performance at Different Ages. Journal of Educational Psychology 93, 720– 734

Tacke, G., Wörner, R., Schultheiss, G., Brezink, H. (1993): Die Auswirkung rhythmisch-syllabierenden Mitsprechens auf die Rechtschreibleistung. Zeitschrift für Pädagogische Psychologie 7, 139–147

Talbott, E., Lloyd, J. W., Tankersley, M. (1994): Effects of Reading Comprehension Interventions for Students with Learning Disabilities. Learning Disability Quarterly 17, 223–232

Tallal, P., Miller, S., Fitch, R. H. (1993): Neurobiological Basis of Speech: a Case for the Preeminence of Temporal Processing. In: Tallal, P., Galaburda, A. M., Llinás, R. R., Euler, C. V. (Hrsg.): Temporal Information Processing in the Nervous System: Special Reference to Dyslexia and Dysphasia. Annals of the New York Academy of Science 682, 27–47

Tan, A., Nicholson, T. (1997): Flashcards Revisited: Training Poor Readers to Read Words Gaster Improves Their Comprehension of Text. Journal of Educational Psychology 86, 276–288

Temple, C. (1997): Developmental Cognitive Neuropsychology. Psychology Press, Hove/UK

Therrien, W. J. (2004): Fluency and Comprehension Gains as a Result of Repeated Reading: a Meta-Aanalysis. Remedial and Special Education 25, 252–260

Thomas, K., Schulte-Körne, G., Hasselhorn, M. (2015): Stichwort – Entwicklungsstörungen schulischer Fertigkeiten. Zeitschrift für Erziehungswissenschaften, 18, 431-451

Thomassen, A. J. W. M., Teulings, H. L. H. M. (1983): The Development of Handwriting. In: Martlew, M. (Hrsg.): The Psychology of Written Language. Wiley, London.

Thomson, J. M., Fryer, B., Maltby, J., Gowami, U. (2006): Auditory and Motor Rhythm Awareness in Adults with Dyslexia. Journal of Research in Reading 29(3), 334–348

Thomson, J. M., Goswami, U. (2008): Rhythmic Processing in Children with Developmental Dyslexia: Auditory and Motor Rhythms Link to Reading and Spelling. Journal of Phsyiology, 102(1), 120–129

Tizard, B., Blatchford, P., Burke, J., Farquhar, C., Plewis, I. (1988): Young Children at School in the Inner City. Erlbaum, Hillsdale/NJ

Toferer, B., Höller, I., Schmich, J., Suchan, B. (2016): Kompetenzen der Schüler/innen in Lesen. In: Suchan, B., Breit, S. (Hrsg.): PISA 2015 Grundkompetenzen am Ende der Pflichtschulzeit im internationalen Vergleich, 57-64, Leykam, Graz

Torgesen, J. (1998): Instructional Interventions for Children with Reading Disabilities. In: Shapiro, B. K., Accardo, P. J., Capute, A. J. (Hrsg.): Specific Reading Disability: a View of the Spectrum. York Press, Timonium/MD, 197–220

Torgesen, J. (2005): Recent Discoveries on Remedial Interventions for Children with Dyslexia. In: Snowling, M. J., Hulme, C. (Hrsg.): The Science of Reading. Blackwell, Malden, 521–537

Torgesen, J., Wagner, R. K., Rashotte, C. A. (1998): Test of Word Reading Efficiency. PRO-ED, Austin, TX
Torgesen, J., Wagner, R. K., Rashotte, C. A., Rose, E., Lindamood, P., Conway, T., Garvan, C. (1999): Preventing Reading Failure in Young Children with Phonological Processing Disabilities: Group and Individual Response to Instruction. Journal of Educational Psychology 91, 579–593
Torppa, M., Lyytinen, P., Erskine, J., Eklund, K., Lyytinen, H. (2010): Language Development, Literacy Skills, and Predictive Connections to Reading in Finnish Children with and without Familial Risk for Dyslexia. Journal of learning disabilities 43(4), 308–321
Topping, K., Ehly, S. (Hrsg.) (1998): Peer-Assisted Learning. Erlbaum, Hillsdale/NJ
Treiman, R. (1998a): Beginning to Spell in English. In: Hulme, C., Joshi, R. M. (Hrsg.) 371–391
Treiman, R. (1998b): Why Spelling? The Benefits of Incorporating Spelling into Beginning Reading Instruction. In: Metsala, J. L., Ehri, L. C. (Hrsg.): Word Recognition in Beginning Literacy. Erlbaum, Hillsdale/NJ, 289–313
Treiman, R. (1994): Use of Consonant Letter Names in Beginning Spelling. Developmental Psychology 30, 567–580
Treiman, R. (1992): The Role of Intrasyllabic Units in Learning to Read and Spell. In: Gough, P. B., Ehri, L. C., Treiman, R. (Hrsg.): Reading acquisition. Erlbaum, Hillsdale/NJ, 65–106
Treiman, R. (1991): Children's Spelling Errors on Syllable-Initial Consonant Clusters. Journal of Educational Psychology 83, 346–360
Treiman, R., Cassar, M. (1996): Effects of Morphology on Children's Spelling of Final Consonant Clusters. Journal of Experimental Child Psychology 63, 141–170
Treiman, R., Cassar, M., Zukowski, A. (1994): What Types of Linguistic Information Do Children Use in Spelling? The Case of Flaps. Child Development 65, 1310–1329
Treiman, R., Zukowski, A. (1991): Levels of Phonological Awareness. In: Brady, S. A., Shankweiler, D. P. (Hrsg.), 67–83
Vadasy, P. F., Jenkins, J. R., Antil, L. R., Wayne, S. K., O'Connor, R. E. (1997): The Effectiveness of One-to-One Tutoring by Community Tutors for At-Risk Beginning Readers. Learning Disability Quarterly 20, 126–139
Vaessen, A. A., Blomert, L. (2010): Long-Term Cognitive Dynamics of Fluent Reading Development. Journal of Experimental Child Psychology 105, 213–231
Valtin, R. (1970): Legasthenie – Theorien und Untersuchungen. Beltz, Weinheim
van Daal, V. H. P., van der Leij, A. (1992): Computer-Based Reading and Spelling Practice for Children with Learning Disabilities? Journal of Learning Disabilities 25, 186–195
van den Bosch, K., van Bon, W. H. J., Schreuder, R. (1995): Poor Readers' Decoding Skills with Limited Exposure Duration. Reading Research Quarterly 30, 110–125
van Dijk, T. A., Kintsch, W. (1983): Strategies of Discourse Comprehension. Academic Press, New York
Vellutino, F. R., Fletcher, J. M., Snowling, M. J., Scanlon, D. M. (2004): Specific Reading Disability (Dyslexia): What Have We Learned in the Past Four Decades? Journal of Child Psychology and Psychiatry 45, 2–40
Vellutino, F. R., Scanlon, D. M., Sipay, E. R., Small, S. G., Pratt, A., Chen, R. S., Denckla, M. B. (1996): Cognitive Profiles of Difficult-to-Remediate and Readily Remediated Poor Readers: Early Intervention as a Vehicle for Distinguishing between Cognitive and Experiential Deficits as Basic Causes of Specific Reading Disability. Journal of Educational Psychology 88, 601–638
Velting, O. N., Whitehurst, G. J. (1997): Inattention-Hyperactivity and Reading Achievement in Children from Low-Income Families: a Longitudinal Model. Journal of Abnormal Child Psychology 25, 321–331
Venezky, R. L. (1991): The Development of Literacy in the Industrialized Nations of the West. In: Barr et al. (Hrsg.), 46–67

Verhagen, W., Aarnoutse, C., van Leeuwe, J. (2008): Phonological Awareness and Naming Speed in Prediction of Dutch Children's Word Recognition. Scientific Studies of Reading 12, 301–324

Vieiro, P., Garcia-Madruga, J. A. (1997): An Analysis of Story Comprehension through Spoken and Written Summaries in School-Age Children. Reading and Writing 9, 41–53

von Goldammer, A., Mähler, C., Bockmann, A. K., Hasselhorn, M. (2010): Vorhersage früher Schriftsprachleistungen aus vorschulischen Kompetenzen der Sprache und der phonologischen Informationsverarbeitung. Zeitschrift für Entwicklungspsychologie und Pädagogische Psychologie 42(1), 48–56

Walberg, H. J., Tsai, S. (1984): Reading Achievement and Diminishing Returns to Time. Journal of Educational Psychology 76, 442–451

Walter, J. (2013): Verlaufsdiagnostik sinnerfassenden Lesens. Hogrefe, Göttingen

Warnke, A. (1990): Legasthenie und Hirnfunktion: Neuropsychologische Befunde zur visuellen Informationsverarbeitung. Huber, Bern

Warnke, A., Hemminger, U., Roth, E., Schneck, S. (2001): Legasthenie – Leitfaden für die Praxis: Begriff – Erklärung – Diagnose – Behandlung – Begutachtung. Hogrefe, Göttingen

Warrington, E. K., Shallice, T. (1980): Word-Form Dyslexia. Brain 103, 99–112

Wasik, B. A., Dobbins, D. R., Herrmann, S. (2001): Intergenerational Family Literacy: Concepts, Research, and Practice. In: Neuman, S. B., Dickinson, D. K. (Hrsg.): Handbook of Early Literacy Research. Guilford Press, New York/London, 444–458

Weber, J. M., Marx, P., Schneider, W. (2002): Profitieren Legastheniker und allgemein leserechtschreibschwache Kinder in unterschiedlichem Ausmaß von einem Rechtschreibtraining? Psychologie in Erziehung und Unterricht 49, 56–70

Weinert, E. (Hrsg.) (2001): Leistungsmessungen in Schulen. Beltz, Weinheim

Wharton-McDonald, R. (2011): Expert Classroom Instruction for Students with Reading Disabilities. In: McGill-Franzen, A., Allington, R. L. (Hrsg.): Handbook of Reading Disability Research, Routledge, New York, 232–241

White, J. L., Moffitt, T. E., Silva, P. A. (1992): Specific Arithmetic Disability: Neuropsychological and Socio-Emotional Correlates. Archives of Neuropsychology 7, 1–16

Wieczerkowski, W. (1979): Einflüsse eines kurzzeitigen Lesetrainings auf die Rechtschreibleistung. In: Plickat, H., Wieczerkowski, W. (Hrsg.): Lernerfolg und Trainingsformen im Rechtschreibunterricht. Klinkhardt, Bad Heilbrunn

Wieczerkowski, W., Balhorn, H., Langer, I. (1979): Rechtschreibtraining nach dem Kriterium der sozialen Nutzbarkeit der Übungsinhalte. In: Plickat, H., Wieczerkowski, W. (Hrsg.): Lernerfolg und Trainingsformen im Rechtschreibunterricht. Klinkhardt, Bad Heilbrunn

Wigfield, A., Guthrie, J. T., Perencevich, K. C., Taboada, A., Klaudia, S. L., McRae, A., Barbosa, P. (2008): Role of Reading Engagement in Mediating Effects of Reading Comprehension Instruction on Reading Outcomes. Psychology in the Schools 45(5), 432–445

Williams, J. P., Lauer, K. D., Hall, K. M., Lord, K. M., Gugga S. S., Bak, S., Jacobs, P. R., deCani, J. S. (2002): Teaching Elementary School Students to Identify Story Themes. Journal of Educational Psychology 94, 235–248

Williams, P. A., Haertel, E. D., Haertel, G. D., Walberg, H. J. (1982): The Impact of Leisuretime Television on School Learning: a Research Synthesis. American Educational Research Journal 19, 19–50

Williams, S. M., McGee, R. (1996): Reading in Childhood and Mental Health in Early Adulthood. In: Beitchman, J. H., Cohen, N. J., Konstantareas, M. M., Tannock, R. (Hrsg.): Language, Learning, and Behavior Disorders. Cambridge University Press, Cambridge, 530–554

Williams, S. M., McGee, R. (1994): Reading Attainment and Juvenile Delinquency. Journal of Child Psychology and Psychiatry 35, 441–459

Wimmer, H. (1996a): The Early Manifestation of Developmental Dyslexia: Evidence from German Children. Reading and Writing 8, 171–188

Wimmer, H. (1996b): The Nonword Reading Deficit in Developmental Dyslexia: Evidence from Children Learning to Read German. Journal of Experimental Child Psychology 61, 80–90

Wimmer, H. (1993): Characteristics of Developmental Dyslexia in a Regular Writing System. Applied Psycholinguistics 14, 1–22

Wimmer, H., Frith, U. (1994): Orthographies and Learning to Read: an English-German Comparison. Unveröffentlichtes Manuskript, Universität Salzburg

Wimmer, H., Hummer, P. (1990): How German-Speaking First-Graders Read and Spell: Doubts on the Importance of the Logographic Stage. Applied Psycholinguistics 11, 349–368

Wimmer, H., Landerl, K., Linorter, R., Hummer, P. (1991): The Relationship of Phonemic Awareness to Reading Acquisition: More Consequence than Precondition but Still Important. Cognition 40, 219–249

Wimmer, H., Landerl, K., Schneider, W. (1994): The Role of Rhyme Awareness in Learning to Reading a Regular Orthography. British Journal of Developmental Psychology 12, 469–484

Wimmer, H., Mayringer, H. (2014): Salzburger Lese Screening für die Klassenstufe 2–9. Hogrefe, Göttingen

Wimmer, H., Mayringer, H. (2002): Dysfluent Reading in the Absence of Spelling Difficulties: a Specific Disability in Regular Orthographies. Journal of Educational Psychology 94, 272–277

Wimmer, H., Mayringer, H., Raberger, T. (1999): Reading and Dual-Task Balancing Evidence Against the Automatization Deficit Explanation of Developmental Dyslexia. Journal of Learning Disabilities 32(5), 473–478

Wimmer, H., Mayringer, H., Landerl, K. (2000): The Double-Deficit Hypothesis and Difficulties in Learning to Read a Regular Orthography. Journal of Educational Psychology 92, 668–680

Winograd, P., Arrington, H. J. (1999): Best Practices of Literacy Assessment. In: Gambrell, L. B., Morrow, L. M., Neuman, S. B., Pressley, M. (Hrsg.): Best Practices in Literacy Instruction. Guilford Press, New York, 210–241

Wise, B. W., Olson, R. K., Ring, J., Johnson, M. (1998): Interactive Computer Support for Improving Phonological Skills. In: Metsala, J. L., Ehri, L. C. (Hrsg.): Word Recognition in Beginning Literacy. Erlbaum, Hillsdale/NJ, 189–208

Wolf, M., Bowers, P.G. (1999): The Double-Deficit Hypothesis for the Developmental Dyslexias. Journal of Educational Psychology 91, 415–438

Wolf, M., Bally, H., Morris, R. (1986): Automaticity, Retrieval Processes, and Reading: a Longitudinal Study in Average and Impaired Readers. Child Development 57, 988–1000

Wolf, M., Goodglass, H. (1986): Dyslexia, dysnomia, and Lexical Retrieval: a Longitudinal Investigation. Brain and Language 28, 154–168

Wolf, M., Miller, L., Donnelly, K. (2000): Retrieval, Automaticity, Vocabulary, Orthography (RAVE-O): a Comprehensive, Fluency-Based Reading Intervention Program. Journal of Learning Disabilities 33, 375–386

Wolf, M., O'Rourke, A. G., Gidney, C., Lovett, M., Cirino, P., Morris, R. (2002): The Second Deficit: an Investigation of the Independence of Phonological and Naming-Speed Deficits in Developmental Dyslexia. Reading and Writing 15, 43–72

Wolf, M., Obregon, M. (1992): Early Naming Deficits, Developmental Dyslexia, and a Specific Deficit Hypothesis. Brain and Language 42, 219–247

Wolff, P. H. (2002): Timing Precision and Rhythm in Developmental Dyslexia. Reading and Writing 15(1–2), 179–206

Wolff, P. H. (1983): Impaired Temporal Resolution in Developmental Dyslexia. Annals of the New York Academy of Sciences 682, 87–103.

Wolff, P. H., Melngailis, I. (1996): Reversing Letters and Reading Transformed Text in Dyslexia: a Reassessment. Reading and Writing 8, 341–355
Worden, P. E., Boettcher, W. (1990): Young Children's Acquisition of Alphabetic Knowledge. Journal of Reading Behavior 22, 277–295

Yuill, N., Oakhill, J. (1988): Understanding of Anaphoric Relations in Skilled and Less Skilled Comprehenders. British Journal of Psychology 79, 173–186
Yule, W. (1973): Differential Prognosis of Reading Backwardness and Specific Reading Retardation. British Journal of Educational Psychology 43, 244–248
Yule, W., Rutter, M., Berger, M., Thompson, J. (1974): Over- and Under-Achievement in Reading: Distribution in the General Population. British Journal of Educational Psychology 44, 1–12

Zangerle, H. (2000): Angebote des Psycho-Marktes. Kritische Sichtung und Wertung. In: Naegele, I. M., Valtin, R. (Hrsg.): LRS in den Klassen 1–10. Handbuch der Lese-Rechtschreib-Schwierigkeiten. Bd. 2.: Schulische Förderung und außerschulische Therapien. Beltz, Weinheim, 194–203
Ziegler, J. C., Besson, M., Jacobs, A. M., Nazir, T. A., Carr, T. H. (1997): Word, Pseudoword, and Nonword Processing: a Multitask Comparison Using Event-Related Potentials. Journal of Cognitive Neuroscience 9, 758–775
Ziegler, J. C., Goswami, U. (2005): Reading Acquisition, Developmental Dyslexia and Skilled Reading across Languages: a Psycholinguistic Grain Size Theory. Psychological Bulletin 131(1), 3–29
Ziegler, J. C., Perry, C., Ladner, D., Schulte-Körne, G. (2002): Vergleich von Lese-Rechtschreibschwäche in verschiedenen Schriftsystemen. In: Schulte-Körne, G. (Hrsg.), 101–112
Zwaan, R. A., Radvansky, G. A. (1998): Situation Models in Language Comprehension and Memory. Psychological Bulletin 123, 162–185 Sachverzeichnis 333

# Sachverzeichnis